Ich lieb' Dich nicht, wenn Du mich liebst

Das Buch

Die beiden Autoren beschäftigen sich in diesem Buch mit »paradoxen Leidenschaften«, wie sie in unausgewogenen Partnerschaften entstehen: Der eine Partner liebt stärker als der andere. Er fängt an zu klammern und zu leiden – und verschärft damit nur die Bindungsängste des Geliebten.
Prof. Dr. Dean C. Delis zeigt gemeinsam mit der freien Autorin Cassandra Phillips, welche Vorbedingungen oftmals bei einer so schmerzlichen Liebe gegeben sind. Zudem bieten sie wirksame Therapieansätze wie Kommunikationstraining, Ursachenforschung und Arbeit an der eigenen Persönlichkeit. Mit ihrer Hilfe können Paare endlich ein gesundes Verhältnis zwischen Nähe und Distanz aufbauen.

Die Autoren

Dr. Dean C. Delis ist Psychotherapeut und Professor für Psychiatrie an der University of California in San Diego. Dort lebt er auch mit seiner Familie.
Cassandra Phillips ist freie Autorin und lebt mit ihrer Familie auf Hawaii.

Dean C. Delis
Cassandra Phillips

Ich lieb' Dich nicht, wenn Du mich liebst

Nähe und Distanz in Liebesbeziehungen

Aus dem Amerikanischen von
Sabine Steinberg

Econ Taschenbuch

Econ Taschenbücher erscheinen im Ullstein Taschenbuchverlag,
einem Unternehmen der
Econ Ullstein List Verlag GmbH & Co. KG, München
8. Auflage 2002

Titel der amerikanischen Originalausgabe: The Passion Paradox (Bantam Books)
Übersetzung: Sabine Steinberg
Umschlagkonzept: Büro Meyer & Schmidt, München – Jorge Schmidt
Umschlaggestaltung: Init GmbH, Bielefeld
Titelabbildung: Photonica, Hamburg
Druck und Bindearbeiten: Ebner & Spiegel, Ulm
Printed in Germany
ISBN 3-548-75074-5

Meinen Eltern
Leftare und Irene Delis
gewidmet

Inhalt

Dank

Viele Freunde und Kollegen teilten mir ihre intimsten Gedanken bezüglich Liebe und Partnerschaft mit. Unsere lebhaften Diskussionen halfen mir, meine Gedanken über die seltsame Beziehung zwischen Leidenschaft und Machtausübung zu ordnen. Ich danke besonders John Fleer, Mark Zaslav, Mat Blusewicz, Edith Kaplan, Alan Fridlung, Corinne Grieco und Nick und Chris Lowe. Dan Wile und Hilde Burton hatten großen Einfluß auf meine Sicht der Psychotherapie, und ich danke ihnen für ihre wertvollen Anregungen.

Meine Patienten haben mir wertvolle Erkenntnisse eröffnet, wie man sich Beziehungsproblemen stellt und sie überwindet. Ich danke ihnen für ihren Mut und ihre Weisheit. Einige ihrer Geschichten sind in diesem Buch enthalten, um Schlüsselstellen zu verdeutlichen, aber die Namen wurden natürlich geändert.

Cassandra Phillips ist mehr als eine begabte Autorin. Sie ist auch eine scharfsinnige Beobachterin der menschlichen Natur. Ihr intuitives Wissen über Menschen und Beziehungen hat dieses Buch unschätzbar verbessert. Ich werde mich immer gern an unsere kreativen Kämpfe und die große Freude erinnern, die es bereitete, als wir dieses Buch schufen.

Sandy Dijkstra, unsere Agentin, hat als erste erkannt, welche Möglichkeiten in diesem Buch stecken. Sie war zu jedem Zeitpunkt eine Quelle der Ermunterung. Sie war auch so klug, zu erkennen, daß Cassandra und ich ein ideales Gespann waren.

Toni Burbank, unsere Lektorin, bot uns bei unserer Arbeit stets Ruhe und Unterstützung. Ihre Ideen zur Gliederung, zum Stil und zum Inhalt des Buches, waren stets brillant. Fran Fishers redaktionelle Bearbeitung und Nancy Dimsdales graphische Arbeit waren großartig.

Ich habe von meinen Eltern viel über das Leben und die menschliche Natur gelernt. Ihre bedingungslose Liebe zu mir hat mir immer den Mut gegeben, nach höheren Zielen zu streben. Meine Mutter half mir, die Forschungsarbeiten für das Buch zu leisten, und ihre Reaktionen auf verschiedene Konzepte haben mich sehr beeinflußt. Die Anregung und Kritik meines Vaters haben mir dazu verholfen, ein besserer Autor zu werden.

Können Sie sich vorstellen, mit jemandem verheiratet zu sein, der ein Buch mit dem Titel *Ich lieb' dich nicht, wenn du mich liebst* schreibt? Meg war nicht nur meine erste Anlaufstelle, sondern auch mein Testpilot für die Strategien zur Überwindung der paradoxen Formen der Liebe. Ich bin glücklich, mit ihr verheiratet zu sein, und glücklich, weil wir unsere beiden Jungs, Patrick und Drew, haben.

Die Ko-Autorin möchte Sandy Dijkstra für ihren Scharfsinn und ihr Vertrauen, Dean, weil es wundervoll war, mit ihm zu arbeiten, und ihrem Ehemann Bob Burkey für seine Anregungen und seine Liebe danken.

Hermia: Er liebt mich stets, trotz meiner finstern Mienen.
Helena: O lernte das mein Lächeln doch von ihnen!
Hermia: Ich fluch' ihm, doch das nährt sein Feuer nur.
Helena: Ach, hegte solche Kraft mein Liebesschwur!
Hermia: Je mehr gehaßt, je mehr verfolgt er mich.
Helena: Je mehr geliebt, je ärger haßt er mich.

William Shakespeare,
Ein Sommernachtstraum
1. Akt/1. Szene

Wo Liebe herrscht, existiert der Wille nach Macht nicht;
und wo Macht vorrangig da ist, fehlt die Liebe.
Das eine ist der Schatten des anderen.

Carl Gustav Jung

Einleitung

Vor ein paar Jahren lernte ich auf einem Inlandflug zufällig eine zukünftige Klientin kennen. Sie war sehr gut gekleidet und attraktiv – anscheinend eine berufstätige Frau. Ich schätzte sie auf etwa siebenunddreißig Jahre. Als sie sich neben mich setzte, fiel mir ihr verwirrter, besorgter Gesichtsausdruck auf. Sie war jemand, der »mit einem Menschen reden mußte«.

Ich war auf dem Weg nach New York, um dort einen Vortrag über einen psychologischen Test, den ich entworfen hatte, zu halten. Ich hatte mir vorgenommen, während des Fluges noch ein paar Korrekturen vorzunehmen, so daß ich froh war, daß meine Nachbarin kein Gespräch mit mir anfing. Statt dessen zog sie ein bekanntes Buch über Probleme in der Partnerschaft aus ihrer Reisetasche. Ich wurde neugierig, weil dieses Thema von speziellem Interesse für mich war.

Während des Mittagessens unterhielten wir uns ein wenig. Liz war Finanzanalystin und mußte oft beruflich an die Westküste reisen. Mich interessiert immer, wie Menschen auf meinen Beruf reagieren. Manche sagen nichts mehr, manche werden ein wenig reizbar, und andere schütten offen ihr Herz aus. Liz gehörte zur letzten Gruppe. Interessanterweise wollte sie wissen, ob ich mit der Arbeit des Autors, dessen Buch sie gerade las, vertraut war. Ich bejahte ihre Fragen und fügte hinzu, daß ich gern erfahren würde, welchen Eindruck sie davon hätte. Damit begann eine Unterhaltung, die mich völlig veränderte.

Liz sagte:

> »Ich habe das Gefühl, daß dieses Buch nur für mich geschrieben wurde. Es ist irgendwie unheimlich.«

Ich fragte sie wieso. Sie hob das Buch hoch und sagte:

> »Ich stecke mitten in einer Beziehungskrise. Ich bin zwi-

schen zwei Männern hin und her gerissen, meinem Ehemann ... und einem Mann, mit dem ich an der Westküste zusammenarbeite. Ich könnte die Wände hochgehen. Mein Mann, Nate, ist der netteste Mensch der Welt. Er ist Arzt. Er würde alles für mich tun. Nach zwölf Jahren Ehe schenkt er mir immer noch ohne besonderen Anlaß Rosen, und er erinnert sich an alle besonderen Tage, zum Beispiel an den Jahrestag unserer ersten Begegnung. Das verursacht mir große Schuldgefühle, denn obwohl ich ihn liebe, verliere ich schnell die Geduld mit ihm. Und ich fühle mich noch schlechter, weil er alles, was ich ihm antue, erträgt und immer netter und netter wird. Besonders in letzter Zeit, wo ich es nun wirklich nicht verdiene.«

Mir fiel auf, daß ihre Stimme gepreßter klang, als sie über ihren Mann und ihre Ehe sprach. Aber als sie über ihren Geliebten redete, änderte sich ihre Haltung völlig. Plötzlich sprach sie voller Eifer – zumindest anfangs.

»Ich lernte Doug vor einem Jahr kennen. Er ist unser Berater an der Westküste. Er ist jünger als ich, und Sie würden vielleicht sagen, daß er ein Kind der heutigen Zeit ist. Zuerst war ich skeptisch, als er anfing, mit mir zu flirten. Ich dachte, daß ich nicht sein Typ bin. Aber er schien es ernst zu meinen. Ich merkte, daß ich mich immer mehr in ihn verknallte, aber ich hoffte, daß es dabei blieb. Na, egal, das ging etwa vier Monate lang so. Ich war Nate nie untreu, und deshalb dachte ich schließlich: Zum Teufel, fang mit Doug was an – nur ein kleiner Seitensprung. Doch nachdem ich mit ihm zusammen ein paar Reisen unternommen hatte, erkannte ich, daß es etwas mehr war als nur ein Seitensprung. Doug ging mir nicht mehr aus dem Kopf, und ich rief ihn sehr oft vom Büro aus an. In unserem Büro gibt es eine junge Frau, die auch Analystin ist. Eines Tages wurde sie an die Westküste geschickt, und ich wurde verrückt vor Eifersucht, weil ich glaubte, daß sie sich auch in Doug verlieben müßte.«

Ich entgegnete das, was von mir erwartet wurde – daß das für sie eine ziemlich nervenaufreibende Zeit gewesen sein mußte. Sie lächelte ironisch.

»Meine Eifersucht erwies sich als grundlos, und Doug und ich kamen uns sehr nahe. Mir wurde himmelangst. Ich fühlte mich entsetzlich. Ich hatte einen Ehemann, von dem andere Frauen nur träumen können, und Sie haben ja gehört, was ich ihm angetan habe. Ich habe immer wieder beschlossen, mit Doug Schluß zu machen, aber sobald ich ihn sah, litt ich unter einer Art Gedächtnisschwund. Ich dachte immer nur daran, wie sehr ich ihn liebte. So ging das sieben Monate weiter. Schließlich fing ich an zu glauben, daß Doug und ich vielleicht wirklich füreinander bestimmt waren. Ich habe keine Kinder, und deshalb bin ich nicht an New York gebunden. Es wäre leicht für mich gewesen, mich in unser kalifornisches Büro versetzen zu lassen. Doug verhielt sich mir gegenüber etwas distanzierter, deshalb dachte ich, ich sollte besser schnell handeln.«

Sie machte eine Pause. Der bekümmerte Gesichtsausdruck, den ich schon vorher an ihr gesehen hatte, kehrte zurück.

»Also brachte ich ihm klassische goldene Manschettenknöpfe mit. Ich hatte mir fest vorgenommen, ihm meine Idee mitzuteilen. Aber Doug war reservierter als je zuvor. Er fragte mich, was ich wollte, und das verwirrte mich völlig. Ich sagte nur, daß es schön wäre, wenn wir mehr Zeit miteinander verbringen könnten. Er erwiderte: ›Manchmal ist es am besten, man geht, wenn es am schönsten ist.‹ Mir war zumute, als ob Eiswasser durch meine Adern flösse. Ich tat so, als hätte er einen Witz gemacht. Aber ich bin mir fast sicher, daß er eine andere kennengelernt hat. Ich sage Ihnen – ich bin reif für die Irrenanstalt.«

Wir redeten noch ein bißchen. Dann fragte ich Liz, ob das Buch ihr in ihrer Lage helfen würde.

»Es zeigt mir wirklich, warum meine Beziehungen so verfahren sind. Jetzt weiß ich, daß alles aus meiner Angst vor emotionaler Nähe resultiert. Deshalb habe ich meinen Mann all diese Jahre auf Armeslänge von mir ferngehalten. Und ich weiß auch, daß ich auf eine ungesunde Art und Weise von Doug abhängig bin. Meine Eltern haben mich wahrscheinlich so erzogen, daß ich mir immer die falschen Partner aussuche – obwohl ich als Kind sehr glücklich war.

Das basiert alles auf einem geringen Selbstbewußtsein und dem Verlangen, mich zu bestrafen – vielleicht weil meine Eltern zu liebevoll waren und ich nicht damit umgehen konnte ...«

An den falschen Orten nach den Schuldigen suchen

Viele Menschen machen eine Therapie, weil sie Beziehungsprobleme haben. Ich hatte mich schon seit langem darüber gewundert, daß es so schwierig ist, dauerhaften Genuß in der Liebe zu finden, und daß man oft nur Schmerz erfährt. Es scheint nur eine Art perversen Sinn zu geben, daß Liebe, die schönste menschliche Emotion, zugleich auch die größte Strafe sein kann.

Als ich zuhörte, wie Liz sich in Stücke zerpflückte, spürte ich, daß in mir ein neues Interesse erwachte. Hier war eine sehr kluge und attraktive Frau, die sich selbst als emotionalen Müll definierte. Einerseits klang sie wie jemand, der Angst vor einer Bindung hat, weil sie vor wirklicher Nähe in ihrer Ehe zurückschreckte. Andererseits verhielt sie sich bei Doug wie eine »Frau, die zu sehr liebte«, und war abhängig von einem lieblosen Mann. Mit anderen Worten – die Selbsthilfebücher boten ihr genau gegensätzliche Diagnosen an. Aus dem, was sie über ihre Eltern berichtete, zog ich den Schluß, daß sie mit einer sehr fürsorglichen Familie gesegnet war, nicht mit dem Typ einer dysfunktionalen Gruppe, die die Ursache dafür sein kann, daß man üble Verhaltensmuster in der Partnerschaft bis zum Erwachsensein mitschleppt.

Ich hatte ehrliches Mitgefühl mit Liz. Liebe *kann* einen wirklich verrückt machen. Und es ist egal, ob die Beziehung neu ist oder schon lange andauert. Die Angst vor Zurückweisung zum Beispiel kann die Ursache für niedriges Selbstwertgefühl, extreme Angst, Überreaktionen und eine Besessenheit bezüglich der geliebten Person, die die junge Liebe übertrifft, sein.

Wenn andererseits *Ihre* Liebe anfängt zu verblassen, dann könnten Sie gefühllos werden. Sie könnten sich darum sorgen, daß Sie unfähig sind zu lieben, oder Sie könnten schwere Schuldgefühle entwickeln.

Ich habe all diese Gefühle gehabt, genau wie Liz und ebenso *wie jeder, mit dem ich sprach und der schon einmal verliebt gewesen ist.* Anscheinend sind diese sehr intensiven Gefühle ganz normal.

Aufgrund ihrer Situation erlebte Liz beide Seiten der Liebe zur selben Zeit. Kein Wunder, daß sie emotional daran zerbrach. Mich verblüffte, daß sich ihr gesamtes Verhalten von einem Augenblick zum anderen entscheidend veränderte – je nachdem, über welchen Mann sie sprach. *Die Dynamik in einer Partnerschaft ist so stark, daß man buchstäblich umgekrempelt wird.* Die Art der Veränderung hängt davon ab, auf welcher Seite der Liebe Sie gerade stehen – das heißt, ob Sie die Gefahr spüren, zurückgewiesen zu werden, oder ob Sie spüren, daß Sie Ihren Partner abweisen.

Ich hatte den Schluß gezogen, daß die emotionelle Dynamik romantischer Beziehungen – wegen ihrer Kraft und ihrer Vorhersehbarkeit – *unter eigenen Gesichtspunkten* gesehen werden sollte. Doch die Literatur über Liebes- und Beziehungsprobleme zeigt, daß niemand je diesen Blickwinkel beibehalten hat. Unser Verhalten in intimen Beziehungen wird stets als Barometer für irgend etwas anderes gesehen – meistens dafür, wie es uns als Kindern ergangen ist. Zum Beispiel führte Liz ihre Partnerschaftsprobleme auf persönliche Unzulänglichkeiten zurück, die auf ihre Kindheit gründeten. Aber es gab nichts, was bei ihr nicht »stimmte«. Es war nur falsch, daß sie so willig die Schuld auf sich nahm. Und für mich war noch schlimmer, daß das Buch sie anscheinend darin auch noch bestärkte.

Ich sagte Liz, daß es einfach einige *eingebaute* Probleme bei der Liebe gibt. Probleme, die bestimmte Verhaltensmuster zutage treten lassen, die leicht als pathologisch bezeichnet werden können, die aber ganz normal, vorhersehbar und allgemeingültig sind. Das Gespräch mit Liz hatte mir deutlich gemacht, daß es notwendig war, diese Auffassung weiträumig bekannt werden zu lassen. Liz half mir, in meinem Kopf folgendes herauszukristallisieren:

- Wir, die »Therapeuten«, sollten nicht automatisch Partnerschaftsprobleme als Symptome emotionaler Fehlfunktionen, die in der Kindheit begründet sind, ansehen.

- Die normalen, allgemeinen Probleme mit der Liebe zu pathologisieren kann ausgesprochen destruktiv sein. Man wird dann sehr pessimistisch, weil man glaubt, nicht in der Lage zu sein, eine Beziehung zu verändern oder eine befriedigende Partnerschaft zu erleben. Man fühlt sich gefangen in schlechten Beziehungsgleisen. Das Pathologisieren ist unzulässig, weil es die Summe der nicht erkannten Beziehungsdynamik nicht miteinbezieht.
- Mir erschien es wichtiger als je zuvor, daß man effektiver mit Beziehungsproblemen umging. Nie zuvor hat es eine solche psychologische Bücherschwemme gegeben – man denke nur an die unzähligen Selbsthilfebücher des letzten Jahrzehnts! Aber ich gelangte immer mehr zu der Überzeugung, daß viele dieser Bücher mehr Schaden anrichteten als nützten mit ihren pathologisierenden und oft widersprüchlichen Aussagen. Die Tatsache, daß Bücher über Beziehungen so lebhaften Zuspruch fanden, bewies, daß wir nie zuvor so verloren im Umgang mit unseren Lebenspartnern oder so hungrig nach Anleitung waren.

Die paradoxen Seiten der Leidenschaft

Als ich damit anfing, den vorherrschenden Ansatz zur Lösung von Beziehungsproblemen zu hinterfragen, wandte ich mich den Grundlagen zu. Ich beschrieb für mich so einfach wie möglich, was in den Beziehungen meiner Patienten (und, wie ich zugeben muß, in meiner eigenen) den größten Ärger verursacht. Folgendes blieb übrig: *Ein Partner in der Beziehung liebt mehr (oder investiert emotional mehr) als der andere. Und je mehr Liebe der liebende Partner vom anderen will, desto weniger meint der andere zu geben.*

Ich hatte einen Zustand des Ungleichgewichts beschrieben, bei dem sich der mehr liebende Partner in etwas befand, was ich als die »Position des Unterlegenen« bezeichnete, während sich der weniger liebende Partner in einer »überlegenen Position« befand. Ich wußte aus Erfahrung, daß sowohl Männer als auch

Frauen die Position des Unter- wie auch die Position des Überlegenen zu verschiedenen Zeiten einnahmen. Deshalb schien es mir, als ob man durch die derzeitige Beschäftigung mit Frauen als Opfer falscher Behandlung durch Männer eine wichtige Tatsache aus den Augen verlor: Daß nämlich auch Frauen Herzen brechen können.

Ich hatte auch den Schluß gezogen, daß nahezu jedermann die zwei Seiten der Liebe auf gleiche Weise erfährt. Es ist egal, ob Ihre Mutter Sie angebetet oder ignoriert hat oder ob Ihre Kindheit nun glücklich oder schlecht war. Niemand – selbst eine »emotional gesunde« Person nicht – ist vor Liebeskummer gefeit, wenn die Liebe aus dem Gleichgewicht gerät. Das verwirrte Individuum kann sich natürlich häufiger in ungleiche Beziehungen verstricken, und die gesündere Person könnte sich schneller davon erholen und mehr daraus lernen. Aber Liebe kann *jeden* kaputtmachen.

Als ich soweit gekommen war, merkte ich, daß es ein »fehlendes Glied in der Kette« zwischen diesem Ungleichgewicht emotionaler Verstrickung und einer Fehlfunktion in der Beziehung gab. Was ich an diesem emotionalen Angelpunkt fand, war ein Paradox, ein Widerspruch, der erklärt, warum es uns so schwerfällt, dieses Problem zu erkennen.

Lassen Sie uns zu Liz' Situation zurückkehren. Bei ihrem Mann war Liz die Überlegene. Die Erklärung für das Ungleichgewicht lag in Nates »Werbeverhalten« und Liz' entgegengesetzter Reaktion auf den Wunsch, sich von ihm zu entfernen – bis zu dem Punkt, an dem sie sich fragte, ob sie ihn liebte. Sie wußte, daß sie nicht mehr in ihn verliebt war und hatte auch kein sexuelles Verlangen nach ihm.

> »Das war ganz anders, als wir jung verheiratet waren. Nate war mein Arzt; er ist vierzehn Jahre älter als ich. Er lebte in einer sehr traditionellen Ehe mit einer ihm ergebenen Frau. Ich sah in ihm mein Idol. Schließlich war er älter *und* Arzt. Aber nach den ersten Jahren merkte ich, daß wir Probleme hatten. Er war daran gewöhnt, eine hingebungsvolle Frau zu haben, und ich beschloß, meinen Magister zu machen. Er mochte meine Freunde nicht, und mir gefielen seine auch nicht besonders. Ich wollte ein Kind und er nicht. Später

wollte er ein Kind, aber ich nicht mehr. Und doch ist er so liebevoll zu mir. Wir haben wundervolle Zeiten zusammen erlebt, und es besteht wirklich eine enge Bindung zwischen uns.«

Ich sagte ihr, daß das so klänge, als ob sie ihre Ehe akzeptieren könnte.

»Das tat ich, bis ich Doug kennenlernte. Jetzt dreht sich mein Leben um etwas ganz anderes. Davor habe ich mich auf meine Karriere konzentriert und darauf, genau die richtige Tischdecke zu finden. Jetzt fühle ich mich, als ob ein verlorengeglaubter Teil von mir erwacht wäre. Und er hat Besitz von mir ergriffen. Ich muß kämpfen, um meinen Job zu erledigen. Und ich glaube, Nate vermutet irgend etwas.«

Die Beziehung zu Doug war wie ein Spiegelbild von Liz' Beziehung zu ihrem Mann. Nate war emotional total auf sie fixiert, während sie Doug zu ihrem emotionalen Mittelpunkt gemacht hatte. Bei Nate fühlte sie sich ruhelos, gleichgültig, und sie war nicht gerade liebenswürdig – und sie fühlte sich schuldig, weil sie so empfand. Bei Doug war sie leidenschaftlich, ängstlich und sehr verliebt.

Ich sagte Liz, daß Verliebtsein eine zentrale Erfahrung – ein Verlust der Kontrolle – ist. Und das erzeugt Angst. Sie stimmte mir zu.

»Wissen Sie, die ersten Male mit Doug waren großartig. Ich fühlte mich wie neugeboren. Dann wurde ich nervös. Ich fing an, mich zu fragen, welche Gefühle Doug mir entgegenbrachte, und ich hatte Angst davor, den falschen Schritt zu machen oder etwas Falsches zu sagen.«

Liz' Ängstlichkeit war in der Furcht des Unterlegenen vor Zurückweisung begründet. Ganz anders als in ihren anderen Lebensbereichen fühlte sie sich in ihrer neuen Liebesaffäre machtlos, verwundbar, unsicher und wenig standfest (natürlich war sie auch wahnsinnig verliebt). Zu Beginn der meisten Romanzen empfinden beide Partner so.

Die »Unterlegenen« haben es schwerer. Da sie unsicher sind und eine gewisse Kontrolle zurückerlangen wollen, geben sie sich Mühe, ihre »Anziehungskraft« zu verstärken. Die grundlegenden Rituale der Werbung bestehen aus einer gesteigerten Selbstdarstellung: Man trägt die modischsten Kleider, verbringt Stunden vor dem Spiegel, denkt darüber nach, welche geistreichen Dinge man sagen will, verbessert die Kochkünste, gibt großzügig Geld für Geschenke, Essen im Restaurant und Amüsements aus – kurz: Man macht sich so begehrenswert wie möglich. Liz erzählte lachend, daß sie ein Monatsgehalt für teure Kosmetika und Cremes ausgegeben haben mußte, seit sie sich mit Doug traf.

Das Ziel all dieser Anstrengungen besteht darin, *emotionale Kontrolle* über eine geliebte Person zu erlangen, damit man keine Angst vor Zurückweisung haben muß. Das bedeutet, ihre oder seine Liebe zu gewinnen.

Aber es gibt einen Stolperstein. Wenn Sie der Person, die Sie wollen, zu begehrenswert erscheinen – bis zu dem Punkt, an dem er ganz klar verliebter in Sie ist als Sie in ihn –, wird Ihre Beziehung aus dem Gleichgewicht geraten. Sie werden der Überlegene. Und Sie werden, wenn die Distanziertheit Ihres Partners Ihnen angst macht, der Unterlegene. Und hier war das fehlende Glied in der Kette, das ich suchte.

Der starke Drang, eine andere Person für sich zu gewinnen, um sie emotional zu kontrollieren, birgt die Gefahr, eine Beziehung aus dem Gleichgewicht zu bringen. Und das ist so, weil das Gefühl, verliebt zu sein, biochemisch mit dem Gefühl, keine Kontrolle mehr zu haben, verbunden ist. Wenn man erst einmal alles unter Kontrolle hat oder sich der Liebe einer anderen Person sicher ist, schwindet die Leidenschaft. Die Herausforderung, der emotionale Funke, die Erregung sind vorbei.

Natürlich wissen wir alle, daß das trunkene, herrliche Gefühl neuer Liebe nicht ewig dauern kann. In einer ausgeglichenen Partnerschaft gelangen die Partner, nachdem die anfängliche Leidenschaft verraucht ist, in eine Phase dauernder Intimität und Wärme. Aber wenn ein Partner mehr liebt als der andere, kann das Verhaltensmuster zwischen ihnen auslösen, die Schmerz verursachen.

Das war bei Liz und Nate der Fall. Nachdem bei Liz die anfängliche Bewunderung für ihn verblaßt war, verfolgte sie andere Interessen, statt sich auf ihn zu konzentrieren. Deshalb spürte Nate, daß ihm die Sicherheit in der Beziehung entglitt. Und das bescherte ihm das Gefühl, weniger Kontrolle über Liz zu haben, und er liebte sie noch mehr. Seine liebevollen Aufmerksamkeiten waren Versuche, ihre Liebe zu gewinnen und die Angst vor Zurückweisung zu mildern. Aber seine »übermäßige Kontrolle« bewirkte das Gegenteil, denn sie gab Liz das Gefühl, die Beziehung noch stärker in der Gewalt zu haben. Sie wurde so weniger herausgefordert und liebte ihn wahrscheinlich weniger.

Doch wenn Ihr(e) Geliebte(r) erfolgreich dabei ist und Ihre Liebe erringt, so wie es bei Doug der Fall war, fühlen Sie sich unsicherer und noch verliebter. Dann sehnen Sie sich nach mehr Nähe und Kontrolle. Aber das bringt den Überlegenen dazu, sich aus der Beziehung zurückzuziehen. Diese Reaktion wiederum steigert die Unsicherheit und das Bedürfnis nach Nähe des Unterlegenen und die Sicherheit und Unzufriedenheit des Überlegenen.

Wie es Liz' Beispiel zeigte, kann eine solch paradoxe Situation jederzeit in einer Beziehung entstehen. Das kann eine junge Romanze zum Scheitern bringen oder eine langfristige Beziehung behindern. Es kann durch verschiedene Quellen der Ungleichheit verursacht werden: Anziehungskraft, situationsbedingte Faktoren, Rollenverteilung oder Unzulänglichkeiten der Persönlichkeit. All das werden wir nachprüfen. Aber ganz gleich, wo die Ursachen liegen, und ganz gleich, wie offen oder verdeckt sie in einer Beziehung vorhanden sind – diese paradoxen Formen der Leidenschaft fordern ihren Zoll, weil sie wahre Intimität vortäuschen.

Die Krise

Offenbar hat es dieses Paradox schon immer gegeben. Das vielleicht beste Beispiel dafür bietet *Anna Karenina*, Tolstois großer Roman und mein liebstes belletristisches Buch. Die Liebenden, Anna und der junge Graf Wronski, erreichen bewundernswerte Höhen der Leidenschaft – teilweise deshalb, weil die Umstände es ihnen verwehren, sich wirklich zu besitzen. Doch als Anna von Wronski ein Kind erwartet und ihren Mann verläßt, nimmt Wronskis Leidenschaft ab. Das erzeugt in Anna eine nagende Unsicherheit, die ihre Leidenschaft zu eifersüchtiger Besessenheit wandelt, und das führt zu einem tragischen Ende.

Diese universelle Dynamik gab es immer schon, und es wird sie immer geben. Aber heute, da wir im Zeitalter geschiedener Ehen leben, tendieren wir dazu, viele romantische Beziehungen zu haben – und das bedeutet viele Hiebe durch die paradoxen Seiten der Leidenschaft. Ich habe Patienten kennengelernt, die sich, nachdem sie einmal zu oft verletzt worden waren, in chronische Überlegene verwandelt und emotional abgekapselt haben. Ich habe Karrierefrauen kennengelernt, die ihre Heirat bis Mitte Dreißig verschoben, dann in Panik gerieten und sich selbst als Unterlegene auf dem Heiratsmarkt feilboten. Ich habe ungeheuren Zynismus sowohl bei Männern als auch bei Frauen erlebt, wenn es darum ging, eine erfüllte, dauerhafte Beziehung zustande zu bringen. Und zwischen den Extremen Bedürftigkeit und Zynismus gab es Ambivalenz und Verwirrung. Menschen wissen nicht, warum ihre liebevollen und lieblosen Verhaltensweisen zu besonderen Resultaten in ihren Beziehungen führen. Sie wissen nicht, warum sie bestimmte Gefühle für einen Partner oder in einer Beziehung haben. Oder – noch schlimmer – sie erklären sich und ihre Beziehungen für krankhaft, wobei sie dann die neuesten populärpsychologischen Schlagworte benutzen.

Mich störte nicht nur die pathologisierende Botschaft der Bücher über Partnerschaft, sondern ich wußte auch aus meiner Erfahrung als Eheberater, daß sich die herkömmlichen Therapien bei problematischen Beziehungen als gefährlich erweisen konnten. Ein Paar kommt beispielsweise und sucht Hilfe. Ein Partner fühlt sich vernachlässigt und wünscht sich mehr Aufmerksamkeit vom anderen, aber der andere fühlt sich emotional überfordert und möchte Distanz halten. Der Standardrat lautet nun dahingehend, daß man das Paar auffordert, mehr gemeinsam zu unternehmen. Aber dem distanzierten (oder überlegenen) Partner mehr Nähe aufzudrängen, überfordert ihn noch stärker und schiebt ihm/ihr auch die Schuld zu (er/sie *sollte* mehr lieben). Die

Resultate dieses Therapieansatzes sind oft kurzlebig oder schaden der Therapie.

Andererseits war ich überzeugt davon, daß eine Beziehung verstärkt werden konnte, wenn man an diesen Problemen im richtigen Rahmen arbeitete. Meine Patienten reagierten positiv auf den Gedanken, daß die paradoxen Seiten der Leidenschaft und Liebe die wirklich Schuldigen in ihren Beziehungen waren. Ich erklärte ihnen, daß *keiner der beiden Partner* das Ungleichgewicht verschuldet hatte, das zwischen ihnen herrschte. Wir nahmen uns vor, gemeinsam daran zu arbeiten, den Ursprung oder die Quellen des Ungleichgewichts zu entdecken und die Techniken zu benutzen, die ich entwickelt hatte, um sie zu korrigieren.

Leben Sie in einer paradoxen Beziehung?

Wir können die Probleme anderer Beziehungen hervorragend diagnostizieren, aber wenn es um unsere eigene Partnerschaft geht, sind wir nicht so scharfsinnig. Um festzustellen, ob Sie in einer paradoxen Beziehung leben, sollten Sie die folgenden Fragen beantworten.

- Ist ein Partner eifersüchtiger als der andere?
- Ist es typisch, daß ein Partner auf einen Anruf oder die Heimkehr des anderen wartet?
- Ist ein Partner der »Böse« und der andere der »Gute«?
- Unternimmt ein Partner größere Anstrengungen, um ein Gespräch anzufangen oder die Kommunikation aufrechtzuerhalten?
- Sagt ein Partner öfter »Ich liebe dich« als der andere?
- Ist ein Partner nach dem Sex weniger zärtlich als der andere?
- Möchte ein Partner mehr »an der Beziehung arbeiten« als der andere?
- Tendiert einer der Partner dazu, sich auf Parties vernachlässigt zu fühlen, während der andere sich unnatürlich (oder zeitweise) befreit fühlt?

- Beschäftigt sich ein Partner mehr mit der beruflichen Karriere als der andere?
- Empfindet einer der Partner die Beziehung als unsicher und ist ängstlich, während der andere sich sicher ist?
- Zeigt sich einer der Partner entsetzt oder beschämt über das Verhalten des anderen in der Öffentlichkeit?
- Wenn Sie nicht verheiratet sind – schneidet einer der Partner das Thema Bindung und Ehe öfter an als der andere?
- Wenn Sie verheiratet sind – spricht einer der Partner öfter über den Wunsch, Kinder zu haben, als der andere?
- Wird einer der Partner während eines Streits als »egozentrisch«, »selbstsüchtig« und »uneinsichtig« bezeichnet, während der andere beschuldigt wird, »besitzergreifend«, »klammernd« und »fordernd« zu sein?

Wenn Sie einige dieser Fragen bejaht haben, birgt Ihre Beziehung Elemente des Ungleichgewichts. Je mehr Sie bejaht haben, desto größer ist das Ungleichgewicht.

Natürlich gibt es sogar in ausgeglichenen Partnerschaften Phasen des Ungleichgewichts und der paradoxen Szenen. Aber Paare, die in einer ausgeglichenen Beziehung leben, haben wesentlich mehr zu gleichen Teilen in die Beziehung investiert. Das bewahrt sie davor, zu weit aus der Gemeinsamkeit mit dem anderen zu rutschen – ausgenommen sind extrem unausgeglichene Situationen.

Wir wollen uns jetzt den Wurzeln der Beziehungsprobleme zuwenden. Wir werden klären, warum die starke Dynamik der Liebe uns in die Position des Über- und des Unterlegenen locken kann, wobei wir uns oft auf eine Art benehmen, die uns mißfällt und die außerhalb unserer Kontrolle liegt.

Als unser Flugzeug zur Landung ansetzte, machte Liz eine Bemerkung, die ich interessant fand:

> »Ich glaube, daß das, wovon Sie reden, so verbreitet, so offensichtlich ist, daß es gar nicht bemerkt wird.«

Es steht viel auf dem Spiel. Erfolg in der Liebe ist eine der Grundvoraussetzungen für ein glückliches Leben. Dieses Buch ist geschrieben worden, um dieses Glück in Reichweite zu bringen und um das Unsichtbare sichtbar zu machen.

1. Teil

Die schmerzlichen Vorbedingungen für ungleiche Liebe

1. Kapitel

Wenn man sich verliebt – Die Freuden und Gefahren der Leidenschaft

Wenn man sich verliebt, ändert sich das Leben über Nacht von schwarzweiß zu Farbe. Junge Liebe beeinflußt die Denkweise, die Gefühle und das Verständnis. Sie bringt unsere Gedanken durcheinander, verstärkt Emotionen, verschönert alles, was wir sehen, und in unserem Hirn werden starke Hormone freigesetzt, die gute Laune erzeugen.

Ich bitte meine Klientenpaare immer darum, darüber zu sprechen, was sie empfanden, als sie sich ineinander verliebt hatten. Das ist eine sehr nützliche Übung, weil es sie an eine wichtige Tatsache erinnert, die in schlechten Zeiten leicht vergessen wird – daß sie in der Lage sind, einander große Freude und großes Vergnügen zu schenken. Ich frage gern nach den kleinsten Einzelheiten über die Zeit der Werbung, weil das sehr viel darüber aussagt, warum zwei Menschen zusammen sind, und weil darin auch oft die Saat dafür enthalten ist, was sie nun auseinanderbringt. In den meisten meiner Fälle finden sich frühe Anzeichen für ein Ungleichgewicht. Das ist eine entscheidende Entdeckung, denn – wie die Mediziner sagen – »die Diagnose ist die halbe Behandlung«.

Drei Arten der Werbung

Ich habe die folgenden Paare ausgesucht, weil bei ihnen so viel über die Dynamik der Anziehung enthüllt wird.

Paul und Laura

Paul, 35, ist Anwalt, der sich auf Steuerrecht spezialisiert hat. Er spricht sehr präzise – so, als ob er den emotionalen Tumult, den er empfand, als er sich in Laura, eine Frau, die ihm extremes Glück, extreme Verzweiflung und extreme Verwirrung bescherte, verliebte, verbergen wollte.

»Ich lernte sie kennen, als sie das erste Mal in die Kanzlei kam. Sie war so attraktiv, daß es mir gar nicht in den Sinn kam, mich ernsthaft für sie zu interessieren. Ich erinnere mich noch genau an den Augenblick, als eine Romanze möglich schien. Sie saß während einer Personalbesprechung neben mir, und ein anderer Anwalt und ich stritten über die Strategie in einem Fall. Sie beugte sich zu mir und flüsterte: ›Bahn frei, Becker.‹ Ihr Aussehen, ihr Parfum, ihre Unterstützung, ihr Humor, ihre natürliche Freundlichkeit ... das traf mich alles wie ein Blitz. Ich war seit längerem ohne Beziehung, und es war, als ob eine Mauer anfing zu bröckeln.«

Laura, 28, eine große ausnehmend hübsche Frau mit glänzendem dunklen Haar, hatte es genauso geplant. Sie hatte ein Auge auf Paul geworfen, weil ihr seine Aura von Autorität und die Art, wie er sich gab, gefiel.

»... nicht der Aufreißertyp. Ich möchte nicht eingebildet klingen, aber ich hatte es satt, daß die Männer hinter mir her waren. Paul war sehr zurückhaltend. Ich war neugierig darauf, wie er als Liebhaber ist. Es hat mich interessiert, weil er so klug, so selbstbewußt war und weil er vom Rest der Belegschaft respektiert wurde. Sicher, er sah wie ein Professor und ein wenig altmodisch aus, aber das hatte einen gewissen Charme.«

Wie viele Paare kannten sich Paul und Laura nicht sehr gut, als sie sich aufeinander stürzten. Aber das, was sie voneinander hielten, war begründet und romantisch gefärbt.

Deborah und Jonathan

Deborah, 33, eine blonde Kunstlehrerin, die sich kleidet wie eine Malerin, lernte Jonathan bei der Party eines gemeinsamen Freundes kennen. Deborah hatte einige »ernste und halbernste«

Beziehungen hinter sich, und sie war unglücklich, weil sie sich immer wieder in einer Liebesaffäre »verlor«. Sie hatte beschlossen, ein Jahr allein zu bleiben und sich – in der Hoffnung, eine Ausstellung arrangieren zu können – auf die Malerei zu konzentrieren.

Jonathan, ein Dachdeckermeister, beschäftigte in seinem kleinen, aufstrebenden Unternehmen mehrere Angestellte. Er war Anfang Vierzig, einmal verheiratet und besaß einen Universitätsabschluß in Philosophie. Deborah erinnerte sich an die Zeit, als sie sich kennenlernten:

> »Zuerst war ich nicht sonderlich beeindruckt von Jonathan. Vom Körperlichen her war er nicht mein Typ – zu groß und dünn, außerdem mag ich keine Bärte. Aber irgend etwas zog mich an, nämlich die Tatsache, daß er sehr nachdenklich und aufrichtig zu sein schien. Ich sagte ihm ins Gesicht, daß ich kein Interesse daran hätte, mich mit ihm zu verabreden, aber er überredete mich zu einem ›freundschaftlichen Dinner‹ mit ihm. Dabei erzählte er mir von seiner niederschmetternden Ehe – seine Frau hatte ihn wegen eines anderen verlassen – und sagte, daß ich die erste Frau sei, für die er sich seit Jahren interessiere. Ich fühlte mich geschmeichelt, fand ihn aber immer noch nicht besonders anziehend. Aber er schien nett und solide zu sein, so daß ich einwilligte, ihn wiederzusehen.«

Ich fragte Deborah, ob ich Jonathan bitten könnte, allein mit mir zu sprechen. Sie stimmte zu. In einer der beiden Sitzungen mit Jonathan fragte ich ihn, was ihn ursprünglich an Deborah angezogen hatte.

> »Ich bin kein eifriger Partybesucher, und tatsächlich wollte ich gerade gehen, als ich Deborah sah. Mir gefiel die Art, wie sie sich kleidete – sehr kreativ –, und ich witterte einen verwandten Geist. Sie war zurückhaltend, aber das war in Ordnung. Ich mag keine Frauen, die gleich auf einen zugehen oder es nötig zu haben scheinen. Nach dem Dinner war ich ziemlich aufgeregt, denn mein erster Eindruck hatte sich bestätigt. Und ich war begeistert, als sie einwilligte, mich wiederzusehen, weil sie ja vorher gesagt hatte, daß sie sich nicht verabreden wollte.«

Es ist nicht ungewöhnlich, daß ein einseitiges Interesse – wie das von Jonathan – romantische Gefühle in jemandem entfacht, der anfänglich – wie Deborah – indifferent war. Deshalb kann die Aussicht auf emotionale Erfüllung durch eine Romanze so zwingend sein.

Beth und Miles

Im Gegensatz zu den anderen beiden Paaren waren Beth und Miles schon verheiratet, als sie zu mir kamen. Sie hatten sich vier Jahre zuvor kennengelernt – kurz nachdem Miles eine Anstellung als Manager eines großen, aber kaum besuchten Restaurants bekommen hatte. Er richtete das Lokal neu ein und engagierte eine neue Küchenbrigade. Diese Veränderungen waren ausgesprochen erfolgreich. Ein Bestandteil dieser Wende war eine sorgfältig konzipierte Werbekampagne, die von Beth, Angestellte einer Werbeagentur, entwickelt worden war. Beth, 35, hatte ein Jahr zuvor eine ernste lange Beziehung beendet und verabredete sich gelegentlich mit einem Mann. Miles, 32, war ein stadtbekannter Junggeselle.

Beth erinnerte sich an ihr erstes Treffen, das in ihrem Büro stattfand.

> »Miles haute mich um. Er war ein bißchen frech, aber sein Verstand schien auf sechs Ebenen gleichzeitig zu arbeiten, und sein Gespür für Trends war unheimlich. Mir gefiel sein Äußeres sehr – gutaussehend, aber ein klein wenig extravagant. Er trug eine Krawatte, die mit kleinen Booten bedruckt war. Das Beste aber war – und das überraschte mich –, daß er in sich zu ruhen schien. Er bestand darauf, daß ich nach der Arbeit ins Restaurant kam, um die Kampagne mit ihm zu besprechen, und spätabends liebten wir uns dann wie verrückt auf der Couch in seinem Büro. Ich versichere Ihnen, daß das nicht typisch für mein Verhalten bei Kunden ist.«

Miles sagte über Beth:

> »Die Verbindung war sofort da – beidseitig, mental, körperlich und gefühlsmäßig. Beth war zuerst sehr sachlich, aber ihr Sinn für Humor trat zutage, als wir uns näher kennenlernten. Das stand im starken Kontrast zu ihrem adret-

ten Geschäftskostüm, aber es gefiel mir. Es gab viele interessante Widersprüche an ihr, und ihre Ideen waren großartig. Nachdem ich ihr Büro verlassen hatte, mußte ich ständig an sie denken.«

Meine Patienten können niedergeschlagen, ängstlich, wütend, sogar verbittert sein, wenn sie in meine Praxis kommen. Aber wenn sie über diese ersten Augenblicke der Anziehung und der Erregung sprechen, scheint in der Stimme und in den Augen neue Hoffnung aufzukeimen. Sie wissen dann, warum sie bei mir sind, und erkennen, daß es wichtig ist.

Anziehungskraft

Warum zieht uns eine Person mehr an als eine andere? Wenn wir diesen Fragenkomplex auf das Grundlegende reduzieren, müssen wir uns zuerst die *Bedürfnisse,* speziell *interpersonelle Bedürfnisse,* anschauen. Interpersonelle Bedürfnisse können nur durch die Interaktion mit anderen Menschen erfüllt werden. Die Befriedigung dieser Bedürfnisse ist unerläßlich dafür, daß man sich emotional gut fühlt, und der Drang, sie zu befriedigen, ist die Triebfeder einer Vielzahl menschlicher Verhaltensweisen.

Es gibt zwei Arten von interpersonellen Bedürfnissen. Zuerst die *grundlegenden,* als da wären Gemeinschaft, Vertrautheit, Sex und Akzeptanz. Diese Grundbedürfnisse drängen uns dazu, uns mit anderen Menschen zu verbinden. Dem liegt unterschwellig das Ziel zugrunde, das Überleben der menschlichen Rasse zu sichern.

Die zweite Art besteht aus unseren *besonderen Bedürfnissen.* Jeder von uns besitzt ein detailliertes Mosaik von besonderen Bedürfnissen. Besondere Bedürfnisse helfen uns bei der Suche nach einem Partner, der uns wirklich ergänzt. Diese Bedürfnisse schaffen Vorlieben bei nahezu allem – von Wertsystemen, Lesegeschmack und akzeptablen Beschäftigungen bis hin zur Haarfarbe, Sinn für Humor und sportlichen Neigungen. Sie bestimmen, welche Art von emotionalem Ambiente wir in einer Beziehung wollen – vielleicht energisch, vielleicht gelassen –, und führen uns zu Menschen, die uns dabei helfen könnten, dieses Ambiente zu gestalten.

Besondere Bedürfnisse können auf eine Vielzahl von Quellen zurückgeführt werden. Eltern und andere Einflüsse in der Kindheit formen sie stark, ebenso wie es später auch Erfahrungen und Beziehungen tun. Unsere Bedürfnisse verändern sich, so wie wir selbst wachsen und uns verändern. Sogar die kulturelle Ära spielt eine Rolle bei der Definition unserer speziellen Bedürfnisse. In den Sechzigern war beispielsweise das Image eines erfolgreichen jungen Börsenmaklers out; heute ist es in. Wenn Sie je die Heiratsanzeigen in einer Zeitung oder Illustrierten gelesen haben, dann wissen Sie, daß wir unsere persönlichen Bedürfnisse ebenso ernst nehmen (»SWF sucht vegetarischen, jüdischen, feministischen Mann . . .«) wie unsere Grundbedürfnisse (»der warmherzig, großzügig und reif für eine Bindung ist«).

Die Schwelle zur Schwärmerei

Jeder von uns erreicht einmal das, was ich die *Schwelle zur Schwärmerei* nenne. Wir stoßen darauf, wenn zwei Kräfte sich einander nähern. Zuerst einmal müssen wir uns in einem Stadium des Verlangens befinden. Das bedeutet, daß wir nicht in einer erfüllten Beziehung leben und daß wir nicht glücklich mit unserem Leben sind. Manchmal weckt das Interesse von jemandem an uns schlafende Bedürfnisse, die dann nach Erfüllung verlangen.

Zweitens müssen wir Kontakt zu jemandem bekommen, der die Fähigkeit zu besitzen scheint, eine entscheidende Kombination unserer Bedürfnisse zu erfüllen. Wenn unsere Grundbedürfnisse überhandnehmen, sind wir manchmal weniger wählerisch als normalerweise. Und wenn wir Glück haben, laufen wir jemandem über den Weg, der eine ungeheure Anzahl unserer besonderen Bedürfnisse befriedigen kann, dann erleben wir die sprichwörtliche »Liebe auf den ersten Blick«.

Wir alle haben unterschiedliche Schwellen zur Schwärmerei, unterschiedliche Voraussetzungen, die festlegen, *wie* wir uns verlieben. Manche Menschen verlieben sich laufend, andere nur einmal; manche verlieben sich schnell, während andere es nicht können, bis sie jemanden sehr gut kennengelernt haben.

Wenn jemand die Schwelle zur Schwärmerei überschreitet, erleben wir eine plötzliche und dramatische emotionale Veränderung. Intensive Hoffnungen und intensives Verlangen werden plötzlich nur auf diese Person fixiert, und wir verspüren eine neue Erregung im Leben. Es ist, als ob eine Schleuse geöffnet worden wäre und unsere aufgestauten Emotionen nun davonflössen. Paul, der Anwalt, beschrieb seine Hingezogenheit zu Laura so, »als ob eine Mauer bröckelt«. Unser Verlangen danach, unsere Bedürfnisse zu befriedigen, erklärt, daß wir uns in Menschen, die wir kaum kennen, verlieben können.

Verliebt, außer Kontrolle

Wenn Hingezogenheit zur Schwärmerei führt, ergreift schnell die Leidenschaft von uns Besitz. Das Wörterbuch definiert Leidenschaft als »Gefühl, das nicht über den Verstand gesteuert werden kann«. Leidenschaft überwindet die Verbindungen zwischen unserem Herz und unserem Verstand, so daß es uns leichtgemacht wird, zu Anfang Schwärmerei mit wahrer Liebe zu verwechseln. Beides löst das gleiche Gefühl aus, und unsere erregten Gehirne können eins nicht vom anderen unterscheiden.

Doch ob sich nun unsere Gefühle als vorübergehende Dummheit oder als tief und dauerhaft erweisen – die anfängliche Empfindung bleibt dieselbe: ein Gefühl, keine Kontrolle mehr zu haben. Paul fühlte sich bar jeder Kontrolle, als seine Schwärmerei für Laura wuchs.

> »Ich dachte nur an Laura, an nichts anderes mehr. Es war beängstigend, wie wenig Kontrolle ich hatte. Meine Arbeit litt. Ich wurde zu einer Witzfigur im Büro, weil ich wichtige Kurzmitteilungen falsch ablegte. Sie müssen wissen, daß ich sonst derjenige bin, der weiß, wo alles ist. Die meiste Energie verwandte ich darauf, Wege zu finden, Laura zu begegnen, und mir auszumalen, was ich ihr erzählen wollte.«

Als er schließlich Laura bat, mit ihm essen zu gehen, willigte sie sofort ein. Bei ihrer nächsten Verabredung kochte sie, und statt den Pfirsichkuchen zu essen, den sie als Nachtisch vorbereitet hatte, liebten sie sich. Laura berichtete, daß sie

> »... den Dingen ihren Lauf ließen. Wir gingen zwei Tage nicht zur Arbeit. Meine Mutter, mit der ich fast jeden Tag spreche, glaubte, ich wäre bei einem Autounfall umgekommen. Ich fragte mich schon, ob ich je wieder normal werden würde.«

Eigentlich alle Frischverliebten finden heraus, daß ihre »normalen« Denk- und Verhaltensweisen auf schöne, aber wirklich beängstigende Weise den Bach heruntergehen. Die Angst existiert deshalb, weil man keine Kontrolle mehr hat. Und in einem sehr realen Sinn *ist* man außer Kontrolle, wenn man sich verliebt, denn Verlieben zieht eine emotionale Dynamik nach sich, die Freud *Kathexis* nannte. Kathexis tritt dann auf, wenn man seine Emotionen so total auf die geliebte Person richtet, daß man die Kontrolle darüber verliert.

Sich verlieben ist wie ein Investment an der Börse. Genauso wie man zeitweilig die Kontrolle über sein Geld verliert, wenn man es investiert, so verliert man die Kontrolle über seine Gefühle, wenn man sich verliebt, weil man sie in die geliebte Person investiert. Und genauso, wie man das Schicksal der Börseninvestments nicht kontrollieren kann, kann man auch unmöglich wissen, was aus einer neuen Beziehung wird. Das ist der Risikofaktor, der beängstigende Teil des Verliebtseins.

Wie kann etwas so Beängstigendes so toll sein?

Als Deborah spürte, daß sich ihre Zuneigung zu Jonathan vertiefte, war sie überrascht und verängstigt, aber auch euphorisch.

> »Ich hatte nicht erwartet, ›hingerissen‹ zu sein, aber nach der fünften Verabredung war das der Fall. Er verhielt sich so, als wäre ich die Antwort auf seine Gebete, aber er schob Sex nach wie vor hinaus. Unsere Gutenachtküsse wurden

zwar immer länger und leidenschaftlicher, aber dabei blieb es auch. Ich wußte nicht, was da los war. Das machte mich unsicher, und auf einmal begehrte ich ihn mehr und versuchte, ihn zu verführen. Ich habe genug erlebt, um zu wissen, daß jemand, dem man sehr weh getan hat, Probleme mit sexueller Nähe haben kann. Deshalb war ich einerseits ziemlich ängstlich, fühlte aber andererseits, daß ich mich verliebte. Als wir schließlich miteinander schliefen – bei unserer sechsten Verabredung –, war ich im siebten Himmel. Soviel zu meinem Schwur, im Zölibat zu leben.«

Das Risiko der Liebe läßt das Gehirn – wie bei jedem anderen Angstgefühl – amphetaminähnliche, starke Hormone ausschütten. Diese Hormone bringen uns dazu – mit dem Ziel, das Überleben zu sichern –, uns optimal zu verhalten. In wirklich lebensbedrohenden Situationen zwingen sie uns, schneller zu laufen, länger zu kämpfen, härter zuzuschlagen, Schmerz zu ertragen und unsere Aufmerksamkeit auf die Quelle der Gefahr zu richten. Das wird als die »Kampf oder Flucht«-Reaktion bezeichnet. Aber diese starken Stimulantien besitzen eine verlockende Nebenwirkung: Sie erzeugen eine ungewöhnlich hohe Erregung. Darum suchen so viele Menschen Herausforderung und Gefahr – sie wollen sich natürliche Höhepunkte bescheren.

Wenn man sich verliebt, strotzt man vor erregenden Gefühlen, die das romantische Äquivalent zu »Kampf oder Flucht« darstellen: Man zittert vor Erwartung, die Handflächen werden feucht, und das Herz scheint in der Brust zu hämmern; man besitzt mehr körperliche Energie, ist in der Lage, sich die ganze Nacht zu lieben, und fühlt sich am nächsten Tag gut; man richtet seine Aufmerksamkeit intensiv auf die geliebte Person; die Sinne scheinen geschärft zu sein; man ist bewundernswert charmant und witzig; und man ist taub für unerfreuliche Dinge in anderen Bereichen des Lebens. Man sieht sogar besser aus. Man erntet die euphorischen, biochemischen Segnungen des Kontrollverlustes.

Die Furcht vor Zurückweisung

Die Furcht vor Zurückweisung ist eine der Hauptursachen für unsere Angstgefühle und die Leidenschaft in der Liebe. Wenn wir uns gerade verliebt haben, machen wir uns keine Sorgen, daß wir uns zu sicher fühlen. Wir haben Angst vor dem Verlust der Liebe und nicht Angst davor, zuviel davon zu bekommen. Miles drückte pure Angst vor Zurückweisung aus, als er sagte:

> »Beth traf sich mit einem Generaldirektor und einem Internisten, als wir uns kennenlernten, deshalb schwitzte ich Blut und Wasser, daß ich unter Umständen für sie zu unbedeutend oder nur ein Mann für eine Nacht wäre.«

Bei Beth drehte sich die Angst vor Zurückweisung um die fast vier Jahre Altersunterschied zwischen ihr und Miles.

> »Ich wurde mir plötzlich meines Alters und der kleinen Augenfältchen und all dem sehr bewußt. Es fiel mir schwer zu glauben, daß das für ihn keine Bedeutung hatte, besonders wenn schöne junge Frauen mit ihm flirteten – was sehr oft geschah.«

Die Angst vor Zurückweisung beschert uns Gefühle wie Eifersucht, Besessenheit und Selbstzweifel. Es kann extrem bedrohlich sein, die Kontrolle an einen anderen zu verlieren, sich so entblößt und verwundbar zu fühlen. Wie Freud schon sagte: »Wir sind dem Leiden nie so schutzlos ausgeliefert wie zuzeiten des Verliebtseins.«

Es ist eine nackte Tatsache im Leben, daß eine geliebte Person das Interesse verlieren oder jemanden finden kann, der begehrenswerter ist. Die meisten von uns wissen aus Erfahrung, daß »fallengelassen« zu werden schmerzt, an uns nagt und uns demoralisiert wie nichts sonst. Ehe wir uns nicht der Liebe eines Partners vollkommen sicher sind, macht uns die Möglichkeit, verlassen zu werden, besonders machtlos und läßt uns um so leidenschaftlicher werden.

Die Gegenwehr: die Ergründung des Partners

Sich zu verlieben kann uns verrückt machen, aber es löscht selten unsere grundlegenden emotionalen Überlebensinstinkte aus. Diese Instinkte befähigen uns dazu, jederzeit zu wissen, was die geliebte Person uns gegenüber empfindet. So entwickeln wir Methoden, um die Worte und Taten des Partners zu deuten, und halten Ausschau nach verräterischen Spuren. Oft schenken wir den Anzeichen keine Beachtung, aber ich habe nur selten einen zurückgewiesenen Partner getroffen, der es, rückblickend betrachtet, nicht hatte »kommen sehen«.

Bewerten und Entschlüsseln

In der Zeit des Kennenlernens versuchen wir uns zu schützen, indem wir dauernd das Verhalten der geliebten Person *bewerten* und *entschlüsseln*. Deborah beschreibt, was vorging, als sie sich in Jonathan verliebte.

> »Ich war sehr verwirrt, weil er so verschiedene Signale aussandte, und verwandte große Energie darauf, sie zu sortieren. Einerseits brachte er mir immer Blumen mit, wenn wir uns trafen, aber andererseits hatte er es nicht eilig, mit mir ins Bett zu gehen. Dann einigten wir uns darauf, uns dreimal in der Woche zu sehen. Zuerst schien er so begeistert von mir – und uns – zu sein, daß ich glaubte, ich müßte mich entscheiden, ob ich am Ball bleiben wollte oder nicht. Aber als es sich nicht so entwickelte, wie ich es erwartet hatte, wog ich dauernd sein liebevolles Verhalten gegen sein vorsichtiges Verhalten ab.«

Liebende checken aus reinem Reflex das romantische Verhalten des anderen ab. Sie beurteilen, wieviel Zeit zwischen ihrem letzten gemeinsamen Augenblick und dem nächsten Telefonanruf vergeht, achten auf das Lautwerden von Zukunftsplänen, schätzen ein, ob ein Partner mehr oder weniger aufmerksam wird. Wenn wir verliebt sind, achten wir sehr genau auf diese Verhaltensänderungen, weil Anzeichen für Distanziertheit oder

Annäherung des Partners für uns am meisten zählen. Wir sind so auf die geliebte Person fixiert, daß uns nur wenige Nuancen im Verhalten entgehen. So haben wir jederzeit genug Daten, um die Chancen für eine Zurückweisung zu kalkulieren. Das ist eine Technik, die ängstlichen Liebenden eine kleine, aber sichere Kontrolle gibt.

Der Wurm im System

Es gibt – natürlich – einen Makel in unserem Bewertungs- und Entschlüsselungssystem. Es funktioniert gut, solange wir uns nicht zu sehr engagieren. Wenn wir wachsende Gleichgültigkeit bei unserem Partner spüren, sollten wir uns logischerweise aus der Beziehung zurückziehen, damit wir nicht verletzt werden. Aber wenn wir erst einmal einen Großteil unserer Emotionen in eine andere Person investiert haben, wird ein Rückzug nur noch größere Leidenschaft in uns auslösen. Und Leidenschaft besitzt nun einmal den »Vorzug«, die schlechten Signale herauszufiltern und nur die guten zu übermitteln.

Verteidigung durch Angriff

Manchmal wird ein Partner, der Angst vor Zurückweisung hat und die Unsicherheit junger Liebe empfindet, beschließen, eine Beziehung sehr früh zu beenden. Eine Person, die das macht, ist entweder in einer sehr unsicheren Phase seines oder ihres Lebens oder leidet immer noch an einer zuvor kaputtgegangenen Beziehung. Indem man die Schlüsselrolle des Abweisenden wählt, erlangt man sofort Macht *und* braucht selbst keine Angst mehr vor einer Zurückweisung zu haben. Aber man verbaut sich auch die Möglichkeit, wahre Intimität zu finden.

Der Angriff: Werbeverhalten

Gewöhnlich definieren wir Werbung als eine Ansammlung von »Ritualen«, die geschaffen wurden, um Liebe zu suchen und auszudrücken. Ich glaube, daß Werbung noch ein anderes entscheidendes Ziel hat, und das hat mit interpersoneller Macht zu tun.

Ich habe schon erklärt, daß der Verlust unserer emotionalen Kontrolle an einen neuen Partner sowohl Angst als auch Leidenschaft erzeugt. Jetzt müssen wir verstehen lernen, wie man diese Gefühle anwenden kann, um den neuen Partner unter unsere emotionale Kontrolle zu bringen. Unsere stärkste Waffe in dieser Kampagne ist unsere Fähigkeit, *anziehend* zu sein. Sowohl bewußt als auch unbewußt verfügen wir über unzählige Taktiken, die uns so wundervoll und unwiderstehlich wie möglich aussehen lassen. Indem wir schauspielerische Leistungen erbringen, die eines Laurence Olivier würdig wären, bieten wir den geliebten Personen glänzende Versionen von uns an.

Das vorteilhafte Selbst

Getrennt voneinander fragte ich Laura und Paul, ob sie bewußt versucht hätten, sich einander so attraktiv wie möglich zu präsentieren.

Laura:

> »Als ich Interesse an Paul entwickelte, putzte ich mich an Tagen, an denen Mitarbeiterbesprechungen stattfanden, richtig heraus. Statt zwei Knöpfen ließ ich drei an meiner Bluse offen, trug einen Extraspritzer Parfum auf und kämmte mein Haar ein wenig unordentlich. Dann setzte ich mich neben ihn oder ihm direkt gegenüber an den Tisch. Ich lauschte seinen Bemerkungen *sehr* aufmerksam, nickte, wenn er eine Feststellung machte, lächelte, wenn es angemessen schien. Ich war schamlos!« (Sie lachte.)

Paul:

»Als es offenbar wurde, daß Laura Interesse an mir hatte, fing ich an, mir Sorgen über mein Aussehen zu machen. Das ist ein Punkt, über den ich normalerweise nicht nachdenke. Mein zurückweichender Haaransatz störte mich plötzlich. Ich versuchte, mein Haar so zu kämmen, daß er bedeckt war. Ich las tatsächlich in Illustrierten die Anzeigen für Haarwuchsmittel. Und ich kaufte mir einen neuen italienischen Anzug, der besser paßte als meine ausgebeulten Hosen aus dem Kaufhaus.«

Gut auszusehen oder – genauer – so auszusehen, wie die geliebte Person es anscheinend möchte, ist ein Grundritual der Werbung. Wenn Laura ein Auge auf einen anderen Typ geworfen hätte – zum Beispiel einen Hardrockmusiker –, dann hätte sie sich für einen Ledermini und eine Punkfrisur entschieden. Der Punkt ist der, daß wir versuchen, unsere Attraktivität auf die Menschen abzustimmen, die wir begehren, um ihnen so zu zeigen, wie anpassungsfähig wir sind.

Das gebildete Selbst

Deborah verfuhr nach einem anderen klassischen Werbungsritual.

»Existentialismus war ein besonderes Steckenpferd von Jonathan, und ich wollte bei diesem Thema nicht zu ignorant wirken. Deshalb kaufte ich mir ein paar Bücher über zeitgenössische Philosophie und machte mich schlau. Es war ziemlich mühsam, aber das war es wert. Als Jonathan während eines unserer Dinner ›existenzialistisch‹ redete, machte ich wie zufällig Bemerkungen über Sartre und Kierkegaard und das ›authentische Sein‹ und so weiter. Er konnte es nicht glauben. Das war auch die erste Nacht, in der wir uns liebten.«

Wenn wir vorhaben, eine geliebte Person für uns zu gewinnen, ergründen wir zuerst, was ihn oder sie am meisten bewegt und interessiert. Dann zeigen wir, daß wir diese Interessen teilen können. Das muß nichts Intellektuelles sein. Faszination bezüglich der Arbeit oder der Hobbies der Person auszudrücken erfüllt im Grunde den gleichen Zweck. Die Liebe macht Chamäleons aus uns: Unbewußt nehmen wir die Farbe der geliebten Person an, damit wir in der Lage sind, viele seiner oder ihrer besonderen Bedürfnisse zu befriedigen.

Das Selbst, das einer Mutter gefallen würde

Wir nehmen unsere Liebsten auch dadurch für uns ein, daß wir schlechte Gewohnheiten unterdrücken und negative Verhaltensweisen kontrollieren. Miles berichtete von seinen Anstrengungen, sich Beth' Abneigung gegen das Rauchen anzupassen.

> »Ich war ein ziemlich starker Raucher, aber Beth war sehr dagegen. Zuerst versuchte ich es mit Pfefferminzpastillen und Mundsprays, aber das klappte nicht. Deshalb hörte ich nach zwölf Jahren Rauchen von einem Tag auf den anderen auf. Ich vermute, das ist wahre Liebe.«

Wenn wir von Natur aus unordentlich sind, werden wir plötzlich sehr ordentlich; unser Zuhause war nie so untadelig wie beim ersten Besuch der geliebten Person. Wir verlieren nicht die Beherrschung, zeigen keinen Ärger und verhalten uns der geliebten Person gegenüber niemals widerborstig. Statt dessen stellen wir unseren Witz, Charme und Humor unter Beweis und zeigen bei jeder Gelegenheit Unterstützung, Sympathie, Hilfsbereitschaft und Zustimmung.

Geschenke machen und großzügig sein

Beth erinnerte sich daran, was sie am meisten während der Zeit ihres Kennenlernens genossen hatte.

> »Miles und ich spielten dieses kleine Spiel des Beschenkens. Ich brachte ihm kleine Plastikgemüse, so wie man sie in den Fenstern japanischer Restaurants sieht, mit. Er dagegen schenkte mir ›vernünftige‹ Dinge, die aber witzig gemeint

waren. Wie einen Briefbeschwerer aus den Fünfzigern, in dem ein Mann an einem Schreibtisch zu sehen war. Mir gefiel die Lunchbox mit dem Einhorn besonders gut.«

Von der simplen Pralinenschachtel bis zum teuren Diamantring – sich zu beschenken ist eines der häufigsten Rituale in der Zeit des Umwerbens. Es ist typisch, daß das Geschenk kostbar, romantisch, sentimental oder niedlich ist. Selten beschenken sich junge Liebende mit so etwas Banalem oder Praktischem wie einem elektrischen Dosenöffner. Durch Geschenke senden Liebende die unausgesprochene Botschaft: »Schenk mir deine Liebe, und ich werde immer dafür sorgen, daß du dich als etwas Besonderes fühlst.«

Zusammen mit dem Beschenken tritt die Umwerbepraktik des großzügigen Geldausgebens auf. Jemanden zu umwerben, läßt uns handeln wie Millionäre auf Urlaub. Jonathan war über sein Benehmen beim Geldausgeben am Anfang seiner Beziehung zu Deborah sehr überrascht.

»Eigentlich bin ich sehr sparsam. Ich bin ein Fan von Thoreau und lebe nach seinem Rat: ›Sei schlicht.‹ Aber als Deborah und ich anfingen, uns zu treffen, war Geld kein Thema. Wir gingen teuer essen, und ich bestellte immer nur die besten Weine. Dann verbrachten wir ein Wochenende in Big Sur. Normalerweise wäre ich auf den Campingplatz gegangen, aber diesmal tat es nur das beste Hotel. Ich fühlte mich so, als ob ich mich lange genug zurückgehalten hätte, und fand, daß es Zeit war, sich gehenzulassen.«

Menschen, die normalerweise vorsichtig mit Geld umgehen, machen die Erfahrung, daß leidenschaftliche Liebe ihre Prioritäten total umdrehen kann. Die neue erste Priorität ist die, dem geliebten Menschen zu gefallen, und der Wert des Geldes besteht nur darin, beim Erreichen dieses Ziels zu helfen.

Das größte Geschenk: drei kleine große Worte

Bei Paul wuchs die Angst in neue Höhen, als er sich vornahm, zu Laura das erste Mal »Ich liebe dich« zu sagen.

»Ich fühlte nach ein paar Treffen den starken inneren Drang, Laura zu sagen, daß ich sie liebte. Aber es schien zu früh zu sein, und ich war überzeugt, daß sie etwas Belangloses erwidern und dann verschwinden würde. Als wir miteinander schliefen, schien es irgendwie unnatürlich, es *nicht* zu sagen. Schließlich war da ein Zeitpunkt, an dem sie mich sehr fest in den Arm nahm, und es sprudelte einfach aus mir heraus. Zu meiner Erleichterung schien Laura beglückt zu sein, es zu hören, und sie sagte mir, daß sie mich auch lieben würde.«

Sich zur Liebe zu bekennen, ist ein wichtiger Meilenstein in den meisten Beziehungen. Es birgt auch ein starkes Risiko. Gewöhnlich wagt man den Absprung nicht, bevor der Partner nicht eine Fülle von ermutigenden Signalen ausgesendet hat. Die Chance, daß eine geliebte Person nicht ebenso empfindet, macht das Aussprechen von »Ich liebe dich« zu einem Moment höchster Verwundbarkeit – und Leidenschaft. Wenn diese drei Worte von beiden Seiten ausgesprochen werden, finden sich die Liebenden auf einem erfrischenden, emotionalen Höhepunkt wieder. Der Augenblick, in dem man vom Partner die Erlaubnis bekommt, ihn oder sie zu lieben, kann der Start zu wirklicher Intimität sein. Außerdem schwindet die Angst vor Zurückweisung.

Das Ziel durch Geben erreichen

Die Geschenke und das Geld, das wir so großzügig ausgeben, während wir jemanden umwerben, geben uns das Gefühl, Modellbeispiele für Freigebigkeit und Altruismus zu sein. Aber natürlich bekommen wir ebenso etwas zurück – nämlich das Vergnügen, einem Menschen, den wir lieben, Freude zu bereiten. Da ist überhaupt nichts selbstsüchtig daran.

Doch die Erregung, Angst und der Altruismus der Werbung dienen dazu, ein wesentliches Motiv für unsere Liebenswürdigkeit und unsere Geschenke zu bemänteln: *Durch Anziehung wollen wir die emotionale Kontrolle über unsere(n) Geliebte(n) erlangen.* Es liegt sehr in unserem psychischen Interesse, eine verläßliche, beständige Quelle der Erfüllung für unsere Bedürfnisse zu finden. Nicht geringer ist der Wunsch, uns vor dem Trauma einer Zurückweisung zu schützen. Wir versuchen, unser Ziel zu erreichen, indem wir eine Art fesselnde Kraft über unsere(n) Geliebte(n) werfen, in der Hoffnung, daß er oder sie so sehr gefangengenommen wird, daß es undenkbar wird, uns zurückzuweisen.

Das soll nicht heißen, daß Liebende zynische Manipulierer sind. Unsere Versuche, die Kontrolle über Menschen zu erlangen, die unsere Bedürfnisse befriedigen können, sind normal und notwendig. Werberituale dienen dazu, die Person zu finden, von der wir hoffen, daß sie oder er diese Aufgabe am besten erfüllt. Wenn es uns dann gelungen ist, uns die Liebe der richtigen Person zu sichern, können wir unsere emotionale Kontrolle zurückfordern, uns niederlassen und weiter unser Leben leben – was schwierig ist, wenn man sehr verliebt ist oder verzweifelt nach Liebe sucht.

Die zerbrechliche Ausgewogenheit

In ausgewogenen Beziehungen haben sich *beide* Partner der Liebe des anderen versichert. Sie sind mehr oder weniger gleichberechtigt – in bezug auf ihre Attraktivität, in bezug auf ihre Emotionen und in der Anzahl der Bedürfnisse, die jeder beim anderen befriedigt. Keiner von beiden fühlt sich unterdrückt oder emotional übers Ohr gehauen, und keiner ist versucht, den anderen als selbstverständlich hinzunehmen. Ihre Intimität wird belohnt, und die Autonomie, die sie sich erhalten, ist gesund. Sie halten die Balance.

Wenn sich die emotionale Kontrolle erholt und die Leidenschaft verebbt, entdecken Liebende, die die Balance halten, als Ersatz für den Gefühlsaufruhr in der Zeit der Werbung etwas, das man besser und tiefer gestalten kann. Ideal ist es, wenn Leidenschaft zwei Menschen mit einer Art emotionaler Alchimie verschmilzt, und sie in einer intimen, fruchtbaren, bequemen und oft erregenden emotionalen Partnerschaft aneinander bindet.

Aber es gibt einen Haken bei diesem idealen Szenario: Liebesbeziehungen sind so mit dem Wunsch, Freude zu bereiten, und der Furcht vor Zurückweisung befrachtet, daß es nahezu unmöglich ist, sie ausgeglichen zu halten. Jetzt werden wir die Kräfte untersuchen, die im allgemeinen das Gleichgewicht zwischen Liebesleuten stören.

2. Kapitel
Die Balance halten – Machtwechsel in Beziehungen

Jede Beziehung ist ein Tanz auf dem Seil. Anfangs verleitet die Unsicherheit, die Unbestimmtheit und der Reiz der neuen Liebe beide Partner dazu, gleichermaßen ineinander zu investieren. Aber wenn die Beziehung reift, kann sich das Gleichgewicht im Nu verschieben. Oder, sie kann eine graduelle Veränderung erfahren, die der Aufmerksamkeit entgeht, bis das durch die speziellen Probleme, die ein Ungleichgewicht signalisieren, demaskiert wird.

In meiner Partnerberatung sind mir immer wieder drei Gründe für fehlende Balance in Beziehungen begegnet. Manche Störungen des Gleichgewichts sind leichter zu behandeln als andere, aber allen kann man besser beikommen, wenn den Partnern bewußt ist, welche Kräfte dahinterstecken.

Störung des Gleichgewichts bei der Anziehungskraft

Paul war vollständig von Laura bezaubert. Bei einer Einzelsitzung bat ich ihn zu beschreiben, wie andere Menschen seiner Meinung nach über Laura dachten.

> »Ich glaube, sie wird als jemand angesehen, der der idealen Frau sehr nahe kommt. Nicht nur, daß sie schön anzusehen ist – auch ihr Intellekt und ihre beruflichen Leistungen sind beeindruckend. Sie ist sportlich – mehr als ich –, und sie hat eine Art, Spannung zu erzeugen, daß sie meist bei einer Versammlung im Mittelpunkt der Aufmerksamkeit steht. Ich glaube, daß viele Frauen sie beneiden und daß sie viele Männer einschüchtert.«

Ich stellte Laura die gleiche Frage in bezug auf Paul.

»Ich glaube, man ist beeindruckt von Pauls Verstand und der Tatsache, daß er so hingebungsvoll seine Arbeit erledigt. Er ist nicht der ehrgeizigste Anwalt in der Firma, aber er hat sich eine Nische geschaffen und braucht sich nicht lautstark zu Wort zu melden. Den Leuten gefällt das, und sie respektieren ihn.«

Aufschlußreich ist, daß Pauls Beschreibung von Laura länger, qualitativ besser und begeisterter klang als Lauras Beschreibung von Paul. Selbst, wenn man in Betracht zieht, daß es Unterschiede in Lauras und Pauls Ausdrucksweise gibt, beweisen diese Beschreibungen, daß Laura für Paul attraktiver war als Paul für Laura. Demnach besaß Laura in der Beziehung die größere »Anziehungskraft«.

Was ist Anziehungskraft?

Macht ist etwas, das wir alle wollen, obwohl wir es nicht gern zugeben oder es vielleicht nicht merken. Besonders in Liebesbeziehungen scheint es negativ und destruktiv zu sein, Macht anzustreben. Doch es ist normal, nach Macht und Kontrolle in intimen Beziehungen zu streben und es auf eine Art zu machen, die gesund und positiv ist.

Die meisten von uns versuchen nicht, andere zu kontrollieren, sondern statt dessen Elemente unseres emotionalen Umfelds zu beherrschen, damit die größte Anzahl unserer Bedürfnisse befriedigt werden kann. Das bedeutet, Menschen, die uns ergänzen, anzuziehen, und eine Bindung mit ihnen einzugehen. Während wir erwachsen werden, lernen wir, daß bestimmte Eigenschaften bestimmten Menschen gefallen. Wir lernen auch, welche Art von Menschen am wahrscheinlichsten unsere besondere Kombination von Bedürfnissen befriedigen können. Deshalb kultivieren wir besonders attraktive Eigenschaften bei uns – wie das äußere Erscheinungsbild, Intellekt, Humor, Charme, erotische Anziehungskraft, Erfolg im Beruf und Talente. Natürlich entwickeln wir uns auch so, um uns zu gefallen, und das allein ist wichtig. Aber hinter unseren Anstrengungen, uns zu verbessern, steckt eine starke Motivation – das Verlangen, »soziale Macht« zu erringen, die unsere Stellung in der Welt definiert. Wenn wir erst einmal ein persönliches Arsenal von attraktiven Eigenschaften zusammen haben, sind wir in der Lage, Menschen anzuziehen, die unser Verlangen sowohl steigern als auch befriedigen können.

Noch mehr über Anziehungskraft

Die Einkünfte der Kosmetikfirmen plazieren sie an eine Spitzenposition der vierhundert größten Industrien. Milliarden werden jedes Jahr für alles mögliche ausgegeben – von Diätbüchern und Fitneßklubs bis hin zu Parfum und plastischer Chirurgie. Niemand kann bestreiten, daß wir das Geschäft, uns attraktiv zu machen, ernst nehmen.

Es *ist* wichtig, gut auszusehen. Es gibt uns Selbstvertrauen und das Gefühl, den Eindruck, den wir auf andere machen, unter Kontrolle zu haben. Aber Studien zeigen, daß Schönheit nur anfangs wichtig ist. Andere Eigenschaften, die anziehend sein und – was noch wichtiger ist – das Interesse vertiefen können, sind *Charaktereigenschaften* wie Wärme, Lebhaftigkeit, Mitgefühl, Spontaneität, Ehrlichkeit, Intelligenz, Vertrauenswürdigkeit und Kreativität. Und natürlich schadet es auch nicht, wenn man *Image-Qualitäten* wie Reichtum, Erfolg, Macht, Ruhm, Talent, Jugend, Prominenz und erotischen Reiz besitzt. Diejenigen, die eine Fülle dieser Eigenschaften ihr eigen nennen, haben mehr Anziehungskraft, als sie bewältigen können – wie in der Regenbogenpresse zu sehen ist.

Wie kommt es bei zwei Menschen zum »Klick«?

Ich glaube, daß es bei Partnern, die einen ähnlich hohen Level in der Anziehungskraft haben, »klick« macht und daß sie ein »Knistern« zwischen sich spüren, ja, sogar empfinden, daß sie ein ganzes Leben nacheinander gesucht haben. Beth, die Werbekauffrau, und Miles empfanden es so, als sie sich kennenlernten. Erinnern Sie sich daran, daß Miles sagte, die Anziehung wäre »sofort, beidseitig, mental, körperlich und gefühlsmäßig« gewesen.

Wenn Sie eine faszinierende Unterrichtsstunde in Anziehungskraft erleben wollen, dann sollten Sie an einen öffentlichen Ort gehen, wo Paare spazierengehen (zum Beispiel in einen Zoo, zum Strand oder in einen Unterhaltungspark). Setzen Sie sich, und schauen Sie sich das Geschehen an. Sie werden sehen, wie bemerkenswert gut die Paare äußerlich zusammenpassen. Sie werden etwa gleich gut aussehen und sich vielleicht sogar ähnlich kleiden. Ein verblüffender Unterschied der äußeren Attraktivität sollte Sie auf weniger sichtbare Faktoren achten lassen. Das klassische Beispiel hierfür ist ein durchschnittlich aussehender oder älterer Mann mit einer schönen jungen Frau. Der Mann ist dann gewöhnlich reich oder erfolgreich.

Wenn wir an Paare denken, die wir kennen, wiegen wir automatisch ihre Attraktivitätslevel gegeneinander ab. Sie haben zweifellos schon solche Äußerungen bei normalen Unterhaltungen gehört: »Sie ist so viel klüger als er«; »Er sieht besser aus als sie«; »Sie verdient mehr als er«. Wir sorgen uns instinktiv um Partner, die nicht gleichermaßen attraktiv sind, wobei wir spüren, daß diese Art von Unausgewogenheit Ärger verspricht. Oder wir beginnen damit, nach den versteckten Attributen bei dem weniger attraktiven Partner zu suchen, die das oberflächliche Ungleichgewicht kompensieren könnten. Und es gibt auch einen Teil von uns, der glaubt, daß oberflächliche Unterschiede nicht zählen sollten. Natürlich sollten sie das nicht, aber die Erfahrung lehrt uns, daß es gewöhnlich so ist.

Es ist leicht zu verstehen, warum Machtausübung wie körperliche oder seelische Mißhandlung einer Liebesbeziehung schaden kann. Aber die paradoxen Seiten der Leidenschaft lehren uns, daß *ein Ungleichgewicht bei der Anziehungskraft zum Verlust der Liebe führen kann.* Liebende, bei denen es anscheinend während der Zeit des Umwerbens oft »funkte«, hören mit dem Werben auf, wenn sich Ungleichgewichte ergeben.

Was gibt den Ausschlag?

Ich fragte Paul, wann er das erste Mal spürte, daß er Probleme mit Laura hatte.

»Ich denke bei der Weihnachtsfeier der Kanzlei, als Laura und ich ›das Geheimnis lüfteten‹. Wir waren seit drei Monaten zusammen, und Gerüchte wurden laut. Innerbetriebliche Romanzen waren nicht gern gesehen, aber wir hatten schon über eine Heirat gesprochen, deshalb schien es in Ordnung zu sein, damit an die Öffentlichkeit zu gehen. Es stellte sich dann heraus, daß natürlich jeder davon gewußt hatte. Zuerst hatte ich dieses lustige Gefühl, daß das mein Triumph wäre. Hier stand *ich* mit der begehrenswertesten Frau auf der Party. Aber ein bißchen später änderte sich meine Stimmung.«

Von Anfang an hatte Paul gespürt, daß Laura anziehender war als er. Erinnern Sie sich daran, daß er, als er sie kennenlernte, dachte, es wäre unrealistisch, sich ihr zu nähern? Aber ihre Anziehungskraft auf ihn schien seinen ersten Eindruck zu entwerten – bis zu diesem Abend.

»Wir unterhielten uns mit einer Gruppe von Partnern, die meisten Männer, und Laura stand – wie immer – im Mittelpunkt der Aufmerksamkeit. Sie lachte und redete mit ihnen auf ihre charmante Art. Es schien so, als ob sie flirtete, obwohl sie immer noch meinen Arm hielt. Plötzlich hatte ich dieses niederschmetternde Gefühl. Ich hatte Gedanken wie: ›Diese Jungs passen besser zu Laura als ich. Sie sehen besser aus, sind gewandter und mit Sicherheit sportlicher als ich.‹ Ich konnte den Gedanken nicht abschütteln, daß es Laura mit mir langweilig zu werden begann.«

Das war Pauls erster Vorgeschmack auf die Position des Unterlegenen. Während ihres ersten Auftritts als Paar war er voller Angst und Pessimismus. Der Grund: Lauras größere Anziehungskraft bewegte Paul dazu, sie mehr zu lieben als sie ihn.

Wenn der Unterlegene sich gefangen fühlt

Wenn ein Verliebter spürt, daß der Partner attraktiver ist, dann bekommt die erfreuliche Angst der Zeit des Umwerbens eine unerfreuliche Komponente, was Paul auf der Party am eigenen Leib erlebte.

> »Ich war so ängstlich, daß mir keine kluge Bemerkung einfiel. Ich wollte an der Unterhaltung teilnehmen, aber ich konnte nur dastehen wie ein Trottel, der durch einen glücklichen Zufall mit der am besten aussehenden Frau zur Party gekommen war. Wenn es in der Unterhaltung um die Feinheiten des Steuerrechts gegangen wäre, wäre ich fein heraus gewesen. Aber sie redeten darüber, in welche Rockkonzerte sie in der High-School gegangen sind. In der High-School bin ich in Kammermusikkonzerte gegangen. Nun, ich versuchte, daraus einen Witz zu machen, was mir eine dieser schrecklich *höflichen* Antworten einbrachte.«

Paul wurde plötzlich mit Gefühlen der Unzulänglichkeit überschwemmt. Seine Annahme, daß er nicht attraktiv oder gewandt genug war, um Lauras Interesse an ihm zu erhalten, vergrößerte seine natürliche Furcht vor Zurückweisung. Paul war niedergedrückt von Angst und dem Gefühl der Machtlosigkeit. In diesem Zustand war er der Meinung, daß seine sozialen Fähigkeiten zu welken schienen. Später an diesem Abend, bei sich zu Hause, hatte er das erste Mal Probleme, Laura zu lieben. Wenn jemand sich unterlegen fühlt, stolpert er gewöhnlich, wenn die Gelegenheit einfühlsames Vorgehen erfordert.

Rettungsversuche

In manchen neuen Beziehungen spürt der Unterlegene als erster den Machtwechsel in der Beziehung und gerät deswegen in Panik. Da er in den Krallen dieses Paradoxes ist, verstärkt er seine Anstrengungen, um die Liebe des Partners zu gewinnen. Aber man schadet sich selbst, wenn man so offen bedürftig ist. Paul beschreibt es so:

»Ich konnte nur daran denken, die Party so schnell wie möglich zu verlassen, damit ich mit Laura allein sein konnte. Schließlich nahm ich sie bei der Hand und schlug ihr vor zu gehen. Sie wirkte ein wenig verstimmt, ging aber mit. Ich dachte, daß sie wütend auf mich sei, daher schenkte ich ihr am nächsten Tag eine solide Goldkette mit einem Herz. Ich glaubte, das würde ihr besser sagen, als ich es konnte, wie sehr ich sie liebte. Die Kette gefiel ihr wirklich, aber sie war ein bißchen reserviert.«

Man spürt gewöhnlich, wenn die Beziehung aus dem Gleichgewicht gerät. Es beginnt mit einem kleinen ängstlichen Klammern des einen Partners und ein bißchen Widerstand von dem anderen.

Der Überlegene reagiert

Lauras Meinung über den Augenblick, in dem sich die Beziehung änderte, lief parallel zu der von Paul.

»Als Paul mir das erste Mal sagte, daß er mich liebte, war ich im siebten Himmel. Ich glaubte, das ist es, und sagte mir: Such nicht mehr weiter. Er war ein Schatz, und er konnte nicht genug für mich tun. Aber dann spürte ich, daß er ein bißchen zuviel tat. Er schenkte mir regelmäßig teure kleine Geschenke und zerrte mich von einem teuren Restaurant ins nächste. Und er fing an, ein wenig besitzergreifend zu werden. Zum Beispiel bei der Weihnachtsfeier der Kanzlei. Ich habe mich großartig amüsiert, aber er wollte schon nach ein oder zwei Stunden gehen. Ich war verärgert, fühlte mich aber auch schuldig. So, als ob ich einen Narren aus mir gemacht hätte.«

Dann geschahen zwei Dinge, die Pauls und Lauras Beziehungsprobleme neu definierten. Laura sollte das erste Mal vor Gericht auftreten. Es handelte sich um die Verteidigung eines komplizierten Falles von Börsenbetrug. Und zur selben Zeit startete Paul den Versuch, seine Heiratspläne zu konkretisieren. Laura erinnerte sich:

»Plötzlich mußte sich alles um meinen Fall drehen, und all die Kleinigkeiten, die mich an Paul so gestört hatten, schienen sich zu verstärken. Das soll nicht heißen, daß ich mich nicht an ihn gebunden fühlte. Zu dem Zeitpunkt war ich sicher, daß wir an einigen Dingen arbeiten mußten. Ich glaube, weil er unsicher war, versuchte Paul mich dazu zu bringen, das Hochzeitsdatum festzulegen, aber das konnte ich damals nicht auch noch entscheiden. Ich wußte, daß Paul einen wundervollen Ehemann abgeben würde, aber ich empfand ihm gegenüber mehr Zuneigung als Liebe. Ich fragte mich, was bei mir nicht stimmte. Ich hätte glücklich sein müssen, daß er mir so ergeben war, aber ich war mir – glaube ich – meiner Gefühle nicht sicher.«

Der neue Überlegene empfindet vor allem Verwirrung. Sein oder ihr Herz und Verstand arbeiten nicht mehr unisono.

Das Paradox setzt sich fest

Als Lauras Gefühle abkühlten, wurden Pauls stärker. Er war entschlossen, den Termin für die Hochzeit festzusetzen. Aber Laura

»... fing entweder an, mich zu necken, oder wechselte das Thema. Zu diesem Zeitpunkt störte mich eine auffällige Veränderung in ihrem alltäglichen Verhalten. Sie vergaß zum Beispiel, mich anzurufen, oder arbeitete lange. Ich wußte, daß sie wegen ihres ersten Falls nervös war, aber wir trafen uns eine Woche lang nur im Büro. Sie wollte anscheinend keine Hilfe von mir. Ich sagte mir immer wieder, daß sich nichts verändert hätte, daß mir nur meine morbide Phantasie vormachte, alles ginge den Bach herunter. Schließlich konfrontierte ich Laura mit meinen Ängsten und Befürchtungen. Sie beruhigte mich, aber auf eine beschwichtigende Art. Anscheinend irritierten sie meine Gefühle mehr, als daß sie betroffen davon war. Sie sagte – und ich glaubte ihr –, daß sie wahnsinnige Angst vor einer Bindung hätte, aber daß sie das gerade aufarbeitete.«

Ironischerweise bestand Pauls Attraktivität für Laura ursprünglich darin, daß er so sehr in sich zu ruhen schien. Aber als Laura ihn erfolgreich eingefangen hatte, büßte er diese attraktive Eigenschaft ein. Sein ungeheures emotionales Investment in die Beziehung bescherte Laura eine ungewollte und unerwartete Kontrolle. Paul war ihr jetzt so sicher, daß sie nicht einmal mehr ein klein wenig Leidenschaft für ihn empfand. Pauls übermäßige Unterwürfigkeit als Geliebter versorgte Laura auf unwillkommene Art mit Macht.

Warum hörte Paul nicht damit auf? Weil er zu diesem Zeitpunkt fest in den Klauen einer paradoxen Leidenschaft war. Wenn er sich dessen bewußt gewesen wäre, hätte er sich und der Beziehung helfen können. Aber er fühlte sich elend, weil er die Situation nicht kontrollieren konnte. Er war gleichzeitig aber auch leidenschaftlich verliebt.

In dieser Krise war Pauls Vernunft fast nicht mehr vorhanden. Zum Beispiel hatte er seine gesunden Zweifel über Lauras Bindung an ihn als Täuschungen seiner »morbiden Phantasie« interpretiert. Unterlegene werden von ihrem Angst witternden Unterbewußtsein nachdrücklich gemahnt, sich in acht zu nehmen. Aber im allgemeinen werden diese Botschaften von dem liebestrunkenen Gehirn des Unterlegenen nicht korrekt entschlüsselt.

Wenn Paul nicht wegen Lauras Attraktivität unsicher geworden wäre, hätten die beiden eine zufriedenstellende Harmonie erlangen können. Aber das Ungleichgewicht schuf eine Kluft, die gerade groß genug war, um paradoxe Leidenschaft durchzulassen. Paul fing an vorzustoßen, Laura begann mit dem Rückzug, und diese beiden Reaktionen schürten sich gegenseitig. Indem sie die beiden Partner polarisierte, vergrößerte die paradoxe Leidenschaft das Ungleichgewicht zwischen ihnen.

Ungleiche Situationen

Beth und Miles beschrieben die ersten beiden Jahre ihrer Ehe als »wahnsinnig glücklich«. Ihre Freunde sagten ihnen immer, was für ein ideales Paar sie wären, und sie mußten dem zustimmen. Beide waren extrovertiert, ehrgeizig, gescheit und attraktiv. Sie kauften ein Haus und richteten es her. Die Sahne auf dem Kuchen bildeten zwei Überraschungen gegen Ende des zweiten Jahres: Beth wurde schwanger, und an Miles trat eine Gruppe von Investoren heran, die ihm freie Hand bei der Gestaltung eines neuen Restaurants lassen wollten. Sie boten ihm auch an, Miteigentümer zu werden. Beth beschrieb diese Zeit so:

»Wir machten uns ernste Gedanken über die Sache mit dem Restaurant. Miles wußte besser als jeder andere, wieviel Arbeit es kostete, ein Restaurant zu eröffnen, und es schien so, als ob die Eröffnung kurz vor meinem Entbindungstermin stattfinden sollte. Aber die Geldgeber boten Miles ein wesentlich höheres Gehalt, und außerdem war die Sache mit der Teilhaberschaft einfach zu gut, als daß er sie sich hätte entgehen lassen können. Wir meinten beide, das Ziel wäre es wert, wenn er das Opfer bringen würde, eine Zeitlang hart zu arbeiten. Außerdem würde es bedeuten, daß wir während meines Mutterschaftsurlaubs finanziell abgesichert wären.«

Der Entschluß war einsichtig, aber die Situation, die nun auf sie zukam, hatte nur wenig Ähnlichkeit mit der, die sich das Paar vorgestellt hatte. Miles erzählte folgende Version:

»Ich gehöre zu den Menschen, die in dem, was sie tun, völlig aufgehen. Da so viel Geld in das neue Restaurant gesteckt worden war, lastete auf mir der unglaubliche Druck, es zu einem Erfolg zu machen. Ich arbeitete zwölf bis vierzehn Stunden täglich, und ich versäumte ein paarmal die Schwangerschaftsgymnastik mit Beth. Das schuf Spannungen. Zur Geburt kam ich rechtzeitig, aber ich schlief ein, während Beth in den Wehen lag. Danach traf Beth die Mutterschaft wie ein Sandsack. Sie konnte nicht fassen, wie sehr sie Chloe liebte, aber zugleich konnte sie nicht glauben, wie seltsam es war, mit einem winzigen Säugling vierundzwanzig Stunden am Tag ›auf dem Trockenen‹ zu sitzen – und das jeden Tag. Ich konnte ihr nicht helfen, aber ich machte in dieser Zeit auch eine Menge mit, und sie war auch nicht für mich da. Sie wurde ärgerlich und ich auch.«

Die Energie, die Miles in das neue Restaurant steckte, mußte von irgendwoher kommen, und die Hauptquelle war seine Beziehung zu Beth. Beth aber war sehr auf ihn angewiesen. Sie hatte ihren angesehenen Job aufgegeben und wurde nun mit dem Dilemma konfrontiert, das so viele Frauen ihrer Generation erleben. Sollte sie ihre Karriere aufs Spiel setzen oder ihr Baby einer Tagesmutter anvertrauen? Vor der Geburt hatte Beth beschlossen, drei Monate zu Hause zu bleiben, und dann wieder zu arbeiten. Aber jetzt wollte sie ein Jahr bei Chloe bleiben und so schnell wie möglich noch ein Baby bekommen. »Schließlich war ich siebenunddreißig«, sagte sie.

Wie viele meiner »Baby Boom«-Klienten gingen Miles und Beth die Beziehung mit dem festen Willen ein, gleichberechtigt zu sein: Keiner der beiden Partner sollte dominant oder passiv sein, beide sollten die Ambitionen des anderen begeistert ermutigen, und die ganze Hausarbeit sollte redlich geteilt werden.

Aber wie es gewöhnlich der Fall ist, blieb an der Frau der Haushalt und die Verantwortung für das Kind hängen. Weil Miles so sehr mit dem Restaurant zu tun hatte, bekam er nichts von Beth' Dilemma über die Versorgung von Chloe mit, noch spürte er die Schuld, die Wut und die Frustration, die dieses Dilemma erzeugte. Aber weil Beth sich für die Rolle der Hausfrau und Mutter entschied, blieb Miles die sozial starke, attraktive Position des hochrangigen Karrieremachers. Während Beth viel von ihrer Unabhängigkeit und ihrem Selbstbewußtsein einbüßte, gewann Miles mehr Autonomie und sozialen Einfluß.

Dieses ständige Ungleichgewicht zwischen Ehefrauen und ihren Männern bei Entscheidungen, wie es im Leben weitergehen soll, schafft eine Brutstätte für paradoxe Leidenschaft. Der niedrige Status der Mutterschaft in unserer Gesellschaft, gepaart mit dem sozialen Druck auf die Männer, Supererfolgstypen zu sein, stört häufig das Gleichgewicht zwischen ansonsten gleichberechtigten Partnern.

Beth spürte ihren Machtverlust in der Beziehung, kurz nachdem sie ihren Mutterschaftsurlaub genommen hatte.

> »Ich war überhaupt nicht auf den Schock vorbereitet, meinen Job aufzugeben. Ich ging zwei Wochen vor meinem Entbindungstermin in Urlaub, dann war ich fast zwei Wo-

chen überfällig. Am Ende der zweiten Woche stand ich kurz vorm Durchdrehen. Ich hatte fünfundfünfzig Pfund zugelegt und sah aus wie ein Wal. Wenn ich ins Restaurant kam, schien jede Unterhaltung aufzuhören. Ich fühlte eine Art doppelten Statusverlust. Nicht nur, daß ich im Grunde arbeitslos war, sondern ich sah auch aufgedunsen und verhärmt aus. Ich fühlte mich sehr verletzlich und unsicher. Der Anblick der hübschen Kellnerinnen hob mein Selbstbewußtsein genauso wenig wie Miles' Reizbarkeit, wenn ich dort war. Um all das zu kompensieren, beschloß ich, ›meinen Roman‹ während des Mutterschaftsurlaubs zu schreiben. Ein Witz! Ich schaffte ja kaum die Hausarbeit.«

Eine emotionale Kettenreaktion

Miles fing an, die Arbeit vorzuschieben, um Beth zu entgehen, die ihn mehr brauchte und fordernder war. Beth hingegen wandte sich Chloe zu, um ihr Verlangen nach Liebe und Nähe zu befriedigen. Einen Säugling zu lieben kann sehr befriedigend sein, aber es kann nicht das ganze Spektrum der emotionalen Bedürfnisse eines Erwachsenen ausfüllen. Beth sehnte sich immer mehr nach Miles' Liebe, aber ihre Methoden, um sie zu bekommen, funktionierten immer schlechter. Das Paradox sabotierte Miles' und Beth' Fähigkeit, miteinander zu reden, und die Polarität wuchs.

Zeiten der Veränderung machen jeden anfällig für ein Ungleichgewicht. In eine neue Stadt ziehen, einen neuen Job bekommen, einen alten Job verlieren, wieder zur Schule gehen, Kinder kriegen, sogar heiraten sind stressige Zeiten, die oft sogar stabile Paare aus dem Gleichgewicht bringen. Wenn zwei oder mehr dieser Ereignisse zusammentreffen – so wie bei Miles und Beth –, dann können die Konsequenzen extrem sein.

Ungleiche Persönlichkeiten

Unter den Dingen, die Jonathan bei den ersten Begegnungen an Deborah bemerkte und die ihm gefielen, war, daß sie ebenso ruhig zu sein schien wie er. Sie war nicht der Typ Frau, der sich an ihn heranmachte oder offen zeigte, daß sie ihn brauchte. Ich bat ihn, näher darauf einzugehen.

> »Zuerst erschien mir Deborah irgendwie zurückhaltend und reserviert zu sein. Ich war fasziniert von ihr. Ich bin auch gern allein, und ich kann nicht mit einer Frau zusammensein, die immer über Vorfälle, Gefühle und so weiter mit mir reden will. Aber Deborah hatte ihre Malerei, und sie las viel, deshalb fand ich, daß wir ein gutes Team abgeben würden. Sie schien auch nicht sehr an eine Bindung zu denken, zumindest erwähnte sie anfangs nichts davon. Ironischerweise war ich derjenige, der wahrscheinlich eher solche Gefühle hatte.«

Ich fragte ihn, warum er nicht eher mit ihr geschlafen hatte.

> »Das frage ich mich auch. Deborah zog mich sehr an, und ich wollte von Anfang an mit ihr schlafen. Aber irgend etwas hielt mich zurück. Ich glaube, es war Angst, da ich wußte, wenn es einmal richtig losging, dann würde es eine große Sache werden. Und das war für mich wegen meiner letzten wichtigen Beziehung – mit meiner Ex-Frau – beängstigend. Ich war bei Deborah etwas distanziert, weil ich nicht den ersten Schritt machen und dann eine Abfuhr bekommen wollte.«

Jonathan mochte Deborah, weil er glaubte, daß ihr Stil perfekt zu seiner Persönlichkeit paßte. Ihre anfängliche Gleichgültigkeit nährte sowohl seine Angst vor Zurückweisung als auch seine Leidenschaft, denn er glaubte nicht, daß sie an ihm sehr interessiert war. Er sah in Deborah eine Partnerin, die seinen Bedürfnissen genau entsprach.

Aber ich wußte aus meinen Sitzungen mit Deborah, daß Jonathan sich völlig – verständlicherweise – in ihr geirrt hatte. Sie hielt sich nicht zurück, weil sie besonders ruhig war, sondern aus anderen Gründen.

»Zuerst erschien ich ihm zurückhaltend, weil er mich anfangs nicht sonderlich interessierte. Das ist schon Ironie, was? Zweitens war es mir wirklich ernst damit, ein Jahr allein zu bleiben. Natürlich hätte ich mich erweichen lassen, wenn ich dem vollkommenen Mann begegnet wäre, aber Jonathan schien das nicht zu sein. Und drittens – als ich mich in Jonathan verliebt hatte, fürchtete ich mich davor, zuviel preiszugeben. Das hatte ich nämlich bei den Männern, die mir viel bedeuteten, immer wieder getan, und ich wollte nicht, daß mir das wieder passierte. Jonathan hielt mich daher für kühl. Aber nichts könnte weiter von der Wahrheit entfernt sein. Wenn ich mich verliebe, dann richtig. Ich bin nur – bis zu einem gewissen Punkt – eine gute Schauspielerin.«

Auf vielerlei Art paßten Jonathan und Deborah *wirklich* gut zusammen. Sie gingen in etwa auf der gleichen Ebene aufeinander zu – auch wenn Deborah es zuerst so empfand, als wäre Jonathan nicht ihr »Typ« –, und ihre Lebenssituationen waren vergleichbar. Aber es gab, wie ich schnell merkte, einen fundamentalen Unterschied im Kern ihrer Persönlichkeit: Jonathan liebte die Einsamkeit, während Deborah emotionale Nähe schätzte.

Als sie sich umwarben, erkannte Deborah Jonathans wahres Wesen nicht, weil seine Angst vor Zurückweisung ihn dazu verleitete, sie (nach seinen Maßstäben) leidenschaftlich zu umwerben. Deborah sagte:

»Es gab von Anfang an in Jonathans Verhalten Ungereimtheiten. Ich wußte sicher, daß er in mich verliebt war. Er wollte sich mit mir treffen und erfand immer neue Dinge. So nahm er mich ins Planetarium mit und zauberte danach einen Picknickkorb hervor, damit wir unter den Sternen zu Abend essen konnten. Er sprach darüber, daß ich viel attraktiver sei als die anderen Frauen, die er kennengelernt hatte – deshalb hielt ich ihn für einen Menschen, der auf der Suche nach emotionaler Nähe war. Ich erwartete immer, daß etwas passieren würde, aber es tat sich nichts.«

Jonathan und Deborah hatten verschiedene Methoden entwickelt, um ihre Verwundbarkeit zu verdecken, und diese Methoden sandten falsche, aber doch anziehende Signale an den anderen. Aus Versehen hatte Jonathan sich anfangs unwiderstehlich für Deborah gemacht, genauso wie sie unwiderstehlich für ihn war. Er lockte mit der Aussicht auf emotionale Nähe, hielt sie aber durch sein ausweichendes Verhalten auf Abstand. Da sie nicht aus ihm schlau werden konnte, verlor sie immer mehr die Kontrolle, wurde ängstlich und – leidenschaftlich.

Ein unsicheres Gleichgewicht

Diese beiden hielten mühsam das Gleichgewicht, solange sie voreinander ihre tiefsten Bedürfnisse geheimhielten. Aber sie verloren die Balance, als Deborahs Ängste zu groß wurden. Das kulminierte bei Ferien mit der Familie.

> »Ich lud Jonathan zum Erntedankfest in das Haus meiner Eltern ein. Ich konnte gar nicht verstehen, warum er sich nicht wohl fühlte. Meine Familie ist sehr freundlich und warmherzig, aber er war richtig hochmütig. Danach verbrachten wir die Nacht in meiner Wohnung, aber er verhielt sich distanziert. Mir war komisch zumute, denn zu dieser Zeit war ich schon verrückt nach Jonathan, dachte über Heirat und die Zukunft nach. Aber er sagte mir nie, daß er mich liebte, und ich schnappte fast über. Ich dachte, ich hätte nichts mehr zu verlieren, deshalb beschloß ich, ihn darauf anzusprechen. Ich sagte ihm, daß ich dabei sei, mich in ihn zu verlieben. Ich hoffte, daß er nur auf einen Anstoß wartete. Aber er erwiderte, daß er ein bißchen verwirrt sei, und bat mich, das Gespräch später zu führen, weil er eine Zeit allein sein müßte. Nachdem er gegangen war, fühlte ich mich sehr, sehr verloren.«

Für Jonathan war Deborahs Einladung eine aufdringliche Aufforderung nach Nähe und Bindung. Genau zu diesem Zeitpunkt siegte sein Einzelgängertum über den warmherzigen Freier.

> »Es wurde mir klar, daß Deborah immer mehr von mir wollte. Als sie mich zum Erntedankfest mit ihrer Familie einlud,

merkte ich, daß es mir zuviel wurde. Ich war hinterher ehrlich zu ihr und sagte ihr, daß ich mit solchen Sachen nichts zu tun haben wollte. Ich fühlte mich, als ob jeder mich als potentielles Familienmitglied abschätzte. Am nächsten Morgen wollte sie, daß ich ihr meine Liebe eingestehe. Wenn ich jemanden liebe, dann sage ich es auch, aber ich will es nicht auf Stichwort sagen. Ich halte das für Heuchelei. Na, egal, ich bekam eine Art Schock, und ich brauchte dringend Distanz.«

Als ihre Unterschiede im Persönlichkeitsstil zutage traten, legten sie fest, daß Jonathan, der von Natur aus distanzierte, zum Überlegenen, und Deborah, die sich nach Nähe sehnte, zur Unterlegenen wurde.

Wäre es beiden bewußt gewesen, wie ihre wahren Bedürfnisse die paradoxen Seiten der Leidenschaft schürten, dann wären sie vielleicht in der Lage gewesen, eine befriedigende Art im Umgang miteinander auszuhandeln. Oder sie hätten sich dafür entschieden, Freunde zu sein und kein Liebespaar. Aber ohne dieses Wissen wurden ihre Reaktionen durch das Paradox der Leidenschaft bestimmt.

Später werden wir verschiedene Persönlichkeitsbilder näher untersuchen – wie sie zueinander passen oder aufeinander prallen und wie man sie im Gleichgewicht hält. Aber zunächst wollen wir uns näher mit den Positionen des Über- und des Unterlegenen befassen.

3. Kapitel
Die Überlegenen – Die Last der Macht

Der Überlegene übt die Macht in der Beziehung aus. Damit meine ich, daß der Überlegene festlegt, ob die Beziehung überlebt oder endet. Manchmal gehen auch die Unterlegenen – aber das liegt daran, daß der Überlegene sie oder ihn zurückgestoßen hat.

Ich bin sicher, daß Sie zu irgendeinem Zeitpunkt Ihres Lebens schon einmal der Überlegene gewesen sind. Fast jeder kennt die widerstreitenden, verwirrenden Gefühle, die auftreten, wenn man von jemandem begehrt wird, den man selbst nicht wirklich begehrt. Es ist schmeichelhaft und zugleich frustrierend, baut das Ego auf und zehrt gleichzeitig an den Gefühlen, und es ist fast immer eine Situation, die uns zwingt, auf eine Art zu handeln, die man verabscheut. Man glaubt, erleichtert zu sein, wenn es vorbei ist, aber dem ist nicht so. Jetzt werden wir herausfinden, warum das so ist und wie die paradoxe Leidenschaft ein emotionales Remis erzeugt.

Der Überlegene ist kein Monster

Weil die Überlegenen die Macht haben, ist man versucht, sie als gefühllose Herzensbrecher oder gemeine Schufte zu bezeichnen. Doch tatsächlich wollen die meisten Überlegenen, daß ihre Beziehung funktioniert. Genau wie die Unterlegenen sind die Überlegenen Opfer starker interpersoneller Zwänge, die Menschen voneinander entfernen, wenn Beziehungen aus dem Gleichgewicht geraten.

In diesem Kapitel werden wir ergründen, welche Verhaltensmuster Überlegene haben, und sie dem größten menschlichen Verlangen – von einer anderen Person emotional eingeschränkt zu werden – gegenüberstellen.

Es stimmt, daß der Unterlegene den größten Schmerz – den Schmerz, zurückgewiesen zu werden – erleidet, aber der Überlegene spürt ungeheuren Ärger, wenn seine Beziehung aus dem Gleichgewicht gerät. Er leidet an akuten Schuldgefühlen, an Wut, Verwirrung, Selbstzweifeln und Frust. Wenn er versucht zu leugnen, daß er unglücklich ist, wird es nur schlimmer. Er möchte so lange wie möglich verschleiern, daß seine Liebe geringer wird. Weil er wahrscheinlich selbst schon einmal der Unterlegene war, weiß er, wie niederschmetternd eine Zurückweisung ist, und er will dem Partner nicht den Todesstoß versetzen. Er erfährt, wie einsam das Leben ohne Beziehung ist und wie schwierig es ist, eine andere Beziehung aufzubauen.

Anfangs empfindet der Überlegene Freude und Erleichterung, wenn er die Liebe des Partners gewinnt. Dann spürt er Verwirrung. Er merkt, daß er weniger liebt, aber er weiß nicht, warum. Er hält das für einen zeitweiligen Zustand, und sein Verstand arbeitet hart, um eine Erklärung dafür zu finden. Aber wenn sich die paradoxe Leidenschaft erst einmal festgesetzt hat, wird kein Gedankenaufwand oder keine Sorge das Verhalten stoppen, das sein schrumpfendes Engagement widerspiegelt.

Du schenkst mir keine Blumen mehr ...

Ein frühes Anzeichen für ein Ungleichgewicht in der Beziehung ist das Schwächerwerden des Werbeverhaltens bei einem Partner. Der neue Überlegene fühlt sich nicht mehr verpflichtet, Geschenke zu machen oder großzügig Geld auszugeben, schlechte Gewohnheiten zu unterdrücken oder sein Aussehen und seinen Charme zu verbessern. Jonathan nahm langsam Abstand von einer liebgewordenen Gewohnheit, als seine Gefühle für Deborah sich abkühlten.

»In den ersten Monaten unserer Affäre brachte ich Deborah immer eine Blume mit, wenn ich kam. Ich mag Gartenarbeit, und in meinem Hinterhof blüht immer irgendwas. Es war wie eine kleine Tradition. Aber ich hörte damit auf, nachdem Deborah sich beklagt hatte, daß ich mehr Zeit mit meinen Pflanzen zubrächte als mit ihr.«

In jeder erfolgreichen Beziehung wird das Werbeverhalten zum normalen Verhalten innerhalb einer beidseitig gewünschten langfristigen Bindung. Aber Jonathans Rückkehr zu einem normalen Verhalten war verfrüht und signalisierte, daß er weniger Gefühl in die Beziehung investierte. Aber was ihm nicht auffiel, war, daß sein Rückzug Deborah noch mehr an die Beziehung band.

Laura hingegen begann Paul das zu zeigen, was sie ihr wahres Gesicht nannte.

»Ich bin ziemlich flink, und ich neige dazu, ungeduldig mit Menschen zu werden, die es nicht sind. So bin ich nun mal. Paul nimmt sich immer Zeit, und es dauerte nicht lange, bis ich gereizt darauf reagierte. Als Paul mich darauf hinwies, schob ich es auf die Arbeit, die mich belastete.«

Viele Überlegene verschleiern wie Laura ihr normales Verhalten mit Entschuldigungen – Belastung durch die Arbeit wird am häufigsten benutzt. Die Arbeit verantwortlich zu machen hilft, unerwünschte Konfrontationen über Beziehungsprobleme zu vermeiden. Auch wollte Laura wie viele andere Überlegene glauben, daß ihre Entschuldigung wahr war, daß ihr Streß nur auf ihre Arbeit zurückzuführen war.

Langfristige Beziehungen

In langfristigen Beziehungen drückt das »Du schenkst mir keine Blumen mehr . . .« aus, daß der Überlegene weniger Zuneigung zu dem Unterlegenen zeigt. Manchmal ist die Veränderung klein, aber bedeutend, ein andermal bewirkt diese Veränderung, daß die Partner vollkommen anders miteinander umgehen.

Meine Klientin Peg, eine schlanke, attraktive Frau Mitte Vierzig, war seit dreiundzwanzig Jahren verheiratet, als sie einen langgehegten Traum realisierte. Sie sammelte begeistert amerikanische Kunstgewerbeerzeugnisse, und mit etwas geerbtem Geld eröffnete sie einen Laden, in dem sie diese Erzeugnisse anbot, als ihre Söhne im College waren. Das Geschäft lief unerwartet gut.

Pegs Erfolg veränderte eine anscheinend vernünftige, solide Ehe. Sie erzählte mir bei unserer ersten Sitzung:

> »Etwa ein Jahr nach der Eröffnung des Ladens wurde Bill bei der Beförderung zum Vizepräsidenten übergangen. Man sagte ihm im Management, daß man ihn nicht für fähig hielt, in die Chefetage aufzusteigen. Er kündigte, da er glaubte, in einer anderen Firma eine bessere Stellung zu bekommen. Ihm wurde ein Job zu schlechteren Konditionen angeboten. Dann hatte er die Idee, mir zu helfen, mein Geschäft zu vergrößern. Das schien mir eine weise Entscheidung zu sein, bis ich merkte, daß Bill erwartete, es übernehmen zu dürfen. Er verstand nicht, daß ein Großteil meiner Arbeit aus Lauferei besteht – Großhändler besuchen und ähnliches. Es klappte einfach nicht, und danach schien er sich irgendwie aufzugeben.«

Peg wußte, daß ihre und Bills Karrieren sich innerhalb eines Jahres mehr oder weniger ins Gegenteil verkehrt hatten, aber sie hatte nicht gemerkt, wie sehr sich auch ihre Beziehung geändert hatte.

> »Ich hockte früher über Kochbüchern und verbrachte Stunden damit, Feinschmeckermenüs zu kochen. Ich bestickte seine T-Shirts mit seinem Monogramm und stärkte seine Kragen. Ich mußte etwas kürzer treten, nachdem ich den Laden eröffnet hatte, strengte mich aber wirklich an, um ihn glücklich zu machen. Ich wollte nicht, daß er glaubte, er käme erst an zweiter Stelle. Jetzt scheint es mir wie ein Traum zu sein, daß ich ihm so verzweifelt Freude machen wollte. Er sagte mir, ich hätte aufgehört, ›die kleinen Dinge‹ zu tun, und war überraschend verletzt. Ich erwiderte, daß ich nicht mehr so viel Zeit hätte.«

In glücklichen, ausgeglichenen Beziehungen dokumentieren die »kleinen Dinge« die Beständigkeit der Zuneigung. Aber wenn man aufhört zu geben oder sich zurückhält, wird die Beziehung gestört. Zweiundzwanzig Jahre war Peg die Unterlegene in ihrer Ehe gewesen, aber jetzt hatten sich ihre Positionen durch Bills Karriereknick und ihren Erfolg entscheidend verändert.

Das Frosch/Prinz-Syndrom andersherum

Während der Zeit der Werbung sind wir nicht so blind, daß wir die Fehler bei unseren Liebsten nicht sehen. Aber Leidenschaft überdeckt Unzulänglichkeiten und verwandelt sie sogar in charmante Schrullen.

Eventuell wird die einengende Liebe des Unterlegenen den Überlegenen einiges anders sehen lassen. Der Überlegene sieht nicht mehr, was an dem Unterlegenen attraktiv ist. Statt dessen konzentriert er/sie sich auf körperliche Unvollkommenheiten. Es ist egal, wie gutaussehend oder schön der/die Unterlegene nach Meinung der anderen ist. Für den Überlegenen hat sich der Prinz oder die Prinzessin in einen Frosch verwandelt.

Laura berichtete folgendes darüber, wie sich ihre Ansicht über Paul geändert hatte:

> »Eins der Probleme, das ich mit dem Gedanken hatte, Paul zu heiraten, war, daß er mich körperlich nicht mehr anzog. Tatsächlich stießen mich ein paar Sachen, die ich anfangs so bezaubernd gefunden hatte – seine mangelnde Eitelkeit und seine verstaubte professorale Ausstrahlung –, jetzt am stärksten ab. Ich schaute ihn an und dann andere Männer, und fragte mich, was ich an ihm fand.«

Der idealisierte Partner lädt während der Zeit der Werbung zur Nähe ein, aber der verunglimpfte Unterlegene gibt dem Überlegenen einen Grund zum emotionalen Rückzug. Weil Männer mehr Wert auf gutes Aussehen legen als Frauen, kann der Rückgang der körperlichen Anziehung einer Unterlegenen sehr störend sein. Oft stellt dies ein Vorspiel und die Begründung für Untreue dar.

Aussehen

Beschlüsse sind die Verarbeitungsmethode, die am häufigsten vom Überlegenen angewandt wird. Aber das ist nur wenig effektiv, weil sie in Wirklichkeit das Paradox vorantreiben. Beschlüsse scheinen herrlich logisch zu sein, denn sie haben die Absicht, die anfängliche Ausstrahlung der Unterlegenen wiederherzustellen, aber sie bewirken oft das Gegenteil.

Durch den Beschluß, eine »Zierde« zu werden, bietet der Überlegene dem oder der Unterlegenen »Schönheitstips« an. Er kann direkt oder hintenherum vorgehen, aber er wird die Botschaft rüberbringen, indem er vorschlägt, Frisur, Kleidung, Make-up, Körpergewicht, oder was auch immer das Aussehen der/des Unterlegenen beeinträchtigt, zu ändern. Miles versuchte das bei Beth.

> »Beth war wirklich schlank, als wir uns kennenlernten, aber nach der Geburt von Chloe hatte sie Probleme, wieder abzunehmen. Es kam so weit, daß ich es vorzog, sie im Dunkeln zu lieben. Deshalb schenkte ich ihr zu unserem Hochzeitstag die Mitgliedschaft in einem Gymnastikkurs. Sie fing damit an, und ich merkte, daß sie besser aussah. Aber dann wurde ich durch ihre Art, meine Zustimmung zu suchen, abgestoßen. Sie erwartete anscheinend, daß ich jetzt öfter mit ihr schlief, was ich aber nicht tat. Da verlor sie das Interesse und ging nicht mehr hin.«

Diese Entscheidung geht nach hinten los, weil die Unterlegene sich willig fügt und so das Gefühl der Kontrolle des Überlegenen stärkt. Und wenn Überlegene spüren, daß sie die Kontrolle haben, wird ihre Liebe schwächer.

Der unglaublich verminderte IQ

Der Unterlegene wird nicht nur häßlicher. Er verliert auch seinen Grips. Niemandem ist es gelungen, das lebensechter darzustellen als Marilyn French in ihrem Bestseller *Frauen.* Nachdem sie die Begeisterung der jungen Liebe und die Idealisierung des »Geliebten« beschrieben hat, fährt sie fort:

»Dann geschieht eines Tages das Undenkbare. Ihr sitzt zusammen beim Frühstück, und du hast einen kleinen Kater und schaust zum Geliebten, zum schönen goldenen Geliebten, und der Geliebte öffnet seinen lieblichen, rosigen Mund, wobei er seine schimmernden weißen Zähne zeigt, und der Geliebte sagt etwas Dummes. Dein ganzer Körper verkrampft sich: Dir wird eiskalt. Der Geliebte hat noch nie etwas Dummes gesagt . . . Du bittest ihn, es zu wiederholen. Und er tut es. Er sagt: ›Es regnet draußen.‹ Und du sagst: ›Nein, es regnet nicht. Vielleicht solltest du deine Augen einmal untersuchen lassen oder deine Ohren . . .‹«

Sexuelle Anziehungskraft ist berüchtigt dafür, daß man die Intelligenz eines neuen Partners völlig falsch einschätzt. Später kann dies die Ursache für Ungleichgewicht sein. Aber sogar wenn die Intelligenzlevel eines Paares gut zusammenpassen, kann ein Ungleichgewicht auf anderen Gebieten die Unterlegenen dümmer erscheinen lassen, als sie wirklich sind.

Es ist eine verhängnisvolle Tatsache, daß die extreme Anspannung der Unterlegenenposition wirklich die Intelligenz eines Unterlegenen dahinschwinden lassen *kann* – und auch seinen Charme und seine Spontaneität, die man ja gewöhnlich als Begleiterscheinungen von Intelligenz ansieht. Der Unterlegene verhält sich steif, gehemmt, unsicher wie jemand in einem Bewerbungsgespräch, das schlimm verläuft. Wenn das geschieht, fühlt sich der Überlegene eingefangen von jemandem, der ihn langweilt, nervt, irritiert oder für den er sich schämt. Das nährt sein Verlangen, auf emotionale Distanz zu gehen.

Bildung

Wenn der IQ eines Unterlegenen »schrumpft«, könnte der Überlegene den Beschluß fassen, die Allgemeinbildung zu verbessern. Wie das vor sich geht, stellte mein Klient Scott perfekt dar. Scott verliebte sich in eine schöne, lebhafte Kellnerin aus dem Coffeeshop, den er häufig aufsuchte. Aber in der Beziehung entwickelten sich schnell Probleme, die in einem Ungleichgewicht begründet waren.

»Alanas kultureller Geschmack beschränkte sich auf Seifenopern im Fernsehen und Romane von Danielle Steel. Zuerst hielt ich ihre Vorlieben für liebenswert, weil sie so witzige Bemerkungen darüber machen konnte. Aber später erschien sie mir sehr unreif. Ich ermutigte sie dazu, Kurse zu belegen, um sich zu bilden. Philosophie und Literatur schienen mir ein guter Anfang zu sein. Zu ihrem Lob muß ich sagen, daß sie sehr hart arbeitete, aber ihre Angst zu versagen war wirklich schlimm. Sie gebrauchte Fremdworte und sprach über Dinge, von denen sie annahm, daß sie mich interessierten. Es war peinlich, wenn Freunde da waren. Ich war wirklich erleichtert, als sie stiller wurde.«

Alana versuchte verzweifelt, Scott zu gefallen, indem sie sich nach seinen Wünschen formte. Weil sie es so vehement versuchte, lenkte sie die Aufmerksamkeit auf die Kluft zwischen ihnen und beging den Fehler des Unterlegenen, zu liebedienerisch zu sein. Alanas Rückzug ins Schweigen unterdrückte ihre natürliche, attraktive Spontaneität.

Warum kannst du nicht ...

Ein kritischer Punkt in der Entwicklung jeder Beziehung ist, wenn die Partner das alltägliche Selbst des anderen langsam akzeptieren. Aber wenn eine Beziehung aus dem Gleichgewicht gerät, ist der Überlegene von der »echten« Version des Partners enttäuscht. Er ist oft der Meinung, daß es ihr/ihm an den grundlegenden persönlichen Qualitäten mangelt, die er/sie von einem Partner erwartet.

Bei Überlegenen wird das »Warum kannst du nicht ...« im allgemeinen mit den folgenden Forderungen ergänzt:

- mehr aus dir herausgehen,
- selbstbewußter sein,
- interessanter sein,
- spontaner sein,
- erfolgreicher sein,
- selbständiger sein,
- unterhaltsamer sein.

Der Überlegene konfrontiert seinen Partner nicht immer mit diesen Forderungen, aber er/sie wird sie oft in Gegenwart von Freunden benutzen, um die Beziehungsprobleme zu illustrieren. Diese Forderungen zeigen, daß die demütige Liebe eines Unterlegenen so viel Widerwillen erzeugt, daß der Überlegene fundamentale Fehler bei der Persönlichkeit des Unterlegenen findet. Diese Fehlersuche wird in größere Distanz umgesetzt und verstärkt die Polarität.

Als Laura auffiel, daß sie in der Beziehung mit Paul unruhig wurde, schob sie es auf die mangelnden sozialen Kontakte von ihr und Paul. Sie vermißte plötzlich das Nachtleben, das sie mit Freunden genossen hatte, denn Paul blieb lieber daheim. Deshalb organisierte sie den Besuch eines neuen Nachtclubs mit Freunden aus der Firma. Paul widerstrebte es zwar, er gab aber nach, als Laura ihm drohte, sie würde ohne ihn gehen. Diese Erfahrung erinnerte sie an ihr »Debüt« bei der Weihnachtsfeier der Firma.

> »Pauls Stimmung schwankte zwischen extrem liebevoll und eingeschnappt. Ich zog ihn schließlich beiseite und fragte ihn, was los sei. Er behauptete, der Club wäre ihm zu laut und er wollte gehen. Ich erwiderte, daß das in Ordnung wäre. Er sagte, er wollte nur mit mir gehen. Dann wurde er wieder zärtlich, als ob er mich damit überzeugen wollte. Ich schüttelte ihn irgendwie ab und ging zurück an den Tisch. Ich war empört, beschämt und wütend, daß er so . . . unfähig war.«

Laura wollte eine einfache, aber unmögliche Sache: Daß Paul die Person war, die sie sich wünschte. Das ist die Triebfeder, die hinter den Beschlüssen aller Überlegenen steht. Aber das kann, wie wir wissen, nicht funktionieren, denn es bringt den Unterlegenen dazu, übermäßig gefällig zu werden, und ist die Ursache für weitere Komplikationen.

Die Erregung ist weg

Langsam schrumpft das sexuelle Interesse des Überlegenen am Unterlegenen. Sex wird zu einem leidenschaftslosen Abreagieren der Spannung, oder – wie es mir oft weibliche Klienten sagen – er muß ertragen oder verhindert werden. Der Überlegene scheint keine Leidenschaft mehr zu empfinden.

Woody Allens Film *Annie Hall* enthält mein Lieblingsbeispiel dafür, wie unterschiedlich Überlegene und Unterlegene Sex sehen. Nachdem Annie die Überlegene und Alvie Singer der Unterlegene geworden ist, zeigt eine geteilte Aufnahme Annie und Alvie in ihren gleichzeitig stattfindenden Therapiesitzungen. Auf der einen Seite klagt Alvie seinem Therapeuten, daß Annie und er kaum miteinander schlafen – nur etwa dreimal die Woche. Auf der anderen Seite stöhnt Annie, daß Alvie andauernd Sex mit ihr will – mindestens dreimal in der Woche. Annie fühlt sich durch Alvies sexuelles Interesse eingeengt und immer mehr abgestoßen, während Alvie sie immer mehr begehrt. Im wirklichen Leben ist das natürlich kaum zum Lachen.

Erotik

Erotik könnte von *jedem* der beiden Partner angewendet werden, um das Verlangen des Überlegenen neu zu beleben. Ein Paar kann versuchen, den Geschlechtsverkehr mit erotischen Requisiten, Phantasien, indizierten Filmen, Drogen oder sogar zusätzlichen Partnern zu steigern. Natürlich gibt es Erotik nicht exklusiv in unausgeglichenen Partnerschaften. Doch in unausgeglichenen Beziehungen wird Erotik oft zu einem notwendigen Hilfsmittel.

Bei Peg und Bill war Bill derjenige, der nach zwei Jahrzehnten bravem Sex die Erotik ins Spiel brachte. Peg war ratlos, aber sie spürte, daß er zu solchen Mitteln griff, weil ihn die Veränderungen in seinem Leben unsicher gemacht hatten.

> »Es war so, als ob er mir und sich selbst seine Männlichkeit und seinen Wert beweisen müßte. Ich verwandte meine

Energien auf etwas anderes und war überhaupt nicht daran interessiert. Aber Bill brachte alle möglichen Sachen mit nach Hause – indizierte Videos zum Beispiel. Ich machte mit, weil es ihm so viel zu bedeuten schien und ich seine Gefühle nicht verletzen wollte. Aber es fiel mir schwer, und er wußte, daß ich ihm etwas vorspielte.«

Ein Ausflug in ein romantisches Lokal kann die Leidenschaft zeitweise wieder entfachen – auch das ist Erotik. Man hofft, daß die wiederbelebte Leidenschaft andauert. Unglücklicherweise hat so etwas nur kurzfristig Erfolg.

Eine andere Form ist die, daß der/die Überlegene einfach die Augen während des Geschlechtsverkehrs schließt und sich vorstellt, daß er/sie mit jemand anderem zusammen ist. Danach, wenn er/sie in den Armen des Partners liegt, könnte er/sie sich wegen dieser Phantasien schuldig fühlen.

In nur leicht unausgeglichenen Beziehungen können erotische Strategien nützlich sein, denn sie geben dem Überlegenen wenigstens einen Grund zu bleiben. Sie haben wahrscheinlich schon einmal gehört, daß ein Freund über eine problematische Beziehung sagte: »Es fällt mir schwer zu gehen, weil es im Bett so gut klappt.«

Aber wenn das Ungleichgewicht groß ist, kommt eine Zeit, in der kein noch so großer Aufwand an Erotik die Liebe neu beleben kann. Das Problem an kalkulierter Erotik ist, daß sie kalkuliert ist.

Geheimnisse haben

Zwei Menschen, die in einer neuen erregenden Beziehung oder einer ausgeglichenen Beziehung leben, erzählen sich alles. Sie sprechen über ihre Gefühle, reden über Erfahrungen und Theorien, und sie klatschen.

Aber wenn das Paradox in Gang gesetzt wurde, verlieren die Überlegenen die Lust, spontan mit ihren unterlegenen Partnern zu sprechen. Wie bei so vielen Verhaltensweisen registrieren die Überlegenen nicht ganz, daß ihre Tendenz, sich zurückzuhalten, ein Zeichen für wachsende emotionale Ablehnung ist. Aber die Unterlegenen merken es und versuchen, den Partner oder die Partnerin aus der Reserve zu locken. Genau das geschah bei Peg und Bill.

> »Wenn ich nach einem anstrengenden, interessanten Tag aus dem Laden kam, wollte Bill wissen, was alles passiert war. Aber ich war einfach zu kaputt, um mit ihm alles durchzusprechen. Daher erzählte ich ihm meistens eine Sache und behauptete, sonst wäre nichts geschehen. Aber er drängte mich, und ich spürte, daß meine Irritation wuchs.«

Peg schrieb ihren Unwillen zur Kommunikation der Erschöpfung zu. Sie wollte nicht zugeben, daß sie einfach kein Verlangen nach einer vertraulichen Unterhaltung mit Bill hatte. Schweigen ist eine der stärksten Barrieren, die der Überlegene aufrichtet. Weil der Überlegene sich emotional stark durch den Unterlegenen unter Druck gesetzt fühlt, scheint eine solche Barriere lebensnotwendig zu sein.

Der Überlegene fühlt sich gefangen

Gelegentlich setzt sich die Gefühlsverwirrung des Überlegenen. Wenn das geschieht, merkt er/sie, daß ein Gefühl vorherrschend ist – nämlich daß man in einer Beziehung mit jemandem gefangen ist, von dem man sehr geliebt und gebraucht wird, bei dem man aber nicht sicher ist, ob man ihn oder sie lieben kann.

Laura:

> »Das, was mir am meisten an meiner Beziehung zu Paul in diesem Augenblick mißfiel, war das Gefühl, daß ich nie wieder in der Lage sein würde, leidenschaftliche Liebe zu erfahren. Es fiel mir schwer zu glauben, daß Paul so intensive Gefühle für mich hegte, weil meine Brüste so flach waren. Ich entzog mich ihm, weil er nicht fähig war, mich zu erregen.«

Jonathan:

»Bei Deborah heißt es entweder/oder. Sie erwartete entweder ein totales Aufgehen in der Beziehung oder nichts. Sie konnte nicht den Mittelweg akzeptieren, den ich brauchte – mit guten Zeiten zusammen, aber auch viel Freiraum. Nachdem ich mir das einmal klargemacht hatte, fühlte ich mich, als ob ich in Treibsand unterginge.«

Miles:

»Es ist schon komisch. Da erreichte ich alles, was ich mir im Leben gewünscht hatte – eine tolle Frau, ein hübsches Kind, ein schönes Haus, ein gutgehendes Restaurant –, und ich war unglücklich. Es kam so weit, daß ich mich davor fürchtete, nach Hause zu gehen. Beth war so abhängig von mir geworden, daß es scheinbar keinen Ausweg mehr gab.«

Der Überlegene könnte sich einer anderen Gruppe von Verarbeitungsstrategien zuwenden, weil er/sie hofft, so den Druck, von ihrem/seinem Gefühl eingesperrt zu sein, zu nehmen, damit er/sie nicht den Schmerz einer konsequenten Flucht durchleben muß.

Frauen und Männern nachsehen

Zu Beginn der Werbung haben Liebende nur Augen füreinander. Aber wenn ein Überlegener anfängt, sich gefangen zu fühlen, könnte er oder sie versuchen *visuell* zu fliehen, indem sie attraktiven Mitgliedern des anderen Geschlechts nachschauen – oft in Gegenwart des Unterlegenen.

Es ist nur menschlich, die Schönheit einer anderen Person zu genießen, und viele gebundene Menschen verfallen von Zeit zu Zeit in dieses Verhalten. Irgendwie ist es ein sicheres Ventil für monogame Menschen, Männern oder Frauen nachzuschauen – eine vorteilhafte Methode für den Umgang mit der Tatsache, daß Monogamie einigen menschlichen Instinkten widerspricht.

Aber wenn es extrem wird, kann ein solches Verhalten sehr

verletzend und symptomatisch für echte Probleme sein. Das war bei Beth und Miles der Fall.

»Auf einem unserer seltenen Familienausflüge fuhren wir an den Strand. Ich packte ein herrliches Picknick ein, kaufte mir den ersten neuen Badeanzug seit Beginn der Gymnastik und hatte wirklich vor, es mir gutgehen zu lassen. Aber Miles schaute nur anderen Frauen nach. Es war fast so, als ob er nicht anders konnte. Wenn ich mit ihm redete, richtete sich sein Blick auf einen Punkt über meiner Schulter. Als ich mich umsah, erblickte ich zwei Mädchen im Bikini. Und sie sahen noch nicht einmal *so* gut aus!«

Die Person, der man Blicke zuwirft, muß noch nicht einmal besser aussehen als die/der Unterlegene. Wichtig ist nur, daß er oder sie irgendein *anderer* ist als der/die Unterlegene. Jemand, der nicht von dem/der Überlegenen emotional kontrolliert wird.

Aufdringliches Anstarren provoziert den Unterlegenen gewöhnlich dazu, einen schmerzlichen, wütenden oder pseudowitzigen Kommentar abzugeben. Der Überlegene könnte sogar versuchen, diese Gewohnheit abzustellen, aber das ist nicht leicht, denn Männern oder Frauen nachzusehen ist eine unabsichtliche und zwingende psychische Reaktion auf Langeweile – gewissermaßen ein Weg für das Gehirn, stimulierenden Ausgleich zu finden. Doch wenn man diese Handlung erst einmal verinnerlicht hat, kann der Überlegene hinterhältige Methoden anwenden, wie es ein Klient von mir tat, der verstohlen Frauen nachsah, während seine Frau im Supermarkt einkaufte.

Auf Parties

Beobachten Sie das nächste Mal, wenn Sie auf eine Party gehen, sorgfältig, wie Paare sich verhalten. Sie können da zum Beispiel eine Frau eifrig flirten sehen, während ihr Mann sie bedrückt beobachtet. Oder ein Mann tanzt mit jeder Frau, nur nicht mit der, mit der er gekommen ist; sie unterhält sich zwar mit Freunden, aber ihre Blicke folgen ihm.

Parties stellen für ruhelose Überlegene so etwas wie eine bedingte Entlassung aus der Beziehung dar. Sie benutzen gern die Entschuldigungen, die man auf Parties für schlechtes Benehmen hat. »Ich habe zuviel getrunken«, ist eine davon, und auch: »Er (oder sie) hat sich mir förmlich an den Hals geworfen.«

Es ist typisch, daß sich der Unterlegene an die Fersen des Überlegenen heftet, weil er hofft, so diese bedrohliche Situation früher zu beenden. Danach leiden beide Partner – der Überlegene fühlt sich noch eingeengter, nachdem er oder sie kurz die Freiheit genossen hat, und der unterlegene Partner hat noch mehr Angst vor einer Zurückweisung.

Der Überlegene ist ärgerlich

Es ist nur natürlich, daß man ärgerlich wird, wenn man nicht das bekommt, was man möchte. Die Wut und der Ärger des Überlegenen wächst proportional zu seinem Gefühl, gefangen zu sein. Er ist wütend auf den Unterlegenen, weil er oder sie ihn enttäuscht hat, und er ist wütend auf sich, weil er sich in eine Lage gebracht hat, aus der er ohne emotionalen Aufwand nicht mehr herauskommt.

Der Überlegene kann gemein sein

Der Überlegene kann sehr wohl die Beziehung kontrollieren, aber empfinden, daß er die *Situation* nicht kontrollieren kann. Das ist ein wichtiger Unterschied und führt gelegentlich zu einer Wendung der emotionalen Vorfälle. Überlegene, die sich machtlos vorkommen, schlagen oft auf ihre Partner ein und sind danach von ihrem eigenen Verhalten schockiert und abgestoßen. Wenn der Überlegene gemein ist, sind aus den Gefühlen Verärgerung und Frust Verhaltensweisen geworden. Laura entdeckte, daß ihre wachsende Reizbarkeit sich dadurch äußerte, daß sie Paul öfter anschrie.

»Ich reagiere unvernünftig, was Schnarchen angeht, weil ich

einen Bruder hatte, der schnarchte wie ein Nebelhorn. Ich habe einen leichten Schlaf, und Pauls Schnarchen ist Weltklasse. In einer Nacht ging ich wirklich die Wände hoch. Ich weckte ihn schließlich und warf ihn nach einem Wutanfall aus dem Bett. Er schlief auf der Couch. Danach fühlte ich mich furchtbar, aber mir fiel auf, daß ich nach diesem Vorfall reizbarer auf viele Dinge reagierte. Es war, als ob sich eine Schleuse geöffnet hätte.«

Der Überlegene verlagert seine Verärgerung schnell auf kleinere Probleme, wie beispielsweise Schnarchen, weil er oder sie lieber nicht über das größere Problem – die schwächer werdende Liebe – sprechen will. Wie Laura hackt der Überlegene ständig auf dem Unterlegenen herum. Diese Niedertracht drückt nicht nur Verärgerung aus, sondern ist eine unbewußte Methode, den Unterlegenen davonzujagen, ohne sich mit den wirklichen Problemen konfrontiert zu haben.

Gut und Böse

Der verärgerte Überlegene verwandelt sich anscheinend in einen Bösewicht. Die Mechanismen der paradoxen Leidenschaft erlauben ihm oder ihr die Verärgerung loszuwerden, ohne befürchten zu müssen, daß der unterwürfige Partner negative Reaktionen zeigt. Wie wir sehen werden, empfindet der Unterlegene ebenfalls Wut, weil seine Bedürfnisse in der Beziehung nicht befriedigt werden. Aber er kann seine Wut nicht loswerden, denn seine Angst vor Zurückweisung verurteilt ihn dazu, zu schweigen.

Daher schlüpft der wütende Überlegene in die Rolle des gemeinen, aggressiven Bösewichts, während der Unterlegene den Part des ergebenen, opferbereiten Guten spielt. Diese besondere Kombination des Paradoxon fördert auf hinterhältige Art und Weise das Ungleichgewicht. Es veranlaßt den Überlegenen dazu, immer schlechter über sich zu denken und dem Unterlegenen immer größere Schuld daran zu geben, daß es sich in einen Unmenschen verwandelt hat. Und es verwandelt den Unterlegenen in einen »Beziehungs-Märtyrer«, dessen größte Tugend darin besteht, das lieblose Verhalten des Überlegenen zu ertragen. Aber indem man den Überlegenen als »böse« kennzeichnet, macht man ihn allein für die Beziehungsprobleme verantwortlich und vergißt die in Wirklichkeit vorhandene Mitverantwortung des Unterlegenen.

Der Überlegene kann mißhandeln

Ärgerlich zu sein und es auch auszudrücken – sogar, wenn das indirekt geschieht – ist die normale Reaktion des Überlegenen auf das Gefühl, eingeengt zu sein. Ich sage meinen Klienten immer, daß man durch diese Reaktionen noch nicht der Böse wird. Aber unglücklicherweise äußern manche Leute ihre Wut auf eine zerstörerische Art und Weise.

Eine Anzahl von Klienten kamen auf Anweisung eines Gerichts zu mir. Die meisten waren überlegene Männer, die ihre Ehefrauen seelisch und körperlich mißhandelt hatten. Obwohl in diesen Fällen die Behandlung sehr schwierig ist und nicht immer Erfolg hat, werden die Klienten, die am besten darauf ansprechen, in dem Glauben bestärkt, daß ihre *Gefühle* der Frustration und der Wut oft *berechtigt* waren. Doch gewalttätige Reaktionen auf diese Gefühle sind *niemals* berechtigt.

Wenn man ihren Frust und ihre Wut würdigt, bedeutet das für diese Menschen eine riesige Stärkung des Egos. Sofort denken sie besser über sich, was wiederum die Wahrscheinlichkeit, daß sie lernen, mit ihrer Wut effektiv umzugehen und niemanden zu mißhandeln, steigert.

Absichtliche Wut

Eine andere faszinierende Komponente der Wut, die im Paradox begründet ist, ist die absichtliche Äußerung. Manchmal versucht der Überlegene, indem er sich wütend Luft macht, einen übermäßig ergebenen Unterlegenen dazu zu provozieren, sich zu wehren und so das passive Verhaltensmuster zu durchbrechen. Der Überlegene spürt, daß es dem Gleichgewicht in der Beziehung guttun würde, wenn beide gleichermaßen ihrer Wut Ausdruck verliehen. Viele Überlegene glauben – wie Laura –, daß ihre unterlegenen Partner schwach oder sanft sind.

> »Paul schluckte anscheinend alles, was ich ihm auftischte, sogar wenn ich ihn wegen wichtiger Dinge kritisierte. Manchmal wünschte ich mir, er würde explodieren. Einfach Rückgrat zeigen, wissen Sie. Ich hätte ihn dann mehr respektiert.«

Absichtliche Wut ruft gewöhnlich keine Reaktion hervor, weil sich der Unterlegene dann noch unsicherer fühlt. Erinnern Sie sich daran, daß ein Unterlegener sehr wütend sein oder ein ungewöhnliches Selbstbewußtsein haben muß, um sich zu wehren.

Der Überlegene fühlt sich schuldig

Die meisten Reaktionen des Überlegenen auf den Unterlegenen nähren Schuldgefühle. Der Überlegene fühlt sich schuldig, weil er nicht mehr verliebt ist, und denkt, daß er unloyal handelt oder empfindet, keinen Sex mehr möchte, den Unterlegenen kritisiert, sich für den Unterlegenen schämt, den Unterlegenen anlügt und so weiter. Am größten ist das Schuldgefühl des Überlegenen, weil er seine Wut an dem Unterlegenen ausläßt.

Wut drängt den Überlegenen, den Unterlegenen zu verlassen, aber Schuldgefühle (und Angst) verleiten ihn, über die guten Seiten der Beziehung nachzudenken. Gemeinerweise können Schuldgefühle einen Überlegenen dazu bringen, so schlecht von sich zu denken, daß er in einer unausgeglichenen Beziehung bleibt, um sich für sein schlimmes Verhalten und seine unberechtigten Gefühle zu bestrafen.

Die Wut-Schuld-Spirale

Wut und Schuld liegen dicht beieinander, so nah, daß ein Überlegener manchmal beide Emotionen gleichzeitig hat. Seine Wut erzeugt Schuldgefühle in ihm, und seine Schuldgefühle machen ihn auch wütend. An einem explosiven Abend erlebte Miles diese Spirale in seiner Beziehung zu Beth am eigenen Leib.

> »Ich hatte diesen fürchterlichen Abend im Restaurant gehabt. Der Chefkoch meldete sich krank und ein Restaurantkritiker kam. Als ich endlich nach Hause kam, stolperte ich über Chloes Lauflernhilfe. Es herrschte totale Unordnung. Es regte mich einfach auf. Ich schrie, in was für einem Schweinestall wir eigentlich leben würden, und Chloe fing an zu weinen. Beth wachte auf und brüllte mich deswegen an. Dann wurde ich richtig eklig. Ich beschuldigte Beth, versagt zu haben. Nicht nur, daß das Haus ein einziges Chaos wäre, sondern auch, daß ich nicht erkennen könnte, daß sie überhaupt *irgend etwas* schaffen würde. Das traf sie hart, und sie weinte. Danach fühlte ich mich schuldig und schlecht, weil ich sie so niedergemacht hatte. Aber dann dachte ich: Ich bin der Leidtragende. Ich muß mich nicht schuldig fühlen.«

Die Wut-Schuld-Spirale absorbiert einen großen Teil der emotionalen Energie des Überlegenen. Die Spirale selbst kann für den Überlegenen so etwas wie eine Falle werden, denn sie nährt automatisch die Gefühle des Überlegenen, gefangen zu sein.

Was stimmt nicht bei mir?

Überlegene fühlen oft, daß ihre Wut auf ihre Partner völlig grundlos sind. Wenn sie versuchen, sich zu erklären, warum sie so wütend sind, benutzen sie bestimmte »logische« Schlußfolgerungen.

1. Mein Partner liebt mich und würde alles für mich tun.
2. Mein guter und liebevoller Partner verdient meine ganze Liebe.

3. Aber ich ärgere mich mehr über meinen Partner, anstatt ihn zu lieben.

Deshalb:

4. Stimmt mit mir irgend etwas nicht.

Der Überlegene glaubt oft, daß das, was mit ihm nicht stimmt, nichts Geringeres als ein profunder Charakterfehler ist, eine fundamentale Selbstsüchtigkeit und Kälte, die ihn unfähig zur Liebe macht. Laura praktizierte genau diese Art von *Selbst-Pathologisierung.*

> »Die Art, wie ich Paul behandelte, ließ mich denken: ›Mein Gott, du bist ein richtiges Ekel.‹ Es machte mir angst, weil ich mich fragen mußte, ob ich überhaupt fähig bin, jemanden länger als ein paar Monate zu lieben.«

Selbst-Pathologisierung ist eine Form der Selbstbestrafung, und indem man sich bestraft, arbeitet man etwas von der Schuld, die man auf sich lud, weil man jemanden verletzt hat, ab. Das ist eine Art Buße.

Darin liegt eine echte Gefahr. Überlegene fühlen sich oft vollkommen verantwortlich dafür, daß sie den Unterlegenen nicht mehr lieben – als ob Liebe willentlich beeinflußt werden könnte! Das kann so große Selbstverachtung erzeugen, daß man nahezu alles tut, um diesem Gefühl zu entrinnen. Das bedeutet gewöhnlich, daß man sich noch weiter aus der Beziehung zurückzieht. Eine der härtesten Aufgaben in meinem Beruf besteht darin, Überlegene dazu zu bringen, sich von ihren Schuldgefühlen wegen der Beziehungsprobleme zu lösen. Ich erinnere sie daran, daß die Unterlegenen auch dafür verantwortlich sind und daß starke Beziehungsdynamik der wahre Schuldige ist.

Wenn die Schuldgefühle sich verringern, fühlt sich der Überlegene weniger belastet und wird hoffnungsvoller. Paradoxerweise hat er dann die beste Chance, seine Liebe neu zu beleben, wenn er aufhört, sich die Schuld am Verblassen der Liebe zu geben.

Doch bitte merken Sie sich, daß ich nicht behaupte, man solle *nie* Schuldgefühle haben. Wenn Ihr Frust gegenüber Ihrem Partner zu *Mißhandlungen* geführt hat, dann übermittelt Ihr Schuldgefühl Ihnen eine wichtige Botschaft: *Hör damit auf!* Aber für die überwiegende Mehrheit meiner Klienten – und für Menschen, die solche Bücher wie dieses lesen – lautet das Problem:

Sie fühlen sich schuldig, weil sie »schlechte« Gedanken und Gefühle hegen. (Ich werde in Kapitel 10 Hilfen im Umgang mit Schuldgefühlen besprechen.)

Schuldbewußte Frauen

Eine meiner schwersten Aufgaben als Therapeut besteht darin zu versuchen, daß weibliche Überlegene sich weniger schuldig fühlen. Von Kindheit an wird Frauen beigebracht, daß Weiblichkeit bedeutet, zu helfen und fürsorglich zu sein. Wut wird als aggressive, männliche, negative Emotion angesehen – sie ist angeblich nicht Bestandteil weiblichen Verhaltens. Obwohl sich diese Erwartungen mittlerweile abgeschwächt haben, sind sie noch immer vorhanden, besonders unter den Frauen um die Vierzig. Deshalb verstecken diese Frauen, wenn sie Überlegene werden, ihre Wut hinter Schuldgefühlen, kehren sie nach innen, und sie zerfrißt sie. Viele dieser Frauen fühlen sich durch den Gedanken, daß sie ihre Beziehungen kontrollieren oder mehr Macht haben als ihre Männer, bedroht. Wie Peg, die ich als »verkappte Überlegene« bezeichnete.

Peg hatte, als sie die Unterlegene in der Beziehung war, nur selten Bill gegenüber Ärger gezeigt. Aber als sie die Überlegene wurde, verinnerlichte sie immer noch den meisten Ärger. Ihre permanenten Schuldgefühle machten sie depressiv, hoffnungslos und dann sogar selbstmordgefährdet.

> »An einem Punkt fühlte ich sogar, daß ich zu schlecht war, um weiter zu leben. Können Sie glauben, daß ich mir vorstellte, daß Bill einen Herzinfarkt gehabt hätte und ich stünde bei der Beerdigung, ganz in Schwarz, und würde jedem leid tun? Aber wirklich verabscheuungswürdig ist, daß ich in meinem Innersten froh darüber war, endlich frei zu sein. Als ich diese Gedanken hatte, wäre ich am liebsten mit dem Auto über eine Klippe gefahren.«

Pegs Wut äußerte sich schließlich in Form von Selbsthaß und Depressionen. Sie zeigte auch körperliche Symptome wie Kopfschmerzen und Appetitverlust, was sie hager aussehen ließ.

Die Vorstellung, Witwer oder Witwe zu sein

Im Innersten von Pegs Depression steckte das, was ich die Vorstellung, Witwer oder Witwe zu sein, nenne, eine gebräuchliche Verarbeitungsstrategie von Überlegenen, die dazu neigen, Wut mit Schuldgefühlen zu unterdrücken. Wenn der Unterlegene plötzlich stürbe, dann würde der Überlegene *frei sein, ohne Schuldgefühle haben zu müssen* – man würde Mitleid mit dem Überlegenen haben, anstatt ihn als herzlosen Schuft zu beschimpfen. Es fiel Peg schwer zu begreifen, daß solche Phantasien Warnsignale unseres Unterbewußtseins sind, wenn wir uns zuviel Schuld- und Schamgefühle aufgebürdet haben. Ich erzählte ihr, wie häufig diese besondere Vorstellung auftritt, und schlug ihr vor, sie sollte es, anstatt ihren Selbsthaß noch zu steigern (was sie noch schuldbewußter machen würde, so daß sie noch mehr solche Phantasien bräuchte), als Barometer für ihr Unbehagen und ihren Frust in der Ehe ansehen.

Manche Überlegene wissen genau, was los ist, wenn eine neue Beziehung Anzeichen der paradoxen Leidenschaft zeigt. Wenn der/die Geliebte(r) nicht das Richtige zu sein scheint oder den anderen zu stark vereinnahmt, wird sich der Überlegene so schnell und so schmerzlos wie möglich zurückziehen. Aber wenn ein Ungleichgewicht vom Beginn der Beziehung an von starkem Verlangen und Leidenschaft verdeckt wurde und die Beziehung selbst Wurzeln geschlagen hat, geschieht etwas anderes. Viele – wahrscheinlich die meisten – Überlegenen bleiben in etwas stecken, was ich BAS – das Bindungs-Ambivalenz-Syndrom – nenne.

4. Kapitel
Das Bindungs-Ambivalenz-Syndrom (BAS)

Wenn ein Paar zum ersten Mal zu mir in die Therapie kommt, sagen beide Partner gewöhnlich, daß sie die Beziehung retten wollen. Doch wenn die Therapie voranschreitet, wird es klar, daß nur der Unterlegene aufrichtig zu diesem Ziel steht. Der Überlegene ist unschlüssig, was er oder sie von der Therapie will, erhoffen oder erwarten kann. Kann die Therapie den Unterlegenen in einen neuen, aufregenden Geliebten verwandeln? Wird sie einen einfachen Ausweg aus einer verfahrenen Beziehung bieten?

Mir ist bewußt geworden, daß die Überlegenen sich in Wirklichkeit von der Therapie ein Ende der Ambivalenz erhoffen. Sie können sich nicht entscheiden, ob sie nun die Beziehung weiterführen möchten, deshalb hoffen sie, daß der Therapeut/Schlichter die entscheidende Stimme abgeben wird.

Jonathan zeigte die klassische Ambivalenz des Überlegenen, als er beschrieb, was er empfand, kurz nachdem er Deborah gesagt hatte, daß er Zeit bräuchte, um nachzudenken.

> »Auf emotionaler Ebene störte es mich, daß meine Gefühle für Deborah so schnell erkaltet waren. Aber objektiv gesehen wußte ich, daß ich niemanden kennenlernen würde, der mir mehr anzubieten hatte als sie. Ich stellte mir vor, wie ich mich fühlen würde, wenn Deb sich mit einem anderen träfe. Nicht gut. Deshalb schien es irgendwie dumm zu sein, auch nur in Erwägung zu ziehen, die Beziehung zu beenden. Es war eine schwere Zeit für mich. Es widerstrebte mir, zu ihr zu gehen und etwas mit ihr zu unternehmen, aber wenn ich es nicht tat – verdammt! Und es stand viel auf dem Spiel.«

Ambivalenz ist eine aufreizende Emotion. Laut Definition bedeutet sie »von einem Objekt, einer Person oder einer Handlung gleichzeitig angezogen und abgestoßen werden«. Eine ambivalente Person sucht die Argumente für und gegen eine bestimmte Handlung, um sie im Gleichgewicht zu halten, was sie unlösbar machen würde. Vielleicht ist das Frustrierendste an wichtigen Entscheidungen in der Beziehung für Sie, daß Sie sie so gern fällen würden, wenn Sie nur wüßten, was in der Zukunft geschieht. Sie möchten wissen, ob es sich als der größte Fehler Ihres Lebens erweisen könnte, wenn Sie einen Unterlegenen verlassen, oder ob schon an der nächsten Ecke ein besserer Partner auf Sie wartet. Es scheint so, als ob es eine richtige und eine falsche Entscheidung gibt, aber man weiß nicht, welche richtig und welche falsch ist. Sie wollen Ihre Brücken nicht abbrechen, aber Sie wissen, daß Sie »nicht alles haben können«.

Fast jeder ist unentschlossen, wenn eine wichtige Entscheidung in der Beziehung getroffen werden soll, weil keine Beziehung vollkommen ist und – wie Jonathan es ausdrückte – *viel* auf dem Spiel steht . Aber bei einem Überlegenen in einer unausgeglichenen Partnerschaft kann Ambivalenz zu verlängerter seelischer Qual führen. Wie wir sehen werden, benutzen Überlegene eine Reihe von Strategien, um die Waagschale nach der einen oder anderen Seite zu lenken, damit der schmerzliche Limbo der Ambivalenz aufhört.

Ich nenne dieses Verhalten das Bindungs-Ambivalenz-Syndrom (BAS), um das Dilemma von unverheirateten, aber fest liierten Überlegenen zu beschreiben, aber es beschreibt auch die Situation von verheirateten Überlegenen, die entscheiden müssen, ob sie bei einem unterlegenen Ehepartner bleiben wollen. Wie wir sehen werden, kann man BAS unterschiedlich intensiv erfahren.

Schwaches BAS

Viele Überlegene entscheiden sich schon früh in einer Beziehung, nicht zu heiraten. Bei Scott, dem Buchhändler, verhielt es sich so mit der Kellnerin.

»Ich war vollkommen besessen davon, mit ihr zusammenzukommen, aber an eine feste Bindung dachte ich überhaupt nicht. Weil ich anfangs so von ihr angezogen wurde, war ich so beschwingt, daß ich *vielleicht* mal zwei Sekunden daran dachte, daß es mit uns klappen könnte. Aber in meinem Innersten wußte ich, daß sie vom Intellekt her nicht zu mir paßte. Doch mir gefiel wirklich, wie sie sich um mich kümmerte, und ich wollte sie nicht verletzen. Ich glaube, deshalb dauerte die Sache länger als ursprünglich geplant.«

Eine Beziehung wie diese wird oft von den momentanen Trieben des Überlegenen initiiert. Gelegentlich macht der Überlegene eine harte Zeit oder eine belastende Veränderung durch; er spürt das Verlangen, sich verhätscheln zu lassen. Doktoranden finden sich oft in unausgeglichenen Bratkartoffelverhältnissen wieder – ebenso wie Menschen, deren Karriere auf einmal steinig verläuft oder die noch immer an auseinandergegangenen Beziehungen kranken. Scott zum Beispiel hatte gerade seinen ersten Roman geschrieben und zwei lauwarme Rezensionen von Freunden bekommen, als er sich in Alana verliebte.

Diese Art des Überlegenen gibt gewöhnlich nicht zu, daß er den Möglichkeiten seines Partners Grenzen setzt. Er möchte die Gefühle seines Partners nicht unnötig verletzen oder ein stabiles Arrangement zum Drama werden lassen. Er verhält sich vage, macht keine Versprechungen und hält wahre Gefühle zurück.

Diese Überlegungen können eine Beziehung aus jedem Grund beenden. Sie könnten sich zu einer anderen hingezogen fühlen. Sie könnten meinen, daß der Unterlegene einen zu großen Bindungsdruck auf sie ausübt. Oder die Probleme in ihrem Leben lösen sich, und ihre Bedürfnisse erfahren eine Veränderung. Oft kommen mehrere dieser Gründe zusammen vor. Und obwohl sie ganz sicher spüren können, daß sie Schluß machen sollten, könnte Ambivalenz plötzlich ihren Entschluß erschüttern, und zwar zu dem Zeitpunkt, wenn sie dem Unterlegenen ihre Absicht kundtun. Dann könnten die Verletztheit und die Proteste des Unterlegenen das Mitleid und die Angst des Überlegenen dazu führen, daß er eine gesicherte Position aufgibt und seine Pläne neu überdenkt. So kann Ambivalenz eine scheinbar klare Situation verdunkeln.

Ernsthafte Bindungs-Ambivalenz

Überlegene, die an BAS leiden, stehen dem Gedanken an eine Ehe ganz positiv gegenüber, bis ihre Beziehung aus dem Gleichgewicht gerät. BAS kann auch in unausgeglichenen Ehen auftreten, aber diese Form verläuft etwas anders: Der Überlegene fängt nämlich an, über eine Scheidung nachzudenken.

Erörterung der Ehe

Ambivalente Überlegene wenden sich wieder der alten Methode zu, das Pro und Contra einer Situation aufzuschreiben. Bei BAS fällt besonders auf, daß das Pro dem Contra ziemlich ähnlich sieht:

Gute Seiten an der Ehe	*Schlechte Seiten an der Ehe*
eine ergebene Frau	eine Frau, die einen erdrückt
man muß sich nicht mehr am Kampf der Singles beteiligen	man hat keinen Spaß mehr
Kinder	Kinder
sicherer, immer verfügbarer Sex	langweiliger Routinesex
enge Kameradschaft	die alten Freunde halten Abstand
im Haus werkeln	langweilige Pflichten
emotionale Sicherheit	man fühlt sich gefangen

Solche fast gleiche Argumente und Gegenargumente können Überlegene endlos beschäftigen. Und während sie nachdenken, was sie tun sollen, wächst ihre Angst. Ganz gleich, welche Möglichkeit sie wählen – sie sehen sich einem schmerzlichen Verlust gegenüber. Man verliert so oder so.

Der Verstand sagt ja, das Herz sagt nein

BAS eröffnet eine Debatte zwischen dem Herz und dem Verstand eines Überlegenen. Sein Verstand sagt ihm, daß er ein Narr wäre, wenn er eine ergebene, liebevolle Partnerin verlassen würde, aber sein Herz verlangt mehr als das, was es gerade bekommt. Deshalb *denkt* der Überlegene, daß er an der Beziehung festhalten sollte, während er *fühlt*, daß er gehen sollte.

Der Unterlegene empfindet genau das Gegenteil. Sein Herz möchte unbedingt an der Beziehung festhalten, aber der Verstand erkennt, daß sich der Überlegene zurückzieht.

Was für eine Liebe ist das?

Die meisten Überlegenen hegen gegenüber den Unterlegenen positive Gefühle, aber sie wissen nicht, ob es sich dabei um »wahre Liebe« handelt. Das ist eine Frage, die in hohem Maße ambivalenzträchtig ist. Selbst als Laura sehr daran zweifelte, ob sie den Rest ihres Lebens mit Paul verbringen wollte, empfand sie immer noch Zuneigung für ihn.

> »Ich war so verwirrt. Selbst dann, wenn ich böse auf Paul war, hegte ich immer noch positive, liebevolle Gefühle für ihn. Warum sollte ich auch nicht? Er war so süß, so großzügig und fürsorglich, und ich bewunderte vieles an ihm. Und wir kannten uns so gut. Er war der beste Freund, den man haben konnte. Die Enttäuschung stammte aus einer relativ oberflächlichen Quelle – es war keine Erregung da. Ich nehme an, daß ich mir seiner sicher war. Aber ich bin nicht so naiv, zu erwarten, daß die Erregung ewig dauert. Vielleicht empfand ich das, was Menschen in langfristigen Beziehungen empfinden sollten. Ehrlich – ich weiß es nicht.«

Die Sprache – so reich an Nuancen und Bedeutungen – wird, wenn es um die Liebe geht, platt. Wir wissen, daß die Gefühle, die wir für ein Elternteil hegen, sich qualitativ von denen unterscheiden, die wir für einen neuen Liebhaber haben – ganz zu schweigen von dem Gefühl, das wir bei unserem Lieblingsessen empfinden. Doch wir sind mit einem überfrachteten Wort geschlagen, um jedes dieser Gefühle zu beschreiben. Kein Wunder, daß Laura und so viele andere Überlegene, verwirrt sind.

Ich erklärte Laura, daß das Gefühl, das sie beschrieb, etwas war, daß die Psychologen »kameradschaftliche« Liebe nennen. Paul war zu einem »sehr engen Freund« geworden, der keine romantischen Gefühle mehr hervorrief. Viele glückliche und beständige Beziehungen gründen auf kameradschaftliche Liebe. Aber Lauras Zweifel signalisierten klar, daß ihr Bedürfnis nach Leidenschaft und Romantik sehr groß war.

Ich bestärke die Überlegenen darin, zu akzeptieren, daß es richtig ist, in einer langfristigen Beziehung den Wunsch nach romantischen Gefühlen zu haben. Wenn sie nämlich erst einmal aufhören, sich für schlecht zu halten, weil sie dieses vollkommen natürliche Bedürfnis haben, sind Überlegene in einer besseren Geistesverfassung und können an der Beziehung arbeiten. Und wenn die Beziehung langsam wieder ausgeglichen wird, besteht wirklich die Chance, daß romantische Gefühle wieder aufleben.

Wie Peg eingestand, fühlt man sich manchmal verwirrt, weil jemand einem leid tut und man ihn/sie zugleich liebt.

> »Es war wirklich sehr seltsam. Ich fühlte mich Bill immer noch eng verbunden, weil wir zusammen einiges erlebt hatten und wegen der Jungs. Aber als er aufhörte zu arbeiten, bemitleidete ich ihn, als wäre er ein verletzter Vogel oder so etwas. Ich wollte für ihn sorgen, aber liebevolle Gefühle paßten einfach nicht ins Bild.«

Mitleid ist ein natürlicher Feind der Leidenschaft. Der bemitleidete Partner hat definitiv einen Verlust erlitten, und Verluste zerstören fast immer das Gleichgewicht der positiven Macht zwischen einem Liebespaar. Es war ungeheuer wichtig, Peg in der Therapie zu zeigen, wie sie Bill unterstützen konnte, stärker zu werden, damit er auf den doppelten Schlag, einerseits bei der Beförderung übergangen worden zu sein und andererseits eine so erfolgreiche Frau zu haben, reagieren konnte.

Auf dem Pendel sitzen

Das ist die Edgar-Allan-Poe-Art, verliebt zu sein. Das Opfer von BAS fühlt sich in einer Grube der Unentschlossenheit gefangen, während die Ambivalenz bei ihm/ihr Gefühle und Bedürfnisse verursacht, die wie ein Pendel hin- und herschwingen.

Beim Abschwung scheint alles an der Beziehung schlecht und falsch zu sein. Der Überlegene versucht sich auf die guten Seiten des Unterlegenen zu besinnen, aber sie scheinen jetzt nicht mehr zu zählen. Die Aussicht, sich zu binden, hat den Ruch eines Lebens in einem emotionalen Gefängnis.

Manchmal erzeugt die tägliche Angst Träume. Laura hatte einen solchen Traum, der plastisch die Angst des Überlegenen ausdrückte, kurz nach dem Vorfall im Club. Sie trug ein wunderschönes Hochzeitskleid und ging auf eine Kapelle zu, in der Paul auf sie wartete. Aber die Orgelmusik, die aus der Kapelle drang, klang melancholisch und wie ein böses Vorzeichen, und als sie näher kam, sah sie vor sich eine »bodenlose Grube«. Da sie der Grube nicht ausweichen konnte, fiel sie hinein, wobei sie eine so fürchterliche Angst erlebte, daß sie schweißgebadet aufwachte. Ihr Unterbewußtsein schickte ihr die klare, strenge Botschaft, Paul zu verlassen.

Während sich negativer Druck aufbaut, gelangt der Überlegene zu der Überzeugung, daß er/sie die Beziehung verlassen muß. Dort draußen muß es doch jemanden geben, der passender, klüger, lustiger, hübscher, sexuell attraktiver und anpassungsfähiger ist, jemand, der dauerhafte Leidenschaft erzeugt und nicht die Gefühle verwirrt. Er/sie grübelt über mögliche Kandidaten nach, und die Gedanken sind sehr schön – zu schön . . .

So schön, daß den Überlegenen plötzlich starke Schuldgefühle und der Gedanke, untreu zu sein, überfallen. Wie bei Miles:

> »Der Gedanke, mit einer anderen Frau zu schlafen, wurde immer verlockender für mich, und ich hätte es wahrscheinlich schon früher getan, wenn ich mich nicht so mies dabei gefühlt hätte. Ich dachte darüber nach, was ich aufs Spiel setzte, welchen Ärger das geben würde, die Komplikationen, daß es Beth fertigmachen würde. Und die kleine

Chloe ... Das Herz tat mir schon beim Gedanken daran weh.«

Wenn der Überlegene sich die wirklichen Konsequenzen vorstellt, die der Bruch der Beziehung zur Folge hätte, wird er/sie sentimental und nostalgisch. Immer dann, wenn Peg daran dachte, sich von Bill scheiden zu lassen, kamen ihr die Erinnerungen an ihre guten Zeiten in den Sinn.

»Ich dachte daran, wie glücklich wir waren, als wir unser erstes Haus kauften. Er war so stolz darauf, daß er mit mir aus dieser Wohnung ausziehen konnte. Oder an die schwierige Entbindung von unserem zweiten Sohn. Als ich aus der Narkose aufwachte, lag ich inmitten eines Blumenmeeres, und Bill stand da mit Bobby auf dem Arm und lächelte unter Tränen. Diese Ereignisse waren etwas ganz Besonderes.«

Schuldgefühle, Mitleid und Wehmut kommen zusammen und lassen das Pendel zur positiven Seite der Bindung ausschwingen. Manchmal ändert sich die Einstellung so schnell und entscheidend, daß der Überlegene kaum glauben kann, daß er/sie überhaupt je erwogen hat, den/die Unterlegene(n) zu verlassen. Jetzt richtet sich die Aufmerksamkeit auf die gemütliche Wärme der Beziehung und die verzweifelte Unsicherheit des Alleinlebens. Man denkt über das sehr reale Risiko von AIDS nach. Man fragt sich, ob es draußen wirklich jemanden gibt, der besser als der eigene Partner ist. Und wenn es so ist – wird es mit ihm/ihr klappen? Wahrscheinlich nicht. Man ermahnt sich selbst, nicht so gierig nach Liebe zu sein. Man könnte so leicht *alles* verlieren.

Jetzt verharrt das Pendel auf der »Haben«-Seite, bereitet den Überlegenen gewissermaßen auf die Bindung vor. Das Verschwinden des Schuldgefühls verschafft willkommene Erleichterung, daß man sogar Augenblicke echten, spontanen Glücks empfindet. Man will nur noch diese positiven, liebevollen Gefühle festhalten.

Aber bald kommt eine andere Dynamik ins Spiel. Jetzt ist der Überlegene frei von den Schuldgefühlen und der Angst, die die Überlegung, gehen zu wollen, begleitet haben. Aber die alten Gedanken kehren Schritt für Schritt zurück. Man schaut sich den

Unterlegenen erneut genau an: Es handelt sich immer noch um die gleiche Person mit den gleichen Eigenschaften. Plötzlich ist man nicht mehr so sicher, ob man sich zur Bindung entschlossen hat.

Will man bei dem Partner bleiben, weil man ihn/sie wirklich liebt oder weil man versucht, Schuldgefühlen und Angst zu entgehen? Verkauft man sich zu billig, wenn man bleibt? Jetzt werden die Versäumnisse des Unterlegenen so wenig anziehend wie nur je, und die Vorstellung, ihn/sie zu verlassen, kehrt zurück. Das Pendel ist wieder auf die negative Seite zurückgeschlagen. Nur daß man jetzt noch tiefer in der Beziehung verhaftet ist. Man fühlt sich noch eingeengter als je zuvor, und das Spiel fängt von vorne an.

Der ambivalente Ausreißer

Wenn ein besonderer Umstand wie eine Schwangerschaft oder eine berufsbedingte Versetzung Druck auf eine Entscheidung ausübt, könnte das Pendel wild hin- und herschwingen. Für den Überlegenen ist das wie eine Fahrt auf einer außer Kontrolle geratenen emotionalen Achterbahn. In einer Minute ist man entschlossen, die Beziehung zu beenden – man packt seine Koffer. In der nächsten klammert man sich leidenschaftlich an den Unterlegenen und schwört, ihn/sie nie zu verlassen. Nahezu alle am BAS leidenden Überlegenen, die ich kannte (was Patienten, Kollegen, Freunde und, ja, auch mich einschließt), die einen schnellen Entschluß bezüglich der Partnerschaft gefaßt hatten, litten an einer Art »zeitweiliger Unzurechnungsfähigkeit«. Das ist ein Zustand, der sich durch starke Stimmungsumschwünge und eine Tendenz, Freunde zum Wahnsinn zu treiben, weil man sie um Hilfe und Unterstützung anfleht, auszeichnet. Und wenn die Achterbahn mit dem Überlegenen losfährt, sitzt der/die Unterlegene neben ihm/ihr und macht diese Berg- und Talfahrt mit.

Zeit schinden

Jonathan tat das, was die meisten Überlegenen tun, wenn Unentschlossenheit zu einer inneren Sackgasse führt – er bat um mehr Zeit.

> »Deborah rief mich ein paar Tage nach dem Erntedankfest an und fragte, ob ich eine Entscheidung getroffen hätte. Ich sagte ihr ehrlich, daß die einzige Entscheidung, die ich getroffen hätte, die wäre, daß ich nicht genau wüßte, was ich wollte. Ich schlug ihr vor, daß wir es von Fall zu Fall entscheiden sollten. Wir beschlossen, uns am nächsten Wochenende zum Frühstück zu treffen.«

Vorzuschlagen, daß man »es von Fall zu Fall« entscheiden sollte, war eine ideale Lösung für Jonathan. Er mußte die Beziehung nicht beenden, und versetzte zugleich Deborahs Erwartungen einen Dämpfer. Obwohl sie Jonathans Wandel von Leidenschaft zur Ambivalenz verletzte, akzeptierte Deborah seine Begründung, daß seine fatale Ehe in ihm eine tiefsitzende Angst vor ernsten Bindungen hinterlassen hatte. Er sagte, daß er die Sache langsam angehen lassen wollte, wobei er hoffte – was Überlegene gewöhnlich tun –, daß sich schließlich alles von allein regeln würde.

Viele Überlegene behalten lange eine Beziehung »auf Verabredung« mit dem Unterlegenen bei. Man nimmt an, daß sich die Beziehung entwickeln wird, aber statt dessen bleibt sie seltsamerweise stehen. Viele Unterlegene lernen, daß es das Risiko in sich birgt, den Überlegenen zu verlieren, wenn man auf eine Verlobung oder Ehe drängt.

Es gibt noch eine andere Art, wie Überlegene Zeit schinden – eine weit riskantere Art als Verabredungen. Und dabei versucht man es miteinander ...

Der Entschluß zusammenzuleben

Wenn ein Paar gut zueinanderpaßt und ernsthaft eine Ehe in Erwägung zieht, kann es ein positiver Schritt zu Nähe und Bindung sein, wenn man zusammenzieht. Selbst glückliche Paare haben Bindungsängste, und das Zusammenleben kann ihnen die praktischen Seiten, Wohnung und Leben miteinander zu teilen, nahebringen. Aber ich bin ganz sicher, daß die meisten Paare, die ohne konkrete Ehepläne zusammenleben, in einer unausgeglichenen Beziehung leben.

Zusammenzuleben ist eine andere Art, wie Überlegene kostbare Zeit schinden und eine Entscheidung vor sich herschieben. Der Überlegene maximiert seine Optionen, indem er/sie den Unterlegenen, der immer noch wichtige Bedürfnisse befriedigt, hält – aber schließt nicht andere romantische Möglichkeiten für die Zukunft aus.

In der Hauptsache hofft der Überlegene, daß das Zusammenleben seine wachsende Ambivalenz auflösen wird, weil sich seine Gefühle erklären. Vielleicht ist das Leben mit dem Unterlegenen der Himmel oder vielleicht auch die Hölle auf Erden. Er betet darum, daß es das eine oder das andere sein möge.

Manche Überlegene versuchen die Bindungsimplikationen, die mit dem Zusammenleben verbunden sind, zu vermeiden. Die Geschichte von Jessica und Philip zeigt, daß Überlegene das Zusammenziehen mit dem Unterlegenen häufig als praktische Maßnahme rationalisieren.

Philip war Produzent einer Fernsehshow in New York. Jessica arbeitete als Autorin für die Show. Mittagessen führten zu Abendessen, was wiederum dazu führte, daß Philip ihr eines Abends gestand, daß er sie liebte. Jessica war gerührt und geschmeichelt. Philip wurde in seiner Branche sehr respektiert, und seine Freunde mochten ihn wegen seiner Intelligenz, seiner rücksichtsvollen Art und seinem Humor. Es gab nur ein Problem. Obwohl Jessica sehr viel für ihn empfand, fühlte sie nicht die Leidenschaft, die sie in anderen Beziehungen erlebt hatte. Sie erinnerte sich an den Prozeß, der hinter ihrer Entscheidung, mit ihm zusammenzuziehen, stand.

> »Wenn man in New York ein Paar wird, ist es ziemlich bequem zusammenzuziehen, weil die Mieten so hoch sind. Ich war zweiunddreißig und lebte immer noch mit einer Zimmergenossin zusammen, als Philip und ich zusammenkamen. Wissen Sie, daß man an irgendeinem Punkt dem Zu-

sammenleben mit einer anderen Frau entwächst? Philip hatte eine tolle Wohnung im Village. Ich weiß, das klingt, als ob ich eine Glücksjägerin wäre, aber die Kombination meiner herzlichen Gefühle für Philip und seiner netten Wohnung war wirklich verführerisch. Ich frage mich manchmal, was geschehen wäre, wenn wir uns in einem anderen Ort als New York kennengelernt hätten . . .«

Wenn ein Partner so stark durch praktische Überlegungen motiviert ist, kann man darauf wetten, daß er/sie ein ambivalenter Überlegener in einer unausgeglichenen Beziehung ist.

Nachdem ein Paar zusammengezogen ist, kann es sein, daß das Neue an der Situation der Beziehung zeitweise einen Schub versetzt. Aber wenn die »Flitterwochen« vorbei sind, erwacht in dem Überlegenen verstärkte Ambivalenz. Das halbbindende Zusammenleben festigt die Beziehung, indem es die Besitztümer und die Leben beider zusammenwirft. Es ist unausweichlich, daß der Unterlegene emotional immer abhängiger von dem Überlegenen wird und der Überlegene sich noch betrogener fühlt. Die »große Entscheidung« steht immer noch an, daher leidet man unter BAS.

Das Schicksal entscheiden lassen

Personen, die unter BAS leiden, klinken sich manchmal einfach aus. Sie vermeiden es gänzlich, Entscheidungen zu treffen, und überlassen den Ausgang der Beziehung dem Schicksal. So beschließen es zumeist eher passive Überlegene wie Jessica.

»Ich hatte schon ein paar Jahre mit Philip zusammengelebt. Er drängte nicht sehr darauf, aber regelmäßig brachte er das Thema Ehe aufs Tapet. Meine typische Antwort lautete: ›Noch nicht . . .‹ Dann bekam meine Schwester ein Baby. Ich hatte noch nie ein Baby aus der Nähe erlebt und verliebte mich sofort. Ich wußte, daß ich ein Kind haben wollte, aber ich konnte mich nicht überwinden, Philip zu heiraten. Dann wurde ich schwanger. Aber ich war mir noch immer unschlüssig, ob ich heiraten sollte. Ich glaubte wirklich, daß wir es uns nach der Geburt des Babys überlegen sollten. Aber plötzlich rückte meine Erziehung in den Vordergrund, und wir heirateten im Rathaus, als ich im vierten oder fünften Monat war.«

Jessica vermied es bis zum bitteren Ende, Entscheidungen zu treffen, und ließ es zu, daß biologische und soziale Zwänge sie in eine Ehe drängten. Sie wählte den Weg des geringsten Widerstands.

Hochzeiten aus der Sicht der paradoxen Leidenschaft

Die Hochzeit ist eine soziale Institution, die sehr clever mit dem Bindungs-Ambivalenz-Syndrom umgeht.

Es gibt zwei Arten von Hochzeiten – die schlichte, schnelle, für die sich Jessica entschied, und die riesige extravagante. Bei der schnellen Variante entscheidet sich der Überlegene während eines Augenblicks, in dem das Pendel zur positiven Seite der Bindung ausschlägt, für die Ehe – »zum Teufel damit«. Es wird so zu einer relativ schmerzlosen, sogar aufregenden Spontanhandlung und nicht zu einer Entscheidung, mit der der Überlegene sich herumschlagen muß, während das Pendel nach allen Seiten ausschlägt.

Die riesige, extravagante Variante hingegen erweckt im Überlegenen das Gefühl, hilflos zu sein. Sie überrollt ihn/sie einfach mit ihrer ganzen Pracht. Selbst wenn die Extravaganz nicht ganz so groß ist, treibt doch das Planen, die Ausgaben, die Einladungen und die Erwartungen von jedem Beteiligten den Überlegungen dazu, zu »spuren«. Extravagante Hochzeiten erfüllen den Überlegenen mit einer besonderen Furcht, aber wie ein Kaninchen vor der Schlange, besitzt er/sie weder die Courage noch die Geistesgegenwart, das Weite zu suchen.

Das soll nicht heißen, daß der Gedanke an eine Ehe immer schlecht für eine unausgeglichene Beziehung ist. Ich würde nur vorziehen, daß unausgeglichene Paare an ihrer Beziehung arbeiten, *bevor* sie heiraten, aber auch die Heirat selbst kann dem Akt der Balance durchaus förderlich sein.

Der Entschluß zu heiraten

Selbst in einer Zeit, in der man sich leicht scheiden lassen kann, nehmen die meisten Leute die Bedeutung und die Wichtigkeit der Ehe sehr ernst. Viele Paare haben mir gesagt, daß sie nie so hart an ihren Beziehungsproblemen gearbeitet hätten, wenn sie nicht verheiratet gewesen wären.

Aber wenn ein Überlegener von der Ehe erwartet, daß sie ihm magisches, schmerzfreies, märchenhaftes Glück verspricht – wie manche es tun –, dann wird er/sie eine große Überraschung erleben. Wenn man sich vor der Hochzeit eingeengt fühlte, dann wird man sich nach der Hochzeit lebendig begraben fühlen. Und wenn man merkt, daß man einen Vertrag unterschrieben hat, der einen für immer an den Unterlegenen bindet, und daß es emotional wie finanziell zu einem Desaster führen würde, wenn man den Vertrag verletzt, dann ist man versucht, nach immer stärkeren Heilmitteln für das immer schlimmer werdende BAS zu suchen.

Die verbotene Affäre

Sexuelle Untreue bietet ambivalenten Überlegenen – ob sie nun verheiratet sind oder nicht – einen dramatischen Ausweg an, um ihre inneren Sackgassen zu durchbrechen. Manchmal macht der Überlegene ganz bewußt einen Seitensprung. Doch noch öfter rutscht er einfach in einen Flirt mit einem Menschen, den er attraktiv findet. Man sollte aber daran denken, daß es einem nur halb bewußt ist, wenn man in seiner Beziehung unglücklich ist – dadurch sendet man unabsichtlich Signale an mögliche Partner.

Ob es nun bewußt passiert oder nicht – man fühlt sich von der Erregung, Neuheit, Leidenschaft und Veränderung, die ein neuer Partner zu bieten hat, angezogen. Zugleich wird man aber von Schuldgefühlen, Scham und Angst zurückgehalten. Doch es gibt da einen entscheidenden Augenblick – nämlich dann, wenn der Überlegene merkt, daß eine Affäre ihm/ihr wirklich dabei helfen könnte, die eigene Beziehung jetzt und für alle Zeiten klar einzuschätzen. Das ist *die Unterordnung unter die Vernunft,* und sie erlaubt es dem Überlegenen, Schuldgefühle und Angst beiseite zu schieben, um zu testen, wie fest die Bindung an den Unterlegenen ist.

Den Überlegenen könnte verblüffen, welche Erotik in dem ersten Geschlechtsverkehr mit einem neuen Liebhaber liegt. Die Leidenschaft wird durch den Reiz des Verbotenen verstärkt. Miles erfuhr das, als er durch Beth' Reizlosigkeit in eine Affäre mit der Konditorin des Restaurants, einer attraktiven Frau in den Zwanzigern, getrieben wurde.

> »Ich wußte, daß Monica an mir interessiert war, und das Gefühl war gegenseitig, aber ich wußte auch, daß eine Affäre eine Menge Ärger machen könnte. Aber an einem Abend rief Beth wegen lauter Nichtigkeiten an, und ich war richtig wütend. Nachdem das Restaurant zu war, brachte mir Monica ein Glas Wein und fragte mich, ob ich reden wollte. Es dauerte nicht lange, und wir schliefen in meinem Büro miteinander. Ich muß gestehen, daß es riesig war.«

Untreue bietet nur dann einen wirklichen Ausweg, wenn der Partner bei dem Seitensprung Qualitäten besitzt, die sie/ihn zu einem besseren Partner für den Überlegenen machen – sonst wird alles nur noch schlimmer. Miles' Seitensprung mit Monica gestattete ihm, den Druck, der durch seine enttäuschende Beziehung zu Beth entstanden war, abzulassen. Außerdem befriedigte er sexuelle Bedürfnisse, die sich aufgestaut hatten. Aber er verstärkte auch seine Schuldgefühle, die er wegen Beth sowieso schon hatte, *und* auch seine Wut darüber, daß sie seinen Erwartungen nicht entsprach. Die kurzfristigen Freuden des Seitensprungs bestärkten Miles darin, mit Monica weiterzumachen, wobei er aber seine Schuldgefühle und seine Wut noch mehr verstärkte. Dieses Verhalten wird oft zur Gewohnheit und damit zu einem noch größeren Problem.

Die Trennung auf Probe

Wenn das Pendel auf der negativen Seite der Bindung steckenbleibt, wird der Überlegene wahrscheinlich noch eine andere beliebte Strategie, um Zeit zu schinden, anwenden: Die Trennung auf Probe. Diese Entscheidung ist deshalb so ansprechend, weil sie dem Überlegenen ungehemmte Freiheit auf dem freien »Beziehungsmarkt« zusichert, aber die feste Beziehung *noch* nicht beendet.

Der Überlegene schlägt die Trennung auf Zeit behutsam vor, wobei er/sie betont, daß so *beide* die Möglichkeit haben, über alles nachzudenken. Man sagt, man bräuchte »Freiraum«, Abstand, eine Chance, sich alles klarzumachen. Der Unterlegene wird dann fragen, was er/sie falsch gemacht hat, aber der Überlegene nimmt bereitwillig die Schuld auf sich. So wird er sagen, daß »er völlig durcheinander ist«, und oft wird er auch die Arbeitslast als Grund angeben. Der Überlegene wird einen Gutteil Schuld empfinden und auch sagen, und er wird dem unterlegenen Partner sagen, daß es ihm wahrscheinlich viel besser gehen würde, wenn es ihn nicht gäbe.

Nachdem er zwei Monate ein Verhältnis mit Monica hatte, konnte Miles die »Heuchelei« nicht mehr aushalten. Er und Beth sprachen kaum miteinander, und sein Leben spielte sich mehr und mehr im Restaurant ab – und bei Monica, von der Beth immer noch nichts wußte. Doch es war keine leichte Entscheidung. Miles fühlte sich zwischen zwei verschiedenen Leben hin und her gerissen – dem eines Familienvaters und dem des lebenslustigen Restaurantbesitzers. Er erinnerte sich so an den Abend, an dem alles anders wurde.

> »Ich kam spät aus dem Restaurant zurück, und Beth war noch auf und las. Ich dachte immer noch über eine Trennung nach, aber der Plan verwirklichte sich schneller, als ich dachte. Beth beschuldigte mich, bei Monica gewesen zu sein. Ich gab ihr darauf keine Antwort, sondern sagte, ich hätte über eine Trennung auf Probe nachgedacht. Sie fing an zu weinen und sagte, sie könnte kaum glauben, daß es mit uns so weit gekommen wäre. Ich sagte ihr, daß ich total

durcheinander wäre und daß wir, wenn wir uns eine Zeitlang trennen würden, sicher alles wieder in Ordnung bringen könnten. Sie sah mich so an, daß ich mich wie ein Stück Dreck fühlte. Dann warf sie das Buch nach mir und schluchzte, daß sie mich haßte, weil ich ihr so etwas antun würde.«

Für manche Überlegene ist der Vorschlag einer Trennung auf Probe eine »nette« Art und Weise, eine unausgeglichene Partnerschaft zu beenden. Indem man andeutet, daß es immer noch Hoffnung gibt, setzt man den Unterlegenen schrittweise der Wut und Erniedrigung der Zurückweisung aus. Doch viele Überlegene glauben selbst wirklich daran, daß die Trennung nur auf Zeit ist. Aber ganz gleich, unter welchen Voraussetzungen der Überlegene eine Trennung auf Probe anstrebt – es wird ihn/sie höchstwahrscheinlich überraschen, wie die Wirklichkeit aussieht. Denn wenn man eine intime Beziehung verläßt, wird durch das Paradox ein neues und kräftiges Set emotionaler Dynamismen gezündet.

Wenn da jemand wartet ...

Wenn eine Trennung auf Probe durch eine Affäre beschleunigt wird, gibt es im allgemeinen drei Möglichkeiten.

Eine neue Liebe – das Ende der Ambivalenz.
Die Affäre erweist sich als lohnender und ausgeglichener, als es die ursprüngliche Beziehung war. Die Ambivalenz würde dann enden – aber nicht der Konflikt, die Schuldgefühle und der emotionale Schmerz. Besonders dann, wenn die ursprüngliche Beziehung lange gedauert hat, wird der Überlegene großen Verlustschmerz und Trauer empfinden. Oft ist auch das Gefühl, versagt zu haben, im Spiel. Vom Verstand her weiß der Überlegene, daß ein klarer Bruch für ihn und seine Partnerin besser ist, aber dadurch hört es nicht auf, weh zu tun. Nach dem Bruch hofft der Überlegene, daß sein früherer Partner schnell eine neue Liebe findet, damit er die Schuldgefühle loswird.

Zwei Lieben – die Ambivalenz verstärkt sich.
Wenn der Überlegene den Unterlegenen verläßt und sich mit der Partnerin aus der Affäre zusammentut, verändern sich seine Gefühle plötzlich auf eine seltsame Art und Weise. Jetzt, da der Seitensprung zur Beziehung geworden ist, sehnt sich der Überlegene nach dem Unterlegenen, den er verlassen hat. Plötzlich erscheint dieser ihm aufregender und herausfordernder zu sein als der neue Partner, der doch noch kürzlich seine Träume und Gedanken beherrschte. Das ist eine verblüffende Wendung der Ereignisse, und Miles erlebte sie auch:

> »Ich konnte nicht glauben, was das geschah. Kurz nachdem ich ausgezogen war, fuhren Monica und ich für ein Wochenende nach Palm Springs, aber ich konnte nur an Beth denken. Ich hätte von ihr mehr Kampfgeist erwartet und war auf die Idee, daß ein anderer Typ für mich einspringen und meine Familie übernehmen würde, fixiert.«

Es ist typisch, daß diese Verwandlung dann auftritt, wenn der Überlegene auch in seiner neuen Beziehung die Position des Überlegenen innehat. Der Seitensprung ist viel interessanter aus der Entfernung – wenn der Überlegene nicht seinen Drang befriedigen kann, den neuen Partner unter seine emotionale Kontrolle zu bringen. Bis er das tut, ist »der Neue« natürlich frei und könnte sich auch mit einem anderen zusammentun. Aber wenn ein Überlegener ihn erst einmal an der Angel hat, wird der frühere Partner frei. Wenn der Überlegene darüber nachdenkt, daß sein Ex-Partner eine neue Liebesbeziehung eingeht, beeilt er sich, sie wieder unter Kontrolle zu bekommen. Oft verläßt er den neuen Partner und kehrt zum alten zurück. Er denkt, daß er einen Fehler gemacht hat. Wenn beide Unterlegenen nun so sehr in den Überlegenen verliebt sind, daß sie ihn zurücknehmen, könnte daraus eine Art Dreiecksverhältnis entstehen.

Der hin und her gerissene Überlegene sucht ein Gefühl – Leidenschaft – zwischen zwei ergebenen Geliebten und sehnt sich immer nach dem Partner, den er gerade freigegeben hat. Er kommt zu dem Schluß, daß er in beide Partner verliebt ist, und er stellt sich vor, mit beiden zu leben. Jetzt besitzt der Überlegene *zwei* Partner, bei denen er ambivalent empfinden kann, und sein emotionaler Balanceakt wird seine Wut sicher verstärken.

Gewöhnlich wird bei einem der Partner die Toleranzgrenze erreicht, und man stellt ein Ultimatum. Und der Unterlegene, der das gewöhnlich tut, macht den Überlegenen fertig, weil er derjenige ist, der sich am wahrscheinlichsten aus der Beziehung löst.

Verlorene Liebe – der Überlegene spielt hoch und verliert. Das ist das Gegenteil der zweiten Möglichkeit. Wenn der Überlegene sich befreit und zu seinem neuen Partner zieht, empfindet der neue Geliebte Enttäuschung. Die Tatsache, daß der Überlegene seinen alten Partner verlassen hat, beweist dem neuen Geliebten, daß er ihn emotional beherrscht. Jetzt ist er in der Position des Unterlegenen, und er verliebt sich immer mehr in den Überlegenen, während der neue Überlegene immer mehr auf Distanz geht. Tatsächlich verhält der neue Partner sich so, wie er sich in seiner alten Beziehung verhalten hat. Diese Ironie wird ihm wahrscheinlich nicht entgehen. Es ist typisch, daß solche Affären kaputtgehen, wobei der ursprünglich Überlegene verletzt, angeschlagen und mit der alleinigen Hoffnung, daß sein alter Partner ihn wieder nimmt, zurückbleibt.

Fast alle Brüche, die durch Untreue hervorgerufen werden, fallen in diese drei Kategorien. Aber diese einfachen kurzen Beschreibungen verschweigen die emotionale Agonie und die Verletzungen, die sie gewöhnlich begleiten.

Wenn es keinen anderen gibt . . .

Wenn die Überlegene auf eine Trennung auf Probe drängt, noch ehe sie eine neue Liebe gefunden hat, wird sie sich selbst zwingen, noch ein Weilchen zu warten, ehe sie sich wieder in eine neue Beziehung stürzt. Sie möchte die Freiheit genießen. Tatsächlich ist es fast wie eine Fahrt ins Ferienlager, wenn man auszieht. Zumindest anfangs.

Die neue Freiheit ausprobieren

Wenn die Überlegene sich aus der Beziehung löst, fühlt sie sich sofort euphorisch. Sie genießt es, ihre eigene Wohnung zu haben, zu essen, wann und wo sie will, zu kommen und zu gehen, wie es ihr gefällt, und sich für die Suche nach einem neuen Geliebten aufzumotzen. Ihre Vorbereitungen könnten den Besuch eines Fitneßclubs, Volkshochschulkurse und den Einkauf neuer Kleider einschließen. Manche Überlegene genießen die Freiheit längere Zeit, bekommen Geschmack an der Unabhängigkeit und beschließen, nie wieder die Beziehung wiederaufzunehmen – ganz gleich, was ihnen bei ihre Suche nach einem neuen Geliebten auch widerfährt.

Die Schattenseiten der Freiheit

Viele Überlegene, die ihren ersten Vorgeschmack auf die Freiheit genießen, finden heraus, daß ihre euphorische Stimmung nach ein paar Tagen verschwindet. Sie wird durch ein Gefühl verzweifelter Unsicherheit ersetzt. Während er mit der Unterlegenen lebte, waren dem Überlegenen Sicherheit, Trost und Nähe garantiert – was er alles als selbstverständlich hinnahm. Aber eine einsame Nacht in einem neuen Appartement könnte ihn spüren lassen, wie isoliert und ziellos er sich fühlt. Er bekämpft die Einsamkeit, indem er sozialen Kontakt sucht, wobei er hofft, eine neue Liebe zu finden, aber es gefällt ihm in Wirklichkeit nicht. Er mag ja unzufrieden mit der Unterlegenen gewesen sein, aber er war nicht darauf vorbereitet, daß er sich ohne sie so leer fühlen würde.

Jonathan erlebte das, als er sich von Deborah löste.

> »Ich bildete mir ein, mein altes Leben wiederaufnehmen zu können – als ob das mit Deborah nie geschehen wäre. Das bedeutete, viel Musik zu hören, zu lesen, im Garten zu arbeiten. Aber als ich versuchte, meine alten Gewohnheiten wiederaufzunehmen, hatte sich irgendwas verändert. Ich machte alles mechanisch, nicht so spontan wie früher. Da

war eine Lücke. Ich war daran gewöhnt, mit jemandem zusammenzusein.«

Jonathan erlebte eine der größten Überraschungen des Überlegenen – die Lücke, die die Abwesenheit der Unterlegenen in seinem Leben hinterließ.

»Eines Abends ging ich essen – allein – und sah mich um. Ich sah, wie sich Paare zueinanderbeugten, redeten und lachten. Da fühlte ich mich noch einsamer. Ich fühlte mich wie ein Verlierer oder irgendwie nicht begehrenswert. Ich erinnerte mich daran, wie Deb und ich anfangs ausgingen, als wir so waren wie diese Paare und alles so vielversprechend aussah.«

Bei vielen Überlegenen führt die Trennung von der Ego-Massage und der Sicherheit der Unterlegenen zu einer emotionalen Leere. Es zählt nur wenig, wie eingeengt und erstickt sich der Überlegene vor der Trennung gefühlt hat. Ohne eine emotionale Stütze vom Unterlegenen wird sich der Überlegene einer ziemlich rauhen Welt ausgesetzt sehen.

Wenn man sich an den falschen Orten nach einer neuen Liebe umsieht ...

Wenn sich ein frischgetrennter Überlegener plötzlich einer neuen Liebe gegenübersieht, könnte er einen weiteren brutalen Schock erleben. Nach dem Bruch mit Alana entdeckte Scott, daß seine Versuche, mit attraktiven Frauen zu flirten, fehlschlugen.

»Die Buchhandlung macht gelegentlich Autorenlesungen. Eine für einen irischen Dichter schien besonders gutaussehende Frauen anzuziehen. Toll, nicht? Nach der Lesung standen alle herum, tranken Wein und versuchten mit dem Dichter zu sprechen. Ich pickte mir eine Frau heraus, die mir wirklich gut gefiel, und ging auf sie zu. Ich stellte mich vor und fragte sie, ob sie etwas Wein wolle. Sie bejahte, aber als ich ein Glas für sie einschenkte, zitterte meine Hand ein bißchen. Sie empfahl sich und schloß sich dem

Kreis um den Dichter an. Das ist schon die blanke Ironie, denn als ich noch mit Alana zusammen war, liefen die Frauen immer hinter *mir* her.«

Um dieses Sinken des Anziehungsvermögens des Überlegenen zu verstehen, müssen wir uns anschauen, was sich in seiner emotionalen Welt geändert hat. Als er noch mit seinem alten Partner zusammen war, wurden die zwischenmenschlichen Bedürfnisse des Überlegenen – Sex, Intimität und Kameradschaft – stets befriedigt. Weil er von diesen Bedürfnissen frei war, war er entspannt und flirtete mit anderen Menschen. Die Tatsache, daß er in »festen Händen« war, machte ihn begehrenswerter und zu einer romantischen Herausforderung.

Als der Überlegene die warme Höhle seiner alten Beziehung verließ, stiegen seine primären zwischenmenschlichen Bedürfnisse. Während diese Bedürfnisse mit der Zeit eskalieren, weicht die entspannte Haltung und der Charme des Überlegenen offener emotionaler Bedürfigkeit. Wie Scott vermittelt der Überlegene Bedürftigkeit durch ängstliches, gehemmtes, übereifriges Verhalten. Die Frau, der er sich nähert, spürt instinktiv, wie verzweifelt er eine Beziehung sucht. Wenn er zu diesem Zeitpunkt eine Beziehung eingeht, wird der frühere Überlegene sofort zum Unterlegenen – eine Tatsache, die von den meisten potentiellen Partnern erahnt wird.

Leidenschaftliches Zwischenspiel

Kurz nachdem die Trennung auf Probe begonnen hat, sucht der Überlegene gewöhnlich Kontakt zu seiner alten Partnerin. Oftmals ist kein Vorwand nötig – Kleidung oder Kinder müssen abgeholt oder wichtige Dinge diskutert werden. Manchmal ist der Vorwand dürftig. Ein perfektes Beispiel dafür findet man in *Annie Hall:* Kurz nachdem sie ausgezogen ist, ruft Annie, die Überlegene, Alvie mitten in der Nacht an. Es wäre eine Riesenspinne in ihrem Badezimmer, und sie möchte, daß er zu ihr kommt und die Spinne tötet. Er willigt natürlich freudig ein.

Oft sieht der »alte« Partner sehr ansprechend aus – fast so wie in der Zeit der Werbung. Der Grund dafür ist klar. Als der Überlegene auf eine Trennung auf Probe drängte, gab er die Kontrolle über den Partner auf. Er wurde frei zu tun, was er wollte – genau wie der Überlegene. Weil der alte Partner jetzt außerhalb der emotionalen Kontrolle liegt, bekommt er seine Anziehungskraft zurück.

Wenn der Überlegene wieder in seiner alten Umgebung ist, spürt er oft eine überraschende und prickelnde Erregung. Während er »das Offizielle« erledigt, könnte er »zufällig« den Unterlegenen berühren. Die Berührung schickt Wellen der Erregung durch seinen Körper.

Genau das geschah, als Miles nach drei Wochen zum ersten Mal wieder sein Haus betrat.

> »Beth hatte es so aufgeregt, daß sie keinen Appetit mehr hatte und merklich dünner geworden war. Sie hatte sich entschlossen, halbtags zu arbeiten, und schien ihr Leben in den Griff zu kriegen. Wirklich – sie sah großartig aus. Ich war so glücklich, sie zu sehen, daß ich sie automatisch umarmen wollte, aber sie hielt mich zurück. Sie war immer noch sehr wütend. Aber als ich gerade gehen wollte, bürstete sie etwas von meiner Schulter. Ich drehte mich um und versuchte wieder, sie zu umarmen, und diesmal erwiderte sie die Umarmung. Und dann küßten wir uns plötzlich und verschwanden ins Schlafzimmer. Später wollte ich bleiben, aber sie sagte, ich müßte gehen.«

Die meisten Unterlegenen lieben den Überlegenen noch lange, nachdem er sie verlassen hat – sogar dann, wenn sie wütend auf ihn sind. Manche würden alles tun, um ihn wiederzubekommen, aber andere – wie Beth – sind dazu zu stolz.

Wiedervereint – es ist so toll!

Überlegene, denen es während der Trennung auf Probe nicht gelingt, eine neue, bessere Beziehung aufzubauen, erleben eine starke und schmerzliche Verminderung ihres Selbstwertgefühls. Dieser Mangel an Selbstvertrauen verstärkt ihre Bedürftigkeit und ihre Unsicherheit. Getrennt lebende Überlegene sehnen sich nach der Nähe, die ihnen der unterlegene Partner gewöhnlich vermittelt hat und die sie dummerweise als selbstverständlich ansahen. Der Überlegene spürt, daß er einen emotionalen Durchbruch geschafft hat. Die Ambivalenz ist weg. Jetzt hat er das starke, unverfälschte Bedürfnis, zu dem verlassenen unterlegenen Partner zurückzukehren. Aufgeregt bereitet er sich darauf vor, die Nachricht zu verbreiten – die Trennung auf Probe wird ein glückliches Ende haben.

Jetzt liegt das Schicksal der Beziehung in der Hand des Unterlegenen.

Wiedergutmachung ist schwer

Wenn die Unterlegene den Überlegenen mit offenen Armen empfängt, wird das Paar noch einmal die Zeit der Werbung durchleben, die gleichen Entwicklungsstufen und Schritte machen – nur daß es diesmal schneller geht. Die Trennung auf Probe hat die Partner gleichberechtigt gemacht – der Überlegene wurde bedürftiger und unsicherer, und die Unterlegene wurde in eine attraktive, freie Frau verwandelt.

Die Wiedervereinigung ist vergleichbar mit dem Augenblick in der Zeit der Werbung, in dem der Überlegene das erste Mal Erleichterung und Freude darüber empfand, die Liebe seiner Partnerin gewonnen zu haben. Wenn das Paar nicht verheiratet ist, ist das der Moment, in dem Heiratspläne geschmiedet und auch ausgeführt werden. Wenn das Paar schon verheiratet ist, könnten sie zweite Flitterwochen machen, ein Baby bekommen, neue Möbel oder ein Haus kaufen.

Aber die Freude der Wiedervereinigung ist kein dauerhaftes Heilmittel für tiefsitzende Beziehungsprobleme. Tatsächlich ist es ein guter Zeitpunkt für ein Paar, eine Therapie zu machen, weil sie *beide* motiviert sind, an der Beziehung zu arbeiten. Aber sie tun es höchstwahrscheinlich nicht, weil sich ihre Probleme scheinbar in Luft aufgelöst haben. Unglücklicherweise ist es nur eine Frage der Zeit, bis die Partner wieder in ihre alten Verhaltensmuster zurückfallen. Für Überlegene in höchst unausgeglichenen Partnerschaften bedeutet das die unwillkommene Rückkehr von Unzufriedenheit und BAS. Unzufriedenheit könnte mit Macht zurückkehren, weil der Überlegene sich gebundener als je in der Ehe, mit dem neuen Baby oder mit dem neuen Haus fühlt.

Viele dieser Überlegenen gehen wieder. Manche merken, daß sie einfach ihre Angst vor der Trennung überwinden müssen, damit sie wirkliches Glück empfinden. Ein paar ziehen den Schluß, daß es der Unterlegenen auch guttun wüde, wenn sie gehen. Viele machen eine Therapie, um sich selbst und ihr Verhalten in der Liebe in den Griff zu bekommen.

Andere Überlegene merken, daß die unausgeglichene Beziehung auf lange Sicht nicht halten wird, aber sie entscheiden sich zu bleiben. Dieser Typ benutzt die Beziehung als sicheren Hafen, um von dort aus einen aufregenderen und angemesseneren Partner zu suchen. Auf diese Art müssen sie sich nicht ihren Unsicherheiten – oder solchen Risiken wie AIDS – stellen.

Und manche Überlegene geben einfach auf. Durch Fehlschläge bei der Suche nach neuen Partnern emotional ausgebrannt, entscheiden sie sich, in einer unausgeglichenen Beziehung zu bleiben – trotz aller Unzulänglichkeiten. Manchmal werden sie arbeitssüchtig, fernsehsüchtig, Alkoholiker oder wenden sich Interessen außerhalb des Hauses zu, nur um der Leere zu entgehen, die sie empfinden.

Wenn der Überlegene alles akzeptiert

Bei vielen Überlegenen ist die Trennung auf Probe eine wichtige Lektion in ihrem Leben, die sie nie mehr vergessen. Sie lernen, daß der Verlust der Leidenschaft ein kleiner Preis ist für die Segnungen des Trostes, der Sicherheit und der Kameradschaft. Sie akzeptieren ihren unvollkommenen Partner und entschließen sich, ihn nie mehr als selbstverständlich hinzunehmen. Der Terminkalender ihres Lebens ist gefüllt mit Pflichten: Zur Arbeit gehen, sich um die Kinder kümmern und für sie sorgen, ein verläßlicher Ehepartner sein. Der Überlegene, der alles akzeptiert, bekommt einen sehr realen emotionalen Lohn. Er empfindet tiefe Zuneigung für seine Partnerin, und er weiß, welchen Trost und welche Wärme eine sichere, liebevolle Partnerschaft mit sich bringt. Und da sein Partner sich durch seine Akzeptanz sicherer fühlt, wächst die Ausgeglichenheit.

Doch auch wenn der Überlegene wieder in seine unausgeglichene Partnerschaft zurückkehrt, entgeht er doch nie einem nagenden Gefühl des Verlustes, einem Gefühl, daß er ein Leben mit der großen Liebe hätte haben können, wenn er nur nach einem perfekteren Partner Ausschau gehalten hätte.

5. Kapitel

Die Unterlegenen – Wenn Liebe weh tut

Wenn zwei Menschen sich verlieben, sind *beide* in der Position des Unterlegenen. Jeder, der ungeheure Leidenschaft für eine andere Person empfindet – ob sie nun erwidert wird oder nicht –, ist ein Unterlegener. Unterlegene haben keine Kontrolle über ihre Gefühle.

Frischverliebte Unterlegene erleben eine der höchsten Freuden des Lebens – geteilte Leidenschaft. Aber der Unterlegene in einer einseitigen Beziehung zu sein, ist eine sehr schmerzliche Erfahrung. Ich habe Unterlegene sagen hören, daß es weniger schmerzhaft gewesen wäre, wenn ihr Partner gestorben wäre, statt die Zurückweisung hinzunehmen.

Es fängt alles mit einem vagen Unbehagen an. Feinfühlig spürt ein Partner, daß das Interesse des anderen Partners nachläßt.

Wenn man Gleichgültigkeit spürt

Deborah sagte, daß sie erst rückblickend gemerkt hätte, daß es Signale gegeben hätte.

»Ich habe gehört, daß es in einer Beziehung nach drei Monaten kritisch wird, und ich glaube das. Etwa um diese Zeit bemerkte ich damals eine Veränderung. Ich glaubte sehr selbstsicher, daß Jonathan mir gehören würde, wenn ich nur fragte. Aber dann geschah etwas. Oder vielleicht sollte ich sagen, daß etwas nicht mehr geschah. Wir sahen uns seltener, nicht öfter. Eine Zeitlang verbrachten wir die Wochenenden zusammen, aber dann fanden die Treffen nur noch

Samstagabend bis Sonntagmorgen statt. Er hatte immer noch nicht gesagt, daß er mich liebt. Ich hielt das für seltsam, aber ich war trotzdem der Meinung, daß wir auf solidem Boden stünden. Dann wurde mir klar, daß sich ein Muster herausbildete. Da kam mir zum ersten Mal der Gedanke, daß ich vielleicht Probleme bekommen könnte.«

Ich erklärte Deborah, daß die ersten Anzeichen von Distanziertheit wirklich sehr schwer zu erkennen sind. Wenn man sich verliebt, fällt es einem durch den natürlichen Optimismus ausgesprochen leicht, feine Winke des Partners zu übersehen. Und wenn die Beziehung aus dem Gleichgewicht gerät, könnte es durchaus sein, daß der Partner auch nicht sicher weiß, was vor sich geht. Seine Emotionen schließen ebenso positive Gefühle wie neu aufgetretene Gleichgültigkeit mit ein. Daher sind die Signale, die der Überlegene aussendet, verwirrend.

Diese ersten Anzeichen der Distanziertheit könnten unentdeckt bleiben, weil sie aussehen wie das normale Verhalten in einer neuen Beziehung. Wenn eine gesunde Beziehung anfängt, können nämlich beide Partner Angst davor haben, in unbekannten Gewässern zu segeln. Und früher oder später kommt der eine oder andere Partner zu spät nach Hause oder vergißt anzurufen. In einer ausgeglichenen Partnerschaft wird das mit einer ehrlichen Entschuldigung bereinigt oder manchmal auch als Seitensprung entlarvt. Aber in einer unausgeglichenen Beziehung wird ein Partner ein Monopol auf die Gleichgültigkeit haben, während der andere allein die Angst trägt.

Ich rate Menschen, die am Anfang einer Beziehung sehr ängstlich sind, ihre Gefühle nicht zu verschleudern. Der Schlüssel zur Lösung ist der, den emotionalen Reflex, zu handeln wie ein Unterlegener, zu kontrollieren und den Überlegenen nicht zu etwas zu drängen. Angst kann ein Verbündeter sein, weil sie uns früh vor der paradoxen Leidenschaft warnt. Und je eher man die Dynamik des Paradoxon erkennt, desto früher hat man die Chance, sie zu kontrollieren.

Der Überlegene ist vollkommen

Selbst die frühesten, feinsten Symptome für den emotionalen Rückzug eines Partners können die Liebe eines Unterlegenen vertiefen. Und das macht es noch schwerer zuzugeben, daß etwas nicht stimmen könnte. Zusammen mit dieser tiefen Liebe kommt es zu einer starken Verzerrung der Wahrnehmungsfähigkeit. Neue Liebe mag die geliebte Person ja verschönern – aber ein Ungleichgewicht wird den Überlegenen in einen Ausbund an Tugend verwandeln. Wenn jetzt die Unterlegene ihren Prinzen küßt, meint sie, daß sie einen König in den Armen hält.

Das ist die Gegenreaktion auf das »Frosch/Prinz-Syndrom« des Überlegenen. Es betont die Schwächen der Unterlegenen und stellt ihr Licht unter den Scheffel.

Daß Deborah anders aussah, zeigt, wie ein Ungleichgewicht den Überlegenen idealisieren kann.

> »Als ich Jonathan kennenlernte, dachte ich, daß er eigentlich nicht mein Typ war. Ich mag keine Bärte, und mir gefällt es nicht, wenn Männer zu dünn sind, und das ist er. Aber nach einer Weile gefiel er mir immer besser. Ich konnte mir nicht vorstellen, einen anderen Mann zu begehren – selbst dann nicht, wenn ich mich auf meinen ersten Eindruck besann. Die Männer, die mir jetzt auffallen, sind dünn und haben einen Bart.«

Paul erlebte etwas Ähnliches mit Laura.

> »Objektiv gesehen ist Laura wirklich eine außerordentlich gutaussehende Frau. Bestandteil der Verzweiflung, die ich empfand, als es anfing, schlecht zu laufen, war, daß ich meinte, ich könnte mich nie wieder verlieben. Sie war das Maß aller Dinge, mit dem ich alle anderen Frauen vergleichen würde.«

Es ist eine Tatsache der Psychologie, daß die sogenannte objektive Wahrnehmung vom emotionalen Zustand des Betrachters abhängt. Das trifft in verstärktem Maße auf den Betrachter zu, der sehr verliebt ist. Die positive Neigung des Unterlegenen zum Überlegenen wurzelt in der Hoffnung, daß er endlich den idealen Partner gefunden hat. Während seine Leidenschaft stetig wächst, fühlt er sich in dieser Hoffnung bestätigt.

Gleichgültigkeit erkennen

Mit der Zeit wird der Unterlegene nicht mehr nur Gleichgültigkeit bei dem Überlegenen *spüren,* sondern sie *erkennen.* Anzeichen für das Verlangen des Überlegenen, auf Distanz zu gehen, werden offensichtlich und unleugbar. Anrufe, die nicht gemacht werden, Verabredungen, die nicht eingehalten werden, lange Abende im Büro, das zerstreute, ungeduldige Verhalten des Überlegenen. Das alles wird schließlich dem Unterlegenen bewußt. Paul erzählte von einem Abend, der für ihn entscheidend war, weil die ärgerlichen Zeichen nicht mehr verdrängt oder erklärt werden konnten.

»Laura warf sich förmlich in den Betrugsfall. Es war ein großer Fall mit ein paar Mitangeklagten und einem Team von Anwälten aus unserer Kanzlei und einer anderen. Laura arbeitete bis zu vierzehn Stunden am Tag und verbrachte die meiste Zeit mit dem ›Team‹. Wir hatten seit fast zwei Wochen keine Nacht mehr miteinander verbracht, weil sie behauptete, zu beschäftigt oder zu müde zu sein. Deshalb schlug ich vor, daß wir zumindest zusammen essen gehen könnten, und sie sagte, nein, das Team würde sich immer etwas bestellen. Dann kamen meine Eltern in die Stadt, und ich führte sie in ein ganz tolles Restaurant aus. Während des Essens merkte ich, daß Laura etwa sechs Tische entfernt mit einem der anderen Anwälte, Nick, saß. Ich flippte fast aus. Es war wegen meiner Eltern eine sehr beschämende Situation, denn sie hatten sich schon gewundert, wo diese Laura, die ich heiraten wollte, steckte. Ich war verblüfft, als Laura herüberkam und sich formvollendet benahm. Sie sagte, daß sie gerade eine ›Strategiesitzung‹ mit Nick hätte, und sie klang sehr überzeugend. Aber ich wußte, daß da mehr dran war.«

Paul erlebte gerade seinen ersten Anfall von der »Angst des Unterlegenen«. Mit ganzem Herzen und ganzem Verstand wollte er glauben, daß er sich über Lauras Interesselosigkeit grundlos aufregte. Aber diese Episode ließ diese Seifenblase platzen. Er spürte, daß er noch weniger Kontrolle als je zuvor hatte.

Furcht und Hoffnung

Wenn die Gleichgültigkeit des Überlegenen zur Norm wird, führt die Unterlegene ein Leben zwischen Furcht und Hoffnung. Furcht erzeugt Angst, den steten Begleiter der Unterlegenen. Furcht nährt auch das Gefühl der Unterlegenen, keine Kontrolle mehr zu haben und immer mehr Liebe zu empfinden.

Jedes Zeichen von Liebe durch den Überlegenen nährt die Hoffnung. Vielleicht haben sich die tiefsten Gefühle des Überlegenen ja gar nicht geändert – nur das oberflächliche Verhalten ist anders geworden. Hinter der Hoffnung steckt das gesunde Bedürfnis des Unterlegenen, zumindest etwas Einfluß auf die Beziehung nehmen zu können. Furcht und Hoffnung fuhren mit Beth Karussell, als Miles immer später heimkam.

> »Ich saß dann im Bett und las, obwohl ich mich nicht darauf konzentrieren konnte. Ich war noch nicht einmal müde. Es war so, als ob meine Augen wie angeleimt offen blieben. Ich sagte mir, Miles wäre nur im Restaurant aufgehalten worden. Dann hatte ich dieses fürchterliche Gefühl im Magen – es war instinktiv und sehr real –, daß Miles bei einer anderen war. Ich wußte sogar, bei wem, weil ich sie ein paarmal gesehen hatte. Manchmal weiß man es einfach. Ich fühlte mich mies, weil ich ihm nicht vertraute, und fing an mich zu sorgen, daß er einen Autounfall auf dem Heimweg gehabt hätte. Es war so, als ob ich auf einem schrecklichen mentalen Karussell säße, das immer schneller fuhr, während ich nicht abspringen konnte.«

Wie sich der Unterlegene in der Liebe verliert

Der Schmerz und die Leidenschaft der Unterlegenen münden schließlich in ein nagendes Gefühl, das allmählich ihre Identität beherrscht. Der Unterlegene handelt aus purem Reflex, wenn er eine Reihe von Manövern startet, um die Liebe des Überlegenen wieder zu wecken. Damit will er seinen Ärger besänftigen und sich einen neuen Sinn für Kontrolle verschaffen. Leider bestehen diese Manöver aus demütigen Verhaltensweisen, die ironischerweise dazu führen, daß der Unterlegene immer mehr von sich aufgibt und in immer größerem Maße die Liebe des Überlegenen verliert.

Das unmäßige Werbeverhalten

Paul erinnert sich:

»Ich wollte, daß alles toll ist. Ich glaubte, daß das, was ich versuchte, Laura davon überzeugte, daß niemand sie besser verstand und mehr liebte als ich. Ich tat alles, was ich konnte, um ihr eine Freude zu machen – vom Ausführen ins beste Restaurant bis zum Jogging, damit ich mit ihr zusammen laufen konnte. Ich unterstützte sie dauernd und war aufmerksam. Ich brach Besprechungen und Telefonate ab, wenn ich mit ihr verabredet war. Ich holte sogar ihre Sachen bei der Reinigung ab. Ich riß mir wirklich ein Bein für sie aus, und doch war sie *immer* noch nicht zufrieden. Es lag nicht an mir.«

Bei diesem Verhalten benutzt man die gleichen Techniken, die man während der Zeit des Werbens benutzte, nur daß man sie jetzt intensiviert. Das ist wirklich ausgesprochen logisch. Wenn man die Liebe des Überlegenen damals dadurch gewann, daß man nett, charmant und großzügig war, warum sollte ein ähnliches Verhalten jetzt nicht diese Liebe zurückgewinnen?

Ich sage Unterlegenen, daß Werbeverhalten am Anfang einer Beziehung deshalb Erfolg hat, weil beide sich ängstlich, unsicher und bedürftig fühlen. Zeichen der Liebe sind willkommen, weil sie die Angst und Unsicherheit verringern. Aber wenn ein Partner sich zu sicher fühlt und zuviel Kontrolle ausübt, wird das leidenschaftliche Werbeverhalten des anderen nur als erdrückend empfunden. Das letzte, was der Überlegene hören möchte, ist der Schwur des Unterlegenen, daß er den Rest seines Lebens darauf verwenden wolle, ihn glücklich zu machen – das bedeutet, das Leben und Identität der Beziehung geopfert werden. Der/die Unterlegene weiß es nicht, aber er/sie garantiert ein Ungleichgewicht und sabotiert die einzigen Qualitäten, die den/dic Überlegene(n) wieder Leidenschaft für ihn oder sie empfinden ließen.

Das Echo

Echo war eine Nymphe in der griechischen Mythologie, die den Fehler machte, eine mächtige Göttin zu verärgern. Echo war bekannt für ihr rednerisches Talent, deshalb bestrafte sie die Göttin damit, daß sie nur noch die Worte von anderen wiederholen konnte. Das wurde für Echo zu einer schrecklichen Tragödie, als sie sich in den schönen Jüngling Narcissus verliebte. Eines Tages verirrte sich Narcissus im Wald, und Echo bekam die Chance, mit ihm Kontakt aufzunehmen. Aber sie mußte zuerst ihn reden lassen. Er rief: »Ist jemand hier?« und sie antwortete aus dem Gebüsch, wo sie sich versteckte: »Hier!« Sie fuhr fort immer das zu wiederholen, was er sagte, und eine Zeitlang genoß er das. Echo näherte sich ihm, aber als er merkte, daß sie nur hilflos seine Worte nachplapperte, stieß er sie weg und schwor: »Ich würde eher sterben, als zuzulassen, daß du mich besitzt.« Echo konnte nur sagen: »Mich besitzt!« Niedergeschlagen zog sie sich in eine Höhle zurück, wo sie sich in Luft auflöste. Nur ihre Stimme – das Echo – überlebte.

Griechische Sagen treffen meist den Kern der menschlichen Natur. Die Geschichte von Echo illustriert eins der gebräuchlichsten Manöver von Unterlegenen. Paul erzählt:

> »Man hält mich für einen Menschen, der immer seine Meinung sagt und sich nicht um die Konsequenzen schert. Aber Laura verwandelte mich anscheinend in einen schamlosen ›Jasager‹. Zum Beispiel fand ich eins ihrer Lieblingsbücher langweilig, aber ich behauptete, daß es mir sehr gefiele. Das gleiche geschah bei Filmen. Sie hatte immer recht . . .«

Paul fiel auf, daß er in Gegenwart von anderen immer noch entschieden seine Meinung vertrat. Aber bei Laura war es anders. Seine Angst, ihr nicht zu gefallen oder mangelnde Anpassungsfähigkeit zu zeigen, trieb ihn dazu, ihre Ansichten zu unterstützen. Er merkte nicht, daß sie ihn viel interessanter gefunden hätte, wenn er beherzt seine Meinung vertreten hätte.

Die Auswirkung der Angst

Es gibt ein Prinzip in der Psychologie, das allgemein als das Yerkes-Dodson-Gesetz bekannt ist: Wir sind dann am besten, wenn wir uns in einem Zustand mäßiger Erregung befinden oder ein bißchen Angst haben. Starke Angst kann es schwer für uns machen, gut zu sein oder uns sogar normal zu verhalten. Und starke Angst bekommt der Unterlegene dann, wenn er die ersten schweren Zeichen für das schwindende Interesse des Überlegenen erkennt. Deborah beschreibt, wie sie auf eine Art und Weise handelte, die ihrem Charakter total widersprach, als Jonathan anfing, ihr zu entgleiten.

> »Nach dem Fiasko beim Erntedankfest vergingen ein paar Tage, ohne daß Jonathan anrief. Ich war außer mir und verlor jeden Stolz, der mich davon abgehalten hatte, ihn anzurufen. Deshalb tat ich es dann, erreichte aber nur seinen Anrufbeantworter. Ich war darauf eingestellt gewesen, mit ihm zu sprechen, nicht mit seinem Anrufbeantworter. Als der Pfeifton vorbei war, geriet ich in Panik. Ich stieß heraus: ›Hi, ich bin's.‹ Und dann setzte mein Verstand aus, und ich legte auf. Aber ich wußte, daß das zu komisch war, deshalb rief ich ihn noch einmal an und hinterließ eine vollständige Nachricht. Da habe ich dann so sehr versucht, die erste ›Unbotschaft‹ zu erklären, ohne zu pathetisch zu werden, und warum ich ein zweites Mal anrief, daß ich klang, als wäre ich reif für die Klapsmühle. Mein Gott, wie ich mir gewünscht habe, bei ihm einsteigen zu können und das Band zu löschen, bevor er heimkam!«

Angst beeinträchtigte Deborahs gesamtes Leben. Sie erzählte mir, daß sie in der Schule so zerstreut gewesen wäre, daß der Direktor sie zu sich rief und sie fragte, ob sie Probleme hätte. Ihre sichtbare Angst teilte Jonathan mit, daß sie ihre Zurückhaltung, die er anfangs so ansprechend gefunden hatte, verloren hatte.

Unterlegene merken, daß sie nicht »ganz sie selbst« sind. Sie fragen sich, wo das Selbst geblieben ist und warum es durch diese leidende Person, die sie selbst weder lieben noch respektieren, ersetzt wurde. Das Verlangen, das Selbst wiederzubekommen, verstärkt den Kampf der Unterlegenen um die Liebe des Überlegenen. Das ist ein Handel – wenn sie die Liebe zurückgewinnen, bekommen sie auch sich selbst wieder. Aber wieder einmal stellen sich die Anstrengungen der Unterlegenen als Sabotage an der eigenen Person heraus.

Sei spontan

Deborah war aufgeregt, als sie Jonathan beim Frühstück in dem Café am Meer, in dem sie oft waren, wiedersah. Ihr Instinkt war richtig gewesen: Sie wollte sich so verhalten, als ob sie sich mit Jonathan nur treffen wollte – als wäre nichts gewesen.

> »Ich schwor mir, daß ich dieses Treffen nicht mit meinem Schmerz belasten wollte. Ich wollte so wie früher sein – klug, voller Widerspruchsgeist, ein bißchen rotzig, ein bißchen sarkastisch. Ich wollte ihm von meiner Woche erzählen, als ob ich kaum einen Gedanken an ihn verschwendet hätte – statt dessen war ich wie besessen von ihm. Ich übte Anekdoten ein.«

So weit, so gut. Deborah begriff, daß Spontaneität sie emotional auf eine Ebene stellen würde. Aber das geschah in Wirklichkeit:

> »Als ich Jonathan sah, hämmerte mein Herz so laut, daß ich nicht mehr denken konnte. Er beugte sich herunter, um meine Wange zu küssen, und ich berührte auf halbem Weg seine Lippen. Er hatte meine Hand ergriffen, und ich konnte spüren, daß sie feucht und kalt war. Ich fragte ihn, was er gemacht hätte, und bemühte mich wirklich um einen fröhlichen Ton – und dann stieß ich mein Wasserglas um. Er starrte mich einen Augenblick oder zwei an und fragte, ob

es mir gutginge. Ich sagte ihm, daß ich eine kleine Grippe gehabt hätte.«

Dieses »Sei spontan« erfordert, daß der Unterlegene sich befiehlt, nicht verklemmt zu sein. Aber paradoxerweise macht so ein Befehl den Unterlegenen *noch verklemmter.* Wenn man Ihnen schon gesagt hat, Sie sollten »lockerer werden«, und Sie sich daraufhin noch mehr verspannten, dann kennen Sie das ja. Wenn Deborah sich gesagt hätte, daß es in Ordnung wäre, in Jonathans Gegenwart aufgeregt zu sein – schließlich ist es fast unmöglich, so starke Gefühle zu verbergen –, wäre sie *natürlich* aufgeregt gewesen, was gesünder ist, als gekünstelt jovial zu sein. Unglücklicherweise schlug Jonathan nach diesem Frühstück vor, daß sie sich »eine Atempause gönnen sollten« und man in ein paar Wochen weitersehen würde.

Die Zeitlupenwiederholung

So wie ein Sportfan sich die Zeitlupenwiederholung einer umstrittenen Entscheidung ansieht, besitzt der Unterlegene in seinem Gedächtnis ein Nachbild seines »falschen« Verhaltens gegenüber dem Überlegenen. Er wird sein strengster Kritiker, bewertet gnadenlos sein Verhalten und versucht festzulegen, was er nächstes Mal zu tun hat.

Ehe sie sich trennten, fühlte sich Beth, als ob sie über ihre eigenen Füße stolpern würde, während sie versuchte, Wege zu finden, um einen ständig kritischeren Miles zufriedenzustellen.

»Ich wußte nie, was ihn jetzt wieder aufregen würde. Er kam aus dem Restaurant nach Hause, und ich nahm an, daß er etwas über Chloes Fortschritte hören wollte. Aber er wurde ungeduldig wegen der Art und Weise, wie ich die Geschichte erzählte. Ich versuchte, alles knapper zu berichten, fühlte mich aber nicht wohl dabei. Schritt für Schritt hörte ich auf, ihn an etwas teilhaben zu lassen. Er schien immer auszurasten, wenn ich ihn bat, mir einen Gefallen zu tun, wie Milch mitzubringen. Deshalb verpackte ich die Bitte hübsch, damit sie ihn nicht aufbrachte. Aber ganz egal, was ich machte – er fauchte mich immer an. Ich fing an zu glauben, daß mit mir *wirklich* etwas nicht stimmte.«

Miles' negative Reaktionen auf so vieles erzeugte in Beth so etwas Ähnliches wie eine häusliche Prüfungsangst. Ganz gleich, wie genau sie ihre richtigen und falschen Schritte auch beobachtete – ihre Anstrengungen schienen von vornherein zum Scheitern verurteilt zu sein. Beth hatte noch nicht erkannt, daß es nur eine Art gibt, einen Überlegenen zu besiegen – es gar nicht erst zu versuchen.

Die Leidenschaft der Unterlegenen

Es gibt eine Kompensationsmethode für den Verlust der Kontrolle, des Selbst und des Glücks des Unterlegenen, und das ist die Leidenschaft. Der Unterlegene empfindet Liebe intensiver, als er/sie es je für möglich gehalten hätte. Daß noch so viel Schmerz dabei ist, verstärkt das Gefühl noch. Große, schmerzhafte Leidenschaft stattet das Leben des Unterlegenen mit Dramatik und Gefahr aus. Seine/ihre Gefühle machen ihn/sie zu etwas Besonderem, meint er/sie, sogar dann, wenn der Überlegene das nicht würdigt. Und trotz des Beweises des Gegenteils klammern sich viele Unterlegene an den Glauben, daß nur die Liebe selbst die Beziehungsprobleme lösen wird.

Ich liebe dich

Der Unterlegene mag ja in der Gegenwart des Überlegenen befangen sein, aber ein Satz wird ihm so natürlich von den Lippen kommen wie der Atem: »Ich liebe dich.« Er kann seine starke Liebe nicht für sich behalten. Peg fiel auf, daß Bill, kurz nachdem er aufgehört hatte zu arbeiten, ungewöhnlich wortreich seine Liebe ausdrückte:

»Bill war nie jemand, der über seine Gefühle sprach. Gewöhnlich vergingen Monate, ohne daß er mir sagte, daß er mich liebte, und dann sagte er es nur, wenn ich ihn dazu drängte. Aber nachdem er aufgehört hatte zu arbeiten, sagte er immer so liebevolle Sachen, wie: ›Weißt du, du bist wirklich eine tolle Frau geworden, und ich liebe dich.‹ Zuerst zog ich ihn damit auf, und er schien sehr verletzt zu sein.«

»Ich liebe dich« zu sagen ist ein emotionaler Schritt zu einer anderen Person, eine Aufforderung zu Intimität und Nähe. Während der Werbung könnte der Unterlegene herausgefunden haben, daß es ihm oder ihr den Partner näherbrachte, wenn er/sie sagte: »Ich liebe dich.« Aber wenn erst einmal ein Ungleichgewicht herrscht, werden die Worte »Ich liebe dich« vom Überlegenen gefürchtet. Seine/ihre Schuldgefühle und sein/ihr Mitleid machen es nahezu unmöglich, die Worte nicht zu erwidern. Doch die Antwort wird Schritt für Schritt gleichgültiger oder ausweichend. Da er/sie nicht wünscht, unter Zwang zu heucheln, könnte der Überlegene ohne Worte – durch einen Händedruck oder eine Umarmung – reagieren.

Liebst du mich?

Wenn der Unterlegene merkt, daß der Partner sich zurückzieht, könnte sich seine Taktik ändern. Er/sie könnte bestimmt fragen: »Liebst du mich?« Was er/sie wahrscheinlich nicht hören will, ist ein ungeduldiges: »Natürlich tue ich das« oder ein – noch niederschmetternderes: »Was glaubst *du* denn?« Trotz dieser lauwarmen Antworten brauchen manche ängstliche Unterlegene regelmäßig eine Bestätigung. Und wie bei allen Methoden von Unterlegenen fühlt sich der Überlegene auch durch diese noch eingeengter, geht noch mehr auf Distanz und liebt weniger.

Sexuelle Leidenschaft

Die Leidenschaft des Unterlegenen ist zweifellos von den Emotionen abhängig. Doch ebenso ist sie auch sehr körperbetont. Es kann ein starkes Aphrodisiakum sein, wenn man sich in der Position des Unterlegenen befindet. Die meisten Unterlegenen denken sehr oft daran, mit dem Überlegenen zu schlafen. Manche müssen sich dazu zwingen, *nicht* ständig sexuellen Druck auf ihre Partner auszuüben.

Deborah erinnerte sich so an ihre sexuellen Gefühle:

> »Jonathan war nicht der beste Liebhaber, den ich je gehabt hatte, und er war bei weitem nicht der sexuell attraktivste, mit dem ich zusammen war, aber er erregte mich wie kein anderer. Wenn wir im Kino waren und er meine Hand nahm, fing mein ganzer Körper an zu beben. Wenn er in meine Wohnung kam, lotste ich ihn, so schnell es irgend ging, in mein Schlafzimmer. Mein Körper hatte noch nie so toll reagiert. Er mußte kaum etwas tun.«

Für Paul war Laura so etwas wie eine sexuelle Offenbarung gewesen:

> »Ich kannte nie den Unterschied zwischen ›Sex‹ und ›Liebe machen‹ – bis ich mich in Laura verliebte. Sie ist kreativer als jede andere Frau, mit der ich bis dahin zusammen war. Ich hatte so etwas noch nie erlebt. Da ich mehr Sex wollte als sie, wurde zum Problem. Ich sehnte mich so verzweifelt nach ihr, daß ich Potenzprobleme bekam. Das machte natürlich alles nur noch schlimmer.«

Die sexuelle Leidenschaft des Unterlegenen ist sowohl Symptom als auch Lösung. Es ist ein Zeichen dafür, wie sehr sich der Unterlegene außerhalb jeder Kontrolle fühlt, weil das Gehirn durch den Kontrollverlust stimuliert wird, Erregung und Euphorie zu erzeugen. Es ist ebenso eine Lösung für das verzweifelte Verlangen des Unterlegenen, die Kontrolle über den Überlegenen zu erlangen, weil Sex ein Weg ist, einen anderen Menschen in Besitz zu nehmen. Für den Unterlegenen symbolisiert Geschlechtsverkehr sein größtes Bedürfnis: mit dem Überlegenen zu verschmelzen. Und rein praktisch gesehen, gestattet der Sex dem Unterlegenen, den Überlegenen ganz für sich allein zu haben, und zwar auf die intimste Art und Weise.

Wie wir gesehen haben, versuchen Überlegene, guten Sex dazu zu benutzen, eine Beziehung zu rechtfertigen, in der sie sich ambivalent fühlen. Unterlegene sind da noch ehrgeiziger – sie hoffen, daß Sex wieder die Liebe des Überlegenen entflammt und die Beziehung festigt. Doch der Hunger des Unterlegenen nach Sex und die Nähe, die das beinhaltet, kann die Beengtheit, die der Überlegene empfindet, in ungeahnte Höhen treiben – besonders bei weiblichen Überlegenen. Aber der Unterlegene gibt das Verhalten nur sehr ungern auf, denn der Lohn ist so wundervoll und selbstbestätigend. Es heißt, daß Sex mit Liebe eine der außerordentlichsten Erfahrungen ist, die es für uns Menschen gibt. Manche männliche Unterlegene sind so fürchterlich verliebt und so erregt, daß sie – wie Paul – durch Angst hervorgerufene Potenzprobleme bekommen. Das mag einer der Gründe dafür sein, warum Männer dazu neigen, nach der Position des Überlegenen zu streben.

Der schmerzhafte Teil der Leidenschaft

Wenn der/die Unterlegene im Laufe der Zeit all die »liebevollen« Lösungen, die wir gerade besprochen haben, durchprobiert hat, ist er/sie, wenn er/sie nicht schläft, ängstlich und pessimistisch. Seine/ihre Emotionen sind fürchterlich dissonant – auf der einen Seite leidet er/sie ernsthaften Schmerz; andererseits empfindet er/sie schmerzhafte Liebe und Verlangen – beides Produkte der emotionalen Zerrissenheit.

Die Ambivalenz der Unterlegenen

Wenn man all die widerstreitenden Gefühle der Unterlegenen so ansieht, wundert es nicht, daß sie ihre eigene Art der Ambivalenz besitzen. Erinnern Sie sich an die Ambivalenz des Überlegenen: Sein *Verstand* sagt: »Ich sollte in dieser Beziehung bleiben, weil sie sicher und angenehm ist und weil mein Partner mich so sehr liebt.« Aber sein *Herz* kontert: »Ich muß aus dieser Beziehung ausbrechen, oder ich ersticke.«

Die Ambivalenz des Unterlegenen ist das genaue Gegenteil. Sein *Verstand* fragt: »Warum bleibe ich nur in dieser Beziehung? Sie bringt mir nur Schmerz, Trauer und Erniedrigung. Mein Leben ist ein einziges Durcheinander. Ich kenne mich selbst kaum wieder. Ich sollte mich nach jemandem umschauen, der mich wirklich liebt.« Aber sein *Herz* bettelt: »Ich kann diese Beziehung nicht aufgeben. Ich war noch nie so verliebt, und ich war noch nie mit jemandem zusammen, den ich so sehr begehrte. Ich mag mich ja elend fühlen, aber ohne diesen Partner wird es mir noch viel schlechter gehen.«

Die Wut des Unterlegenen

Wenn Sie je ein Unterlegener gewesen sind – und die meisten von uns waren es schon einmal –, wissen Sie, daß es da noch mehr als Liebe, Leidenschaft und Schmerz gibt. Es gibt nämlich auch eine große Portion Wut. Der Unterlegene ist wütend auf den Überlegenen, weil er ihn verletzt hat, weil er sein Leben kaputtmacht, weil er ihm das Gefühl der Machtlosigkeit vermittelt und weil er ihn nicht liebt. Der Unterlegene mag sich nicht völlig bewußt sein, wann er das erste Mal Wut verspürte, weil es in seiner Leidenschaft unterging. Aber je weiter eine unausgeglichene Partnerschaft fortschreitet, desto mehr erschöpft sich die Liebe und Leidenschaft des Unterlegenen durch das lieblose Verhalten des Überlegenen. Dann wird grollende Wut zur emotionalen Norm des Unterlegenen.

Ich glaube, daß alle Emotionen gesund sind – selbst Wut. Wir erkennen unsere Probleme in unseren *Reaktionen* auf unsere Gefühle. Starke Gefühle wie Wut, Angst und Schuld können uns, wenn wir sie nicht leugnen oder übermäßig ausleben, wertvolle Informationen über unser Innenleben und unsere Außenwelt vermitteln. Aber wenn wir unsere Emotionen leugnen oder überreagieren, multiplizieren sie fast immer unsere Probleme.

Verdrängte Wut

Unterdrückte Begierde erzeugt plötzlich und unausweichlich Feindseligkeit. Aber wenn der Unterlegene anfängt, Wut zu empfinden, fühlt er sich auch extrem verwundbar. Sein Verstand sucht vorrangig nach einem Weg, um die Liebe des Überlegenen zurückzubekommen und zu sichern. Das letzte, was er will, ist, daß er seine Zerrissenheit verdoppelt, indem er den Überlegenen wütend anschreit. Wut, so denkt er, wird den Überlegenen davonjagen und nicht die Nähe schaffen, nach der er sich so verzweifelt sehnt. Daher verdrängt er sie – wie Deborah es tat:

> »Ich wünschte mir bei diesem Frühstück so sehr, Jonathan wegzuschicken und ihm zu sagen, wie sehr er mich verletzt hat, als er mir weisgemacht hatte, es wäre sicher, sich in ihn zu verlieben, und als er sich dann zurückgezogen hatte. Daß er kein Recht hätte, über das Schicksal der Beziehung zu entscheiden. Ich glaube, wenn wir ein bißchen länger dageblieben wären, hätte ich ihm das alles gesagt. Aber zu dieser Zeit hatte ich noch die winzige Hoffnung, daß sich alles zum Guten wenden würde, und daher wollte ich nicht alle Brükken hinter mir abbrechen.«

Der Unterlegene sieht sich einem Dilemma gegenüber: Was kann er mit seiner Wut tun, damit er sich nicht den Überlegenen entfremdet oder die Beziehung zerstört? Er würde am liebsten alles hinter verschiedenen Arten freundlichen Verhaltens verstecken. Aber wie schon Freud klar erkannte – die »Kopf-in-den-Sand-Methode« funktioniert nicht. Man mag ja glauben, daß man eine beängstigende Emotion dadurch ausgemerzt hat, indem man sie unterdrückte – aber in Wirklichkeit schafft man sich nur ein größeres Problem. Wut ist bekannt dafür, daß sie im stillen wächst und tief in unseren emotionalen Korridoren ihre Form verändert, um dann in anderer Gestalt aufzutauchen und Ärger zu machen. Wenn der Kern des Problems nicht gelöst wird, verhärtet sich die Wut langsam zu Feindseligkeit.

Liebe/Haß

Wenn Unterlegene ihre Wut zu lange in sich vergraben, rutschen sie in ein Beziehungsmuster, das von Haßliebe geprägt ist. Beth erzählte mir von einem Vorfall, der diese Dynamik verkörperte:

»Ich erinnere mich daran, daß ich einmal eine sehr komplizierte Paella – Miles' Lieblingsessen – an seinem Geburtstag kochte. Ich versuchte sie so perfekt zu machen und hoffte, daß dadurch all unsere Probleme verschwinden würden. Glauben Sie mir – es ist nicht leicht, einem Restaurantbesitzer mit Essen eine Freude zu machen. Aber an diesem Morgen hatten wir wieder eine unserer Streitereien gehabt, und er war wütend gegangen. Ich verfluchte ihn, als ich das Gemüse für das Essen kleinschnitt, von dem ich hoffte, daß es ihn dazu bringen würde, mich mehr zu lieben.«

Solange die/der Unterlegene von der Angst, verlassen zu werden, beherrscht ist, besteht ihre/seine Hauptstrategie in »liebevollen« Lösungen. Doch ihr/sein Ärger kommt irgendwie zum Ausdruck – entweder in anderen Lebensbereichen oder in einem zwiespältigen Verhalten dem Überlegenen gegenüber.

Feindseligkeit ausdrücken

Nahezu jeder hat irgendwann Probleme damit, seine Wut auszudrücken. Aber für den Unterlegenen wird es zu einer der kräftezehrendsten Herausforderungen seines Lebens, mit seiner Feindseligkeit fertig zu werden. Er kann es nicht riskieren, sich dem Überlegenen zu entfremden, daher lenkt er seine Feindseligkeit von ihm weg auf andere Ziele.

Wut am falschen Platz

Als Miles immer später heimkam, machte Beth ihrem Zorn dadurch Luft, daß sie wütend auf seine Arbeit und sogar auf Chloe wurde.

»Da raste und tobte ich nun, daß ein Restaurant einen aussaugt, und ich klagte über die Geldgeber und ihre unverschämten Erwartungen. Das tat ich, damit ich nicht Miles anschrie, um zu erfahren, wie es nur möglich war, daß er, mein Mann, so lange sein Kind und mich entbehren konnte. Was mich wirklich aufregte war aber, daß ich anfing, mit Chloe ungeduldig zu werden. Ich glaube, irgendwo in meinem Hinterkopf dachte ich, daß Miles und ich uns immer noch nahe wären, wenn es Chloe nicht gäbe.«

Beth dirigierte ihre Wut um, damit sie nicht eine noch größere Kluft zwischen Miles und sich aufriß. Aber wenn das neue Ziel eine andere Person, zum Beispiel ein Kind, ist, dann wird nur noch größeres Leid erzeugt. In der Zwischenzeit bleiben die wirklichen Probleme, die so nötig gelöst werden müßten, im dunkeln. Indem sie ihre Wut am falschen Ort austobte, verstärkte Beth das Paradox, weil ihre Anstrengungen darauf ausgerichtet waren, Miles zu gefallen und ihn nicht herauszufordern.

Der Unterlegene wird wütend auf sich selbst

Bill hatte alle möglichen Ideen, wie man Pegs Arbeitsweise ändern könnte, und er wollte ihr dabei helfen. Es war typisch für Bill, daß er darauf bestand und erwartete, daß alles nach seinem Kopf ging. Ärgerlich hatte Peg toleriert, daß er alles an sich riß, reagierte aber mit Erleichterung, als er die Lust daran verlor und sich zurückzog.

»Danach ließ er alles einfach laufen. Er saß den ganzen Tag vor dem Fernseher und trank, danach ging er in eine Bar. Gewöhnlich war er nicht zu Hause, wenn ich heimkam. Er badete nicht oft, und ich konnte es wirklich nicht mehr aushalten, mit ihm in einem Bett zu schlafen. Deshalb schlief er auf der Couch – in seinen Kleidern. Eines Tages wühlte ich mich durch die Inserate und strich welche an, von denen ich dachte, daß er für diese Jobs geeignet wäre, aber als ich sie ihm gab, sah er mich an, als ob ich verrückt wäre. Er sagte: ›Wer, zum Teufel, möchte schon einen Versager, einen feigen Bastard wie mich in seiner sogenannten Chefetage?‹ Als ich ihm vorschlug, daß er Hilfe suchen sollte, sagte er, daß es nutzlos wärc und ging aus dem Zimmer. Es brachte mich fast um, diese Sachen von ihm zu hören. Ich weiß, daß es ihm weh tat, daß ich zu einer Zeit erfolgreich war, in der er sich als Versager in einem Geschäft, das ich aufgebaut hatte, fühlte. Er redete wohl gewöhnlich darüber, eine Firma zu gründen, aber er tat nichts dafür.«

Bill drückte seine maßlose Wut auf eine selbstzerstörerische Art und Weise aus. Das ist eine häufige und sehr gefährliche Nebenwirkung des Verlustes an Selbstbewußtsein, den der Unterlegene erlebt. Es ist nur natürlich, wenn sich jemand, dessen Partner sich zurückzieht, unzulänglich oder unattraktiv fühlt – besonders wenn der Machtverlust in der Beziehung mit einer Niederlage in der Außenwelt verbunden ist. Selbstzerstörerisches Verhalten ist für Unterlegene eine Möglichkeit, das Selbst, das sich so wertlos fühlt, zu bestrafen oder zu zerstören.

Die Eifersucht

Eifersucht, eins der giftigsten, unerfreulichsten und stärksten Gefühle, ist der ständige Begleiter eines Unterlegenen. In ausgeglichenen Beziehungen können einer oder beide Partner gelegentlich Eifersucht, gewissermaßen als Rückversicherung dafür, wie wichtig sie einander sind, empfinden. Aber in unausgeglichenen Beziehungen gehört die Eifersucht allein dem Unterlegenen. Eifersucht ist eine besondere Art von Wut, die durch die Hilflosigkeit und den Zorn, die der Unterlegene empfindet, wenn der Überlegene nicht nur distanziert ist, sondern sich auch für einen anderen Menschen interessiert, geschürt wird. Für den Unterlegenen bedeutet das die größte Zurückweisung und den absoluten Verlust der Kontrolle.

Paul fiel der Eifersucht zum Opfer:

»Ich war nervös, weil Laura so viel Zeit mit den drei anderen Männern aus dem Verteidigerteam verbrachte, aber ich zwang mich, es philosophisch zu sehen. Aber als ich Laura mit Nick traf, ging meine Fähigkeit, rational zu denken, zum Teufel. Als ich Laura das nächste Mal allein sah, blieb sie dabei, daß sie mit ihm nichts hatte, was ja rein technisch gesehen durchaus gestimmt haben mag. Egal – ich redete Quatsch über Nick, der einen guten Ruf bei Frauen hat und unglücklicherweise ein sehr guter Anwalt ist. Ich erzählte ihr, daß ich ihn für ein hohlköpfiges, manipulierendes, eitles und korruptes Subjekt halten würde. Von da an konnte ich nachts kaum noch schlafen, weil ich immer daran dachte, daß Nick und Laura zusammen sein könnten.«

Es mag seltsam erscheinen, Eifersucht als »Lösung« anzusehen, aber es kann durchaus ein Weg sein, mit dem der Unterlegene versucht, die Wut auf den Überlegenen in andere Kanäle zu leiten. Paul lud seine ganze Eifersucht auf Nick ab, warf Laura aber nicht vor, daß sie versuchte, Nick zu umgarnen. Zumindest war Paul fähig, seiner Wut Luft zu machen, ohne sich Laura zum Gegner zu machen. Aber der Preis, den der Unterlegene bezahlen muß, um den Druck zu verringern, ist hoch. Eifersüchtiges Verhalten ist für alle Überlegene in Acht und Bann, weil es die Abhängigkeit und das emotionale Klammern des Unterlegenen versinnbildlicht.

Der Besitzanspruch

Der erste direkte Ausdruck von Wut des Unterlegenen gegenüber dem Überlegenen ist eine Forderung nach mehr Zweisamkeit. Weil liebevolles und schmeichlerisches Verhalten nicht funktioniert, ist er/sie bereit zu versuchen, dem Überlegenen mehr Nähe abzupressen. Da der Unterlegene permanent unsicher ist, bringt er seine Forderungen meist in einem klagenden Tonfall vor. Später könnte der Tonfall wütender werden. Miles meinte zu Beth' besitzergreifender Haltung:

»Eine der Sachen, mit denen ich nur schwer zurechtkam, war die, daß Beth dauernd auf meinem späten Heimkommen herumritt. Sie konnte nicht verstehen, daß ich in meinem Leben mehr brauchte als nur das Restaurant und mein Zuhause – ich mußte auch Freunde sehen, Golf spielen, einfach normale Dinge tun. Aber wenn ich mir etwas Zeit nahm, um etwas anderes zu tun, als sie mit Beth und Chloe zu verbringen, wurde Beth verrückt.«

Selbst dann, wenn der Überlegene den Forderungen des Unterlegenen nachgibt, ist es ein Pyrrhussieg. Besitzansprüche sind der offene Ausdruck des Verlangens der Unterlegenen, die Überlegenen zu monopolisieren. Das macht die Überlegenen oft auf den emotionalen Hunger der Unterlegenen aufmerksam – wie es bei Miles der Fall war. Und das wird – wie wir wissen – die Überlegenen automatisch den Rückzug antreten lassen.

Besitzansprüche sind deshalb nicht gut, weil sie der Wut der Unterlegenen auf die Überlegenen Ausdruck verleiht. Der Unterlegene möchte, daß der Überlegene für ihn »da ist«, ohne daß man es ihm sagt, aber er ist es nur selten. Diese Forderungen sind eine Art, dem Überlegenen mitzuteilen, wie sich ein liebevoller Partner verhält. Das ist eine Lektion, die den Widerspruch des Betroffenen weckt.

Anstrengungen mit letzter Kraft

Der Unterlegene mag sich elend fühlen und verzweifelt sein, aber sein Instinkt, emotional zu überleben, bleibt intakt. Und während er wahrscheinlich nicht in Worten ausdrücken kann, warum seine Beziehung ins Stocken geraten ist, ahnt er jetzt, daß neue Taktiken benutzt werden müssen, wenn er die Liebe seines Partners/seiner Partnerin wieder erringen will. Zu diesem Zeitpunkt kann der Unterlegene willens sein, das Risiko einzugehen, den oder die Überlegene zu verlieren. Die Strategien, die er jetzt benutzt, werden aggressiver und durchtriebener sein – eine Art Kampf bis zum letzten Atemzug.

So tun, als ob man es nicht schwernimmt

Das schwerste Geschütz in seinem neuen Arsenal ist, so zu tun, als ob man es nicht schwernimmt. Die Universalität dieser Lösung bedeutet, daß die meisten Menschen instinktiv Kenntnis von der paradoxen Leidenschaft haben. Der Unterlegene, der so tut, als ob er es nicht schwernimmt, hofft, dem überlegenen Partner zeigen zu können, daß er in Wirklichkeit nicht die Kontrolle über ihn hat. Es geht ihm gegen den Strich, und der Risikofaktor macht ihm angst, aber der Unterlegene hat nicht mehr viel zu verlieren. Das dachte sich Paul, als er den Plan entwickelte, Laura eifersüchtig zu machen, nachdem sie ihre stürmische sechsmonatige Beziehung abgebrochen hatte.

> »Als Laura sich schließlich für Nick entschieden hatte, beschloß ich, sie nicht kampflos gehen zu lassen. Die Bibliothekarin in der Bücherei des Landgerichts hatte sich immer interessiert an mir gezeigt, aber ich war nie darauf eingegangen. Die Firma veranstaltete ein großes Picknick und Softball-Turnier, und ich bat Daphne, mich zu begleiten. Laura kam natürlich mit Nick. Aber es war mehr als befriedigend, ihre Verblüffung zu sehen, als sie merkte, daß ich jemanden mitbrachte.«

In ausgeglichenen Beziehungen sind solche Spielchen das Salz in der Suppe. Aber der Unterlegene verspürt den starken Drang, so zu tun, als mache es ihm nichts aus. Nicht nur, daß der Unterlegene den Überlegenen mit seiner Selbständigkeit verblüffen und beeindrucken will – nein, sehr oft möchte er ihm auch weh tun, ihn für den Schmerz bestrafen, den er ihm zugefügt hat. Natürlich befindet sich jetzt noch ein weiterer verwundbarer Spieler in der Arena – die dritte Partei.

Das Problem bei dem So-tun-als-ob ist aber, daß das – selbst wenn es funktioniert – nicht die unterschwelligen Probleme des Unterlegenen löst. Deswegen ist sein ausgleichender Effekt auf eine unausgeglichene Beziehung im allgemeinen flüchtig. Manche Unterlegene ziehen noch nicht einmal – wie Paul – kurzfristig Nutzen daraus, weil sie ihre wahren Gefühle einfach nicht verbergen können. Laura meinte zu Pauls Versuch:

> »Es versetzte mir einen Schock, Paul mit Daphne beim Picknick zu sehen. Aber nach einer Weile schien es mir, als ob er eine Vorstellung für mich gab. Es lag etwas Gezwungenes in seiner Art, mit Daphne umzugehen, und dauernd schielte er zu mir herüber.«

Pauls Körpersprache arbeitete gegen ihn – sie verriet Laura, daß sein Interesse an Daphne nicht ernster Natur war. Paul war so frustriert, nachdem Laura mit Nick gegangen war, daß er Daphne früh heimfuhr, wobei er eine Magenverstimmung vorschützte.

Es wäre an der Zeit, schwanger zu werden . . .

Bei Unterlegenen, die sich Kinder wünschen, und sogar bei denen, die sich nicht so sicher sind, kann das Paradox das starke Verlangen, mit dem Überlegenen ein Kind zu haben, auslösen. Deborah erlebte eine solche Reaktion:

> »Da ich dreiunddreißig war, war ich mir bewußt, daß meine ›Uhr‹ ablief. Ich nehme an, deshalb war der Gedanke, mit Jonathan ein Baby zu haben, für mich so verführerisch. Ich stellte mir vor, wie unser Kind aussehen und wie er mir bei der Geburt beistehen würde. Ich erwähnte ihm gegenüber ein- oder zweimal Kinder, und er schien sehr dagegen zu sein, aber ich vermutete, daß alle Männer zuerst so denken.«

Ein Baby zu bekommen, könnte die perfekte Lösung für das Problem der Unterlegenen sein. Kinder repräsentieren die ultimative Bindung, sie binden den Partner unwiderruflich in biologischer – nicht nur in soziologischer – Beziehung. Und aus genau diesem Grund kann ein Überlegener »sehr dagegen sein«, Kinder zu bekommen.

Bei kinderlosen Partnern in einer unausgeglichenen Ehe plädiert die Unterlegene oft für Kinder, während der Überlegene dagegen ist. Aber in einer anderen Dynamik erkennt ein männlicher Überlegener, daß Kinder den emotionalen Mittelpunkt seiner unterlegenen Frau von ihm ablenken könnten, und genau das will er ja.

Manche weibliche Unterlegene – verheiratet oder nicht – werden nachlässig bei der Empfängnisverhütung, wobei sie bewußt oder unbewußt hoffen, daß sich ihre Baby-Phantasie in Realität verwandelt. Natürlich ist dieser Entschluß gefährlich, denn eine Schwangerschaft kann eine Unterlegene noch bedürftiger machen und beim Überlegenen das Gefühl, in der Falle zu sitzen, wecken.

Der Unterlegene explodiert

Wenn die Feindseligkeit des Unterlegenen kein Ventil findet und wenn die Frustration zu intensiv wird, könnte das Ergebnis eine Explosion gewalttätiger Wut sein. Peg liefert eine emotionale Darstellung des Vorfalls, der sie veranlaßte, eine Therapie zu machen:

> »Ich kam eines Abends spät aus dem Laden nach Hause, und Bill saß auf der Couch vor dem Fernseher und trank Scotch. Ich sagte hallo und entschuldigte mich dann, weil ich ins Bett gehen wollte. Plötzlich war er hinter mir, packte meinen Arm und wirbelte mich herum. Er sagte: ›Daß du es noch wagst, höflich zu mir zu sein‹, und noch viel schlimmere Sachen. Er war völlig außer sich, ohrfeigte mich wieder und wieder. Er hörte einfach nicht auf. Weil er betrunken war, konnte ich ihm entkommen. Ich lief ins Bad und schloß mich ein. Er hämmerte an die Tür, und ich glaubte schon, er wollte sie eintreten und mich wirklich umbringen. Aber wahrscheinlich brauchte er noch einen Drink. Er verließ das Haus.«

Peg körperlich zu attackieren schien für Bill das einzige Mittel zu sein, das ihm noch blieb, um Peg zu kontrollieren. Sie hatte entgegen seinen Wünschen ruhig ihren Laden weitergeführt, und daß sie sich von ihm zurückgezogen hatte, gab ihm das Gefühl, ein Versager zu sein. Die Kommunikation war zwischen diesen Partnern fast völlig zum Erliegen gekommen, so daß sie keinen sicheren oder konstruktiven Weg mehr besaßen, ihrer Wut Luft zu machen oder die Grundregeln ihrer Beziehung auszuhandeln. Bills Ausbruch war so offen, wie es offener nicht geht, und nicht nur feindselig, sondern auch Ausdruck eines fürchterlichen emotionalen Schmerzes.

6. Kapitel
Phönix aus der Asche – Die Renaissance des Unterlegenen

Die oder der Unterlegene klammert sich heftig an den ramponierten Liebestraum. Sie oder er sollte eigentlich nicht überrascht sein, wenn der Überlegene eine Trennung vorschlägt – aber die Unterlegenen sind es. Deborah reagierte körperlich *und* emotional auf Jonathans Vorschlag, daß »sie sich eine Atempause gönnen« sollten.

> »Als ich heimfuhr, hatte ich dieses sehr reale Gefühl, daß mein Magen durchgesackt wäre und eine Art kalte Leere hinterlassen hätte. Ich weinte natürlich, aber das schmerzende, hohle, zitternde Gefühl war äußerst seltsam. Die Kälte ließ mich denken, daß ich unter einem richtigen physischen Schock stand. Das verblüffendste ist, daß ich vorher wußte, daß es so kommen würde, es aber trotzdem so traumatisch war. Das ist so, als ob man weiß, daß eine geliebte Person stirbt, aber nicht darauf vorbereitet ist, wenn es wirklich eintritt.«

Deborah erlebte tatsächlich eine Art von Tod – *psychischen Tod.* Jonathan war so wichtig für sie geworden, so sehr der Mittelpunkt ihres Lebens, daß es dem Tod gleichkam, als er sie verließ – und es war genauso traumatisch. Ihre Schockanalogie traf vollkommen zu. Physischer Schock verlangsamt die Vorgänge im Körper, damit die Heilung einsetzen kann. Ein emotionaler Schock bereitet die Unterlegenen auf die herausfordernde Aufgabe der Selbstheilung vor.

Es ist wie ein Balanceakt auf einem schwankenden Hochseil. Die Unterlegenen müssen einen Weg finden, um die klaffende Lücke, die der Überlegene hinterlassen hat, zu füllen, und zugleich mit einem grausamen Schmerz fertig werden. Sie müssen lernen, den Überlegenen gehen zu lassen, während sie sich verzweifelter nach ihm sehnen als je zuvor. Es ist die ultimative Kombination der paradoxen Leidenschaft, wenn ein Partner sich freimacht und das riesige emotionale Investment des anderen Partners mitnimmt. Aber der Prozeß, wieder ganz sie selbst zu werden, beginnt, während die Unterlegenen immer noch unter dem Schock der Zurückweisung leiden.

Das werde ich nie überleben

Verschmähte Liebe erzeugt ein so nagendes Verlustgefühl, daß die Unterlegenen am Boden zerstört sind. Sie haben düstere Gedanken. Ich höre im allgemeinen von frisch verlassenen Unterlegenen Sätze wie: »Das werde ich nie überleben«, »Ich werde nie wieder lieben«, »Ich werde nie wieder glücklich sein« und »Ich werde nie wieder ich selbst sein«. Diese Reaktion ist stark, instinktiv und widersetzt sich jeder bewußten Kontrolle, wie Beth lernte:

> »Als Miles auszog, sagte ich mir dauernd: ›Okay, bleib ruhig. Es wird sich alles regeln. Ich bin an einem Tiefpunkt meines Lebens, aber ich werde mich da durchbeißen, wie ich es immer getan habe.‹ Aber schon in der nächsten Minute schluchzte ich hemmungslos, als ob das der Weltuntergang wäre.«

Viele Psychologen glauben, daß der Verlust einer Liebe die frühe Urangst, verlassen zu werden, weckt. Babies fürchten sich instinktiv davor, verlassen zu werden, weil ihr physisches Überleben davon abhängt, daß jemand ständig für sie sorgt. Irgendwie *sind* wir wie Babies, wenn wir uns verlassen fühlen, nur daß sich unsere Angst um unser *emotionales* Überleben dreht. Der Zorn über eine verschmähte Liebe erzählt uns etwas darüber, wie stark diese Bedürfnisse sind.

Beth tat wirklich gut daran, daß sie ihrer Trauer Ausdruck verlieh und sich gleichzeitig gut zuredete. Es mag ja wenig Einfluß auf ein frisch gebrochenes Herz haben, wenn man ihm gut zuredet, aber es dringt ins Unterbewußte und beschleunigt die Heilung.

Der Unterlegene fühlt sich als Opfer

Es ist nur natürlich, daß sich die Unterlegenen eine Zeitlang als Opfer fühlen. Sie haben den Überlegenen ihr größtes Geschenk angeboten, ihre ungeheure und unsterbliche Liebe, und sie waren auf hunderterlei Arten so gut zu ihnen. Aber sie verschmähten sie trotzdem. Es ist äußerst unfair!

Die Unterlegenen empfinden auch, daß bei jemandem, der fähig dazu ist, sie so grausam abzuweisen, etwas emotional oder moralisch nicht stimmen kann. Deshalb fühlen sich die Unterlegenen nicht nur als Opfer, sondern sind auch selbstgerecht. Sie pathologisieren den Überlegenen, ziehen den Schluß, daß es ihm an Sensibilität oder Tiefgang mangelt, und sie werden gewöhnlich von ihren Freunden, die sie bemitleiden, in dieser Meinung bestärkt. Jeder, der Deborah nahestand, erzählte ihr, daß Jonathan zu »verdreht« für sie wäre – auch eine Wahrsagerin, die sie nie zuvor gesehen hatte:

> ». . . nicht die Sorte mit der Neonpalme, sondern eine Frau, die mir von ein paar Freunden empfohlen worden war. Vor der Krise mit Jonathan hatte ich kein Interesse an solchen Dingen. Aber ich war so verwirrt, daß ich bereit war, jedem zuzuhören. Zuerst erzählte sie mir ein paar verblüffende Sachen aus meiner Vergangenheit. Als sie zu meinem Liebesleben kam, muß mein Gesicht mich verraten haben. Die Wahrsagerin sagte, daß der Mann, mit dem ich zusammen gewesen wäre, zu ›selbstsüchtig‹ gewesen sei, um mir ein guter Partner zu sein.«

Der Überlegene kann aussehen wie »der Böse« und die Unterlegene wie »die Gute« oder das unschuldige Opfer. Und während der ersten Phasen der Gesundung kann die Unterlegene Trost finden und ihr Ego mit dem Denken nähren, daß der Überlegene, und nicht sie, die Beziehung zerstört hat.

Aber ich versuche, die Unterlegenen dazu zu ermutigen, tiefer zu sehen. Statt nur zu sehen, was der Überlegene so selbstsüchtig genommen und sie so großzügig gegeben haben, möchte ich, daß die Unterlegenen lernen, daß sie das verletzende Verhalten des Überlegenen möglich gemacht, ja, sogar gefördert haben. Wir reden darüber, warum sie in einer Beziehung geblieben sind, nachdem sie ihnen keine Freude mehr gemacht hat. Indem sie ihre Rolle erkennen, gelangen die Unterlegenen zu der Einsicht, daß sie in der Beziehung mehr Einfluß hatten, als sie wußten. Zur gleichen Zeit ermutige ich sie, die Schuldzuweisung von sich und dem Überlegenen wegzunehmen und auf die starken Dynamismen der paradoxen Leidenschaft zu übertragen.

Der Überlegene ist sensibilisiert

Eine von Beth' Reaktionen auf Miles' Auszug war typisch für verschmähte Unterlegene:

> »Ich war so von Selbstmitleid und Traurigkeit und moralischer Entrüstung über Miles' Verhalten erfüllt, daß meine Nervenenden bloß lagen. Es fiel mir schwer, die Abendnachrichten anzusehen, weil anscheinend alles so traurig und korrupt war. Besonders eine Geschichte über eine Frau, die das Sorgerecht für ihre Kinder wegen einer Depression an ihren Ex-Mann abgeben mußte, regte mich auf. Ich konnte nicht aufhören, um sie zu weinen.«

Die verschmähten Unterlegenen projizieren oft ihren Schmerz und ihre tragischen Gefühle auf die Außenwelt – fast genauso wie Frischverliebte, die die Welt durch ihre neue Liebe rosarot sehen. Sie fühlen sich jedem verbunden, der die tragischen Seiten des Lebens kennengelernt hat. Sie suchen emotionale Bestätigung in trauriger Musik, pessimistischen Filmen und liebeskranken Gedichten. Die neue Sensibilität überzeugt die Unterlegenen, daß ihr Leiden sie zu Personen mit mehr Tiefgang gemacht hat. Tatsächlich haben sie damit oft recht. Der Silberstreif am Horizont, den ein emotionaler Verlust bietet, ist die Gelegenheit, als Person reifer zu werden.

Die Lücke füllen

Der Schock, verlassen worden zu sein, erzeugt in den Unterlegenen ein Gefühl emotionaler Leere. Unterlegene bemühen sich nun darum, diese Lücke mit einem Verhalten zu füllen – das wäre gut, wenn es in Maßen geschähe. Viele dieser Verhaltensweisen aktivieren auf eine subtile Art das Gefühl des Unterlegenen, wieder »ganz« zu sein. Indem sie die Lücke füllen, die der Überlegene gerissen hat, verlagern die meisten dieser »Entschlüsse« den emotionalen Mittelpunkt des Unterlegenen weg vom Überlegenen.

Und Verhaltensweisen, »die die Lücke füllen«, findet man keinesfalls ausschließlich bei frischgetrennten Unterlegenen. Sie werden auch oft von Unterlegenen in laufenden unausgeglichenen Beziehungen praktiziert.

Spiritualität, Nächstenliebe, gute Taten

Viele Unterlegene finden Trost in einem neuen oder erneuerten Glauben. Das bietet einen höchst befriedigenden Ersatz für verlorene Liebe, was das bekannte Bild eines verschmähten Liebenden, der in einen Mönchsorden oder einen Konvent eintritt oder zum Friedenskorps oder einer anderen Organisation geht, die gute Werke tut, erklärt.

Wir assoziieren Spiritualität mit Opfer, Glauben und Ergebenheit, Worte, die Unterlegene jetzt in sich selbst verkörpert sehen. Gemeinsam mit ihrer neuen Selbstidentifikation, finden die Unterlegenen jetzt in religiöser Hingabe oder im Dienst am Nächsten einen sicheren und kulturell akzeptierten Mittelpunkt für ihre liebevollen Gefühle.

Es ist auch typisch, daß Spiritualität einen »Ausweg« bietet. Wenn man eine Reihe von religiösen Geboten befolgt, kann ein Leben, das durch die verschmähte Liebe aus der Bahn geworfen wurde, wieder Form bekommen. Nach ihrem Besuch bei der Wahrsagerin belegte Deborah ein paar Kurse über spirituelle Weiterentwicklung.

»Das ließ mich begreifen, daß die wichtigsten Dinge im Leben außerhalb einer Liebesbeziehung geschehen. Ich merkte, daß ich viel zuviel Gewicht darauf legte, einen Mann zu haben. Ich hätte weitermachen sollen, aber es lag mir nicht so ganz.«

Einkaufen gehen . . .

Deborah meinte, daß Jonathan sie unfair bestraft hatte und daß sie etwas brauchte, was ihr Wohlbefinden hob. Sie entwickelte einen Sinn für materielle Ansprüche.

»Gewöhnlich kaufe ich einmal in der Saison ein, aber plötzlich verbrachte ich ganze Wochenenden in teuren Einkaufsstraßen. Ich kaufte mir ungeheure Sachen, wie eine Lederjacke für 350 Dollar und schwarze Stiefel für 250 Dollar und vieles mehr. Und das mir, die ich immer im Ausverkauf oder direkt bei der Firma einkaufe! Ich fühlte mich wie neugeboren, als ich meine neuen Kleider trug, und das war schön.«

Im nachhinein merkte Deborah, daß sie die Jacke und die Stiefel eben deshalb auswählte, weil sie so teuer waren. Klar – es waren Stücke, die nach außen hin die Machtlosigkeit, die sie fühlte, kompensierten. Sie wandte sich auch der wohlbekannten seelischen Aufmunterung durch Einkaufen zu, um eine beginnende Depression zu bekämpfen.

Sich selbst nach einem emotionalen Verlust etwas Gutes zu tun ist ein lebenswichtiger Bestandteil der Selbstheilung. Aber jede Strategie kann, wenn sie extrem ausgelebt wird, eine Falle werden. Deborahs Glücksgefühl durch den Einkauf brach in sich zusammen und wurde durch Verzweiflung ersetzt, als sie die Abrechnung ihrer Kreditkarten bekam. Das Hochgefühl, das von ihren neuen Kleidern ausgelöst wurde, war kurzlebig – die Summe von 3000 Dollar war es nicht.

Essen

Das Verfahren, sich durch eine emotionale Krise förmlich hindurchzuessen, mag ja ein fester Bestandteil in Situationskomödien sein – aber kürzlich hat man herausgefunden, daß »Streß-Essen« die gleichen emotionalen Wurzeln hat wie Tablettenabhängigkeit. Von Kindheit an ist es beruhigend, Befriedigung im Essen zu finden. Diese Gefühle dämpfen Angst und negative Impulse, indem sie ein starkes Wohlgefühl erzeugen. Medikamente wirken ebenso, weil sie inneren und äußeren Schmerz abblocken und Euphorie erzeugen. Paul wandte sich dem Essen zu, um die Lücke zu füllen, die von Laura gerissen worden war:

> »Ich suchte mir die Gerichte aus, die meine Mutter gewöhnlich kochte. Sachen wie Grütze, Windbeutel, Hühnchen in Sahnesauce und warmen Apfelkuchen. Nicht weit entfernt von meiner Wohnung gibt es ein Restaurant mit Hausmannskost, und dorthin ging ich frühstücken und abendessen. Und ich nahm zu.«

Es war kein Zufall, daß die Gerichte aus Pauls Kindheit ihn am meisten trösteten. Seine Kindheit war ungewöhnlich beständig und liebevoll, und die Gerichte aus der Kindheit erweckten in ihm Gefühle wie Sicherheit und Akzeptanz.

Es ist interessant, daß Deborahs Kaufrausch ihr Aussehen verbesserte, während Pauls Eßlust das seine verschlechterte. Doch beide Verhaltensweisen, die »die Lücke füllten«, spiegelten ein geringes Selbstwertgefühl wider.

Hungern

Andere Unterlegene entwickeln eine entgegengesetzte Reaktion aufs Essen. Sie halten sich davon fern – wie Beth.

> »Ich aß fast überhaupt nichts mehr, teilweise deshalb, weil mein Magen die meiste Zeit ein einziger Knoten war, und teilweise deshalb, weil ich das Essen als meinen Feind sah. Ich weiß, daß meine Gewichtszunahme im Grunde nicht das Problem war, aber es trug wahrscheinlich zu allem bei. Und

dann hatte Miles ja viel mit Essen zu tun. Deshalb ergab es einen Sinn, daß es mir zuwider war.«

Während der Schock, verlassen worden zu sein, noch immer im Unterlegenen sitzt, kann Essen unwichtig oder unappetitlich sein. Doch für manche Unterlegene ist die Weigerung zu essen eine Verleugnung und Bestrafung des Selbst – das spiegelt ein beschädigtes Selbstwertgefühl wider.

Und es gibt noch eine andere Interpretationsmöglichkeit. Psychologen, die sich auf Fehlverhalten bei der Essensaufnahme spezialisiert haben, sagen, daß Magersucht eine weit verbreitete Reaktion auf Liebeskummer ist. Die Essensaufnahme genau zu kontrollieren versetzt die Unterlegenen in die Lage, den Mangel an Kontrolle, den sie in ihrem emotionalen Leben empfinden, zu kompensieren.

Alkohol und Drogen

Laut Peg war Bill immer schon ein mäßiger bis schwerer »sozialer« Trinker und wahrscheinlich ein verkappter Alkoholiker gewesen. Die Krise in seinem Job und die Schwierigkeiten mit Peg ließen ihn die Schwelle überschreiten. Obwohl er sich weigerte, mit Peg in die Therapie zu kommen, weil er die Dinge auf »seine Weise« regeln wollte, fing er, kurz nachdem er Peg mißhandelt hatte, damit an, Treffen der Anonymen Alkoholiker zu besuchen.

Bill benutzte Alkohol, um sein Gefühl, versagt zu haben, zu betäuben. Die Anziehungskraft von Alkohol und anderen populären »Problemlösern« wie Valium, Heroin und Kokain besteht darin, daß sie sofort mentalen und emotionalen Schmerz lindern. Eine solche Selbstmedikation nimmt nicht nur den Schmerz, sondern gestattet dem Unterlegenen auch, sich für seine »Unwürdigkeit« zu bestrafen. Deshalb besitzen gefährliche, bewußtseinsverändernde Drogen für viele Unterlegene eine so große Anziehungskraft.

Bill hatte Glück. Sein gewalttätiger Ausbruch entsetzte ihn so, daß er sich gezwungen sah, Abhilfe zu schaffen. Mir sind viele andere Fälle bekannt, in denen gebrochene, abhängige Unterlegene nicht so viel Glück hatten. Wenn der Mißbrauch einer bestimmten Substanz zum permanenten Ersatz für sinnvolle menschliche Interaktionen wird, dann sind die Auswirkungen sowohl emotional als auch körperlich tragisch.

Rache in Maßen . . .

Die Wut, die der Unterlegene dem Überlegenen gegenüber empfindet, entzündet oft den Gedanken, sich zu rächen. Manchmal werden solche »Rachephantasien« auch ausgeführt. Manche Handlungen, die ich »maßvolle Rache« nenne, können dem Unterlegenen wirklich dabei helfen, Wut direkt auszudrücken, sie auf eine positive Art und Weise zu kanalisieren und damit eine gewisse persönliche Macht wiederzuerlangen. Manche Arten der Rache bieten auch die letzte Gelegenheit, mit dem Überlegenen in Verbindung zu treten.

Der Brief

Beth fühlte sich viel besser, nachdem sie einen – wie sie es nannte – »Verpiß dich und fall tot um«-Brief an Miles ins Restaurant geschrieben hatte.

> »Da gab es noch viel, was ich nicht hatte sagen können oder was ich mich nicht getraut hatte zu sagen, als Miles auszog. Das war eigentlich fast das schlimmste – sich so eingeschüchtert zu fühlen. Dazu kam noch: Je mehr ich über alles nachdachte, desto eher war ich in der Lage, genau zu formulieren, was vor sich gegangen war. Dieser Brief war meine Art auszudrücken, daß ich zu der Situation auch etwas zu sagen hatte. Und ich wollte Miles wissen lassen, daß ich nicht glaubte, *er* wäre ein Hauptgewinn – obwohl ich ihn wirklich zurückhaben wollte, als ich den Brief schrieb.«

Der Brief aus Rache bietet den Unterlegenen ein Forum, das ihnen verwehrt wurde, wenn die Kommunikation zwischen dem

Paar eine ernste Unterbrechung erreicht hatte. Das verschafft ihnen auch »das letzte Wort« und das Gefühl der Kontrolle, da sie ja diejenigen waren, die die Diskussion über die Beziehung beendeten. Solche Briefe sind voller Spitzen, die darauf abzielen, das Ego des Überlegenen zu treffen. Aber Beth gab auch zu, daß ihr einfach der Gedanke gefiel, daß Miles den Brief bekam und »ihn so in Händen hielt, wie ich mir wünschte, daß er mich halten würde«.

Die Vorstellung der Unterlegenen, Witwer/Witwe zu sein

Oft findet die Rache nur im Kopf des Unterlegenen statt – wenn man sich vorstellt, dem tragischen Begräbnis des Überlegenen beizuwohnen. Während diese Vorstellung dem Überlegenen das Gefühl von Freiheit ohne Schuldgefühle vermittelt, schenkt es der Unterlegenen das Gefühl der Kontrolle ohne Schmerz.

In Nora Ephrons Roman *Sodbrennen* gibt die betrogene Heldin dieser Vorstellung Ausdruck, während sie ihrer Therapiegruppe von der Untreue ihres Mannes Mark erzählt:

> »Was willst du?« sagte Vanessa. »Mark wird bald wieder auftauchen, und du mußt wissen, was du tust, wenn er das tut.«
>
> Ich dachte darüber nach.
>
> »Ich will ihn wiederhaben«, sagte ich.
>
> »Warum willst du ihn wiederhaben?« fragte Dan. »Du hast gerade gesagt, er wäre ein Fiesling.«
>
> »Ich möchte ihn wiederhaben, damit ich ihn anschreien und ihm sagen kann, daß er ein Fiesling ist«, sagte ich. »Schließlich ist er mein Fiesling.« Ich machte eine Pause. »Und ich will, daß er sie nicht mehr sieht. Ich möchte, daß er sagt, er hätte sie nie wirklich geliebt. Ich möchte ihn sagen hören, daß er verrückt gewesen sein muß. Ich möchte, daß sie stirbt. Ich möchte, daß auch er stirbt.«
>
> »Ich dachte, du hättest gesagt, daß du ihn wiederhaben willst«, sagte Ellis.

»Das habe ich«, sagte ich, »aber ich will ihn tot wiederhaben.«

Ich lächelte. Es war das erste Mal, daß ich über diese Situation lächelte.

Daß die Unterlegene den Überlegenen in ihren Gefühlen »umbringt«, läßt an ihre Klage, daß der Schmerz geringer wäre, wenn er tot wäre, anstatt sie zu verlassen, denken. Mir gefällt die Erzählung von Nora Ephron, weil sie zeigt, welche Rolle der Humor bei der Genesung der Unterlegenen spielt.

Ich werde es ihm schon zeigen!

Die produktivste Methode der maßvollen Rache – »Ich werde es ihm (oder ihr) schon zeigen!« – hat mehr als nur einige höchst erfolgreiche Karrieren inspiriert. Indem er/sie eine größere Karriere macht als der Überlegene, hofft der Unterlegene, größere soziale Macht zu erlangen als der Überlegene – nicht nur, um das Ungleichgewicht auszugleichen, sondern um ein grundlegendes Ungleichgewicht in der entgegengesetzten Richtung zu schaffen. Das soll heißen, daß der frühere Überlegene es für den Rest seines Lebens bedauern soll, nicht bei seinem Unterlegenen geblieben zu sein. Es hilft dem Unterlegenen, schneller seine Eigenständigkeit wiederzubekommen, wenn er seinen Liebeskummer durch Karrierebemühungen verdrängt. Manchmal wandelt sich die Rache sogar zu einer erfolgreichen Lösung, wenn das Interesse des Überlegenen wieder geweckt wird – oder auch das eines besseren Partners. Ich werde das produktive Kanalisieren des Unterlegenen in einem der folgenden Kapitel ausführlicher diskutieren.

Extreme Rache

Bei einem kleinen, aber alarmierenden Prozentsatz der Fälle kann eine Enttäuschung in der Liebe schon vorhandene Tendenzen zu aggressivem Verhalten verstärken. Ein lebendiges Beispiel hierfür bietet der 1987 gedrehte Film *Eine verhängnisvolle Affäre.* Ein Unterlegener, der sich durch die Zurückweisung vollkommen machtlos fühlt, verfolgt zwei Ziele, wenn er/sie den Überlegenen verletzt: Zum einen das Gefühl, selbst Macht zu besitzen, wiederzubeleben, und zum anderen, das krasse Ungleichgewicht zwischen den Partnern zu korrigieren. Deshalb sind Rachegelüste eng mit den Dynamismen der paradoxen Leidenschaft verbunden. Je aggressiver und feindseliger der Unterlegene sich in anderen Lebensbereichen verhält, desto extremer ist die Rache.

Häßliche Gerüchte

Bei dieser sehr gebräuchlichen Form der Rache verbreitet der Unterlegene Gerüchte und üble Halbwahrheiten über den Überlegenen und die Beziehung. Eine klassische männliche Form der Rache ist die Behauptung, daß eine Ex-Partnerin »frigide« oder eine »Schlampe« gewesen ist. Ihrem Ruf zu schaden baut sein Ego auf, weil es impliziert, daß sie seiner unwürdig gewesen ist, und weist außerdem feinsinnig darauf hin, daß *er* sie verschmäht hat.

Weibliche Unterlegene können das gleiche erreichen, wenn sie »zufällig« fallenlassen, daß ein Partner, der sie verschmäht hat, Potenzprobleme hatte oder es ihm an emotionaler Substanz fehlte. Männer und Frauen, die sich auf diese Art und Weise rächen, wollen den Überlegenen demütigen, so wie sie gedemütigt wurden, und außerdem wollen sie den »Marktwert« des Überlegenen mindern.

Sabotage am Arbeitsplatz

Der Arbeitsplatz ist eine große Quelle von Liebesbeziehungen und ein Ort, an dem Rache besonders viel kaputtmachen kann. Paul gestand mir schuldbewußt, daß er daran gedacht hatte, Laura auf diese Weise weh zu tun.

»Ich war im Überprüfungskomitee, und Laura sollte ihren ersten Jahresbericht abgeben. Ich hatte schon an die Auswirkungen gedacht und beschlossen, daß ich damit leben könnte, vielleicht nur eine leicht negative Sache über sie zu sagen. Das Wort, das ich in Betracht gezogen hatte war *sprunghaft.* Aber als Lauras Name aufgerufen wurde, konnte ich es nicht tun. Ich enthielt mich einfach der Stimme. Aber ich glaube, daß es sie ein wenig verletzte, weil man über uns Bescheid wußte. Sie bekam keine große Gehaltserhöhung.«

Es gibt viel zu viele Beispiele von Frauen – und auch Männern –, die beruflich darunter zu leiden hatten, wenn eine Liebesaffäre im Büro auseinanderging oder man die Annäherungsversuche des Chefs abwies. Befriedigung in der Liebe und bei der Arbeit werden von den meisten Psychologen als der Eckpfeiler des Glücks angesehen, deshalb kann es besonders schlimm werden, wenn man die berufliche Stellung eines Überlegenen, der einen verschmäht hat, attackiert.

»Ich werde dein Leben kaputtmachen«

Manche Unterlegene schikanieren ihre früheren Partner mit plötzlichen Besuchen zu jeder Tages- und Nachtzeit, und sie verwandeln das Telefon in ein unaufhörlich klingelndes Folterinstrument. Manchmal äußert sich das beim Unterlegenen auch in Vandalismus, den er/sie am Auto oder dem Haus des Überlegenen ausläßt. Diese Unterlegenen lassen einen nicht so leicht gehen, obwohl sie merken, daß sie sich so um jede Chance bringen, wieder mit dem Überlegenen zusammenzukommen.

Die Kinder als Waffe

Eine der psychisch schlimmsten Formen der Rache betrifft die Kinder des Paares. Glücklicherweise gelang es den meisten Paaren, mit denen ich arbeitete, die Kinder aus ihren Eheproblemen herauszuhalten. Aber manche Paare verwandeln ihre hilflosen Kinder zu Schachfiguren in einem rachsüchtigen Spiel. Es kommt am häufigsten vor, daß ein verlassener Partner die Kinder gegen den anderen Partner, der gegangen ist, aufhetzt. Dieser Strategie liegt das Verlangen zugrunde, dem überlegenen Partner die Liebe der Kinder zu entziehen, damit er merkt, »wie das ist«. Das nicht ungewöhnliche Verbrechen der Kindesentführung durch ein Elternteil ist die extreme Form, Kinder als Racheinstrumente zu nutzen.

Rache durch Selbstmord

Etwa einen Monat nach ihrem Frühstück mit Jonathan war Deborah so verzweifelt und niedergeschlagen wie nie zuvor in ihrem Leben.

»Ich hatte seit Wochen nichts von Jonathan gehört, und ich wußte, daß es nutzlos und demütigend wäre, ihn anzurufen. *Alles* schien bei mir zusammenzukommen. Ich hatte Dias meiner Gemälde an ein paar Galerien geschickt, und sie kamen alle mit förmlichen Ablehnungen zurück. Ich fing ein neues Gemälde an und war total blockiert. Ich mußte meine Mutter um Geld bitten, um meine Rechnung vom Einkaufen zu bezahlen, und wir stritten uns. Als ich den Hörer auflegte, kam ich mir ungeliebt, untalentiert und sehr nutzlos vor. Ich trank ein wenig Wein und weinte, schluchzte richtig, über mein nutzloses Leben. Plötzlich stand ich im Badezimmer und schüttete Tabletten in meine Hand. Zu diesem Zeitpunkt geisterte die Vorstellung in meinem Kopf herum, wie Jonathan die Nachricht hörte und total zusammenbrach und daß jeder ihn verantwortlich dafür machte.«

Deborah hatte Glück. Ihre beste Freundin rief an, als sie gerade die dritte Pille schluckte.

»Ich konnte nicht sprechen, nur schluchzen. Kelly sagte, ich sollte nichts tun, sonst würde sie die Polizei rufen. Dann kam sie und zwang mich, die Pillen zu erbrechen. Sie hielt mir eine sehr heilsame Standpauke. Es half mir, sie sagen zu hören, daß sie Jonathan von Anfang an für einen Verlierer gehalten hätte, der keine Affäre, geschweige denn wegen ihm zu sterben, wert gewesen wäre. Sie bestand auch darauf, daß ich eine Therapie mache. Darum bin ich jetzt hier.«

Unterlegene, die einen Selbstmordversuch machen, haben intuitiv die paradoxe Leidenschaft verstanden. Sie wissen, daß es eine Verbindung zwischen ihrer verzweifelten, klammernden Liebe für den Überlegenen und dessen Rückzug gibt. Wenn depressiv veranlagte Unterlegene sich außerstande sehen, ihre Leidenschaft für den Überlegenen loszuwerden, kann ihnen ein Selbstmord als ideale Lösung erscheinen. Sie fühlen sich plötzlich ganz ruhig und mächtig. Auf einen Streich wird der Selbstmord all ihre Probleme lösen – der unerträgliche Schmerz wird aufhören, sie werden von emotionalen Bindungen befreit, und sie zwingen den Überlegenen dazu, für alle Schmerzen, die er ihnen bereitet hat, mit dem schlimmsten Schuldgefühl, das es gibt, zu bezahlen, nämlich dem, schuld am Tod eines anderen zu sein.

Obwohl verschmähte Liebende gelegentlich an Selbstmord denken, sind die meisten sich bewußt, daß ihre Qual mit der Zeit vorbeigehen wird. Deborah erzählte mir später, daß sie zu feige gewesen wäre, ihren Plan in der letzten Konsequenz durchzuführen. Aber sie war froh, daß Kellys Anruf kam und sie nie die Gelegenheit hatte, es herauszufinden.

Mord – der Gipfel der Rache

Es ist nicht ungewöhnlich, und manchmal ist es sogar heilsam, wenn Unterlegene sich die schrecklichsten Schicksale für die Partner, die sie verschmäht haben, ausdenken. Doch die Zahl der verlassenen Ehepartner und Geliebten, die ihre getrennt lebenden Partner umbringen, ist alarmierend. Nach den Statistiken des FBI sterben 30 Prozent aller ermordeten Frauen durch die Hand eines verschmähten Partners. Und obwohl die Zahl bei den Männern – 6 Prozent – wesentlich kleiner ist, sollte man doch bedenken, daß nur eine kleine Anzahl von Morden von Frauen begangen wird.

Natürlich ist Mord immer ein Zeichen für größere psychische Probleme, die aus der blanken Unfähigkeit, mit Wut, Frustration und Gefühlen der Machtlosigkeit umzugehen, resultieren. Wenn der Unterlegene seinen Partner umbringt, benutzt er die einzigen Mittel, die er noch hat, um sie zu kontrollieren. Er sagt: »Wenn ich sie nicht haben kann, soll sie auch kein anderer haben.«

Während Gefühle der Wut normal sind, ist gewalttätige Rache nie entschuldbar oder zu rechtfertigen. In einem der folgenden Kapitel werde ich gesunde Auswege für die Wut des Unterlegenen darlegen.

Jetzt ist man am Ende . . .

Wie Alkoholiker oder Drogenabhängige sind viele von der Leidenschaft abhängige Unterlegene irgendwann am Ende. Bills Attacke, als er betrunken war, und Deborahs Selbstmordversuch sind Beispiele für den dramatischen und entscheidenden Tiefpunkt der Unterlegenen. Bei beiden bewirkte diese Erfahrung eine Wiedergeburt. Paul gelangte auf eine weniger dramatische, aber trotzdem entscheidende Art und Weise an einen Tiefpunkt, und zwar kurz nach dem Fiasko beim Picknick seiner Kanzlei.

> »Ich saß in meinem Stammcafé, aß Nudeln mit Soße und entwarf einen weiteren Brief an Laura, als ich plötzlich aufblickte und mein Bild im Spiegel sah. Mein Gesicht war aufgedunsen, und die Soße lief an meinem Kinn herunter. Ich war angewidert. Hier war ich also – fünfunddreißig, fetter als je zuvor, und mein Haaransatz wich immer mehr zurück. Und was hatte ich entgegenzusetzen? Das Wissen, daß ich mich lange Zeit wie ein Idiot aufgeführt hatte.«

Paul trat einem Fitneßklub bei und beschloß, Laura zu den Akten zu legen. An diesem Abend rief er Daphne an und lud sie für das nächste Wochenende zum Dinner und ins Konzert ein.

Wenn er am Ende ist, hört der Unterlegene auf, sich wie ein Unterlegener zu verhalten. An diesem Punkt gibt es nur noch einen Weg für ihn/sie – und der führt nach oben.

Natürlich erleben viele Unterlegene keinen entscheidenden Wendepunkt, sondern einen schrittweisen – manchmal *sehr* langsamen – Rückgang der Schmerzen und der Verlagerung der Gedanken auf den Überlegenen. Man triumphiert, wenn der erste Tag, an dem man nicht mehr an den Überlegenen gedacht hat, vorbei ist.

Wiedergeburt

Das erste Stadium der Trennung wird dadurch definiert, daß sich die Unterlegenen völlig auf den Überlegenen und den Schmerz, den sie empfinden, konzentrieren. Ihre Emotionen haben sie immer noch stark in den Überlegenen investiert.

Das zweite Stadium beginnt dann, wenn die emotionale Energie der Unterlegenen stärker darauf abzielt, sich ein neues Leben aufzubauen, statt darauf, den Überlegenen zurückzugewinnen oder einfach mit dem Schmerz fertig zu werden. Der schrittweise Lernprozeß, den Überlegenen gehen zu lassen, markiert den Kampf der Unterlegenen für emotionale Unabhängigkeit. Oft ist es die am schnellsten wirkende Medizin – wenn auch nicht notwendigerweise die beste –, einen neuen Partner zu finden.

Wenn der Unterlegene eine Affäre hat

Frischgetrennte Unterlegene oder Unterlegene, die in einer aussichtslosen Beziehung festhängen, suchen aus dem gleichen Grund eine Affäre: Sie wollen ihr angeschlagenes Ego aufpolieren. Bei Überlegenen findet eine Affäre aus einem ganz anderen Grund statt – sie wollen wieder Leidenschaft und Erregung erleben. Aber Überlegene und Unterlegene haben ein Motiv gemeinsam – das (manchmal unbewußte) Verlangen, sich mit jemandem zu verbinden, der besser zu ihren Bedürfnissen paßt.

Obwohl eine Unterlegene weiß, daß ein neuer Partner sie glücklicher machen könnte, könnte es ihr schwerfallen, Geschmack an jemandem zu finden. Beth hatte damit zu kämpfen, als Kevin, der Internist, mit dem sie sich getroffen hatte, als sie Miles kennenlernte, von ihrer Trennung hörte und sie bat, mit ihm auszugehen.

> »Ich war ein wenig überrascht, als Kevin anrief. Es erinnerte mich ein bißchen an die Aasgeier, die sich auf Frischgeschiedene stürzten – obwohl es bei mir noch nicht soweit war. Ich hatte geglaubt, daß Kevin und ich eine ziemlich lockere Beziehung gehabt hätten, aber anscheinend hat es ihn ziemlich aufgeregt, als ich wegen Miles mit ihm Schluß machte. Er hat sich für meinen Geschmack immer zu sehr aufgespielt. Aber ich wußte, daß Miles sich durch ihn bedroht fühlen würde, und ich glaube, ich nahm Kevins Einladung hauptsächlich deswegen an – außerdem war es schön, gefragt zu werden. Bei der ersten Verabredung konnte ich mich kaum zu einem Gutenachtkuß überwinden. Aber bei der zweiten Verabredung ließ ich mich verführen. Es fiel mir schwer, mich Kevins Enthusiasmus anzupassen. Nachher sagte er zu mir: ›Du bist immer noch eine sehr verheiratete Dame.‹«

Für Beth stellte Kevin keinen Ersatz für Miles dar, aber sein plötzliches Wiederauftauchen bot Beth die Gelegenheit, zwei ihrer größten Bedürfnisse zu befriedigen: sich wieder begehrt zu fühlen und Miles zu verletzen. Die Unterlegene hofft, daß die neue Liaison sie davon ablenkt, ständig an den Überlegenen zu denken, aber oft funktioniert das nicht.

Ironischerweise hat auch die Unterlegene oft das Gefühl, illoyal zu sein, wenn sie sich in eine Affäre stürzt. Außerdem hat sie Angst. Es ist typisch, daß sie sich wie Beth nach dem ersten Geschlechtsverkehr sehr niedergeschlagen fühlt.

> »Ich weiß, es klingt verrückt, vor allem, wenn man bedenkt, was Miles mir angetan hat, aber ich hatte das Gefühl, mich ihm gegenüber nicht loyal verhalten zu haben, als ich mit Kevin schlief. Ich hatte auch Angst, daß es für uns keine Chance mehr geben würde, wieder zusammenzukommen, wenn er es herausfinden würde.«

Beth wahrte eine emotionale Distanz zu Kevin. (»Ich war einfach noch nicht soweit, Chloe ›am Morgen danach‹ irgendwelche

Pseudoväter vorzustellen.«) Aber bei Paul waren die Motive ganz anders, als er sich, nachdem er ganz unten angelangt war, entschloß, Daphne ein zweites Mal zu treffen.

»Daphne zu dem Picknick der Kanzlei mitzunehmen war eine Kriegslist. Aber selbst da habe ich bewundert, wie sie sich gab. Sie verstand, was vor sich ging, und sie dazuzubringen, mich wiederzusehen, erforderte einige Erklärungen und Überredungskunst. Aber als sie sagte, daß sie mich wiedersehen wollte, war mir, als ob ein neuer Tag anbrechen würde. Ich hatte kein Interesse mehr an diesem emotionalen Achterbahnfahren. Daphne war deshalb so anziehend für mich, weil sie eine völlig fertige Persönlichkeit und nicht mehr wie Laura auf der Suche nach sich selbst war. Aber vielleicht war sie auch deshalb nicht so interessant.«

Obwohl Paul einräumte, daß Laura noch immer Einfluß auf ihn hatte, war er entschlossen, sich aus dieser Abhängigkeit zu befreien. Seine Verabredung mit Daphne zum Konzert war Balsam für sein Ego.

»Die Sache, die mich am glücklichsten machte, war die Art, wie sie meinen Arm hielt, als wir den Konzertsaal verließen. Es war so natürlich, unkompliziert und akzeptierend. Es vermittelte mir das Gefühl, stark zu sein und kein kriecherischer Narr. Daphne sagte offen, daß sie sich nicht in etwas hineinstürzen wollte, und ich respektierte das. Wir trafen uns noch ein paarmal, und als wir uns schließlich liebten, dachte ich gute vier Stunden lang kein einziges Mal an Laura.«

Paul befand sich in dem freudigen Prozeß, seine Emotionen in eine neue Geliebte zu investieren. Weil er das tat, schuf er unwissentlich die Gelegenheit zu einer großen Wandlung in seiner Beziehung zu Laura.

Der emotionale Bumerang

Nachdem er angefangen hatte, sich mit Daphne zu treffen, mied Paul Laura im Büro. Aber er hörte über die Buschtrommeln, daß Nick sie fallengelassen hatte, nachdem sie ihren Betrugsprozeß verloren hatten. Deshalb überraschte ihn ihr Besuch in seinem Büro bald darauf, aber es schockierte ihn nicht.

»Sie versuchte munter zu klingen, aber sie schien wirklich Angst zu haben. Sie fragte, ob ich noch ihr Freund wäre, denn sie bräuchte jetzt einen. Jemanden, der sie wirklich kannte. Es schien so, als ob sie sich ziemlich schnell in Nick verliebt hätte, aber ›es klappte nicht‹. Sie sagte auch, daß sie sich wie ein Schuft vorkam, weil sie sich meiner zu sicher gefühlt hätte. Dann fragte sie mich, ob ich mit ihr zu Abend essen wollte. Ich erwiderte, daß ich mich mit Daphne treffen würde, aber wir könnten ja am nächsten Tag lunchen. Sie schien ein bißchen verblüfft zu sein.«

Paul war verwirrt, aber es war nicht unangenehm. Er wußte, daß es Daphne nicht freuen würde, wenn sie hörte, daß er mit Laura lunchen wollte, aber es ging ihm wirklich nur um Lauras Wohlbefinden. Sie schien wirklich zu leiden, und das weckte sein Mitgefühl. Außerdem sollte es nur ein Essen unter Freunden sein, nichts, was man geheimhalten müßte. Aber er glaubte trotzdem, es wäre das beste, Daphne nichts davon zu erzählen, um sie nicht unnötig aufzuregen.

Wenn der Unterlegene an die Macht kommt ...

Was Paul so verblüffte, ergab einen perfekten Sinn im Licht der paradoxen Leidenschaft. Nach einem schweren Start hatte Paul die Trennung von Laura gut überwunden. Er hatte sich entschlossen, Laura hinter sich zu lassen, und er hatte eine neue Beziehung geknüpft, die anscheinend auf festerem, wenn auch nicht so leidenschaftlichen Boden stand. Er hatte wieder die Kontrolle, und in all seinen Lebensbereichen lief es prima.

Doch Laura war es nicht so gut ergangen. Sie hatte eine aufregendere Beziehung gesucht und auch gefunden, nur die Erregung verhinderte es, daß sie in der Beziehung mit Nick – dem ersten Mann »seit der High-School«, der sie verlassen hatte – in die Position der Unterlegenen geriet. Sie hatte auch im Beruf eine große Niederlage hinnehmen müssen. Emotional angeschlagen und ohne Selbstbewußtsein humpelte Laura zu Paul zurück, wobei sie hoffte, daß jemand, den sie noch in ihrem Besitz glaubte, sie tröstete. Aber als sie von Pauls neuer Beziehung zu Daphne erfuhr, änderte sich das Bild. Plötzlich war Paul wieder die Herausforderung, die er früher gewesen war; er wurde erneut interessant. Der einzige Unterschied, den Laura nicht beachtete, war der, daß sie nicht die gleiche Anziehungskraft wie früher hatte. In Wirklichkeit verhielten sich ihre Machtpositionen jetzt genau umgekehrt.

Paul erzählt, wie anders er Laura jetzt sah:

> »Laura war sterblich! Bei unserem Lunch war sie wirklich nur eine Freundin und nicht mehr. Jemand, der eine schwere Zeit hinter sich hatte und jetzt eine Schulter zum Ausweinen brauchte. Ich versuchte mir meine alten Gefühle für sie vorzustellen, aber ich sah nur ihre Egozentrik und die Warze in der Nähe ihrer Lippe. Es war verblüffend, sie mit normalen Augen und nicht durch eine rosarote Brille zu sehen. Und es war sehr seltsam, als sie anfing, mit mir zu flirten.«

Paul wußte kaum, was er mit der ungewohnten und unleugbar erfreulichen Beherrschtheit, die er jetzt in Lauras Gegenwart empfand, anfangen sollte. Dieses Gefühl der Macht wurde noch durch Lauras offene Bedürftigkeit gesteigert. Am Ende des Lunches erzählte Laura Paul, daß sie der Meinung wäre, »Daphne sei nicht gut genug für ihn«.

Die narzißtische Wunde des Überlegenen

Wenn die Affäre eines Unterlegenen bekannt wird, verändert das oft die Machtpositionen der Partner. Miles beschrieb seine Reaktion, als er von Beth' Affäre mit Kevin erfuhr:

> »Ich drehte vollkommen durch. Ich vermißte Beth wirklich, und eines Abends hatte ich die fixe Idee, sie sehen zu müssen. Deshalb fuhr ich zum Haus, klingelte, und die Babysitterin öffnete die Tür. Sie war überrascht, mich zu sehen,

und sagte, Beth wäre ausgegangen. Ich befahl ihr zu gehen, weil ich bei Chloe bleiben würde, und das Mädchen wurde richtig nervös. Da dämmerte es mir, daß Beth mit einem Kerl zusammen war! Es war, als hätte man mich erdolcht. Ich fuhr etwa eine Stunde ziellos herum, kaufte mir eine Flasche Wodka, und parkte dann in der Nähe unseres Hauses. Etwa zwanzig Minuten später fuhr ein Jaguar vor. Beth stieg aus, und ich entdeckte, daß sie mit ihrem alten Freund Kevin zusammen war. Ich konnte es nicht glauben! Ich fuhr zurück in meine Wohnung und schlug mit der Faust gegen die Wand.«

Miles litt an einer narzißtischen Wunde, einem Schlag für das Ego, der selbst bei den vernünftigsten Menschen eine animalische Wut erzeugen kann. Miles hatte es als selbstverständlich angesehen, daß Beth ihn, trotz ihrer Wut auf ihn, zurücknehmen würde, wenn er sie nur mit den richtigen Argumenten überzeugen würde. Die Sache mit Monica war aus – er hatte herausgefunden, daß sie eine sehr teure Leidenschaft für Kokain hatte –, und er sehnte sich nach der Geborgenheit seines Heims und seiner Familie. Obwohl Beth immer behauptet hatte, daß sie an Kevin nichts fand, glaubte Miles ihr das – besonders jetzt – nicht mehr. Am nächsten Tag versuchte Miles die »positiven« Seiten an der Sache zu sehen. Da Beth mit Kevin zusammen war, mußte er, Miles, sich nicht mehr schuldig fühlen, weil er sie verlassen hatte. Aber jetzt schien sein Wunsch nach Freiheit und Aufregung leer und wertlos zu sein. Beth war ihm entglitten, und die paradoxe Leidenschaft hatte sie zum Objekt der Herausforderung gemacht. Er wollte *sie*.

Der Überlegene gerät in Panik

Naiv und ein bißchen arrogant sah Laura Daphne nicht als nennenswerte Bedrohung an. Aber Pauls neue Zurückhaltung ihr gegenüber erstaunte sie mehr als nur ein wenig. Besonders wenn sie an das letzte Gespräch dachte, das sie mit ihm hatte. Sie hatte ihm damals von ihrer Beziehung zu Nick erzählt, und Paul hatte geschworen, daß er für sie da sein würde, wenn sie ihre Meinung je ändern sollte, weil seine Liebe ewig währen würde.

»Nachdem Nick mich fallengelassen hatte – das ist genau das richtige Wort dafür –, fühlte ich mich wie ein kompletter Idiot. Da hatte ich diesen großartigen Kerl, Paul, und war noch nicht einmal dankbar dafür. Es war die alte Geschichte – das Gras auf der anderen Seite des Hügels ist immer grüner. Aber ich glaubte, viel reifer geworden zu sein und daß ich jetzt wüßte, was ich wollte und brauchte. Und das ist Paul. Bei unserem Lunch sagte er, daß er mir nicht mehr vertrauen könnte ... das tat weh. Aber ich kann es ihm nicht verübeln. Jetzt will ich ihm beweisen, daß ich mich geändert habe, will ihm zeigen, daß wir füreinander geschaffen sind und daß er bei Daphne nur Sicherheit sucht. Ich denke jetzt wirklich ans Heiraten. Ich glaube, die Angst vor einer Bindung hat mich in die Affäre mit Nick getrieben. Unbewußt habe ich immer Paul geliebt. Es gibt so wenig anständige Männer, und der Gedanke, daß ich Paul wirklich verloren haben könnte, entsetzt mich zutiefst. Ich werde um ihn kämpfen.«

Jetzt war Laura die Bedürftige. Jetzt bewies sie, wie ernst es ihr war, indem sie vorschlug, zur Paartherapie zu gehen – nachdem sie die Trennung betrieben hatte. Das war eine offene Herausforderung an Pauls Integrität, weil *er* für eine Paartherapie plädiert hatte, als Laura sich in Nick verliebt hatte.

Miles fühlte sich betrogen, als er von Beth und Kevin erfuhr. Dann überraschte ihn eine andere Emotion.

»Tiefe Liebe. Wir hatten, nachdem ich gegangen war, noch einmal miteinander geschlafen, und ich war verblüfft, wie gut es getan hatte. Jetzt empfand ich echte, leidenschaftliche Liebe für sie. Ich arrangierte ein paar Tage nach der Sache mit Kevin ein Treffen mit Beth, verriet ihr aber nicht, daß ich Bescheid wußte, und sie sah großartig aus. Sie arbeitete wieder halbtags, deshalb trug sie ein hübsches Kleid und Make-up. Aber sie verhielt sich ein wenig formell, deshalb war mir nicht ganz wohl dabei, als ich ihr meine Gefühle für sie gestand. Meine Handflächen waren schweißnaß.«

Wie Laura erlebte Miles plötzlich »die Furcht des Unterlegenen«. Die Angst nämlich, daß man einen Partner wegen einem Fehler oder weil man ihm nicht genügt verliert. Er fühlte sich durch diese Verhaltensweise genau wie ein Unterlegener eingeengt, und er bekam eine Ahnung von der Distanziertheit des Überlegenen, weil Beth sich reserviert verhielt. Was er nicht wußte, war, ob Beth sich kühl verhielt, weil sie ihn bestrafen wollte, bevor sie ihn in Gnaden wiederaufnahm, oder ob sie ihn wirklich nicht mehr liebte.

Unmäßiges Werbeverhalten von der anderen Seite

Kurz nach ihrem »Versöhnungslunch« lud Laura Paul ein:

> »Sie sagte, daß sie mein fehlendes Vertrauen in sie akzeptieren würde und daß sie es respektierte, wenn ich mich auch noch mit einer anderen träfe. Aber sie sagte auch, daß ich ihr zu wichtig wäre, als daß sie mich gehen ließe, bevor sie alles versucht hätte. Sie lud mich zu einem Abendessen in ihrem Haus ein. Ich handelte gegen mein besseres Wissen und sagte ja. Sie hatte schließlich ein paar richtig schwere Schläge hinnehmen müssen, und ich wollte sie nicht noch mehr verletzen. Sie hatte ein Essen vorbereitet, das fast mit dem identisch war, was wir gegessen hatten, als ich das erste Mal bei ihr war. Sie sah sehr schön aus und hatte ein schweres Parfum aufgetragen. Ich empfand nichts von dem Zauber, den ich beim ersten Mal empfunden hatte, aber man kann Laura nur schwer widerstehen. Es endete damit, daß wir miteinander schliefen.«

Als sie versuchte, die Atmosphäre wiederherzustellen, die geherrscht hatte, als sie das erste Mal miteinander schliefen, führte Laura ein pures Werbeverhalten durch. Paul berichtete, daß sie die Ironie der Situation durchaus erkannte, denn sie machte Witze über das Essen und sagte, daß es das einzige tolle Menü wäre, das sie kochen könnte. Aber sie erkannte nicht, wie sehr ihr Verhalten dem Pauls ähnelte, als er das erste Mal gespürt hatte, daß *sie* sich auf dem emotionalen Rückzug befand. Sie gab demütig zu, daß sie einen Fehler gemacht hatte, als sie Paul verlassen hatte, und versuchte ihre Aufrichtigkeit und ihre Vertrauenswürdigkeit zu demonstrieren. Sie glaubte, daß sie nur diese zwei Dinge tun müßte, um Paul zurückzugewinnen. Aber sie kannte die paradoxe Leidenschaft noch nicht.

Ehe Miles anfing, »übermäßig« um Beth zu werben, bereitete er alles vor. Er wollte sie überzeugen, daß es nicht der wahre Miles gewesen war, der sie vor der Trennung so schlecht behandelt hatte. Unkontrollierbarer Druck und besondere Umstände waren die wahren Schuldigen gewesen. Beth erinnerte sich an einen Brief, den sie von Miles bekam, kurz nachdem er sie und Kevin gesehen hatte:

> »Er war richtig niedlich. Miles schrieb, daß es ihn nervös gemacht hätte, immer so lange aufzusein. Das und natürlich der Druck, den seine Partner auf ihn ausgeübt hätten. Er sagte auch, daß er eine schwere Zeit durchmachte, weil er seine beiden ›Identitäten‹, den ›wilden Partyfeierer‹ und den ›Familienvater‹, zusammenbringen müßte. Er sagte, daß er eine Zeitlang geglaubt hätte, er hätte einen Fehler gemacht, als er sich fest gebunden hätte, aber jetzt wüßte er, daß es das Beste gewesen wäre, was er je gemacht hätte.«

Danach bekam Beth Blumen, nette kleine Geschenke und schließlich ein Ticket für Hawaii, auf das er den Vorschlag gekritzelt hatte, sie sollten »dort anfangen, an Baby Nr. 2 zu arbeiten«. Miles versuchte bei dieser Werbung um Beth wirklich alles.

Die Ambivalenz des auferstandenen Unterlegenen

Wenn ein ehemaliger Unterlegener das Kommando in einer Beziehung übernimmt, erbt er auch die Ambivalenz des Überlegenen. Mit klarem Blick sieht er, daß der Partner auch »sterblich« ist, er kann sich fragen, ob er ihn *jemals* wirklich geliebt hat. Vielleicht war es von Anfang an nur Abhängigkeit. Da er Freude, Freiheit und jetzt auch Macht geschmeckt und genossen hat, fragt er sich, ob er wirklich zu seinem Partner zurück will. Es erscheint ihm wie ein Schritt rückwärts.

Die neuen negativen Gefühle über die Beziehung werden noch durch die erst kürzlich begrabene Feindseligkeit vertieft. Jetzt, da der ehemalige Unterlegene die Beziehung kontrolliert, kann er seine Wut ohne die Angst, den früheren Überlegenen zu verlieren, frei ausdrücken. Sein verletzter Stolz plädiert dafür, ihn abzuweisen, um ihm eine Lektion zu erteilen. Der frühere Unterlegene kann sich auch davor fürchten, daß er wieder in die Rolle des Unterlegenen gedrängt wird, wenn er die Beziehung wieder aufnimmt. Beth hatte diese Angst:

> »Ich war versucht, mit Miles nach Hawaii zu fliegen, aber ich hatte auch Angst davor. Er sagte mir genau das, was er mir gesagt hatte, bevor wir heirateten – all dieses Zeug, wie wichtig ihm die Familie wäre und so. Aber was würde uns davon abhalten, wieder in die gleiche Falle zu gehen? Würde er sich jedesmal, wenn es im Restaurant heiß herging, in dieses Ungeheuer verwandeln? Ich wünschte mir wirklich sehr noch ein Kind, aber ich hatte Angst, daß daraus die gleichen Probleme entstehen könnten.«

Beth' Ängste waren berechtigt. Viele Paare, die wieder zusammenfinden, kehren zu den gleichen Beziehungsmustern zurück. Eine Versöhnung kann aber ein idealer Zeitpunkt für Paare sein, um sowohl Einsicht in die Kräfte zu gewinnen, die zwischen ihnen am Werk sind, als auch um effektivere Strategien zu entwickeln, damit umzugehen. Ich dränge Paare, die sich versöhnen, dazu, das Glück ihrer zweiten Flitterwochen zu genießen. Aber ich ermutige sie auch, nicht davor zurückzuschrecken, die Grundlagen ihrer Beziehung zu verbessern, solange sie einander noch gleichgestellt sind. So gestärkte Partnerschaften können eher unausweichliche »Besuche« des Paradoxons abwehren.

2. Teil

Wie man eine gleichberechtigte Partnerschaft aufbaut

7. Kapitel
Alte Entscheidungen verwerfen

Jetzt, da Sie die emotionalen Dynamismen kennen, die die Ursache für nachlassende Nähe und Liebe in Beziehungen sind, wollen wir Methoden untersuchen, die diese Beziehungen neu beleben. In den folgenden Kapiteln nehme ich Sie auf die gleiche therapeutische Reise mit, die gewöhnlich meine Patienten machen. Unterwegs werden wir ein paar Grundannahmen, wie man am besten eine Beziehung »retten« kann, hinterfragen.

Abenteuer in der Paartherapie

Ich begann meine Arbeit an der paradoxen Leidenschaft, weil ich mit der herkömmlichen Paartherapie unzufrieden war. Wie viele Untersuchungen wurde auch meine durch persönliche Erfahrungen inspiriert.

Während meiner Ausbildung hatte ich zwei längere Beziehungen. Ich hatte meine Theorien über unausgeglichene Partnerschaften noch nicht formuliert, aber rückblickend ist mir vollkommen klar, daß ich in einer Beziehung der Unterlegene und in der anderen der Überlegene war. Es überrascht daher nicht, daß wir uns an eine Partnerberatung wandten, als die Liebe anfing, weh zu tun. In beiden Fällen endeten die Beziehungen. Später verblüfften mich dann die krassen Unterschiede zwischen dem Gefühl, ein Unterlegener, und dem Gefühl, ein Überlegener zu sein.

Als Unterlegener gefiel es mir sehr gut. Der Therapeut arbeitete hart, um die Beziehung zu »retten« – ein Ziel, das meinen tiefsten Wünschen entsprach. Aber meine überlegene Partnerin wurde bald in der Therapie ebenso unzufrieden, wie sie es in unserer Beziehung war (was mich damals verblüffte, weil ich so lieb zu ihr gewesen war).

Dann erlebte ich die Paartherapie als Überlegener. Was für ein Unterschied! Ich war von den ersten Sitzungen begeistert, weil die Therapeutin unsere Probleme sondierte und Mitgefühl zeigte. Aber dann, als sie Vorschläge machte, wie man die Beziehung retten könnte, änderte sich etwas für mich. Ich hatte das Gefühl, daß die Therapeutin sanften, aber permanenten Druck auf mich ausübte, liebevoller und intimer mit meiner Partnerin umzugehen. Es war genau der gleiche Druck, den meine Partnerin nach meinem Gefühl auf mich ausgeübt hatte. Paradoxerweise zog ich mich, je mehr Druck auf mich ausgeübt wurde, immer mehr zurück – von meiner Partnerin und der Therapie.

Bald praktizierte ich selbst als Paartherapeut. Und ich erkannte das gleiche Verhaltensmuster bei den meisten meiner Klienten – frühe Durchbrüche, gefolgt vom Widerstand durch den Partner, der weniger liebte. Ich erkannte, warum meine eigenen Erfahrungen mit der Therapie fehlgeschlagen waren, und daraus entwickelte sich meine Theorie.

Vorurteile dem Überlegenen gegenüber

Sehen Sie sich einmal eine Übung an, die von vielen Eheberatern angewandt wird – ich nenne sie die Schaumbad-und-Champagner-Lösung. Das Paar wird dort gebeten, sich mehr »Zeit für die Liebe« zu nehmen. Der Unterlegene ist darüber hocherfreut. Endlich wird er die Nähe bekommen, nach der er sich so sehnt und die er so sehr braucht. Seine Hoffnungen steigen. Das wird all die unterschwellige Liebe zutage treten lassen, die seine Partnerin nicht ausdrücken kann.

In der Zwischenzeit ist die Überlegene höchstwahrscheinlich skeptisch eingestellt. Ich habe herausgefunden, daß die meisten Überlegenen solche Übungen als gezwungen und künstlich empfinden, obwohl sie aufrichtig hoffen, daß sie etwas verändern und die Ambivalenz beenden. Doch es ist typisch, daß sie sie einfach durchspielen – sie nehmen eine intime Handlung vor, fühlen sich aber verlogen, als Heuchler und unter Zwang. Das ist nicht therapeutisch.

Ich glaube, daß diese einseitigen »Liebesübungen« gewöhnlich das Falsche bewirken, weil sie den Paaren drei unausgesprochene, aber schmerzliche Botschaften übermitteln. Sie beinhalten,

1. daß das Hauptproblem in der Beziehung die Weigerung des distanzierten Partners zu mehr Nähe ist,
2. daß dieses Problem nur gelöst werden kann, wenn der distanzierte Partner seine Gefühle ändert und offen für die Liebe wird,
3. daß der bedürftige Partner »der Gute« in der Beziehung ist, weil er/sie für die Liebe ist. Deshalb sollte er/sie bekommen, was er/sie möchte – Nähe –, ohne selbst dafür emotionale Arbeit leisten zu müssen.

Selbst wenn das nur unterschwellig übermittelt wird, kann sich der Überlegene durch diese Botschaften schlecht, frustriert, ausgeschlossen und aufgebracht, weil man ihn/sie nicht versteht, fühlen. Natürlich sabotiert das sogar ernstgemeinte Versuche des Überlegenen, den Partner wieder zu lieben.

Solche Übungen verlangen auch, daß die Überlegenen die härteste emotionale Arbeit leisten. Sie sind diejenigen, die ängstlich, blockiert, feindselig sind, müssen sich »arrangieren« und bekommen vom Therapeuten und dem Unterlegenen zu hören, daß sie mehr Liebe empfinden *sollten,* wodurch es ihnen noch schwerer fällt, Liebe zu empfinden. Traditionelle Paartherapie kann dazu führen, daß sich die Überlegenen belasteter und eingeengter vorkommen als vorher.

Durch meine klinische Arbeit und meine persönlichen Erfahrungen lernte ich eine lebenswichtige Lektion: *Der distanzierte Partner ist ebenso ein Opfer schmerzlicher Beziehungsdynamismen wie der andere Partner; therapeutischer Druck, um ihm/ihr den anderen nahezubringen, vergrößert noch sein/ihr Leiden.*

Mein Ansatz ist aber auch nicht *nur* für Überlegene. Doch es ist eine Tatsache, daß der Überlegene der Partner ist, der am ehesten eine Therapie abbricht. In meiner Praxis habe ich herausgefunden, daß sich Überlegene wesentlich besser fühlen, wenn ich die Probleme des Paares *neutral* in Begriffen der Beziehungsdynamik darlege. Und Überlegene *bleiben dabei,* wenn ich verschiedene Übungskombinationen für Paare verordne. Ich bitte *beide,* emotionale Arbeit zu leisten. Ich entwerfe diese Übungen, um den Schmerz beider Partner zu erkennen und zu respektieren. Wenn man nicht verdammt, sondern versteht, warum sich ein Überlegener distanziert hat, fühlt er/sie sich besser – und sieht auch die Beziehung besser. Dann kann man darauf hoffen, daß die Liebe wiederkehrt.

Fatalistisches Pathologisieren

Ich möchte gegenwärtig nur das behandeln, was ich die »Kernprobleme« einer Beziehung nenne – die Dynamismen, die ein Ungleichgewicht schaffen. Ich konzentriere mich weniger auf den Hintergrund – Themenbereiche aus der Kindheit, die einen Einfluß auf die Gegenwart haben könnten, eingeschlossen. Für mich hat es sich als wirkungsvoller erwiesen, nur vordergründige Dynamismen zu behandeln – extreme Fälle einmal ausgenommen.

Natürlich riskiere ich meinen guten Ruf in der Vereinigung der amerikanischen Psychologen, wenn ich behaupte, daß Kindheitserlebnisse die Beziehungen von Erwachsenen nicht sehr beeinflussen. Doch ich glaube, daß der therapeutische Nutzen der Analyse von Kindheitserlebnissen stark durch sehr traditionell arbeitende Therapeuten und Selbsthilfebücher entwertet wurde. Es kann unsere Energien davon ablenken, in der Gegenwart unsere Probleme zu lösen, wenn wir in der Vergangenheit nach Lösungen suchen. Und was noch schlimmer ist – der Vergangenheit so viel Schuld zu geben kann in beiden Partnern ein Gefühl der Hoffnungslosigkeit erzeugen. Ich nenne diesen Ansatz *fatalistisches Pathologisieren.*

Fatalistisches Pathologisieren geht etwa so vor sich: Wenn Sie Beziehungsprobleme haben, dann sind Sie in einer kaputten Familie mit Eltern aufgewachsen, die Ihnen ein verzerrtes Bild einer »liebevollen« Beziehung vorlebten. Für den Rest Ihres Lebens ist es Ihr Schicksal, Partner zu finden, die Sie elend behandeln. Wenn Sie dann schließlich in der Lage sind, sich von einem dieser Partner freizumachen, dann werden Sie – so leid es mir tut – stracks dem nächsten in die Arme laufen. Ihr neuer Partner mag ja wie das genaue Gegenteil des alten wirken, aber nach einer Weile werden Sie merken, daß er sich nur hinter einer cleveren Maske versteckt hat. (Das genau war ja Ihr Fehler, daß Sie sich das Gegenteil ausgesucht haben!)

Klingt das vertraut?

In *Sodbrennen* vermittelt Nora Ephron uns ein gutes Beispiel für einen Therapeuten, der fatalistisches Pathologisieren praktiziert. Der Heldin des Buches, Rachel, wird von ihrer Therapeutin, Vera, erklärt, warum sie sich mit einem Ehemann einließ, der sie mit tödlicher Sicherheit enttäuschen würde.

> »Du hast ihn dir ausgesucht«, sagte Vera, »weil seine Neurosen perfekt zu deinen paßten.« Ich mag dich, Vera, wirklich, aber ist dir noch nie etwas zugestoßen, das du nicht beabsichtigt hast? »Du hast ihn dir ausgesucht, weil du wußtest, daß es nicht klappen würde.« »Du hast ihn dir ausgesucht, weil seine Neurosen perfekt zu deinen paßten.« »Du hast ihn dir ausgesucht, weil du wußtest, daß er dich genauso entwürdigen würde, wie deine Mutter oder dein Vater es taten.« Das sagen sie dir immer auf die eine oder andere Art, aber in Wahrheit ist es ganz egal, wen du dir aussuchst – eure Neurosen passen immer vollkommen und fürchterlich zusammen; in Wahrheit ist es ganz egal, wen du dir aussuchst – er wird dich immer so entwürdigen, wie deine Mutter oder dein Vater es taten. »Du hast dir genau die Person herausgesucht, mit der du dich nicht einlassen solltest.« Das ist nicht besonders schwierig – so ist das Leben. Jedesmal wenn du dich umdrehst, läßt du dich mit der einzigen Person auf Erden ein, mit der du nichts zu tun haben solltest . . . Wir wollen den Tatsachen ins Gesicht sehen: *Jeder* ist die Person, mit der man sich nicht einlassen sollte.

Während wir uns dabei amüsieren, bringt diese Passage aus Nora Ephrons Buch auf den Punkt, wie eine Überbetonung von Kindheitserlebnissen eine pessimistische Einstellung in der Liebe zur Folge haben kann. Und diese Sichtweise lenkt uns von den normalen, vorhersehbaren Problemen in der Liebe, die verstanden und überwunden werden können, ab.

Das soll nicht heißen, daß ich Kindheitserlebnisse automatisch von der Paartherapie ausschließe. Manche Probleme bei Paaren sind ganz klar durch fehlende oder falsche Beziehungsmuster verursacht. Die meisten dieser Verhaltensmuster werden in der Kindheit geprägt, und sie können eine Person dauernd zu einem Über- oder Unterlegenen machen. Wenn das der Fall ist, suchen wir nach Einflüssen in der Kindheit, um zu erfahren, wie man am besten die Interaktion des Patienten mit seinem Partner und jedem anderen Menschen in seinem Leben verbessern kann. Das werde ich genauer in einem der folgenden Kapitel erörtern.

Der zweite Teil dieses Buches spiegelt meinen therapeutischen Ansatz wider. Die ersten Kapitel sind der Veränderung gegenwärtiger Beziehungsdynamismen gewidmet; die letzten zeigen, wie besondere Persönlichkeitsstile diese Dynamismen verstärken können und wie man sie dann wieder ins Gleichgewicht bringt.

Sind Frauen gut und Männer schlecht?

In einer anderen Form des fatalistischen Pathologisierens neigt man dazu, Männer im allgemeinen als gefühllose, verletzende Bösewichte und Frauen als sensible Opfer anzusehen. Genau das tat Beth, als ich sie bat zu definieren, was sie als Miles' größtes Problem ansah:

> »Ich glaube, Miles stellte sich als typischer Mann heraus, und ich habe mir irgendwie selbst etwas vorgemacht, als ich glaubte, er wäre anders. Ich habe das schon so oft erlebt. Ein Kerl tut so, als ob er sich ehrlich für das gleiche interessiert wie du. Dann stellt es sich heraus, daß für ihn nur sein Erfolg in den Augen der anderen zählt, und daß er das tun kann, was er will. Es scheint wirklich zu stimmen – Männer sind zu echter Liebe nicht fähig.«

Dann fragte ich sie, ob sie in einer längeren Beziehung je auf Distanz gegangen wäre.

»Mal sehen. Nicht wirklich. Irgendwie schon. Ich traf mich mit einer Reihe von Männern, als ich Miles kennenlernte. Ich glaube, Kevin meinte es wirklich ernst. Wir gingen fast ein Jahr lang zusammen aus. Ich ermutigte ihn nie zu einer ernsteren Beziehung als der, die wir wirklich hatten. Und als ich dann Miles kennenlernte, war ich wirklich nur mit dem beschäftigt, was da passierte.«

Ich fragte sie, ob ihr jemals eine Parallele zwischen Miles' Verhalten und ihrem aufgefallen wäre. Nachdem sie protestiert hatte, daß »diese Situation ganz anders gewesen wäre«, gab sie zu, daß Frauen ebenso wie Männer allzugroße Nähe meiden könnten.

Es ist nicht zu leugnen – Geschlechterklischees machen Männer zu Überlegenen und Frauen zu Unterlegenen. Wir erwarten immer noch von einem Mann, daß er ehrgeizig ist und die Kontrolle übernimmt, und von einer Frau, daß sie herzlich und fürsorglich ist; unterschwellig übertragen wir diese Erwartungen auf unsere Kinder. Und es gibt immer noch krasse Unterschiede zwischen der Macht, die Frauen und Männern am Arbeitsplatz zugeteilt wird, und den Pflichten, die sie zu Hause wahrnehmen. (Das situationsbedingte und persönliche Ungleichgewicht, das durch geschlechtsspezifische Erwartungen gefördert wird, ist bedeutend, und ich werde das später noch in allen Einzelheiten besprechen.)

Aber es gibt ein paar Gründe, warum der heutige Trend, »auf die Männer einzuschlagen«, vom therapeutischen Standpunkt aus gefährlich ist:

- Frauen, die das tun, könnten sich als unschuldige Opfer sehen, die nicht ihre eigene Rolle in der unausgeglichenen Partnerschaft untersuchen müssen.
- Es fördert die Dynamismen der paradoxen Leidenschaft, wenn man die Geschlechter polarisiert.
- Es lenkt die Frau von den wirkungsvollsten Mitteln, das Verhalten als Unterlegene in ihrem Leben zu ändern, ab – nämlich sich zusammen mit ihrem Partner den Dynamismen der paradoxen Leidenschaft zu stellen und sie zu ergründen.
- Es fördert eine Selbst-Pathologisierung bei Frauen.

Eine kürzlich erschienene Studie der Universität Yale zeigt, daß

36 Prozent der befragten Frauen »weniger liebten« – das heißt, sie waren die Überlegenen. (Bei Männern betrug die Zahl 45 Prozent.) Es mag ja wahrscheinlicher sein, daß Frauen die Unterlegenen sind, aber sie besitzen in einer Beziehung oft mehr Macht, als sie glauben. Wenn sie bereitwillig den Männern eine »Bindungsphobie« nachsagen, dann werden sie wahrscheinlich auch eher dazu neigen, sich zu pathologisieren, wenn sie die Überlegenen in einer Beziehung sind.

Ich erklärte Beth, wie wichtig es ist, zu verstehen, daß geschlechtsspezifische Erwartungen unsere Haltung in einer Beziehung beeinflussen können. Aber ich warnte sie, daß es fatalistisch und höchst unklug wäre, Miles als »typischen Mann« abzustempeln. Eine solche Einstellung beeinträchtigt die Fähigkeit einer Frau, in einer Beziehung gleichberechtigt zu sein oder wieder zu werden, denn es stellt eine Übertragung der Macht dar.

Eine Geheimbotschaft der paradoxen Leidenschaft: neue Hoffnung

Als ich meine Gedanken über unausgeglichene Beziehungen formulierte, hatte ich ein pessimistisches Gefühl, was eine dauerhafte Liebe in meinem eigenen Leben anging. Freunde, Patienten, sogar ich selbst kämpften darum, unsere Beziehungen aufrechtzuerhalten. Und es schien mir so, als ob ich eine Dynamik aufdecken würde, die bewies, daß Liebe zum Scheitern verurteilt war.

Anfangs erzählte ich meinen Patienten nichts über meine Gedanken zur paradoxen Leidenschaft. Aber ich sprach mit Kollegen und Freunden darüber. Zu meiner Überraschung verbesserten meine Einsichten über das Paradox unser Wohlbefinden, statt unsere Niedergeschlagenheit zu vergrößern.

Die Macht der Einsicht

Jason, ein fünfunddreißigjähriger Anwalt, der seit sechs Jahren mit Jane verheiratet ist, ist einer meiner besten Freunde. Kurz bevor ich ihn bat, einen ersten Entwurf dieses Buches zu lesen, hatte Jane ihr Diplom als Betriebswirtin gemacht und einen tollen Posten bei einer großen Firma ergattert.

Seine Kommentare, nachdem er das Buch gelesen hatte, frappierten mich:

> »Als Jane ihren Job bekam, merkte ich plötzlich, daß sie mit einer Menge dynamischer Manager zusammenarbeitete, und das machte mir angst. Ich spürte, wie die ›Beziehungskräfte‹ mich auf eine bestimmte Art und Weise in die Rolle des Unterlegenen drängten. Ich rief sie oft im Büro an und versuchte sie dazu zu bringen, keine Verabredungen zum Abendessen zu treffen. Ich machte sie wahnsinnig. Wir zankten uns dauernd, und sie redete nicht mehr mit mir wie früher. Ich dachte – zum Teufel, wenn sie mit diesen ganzen Männern herummacht, dann werde ich zurückschlagen und eine Affäre haben.
>
> Da gabst du mir das Manuskript. Und ich konnte kaum glauben, was ich da las. Ich war in der Lage, mir zu sagen, okay, entspann dich, du reagierst nur auf eine Machtveränderung in deiner Beziehung. Verschlimmere es nicht dadurch, daß du versuchst, Jane einzuengen oder sie zu bestrafen, indem du so etwas Dummes unternimmst wie einen Seitensprung. Und allein dieser Gedanke machte es möglich, daß ich aufhören konnte, so zu handeln, wie ich es tat, und Jane die Unterstützung und die Freiheit zuzubilligen, die sie offensichtlich in dieser Zeit brauchte. Und was am verblüffendsten war – ich glaube, das konnte man voraussehen –, ich verhielt mich jetzt viel liebevoller.«

Solche Rückmeldungen wie die von Jason halfen mir, das therapeutische Potential der paradoxen Leidenschaft in den Griff zu kriegen. Ich merkte, daß meine Erkenntnisse den Partnern halfen, mit Problemen fertig zu werden, die sie vorher überwältigt hatten. Plötzlich konnten Leute, die vorher wie Marionetten verschiedenen Beziehungsproblemen ausgeliefert gewesen waren, sagen: »Okay, ich reagiere im Augenblick vollkommen vorhersehbar auf meinen Partner, und das macht die Sache nur noch schlimmer. Jetzt wollen wir gemeinsam gegen diese Reaktion angehen.«

Meine Freunde und ich entdeckten, daß man selbst dann zum Opfer der starken Dynamismen des Paradoxon werden konnte, wenn man darüber Bescheid wußte. Aber jetzt konnten wir uns auffangen, wenn wir fielen. Wir konnten die Dynamismen in uns erkennen und objektivieren (noch leichter fiel uns das bei anderen; es wurde so eine Art Sport für uns). Es war aber noch viel wichtiger, daß diese Erkenntnisse uns energisch zeigten, in welche Richtung hilfreiche Gegenmaßnahmen gehen mußten. In Jasons Fall wußten wir, daß wir uns zurücknehmen, seine Angst tolerieren und Jane die Unterstützung und das Vertrauen, die sie brauchte, zukommen lassen mußten.

An den Zauber glauben

Es ist eine Sache, das Gleichgewicht und die Harmonie zwischen Partnern wiederherzustellen. Aber kann man den »Zauber« wiederherstellen, nachdem er anscheinend tot und begraben ist? Die paradoxe Leidenschaft beweist, daß es möglich ist.

Verliebtheit ist nicht ausschließlich an junge Liebe gebunden. Es ist auch keine absolute Emotion, die man für eine Person empfindet oder nicht. *Liebe ist eine relative Emotion, die verschwinden und wieder auftauchen kann. Das hängt von den Beziehungsdynamismen ab, die sich zwischen zwei Partnern abspielen.*

Zum Beispiel sehnten sich sowohl Laura als auch Miles nach der Liebe von Partnern, von denen sie sich ihrer Meinung nach eigentlich schon gelöst hatten. Viele Überlegene – Sie wahrscheinlich auch – haben schon Beziehungen beendet, nur um herauszufinden, daß sie sich nach dem Partner sehnen, den sie verlassen hatten.

Unglücklicherweise können Menschen, die das Paradox nicht verstehen, erst zerstörerisch handeln und sich *dann* wieder in ihren Partner verlieben. Miles praktizierte das zerstörerische Verhalten eines Überlegenen – seine Affäre –, dann empfand er tiefe Liebe für eine unabhängig gewordene Beth. Aber die Affäre verringerte ihre Chancen, wieder zusammenzufinden, weil sie das Vertrauen zwischen ihnen zerstört hatte.

Die Erfahrung hat mir gezeigt, daß etwas sehr Bemerkenswertes geschieht, wenn man ungesunde Beziehungsmechanismen, die zwischen zwei Menschen herrschen, ändert. Der Unterlegene wird eigenständiger und damit für den Überlegenen attraktiver, und der Überlegene entdeckt verliebte Gefühle, die anscheinend nur schliefen und nicht gestorben waren, wieder. Und obwohl es stimmt, daß die Leidenschaft junger Liebe nicht von Dauer sein kann, sind die Gefühle von neu ausbalancierten Partnern auf eine ganz eigene Art frisch und aufregend.

In meinem Programm biete ich nicht »zehn Wege, um die Leidenschaft in Ihrer Beziehung zu verbessern«. Statt dessen geht es darum, das Verhalten zu ändern und so die Möglichkeit zu schaffen, daß neue Liebe erblühen kann.

Können (und sollten) alle Beziehungen gerettet werden?

Natürlich nicht. Und es wäre ein Fehler zu glauben, daß man versagt hätte, wenn man eine Beziehung nicht retten konnte. Die Natur hat unser Überleben gesichert, indem sie sexuelle Anziehungskraft sowohl verführerisch als auch blendend gemacht hat. Von Urkräften getrieben, finden wir uns leicht in einer Beziehung zu jemandem wieder, der zwar unser kurzfristiges Verlangen befriedigen kann, nicht jedoch unsere Bedürfnisse auf lange Sicht.

Selbst wenn Sie und Ihr Partner gut zusammengepaßt haben, als Sie sich kennenlernten, könnten Sie sich in verschiedene Richtungen entwickelt haben. Manchmal wächst ein Partner weit über den anderen hinaus, und das kann zu einer höchst unausgeglichenen und schmerzhaften Situation führen. Es ist etwas weniger schmerzhaft, wenn beide Partner gleichermaßen – vielleicht auch in verschiedene Richtungen – gereift sind. Ich erkenne das »Auseinanderwachsen«-Syndrom meistens bei Paaren, die sehr jung geheiratet haben, und genau deshalb plädiere ich für Eheschließungen in etwas fortgeschrittenem Alter.

Ich glaube, fast alle Beziehungen sind es wert, daß man daran arbeitet. Das Ziel dieses Buches liegt *nicht* darin, Ihre Beziehung zu retten, sondern dient als Hilfe, um Erfüllung in der Liebe zu finden. Das ist ein feiner, aber wichtiger Unterschied.

Meiner Ansicht nach sollten Sie zuerst versuchen, die schmerzhaften Dynamismen auszuschalten, und die Liebe in Ihrer Beziehung wiederzubeleben. Wenn Sie Erfolg haben, gratulieren Sie sich. Aber wenn die Beziehung völlig unausgeglichen ist und nicht zur Zufriedenheit von Ihnen und Ihrem Partner repariert werden kann, bedeutet *das nicht, daß Sie versagt haben.* In Wirklichkeit haben Sie sich und Ihren Partner erfolgreich aus einer unbefriedigenden Beziehung befreit.

Sie sollten darauf gefaßt sein, viel über sich und Ihre Bedürfnisse zu erfahren, wenn Sie an einer Beziehung arbeiten. Wenn die Beziehung nicht klappt, werden Sie eher wissen, welche Art von Partner Sie zukünftig suchen (oder meiden) müssen. Wenn man über Beziehungen nichts lernt, riskiert man einen emotionalen »Burn-out«, wenn man von Partner zu Partner springt und nichts aus seinen Fehlern lernt.

Manche Beziehungen überschreiten eine Grenze der Gewalt und des Mißbrauchs, so daß man sie kaum noch retten kann. Wenn Sie in einer solchen Beziehung leben, dann *suchen Sie bitte so schnell wie möglich professionelle Hilfe.* Wenn Sie sich bedroht fühlen oder fähig sind, jemanden ernsthaft zu verletzen, dann gehen Sie sofort zur Therapie. Es gibt unzählige Stellen, die Ihnen helfen. Sie sind auf den »Gelben Seiten« unter dem Begriff »Wohlfahrtsverbände« zu finden.

Planen Sie Ihre Liebeskarriere

Von Freud bis zu Ann Landers sind sich Experten darin einig, daß ein psychisch gesundes Individuum sowohl in der Liebe als auch in der Arbeit Glück findet. Wenn Menschen eine Therapie machen, dann fast immer deshalb, weil sie mit ihrer Arbeit und/ oder ihren intimen Beziehungen unzufrieden sind.

Doch es gibt ein seltsames Ungleichgewicht zwischen der Art, wie Menschen an ihre Arbeit herangehen, und der Art, wie sie an die Liebe herangehen. Denken Sie doch an die Jahre, als wir hingegeben und angestrengt an unserer beruflichen Karriere gearbeitet haben. Wir gingen zur Schule und schlossen sie ab, wir wurden beraten und getestet, wir lernten und wurden ausgebildet, und dann lernten wir noch weiter und erweiterten unsere Kenntnisse, in der Hoffnung, befördert zu werden.

Jetzt sehen Sie sich einmal an, wie wir an den *anderen* Teil des Lebens herangehen. Wir verschwenden kaum Zeit darauf, uns das Wissen und die Fertigkeiten anzueignen, die notwendig sind, um feste Beziehungen aufzubauen. Statt dessen lernen wir »bei der Arbeit« – wir verlieben uns, kommen zusammen, werden verletzt, ziehen uns zurück, rächen uns, finden eine neue Liebe, verletzen neue Partner und so weiter.

Ich stehe auf dem Standpunkt, daß man sich einer »Beziehungserziehung« ebenso widmen sollte wie jeder anderen neuen und umfangreichen Fertigkeit. Der bekannte Therapeut Jay Haley gibt den Rat, Probleme mit der Liebe wie ein Beziehungsforscher anzugehen. Wenn Sie mit den nun folgenden Strategien arbeiten, werden Ihnen manche nützlich sein und andere wieder nicht – wie bei jedem Forschungsprogramm. Bei diesem Ansatz gibt es so etwas wie Versagen nicht, weil Sie immer lernen werden, was funktioniert und was nicht. Doch Ihr Ziel wird Ihnen immer klar sein: Beziehungsdynamismen zu ergründen und sie dazu zu nutzen, eine starke und dauerhafte Liebe zu einer anderen Person zu begründen.

Ich dränge meine Patienten, eine aktive, verantwortungsvolle Einstellung einzunehmen. Gewöhnlich muntere ich sie so auf: Wenn Sie auf einer langweiligen Party sind, können Sie entweder bissige Bemerkungen machen oder ein paar fetzige Oldies auflegen, damit jeder tanzt. Wenn Sie an einer blöden Präsentation teilnehmen müssen, können Sie entweder dumpf vor sich hinbrüten oder ein paar provokative, belebende Fragen stellen. Wenn Sie am Arbeitsplatz ein Problem haben, das Sie schier überwältigt, können Sie entweder das Problem meiden, indem Sie sich weniger herausfordernden Aufgaben zuwenden, oder Sie können einen aktiven, auf Problemlösung ausgerichteten Standpunkt einnehmen, indem Sie die Gründe erforschen, sich mit Experten beraten und Risiken auf sich nehmen, um zu einer Lösung zu kommen. Ich hoffe, Sie werden den Rest dieses Buches unter diesen tapferen und hoffnungsvollen Gesichtspunkten lesen und das, was Sie lernen, auch benutzen.

Aber vor allem bitte ich Sie darum, daß Sie sich gegenseitig unterstützen, daß Sie *versuchen,* an Ihrer Beziehung zu arbeiten – egal, was dabei herauskommt.

8. Kapitel
Miteinander reden – Wie Ihre Beziehung durch Kommunikation ins Gleichgewicht kommt

Peg erzählte mir zunächst, daß sie nicht wüßte, wie sie mit Bill überhaupt noch reden könnte. Wenn sie ihm von ihrem Tag im Laden erzählte, wurde er noch unzufriedener. Alles, was sie über seinen Zustand verlauten ließ – seine Trinkerei oder sein faules Leben –, verursachte einen Wutausbruch, Türen knallten, und er verschwand stundenlang. Bald gab sie es auf. »Ich dachte, daß er ja zu mir kommen könnte, wenn er mit mir reden wollte«, sagte sie. In ihrem Herzen wußte sie, daß er das nicht tun würde, und sie war fast dankbar dafür.

Wenn eine Beziehung zerbricht, wird auch die Fähigkeit der Partner, wirkungsvoll miteinander zu kommunizieren, zerstört. Zwischen ihnen kann – wie bei Bill und Peg – eine Mauer des Schweigens wachsen. Oder ein Paar redet zwar viel, aber auf die falsche Weise: Sie brüllen sich an, kreischen, klagen an und kritisieren sich.

Es ist zwar ein Klischee, aber wie die meisten Klischees stimmt es – der Schlüssel zu einer guten Beziehung ist gute Kommunikation. Ich stehe auf demselben Boden wie die große Mehrheit der Therapeuten, weil ich an die heilende Kraft der Kommunikation glaube. Ich glaube nur, daß es wichtig ist, was gesprochen wird und wie es geschieht.

Wie ein Ungleichgewicht die Kommunikation beeinflußt

Beziehungen, die vom Paradox befallen werden, haben ein gemeinsames Problem: Ein Partner braucht die Beziehung mehr und mehr, während der andere sie weniger und weniger braucht. Aber das bedeutet nicht, daß alle ungleichgewichtigen Paare die gleichen Arten fehlerhafter Kommunikation miteinander teilen. In meiner Praxis lassen sich die meisten Kommunikationsprobleme in drei Kategorien einordnen. Wenn Sie gegenwärtig Kommunikationsprobleme mit Ihrem Partner haben (und die hat jeder von Zeit zu Zeit), ist es ungeheuer wichtig für Sie, daß Sie entdecken, welche Kategorie zu Ihnen paßt.

Die Mauer des Schweigens

Ein Ungleichgewicht brachte Peg und Bill zum Schweigen. Peg schämte sich sehr wegen der lieblosen Gefühle, die sie für Bill entwickelt hatte. Ein Großteil ihrer emotionalen Energie wurde darauf verschwendet, diese Gefühle abzubauen – sowohl bei ihr selbst als auch bei Bill. Es blieb Peg zuwenig, um in ihr den Wunsch zu wecken, mit ihrem Mann, der in Schwierigkeiten steckte, zu reden.

Bills Schweigen war viel komplexer. Für ihn war das Schweigen – wie für viele Unterlegene – ein Weg, um zu verdecken, wie tief sein Verlangen und sein Schmerz war. Männer neigen besonders dazu, still zu leiden, statt ihre Verletzlichkeit einzugestehen (sowohl sich selbst als auch anderen gegenüber). Für sie ist es noch viel schlimmer, »Schwäche« zu zeigen, als einsam zu leiden. Aber für Bill war Schweigen die falsche Kraftquelle.

Manche Unterlegene schweigen, weil sie instinktiv versuchen, die Dynamismen der paradoxen Leidenschaft zu verwenden. Indem sie sich distanziert *verhalten*, hoffen sie, den Überlegenen anzuziehen – genauso wie die Distanziertheit des Überlegenen sie geködert hat.

Andere Unterlegene verbieten sich deshalb den Mund, weil sie Angst haben, abgewiesen zu werden. Sie wollen nichts gefährden und den Überlegenen nicht gegen sich aufbringen. Viele Partner – und das kann auch Überlegene wie Peg einschließen – hassen Konflikt und Konfrontation. Sie vertreten die Einstellung »Frieden um jeden Preis«.

Schweigen kann auch als Strafe benutzt werden. Verärgerte Unterlegene können aus Rache jede Kommunikation verweigern – und damit auch jede Zuneigung und Zärtlichkeit. Unterlegene wissen, welch eine Strafe es ist, sich ungeliebt zu fühlen, deshalb nehmen sie so eine Art »Überlegenenstandpunkt« ein, was natürlich auch Distanziertheit und unkommunikatives Verhalten einschließt.

Die »Mauer des Schweigens« ist typisch für eine bestimmte Art des Ungleichgewichts. Der Überlegene ist sehr ambivalent und hat Schuldgefühle, weil er dem Unterlegenen gegenüber so negative Empfindungen hegt. Der Unterlegene hingegen neigt, wie Bill, zu einem verärgerten, strafenden Rückzug. Peg sagte das, was ich bei solchen Gelegenheiten schon oft von Partnern wie diesen gehört habe: »Ich war hilflos. Ich wußte nicht, wie ich mit der Situation umgehen sollte, ohne sie zu verschlimmern.«

Paare, die nicht miteinander sprechen, neigen zu gelegentlichen, aber beängstigend intensiven Ausbrüchen. Oft werden sie Opfer von extremen, aber ihrem Unglück indirekt Ausdruck gebenden Formen des Handelns wie Alkoholismus, Arbeitssucht und Untreue.

Schlechte Kommunikatoren

Ein Ungleichgewicht verwandelte Beth und Miles in schlechte Kommunikatoren. Beth erinnerte sich:

> »Wir hörten nie auf, miteinander zu reden. Aber unsere Gespräche bestanden die ganze Zeit über eher aus gegenseitigen Vorwürfen. Ich beklagte mich, und er griff mich an. Oder er beklagte sich, und ich verteidigte mich. Und alle paar Tage wuchsen sich die Streitereien zu einem handfesten Krach aus. Dann regten wir uns eine Weile ab, bis das Ganze von vorne anfing.«

Nicht alle Unterlegenen sind bescheidene Veilchen. Beth zum Beispiel sagte gewöhnlich, was sie dachte. Aber da sie eine Unterlegene war, gefiel ihr das, was sie sagte, oft nicht.

»Ich glaube, da gingen zwei Dinge vor. Zum ersten war

mein Stolz verletzt, als Miles sich zurückzog. Ich fühlte mich von ihm überhaupt nicht anerkannt. Das ließ mich ein wenig ... streitlustig reagieren. Vielleicht kompensierte ich so mein Gefühl der Machtlosigkeit. Und zweitens wollte ich Miles verletzen. Er konnte mich so leicht verletzen, schien aber selbst unverwundbar zu sein. Ich konnte ihn wütend machen, aber ihm anscheinend nicht weh tun. Ich glaube, das schrie nach Rache ...«

Auch Miles war sehr frustriert und verärgert. Und auch er war, wie Beth, offen und wortgewaltig. Sein Problem bestand nicht darin, daß er seine Wut herunterschluckte.

»Ich ging dauernd wegen Kleinigkeiten in die Luft. Eine Lampe, die angelassen worden war, konnte mich aufbringen. Ich fühlte mich, als ob Beth mich ausreizen wollte. Ich verlor die Kontrolle und sagte ihr ein paar richtig gemeine, sehr persönliche Sachen. Im Grunde stand ich ihr kritisch gegenüber. Ich wollte, daß sie anders war, damit der Alptraum zu dem unser Leben geworden war, ein Ende hatte.«

Miles' Wut wuchs, weil er sich nur mit den Symptomen, nicht mit den Ursachen befaßte. Er wollte Beth mit seinen spitzen Anspielungen provozieren, damit sie sich nach der Methode »Warum kannst du nicht einmal ...« änderte. Aber solche Lösungen blockieren jede Kommunikation, fördern das Ungleichgewicht und bringen nicht die ersehnten Resultate.

Es überrascht daher keineswegs, daß schlechte Kommunikatoren das Ungleichgewicht, das zwischen ihnen herrscht, noch vergrößern. Der Ärger und die Forderungen der Unterlegenen machen den Überlegenen böse und überkritisch. Seine Wut und seine Kritik wecken im Unterlegenen das Gefühl, weniger geliebt, weniger akzeptiert und machtloser zu sein – was noch mehr Ärger und Forderungen auslöst.

Der eine redet, der andere nicht

Bei der dritten Kategorie verfällt ein Partner zunehmend in Schweigen, während der andere zuviel redet. Paul redete »für zwei«, als Laura sich mehr mit ihrem großen Fall (und mit Nick) befaßte als mit ihm.

»Laura fing an, zerstreut zu werden. Ich erstellte Listen von dem, was ich ihr sagen wollte, ehe ich mich mit ihr traf. Nichts schien sie zu interessieren. Als ich am ängstlichsten war, wollte ich über ›uns‹ sprechen, hauptsächlich, um mich zu versichern, daß sie mich noch liebte. Aber das schien sie am meisten zu langweilen. Sie fing dann immer an, über unpersönliche Dinge wie Gerichtsfälle zu sprechen. Manchmal wurde sie nervös und gebrauchte irgendeine Entschuldigung, damit sie gehen konnte.«

Ganz klar – Paul reagierte mit übermäßiger Werbung auf Lauras wachsende emotionale Distanziertheit. Seine Versuche, eine »offenere« Kommunikation herzustellen, beinhalteten die unterschwellige Forderung, daß Laura liebevoller und freundlicher sein sollte. Genau nach den Dynamismen des Paradoxons spürte Laura den Druck, zog sich noch weiter zurück und fühlte sich schuldig, weil sie Pauls Versuche, mit ihr zu reden, abwürgte.

Doch gewöhnlich ist es die Frau, die darüber redet, während der Mann schweigt. Auch ein anderes Paar, das bei mir eine Therapie machte, verfiel in dieses Verhaltensmuster. Ron, ein Automechaniker, wahrte emotionale Distanz, und seine Kommunikation bestand hauptsächlich aus ironischen Anmerkungen. Seine Frau Marie, eine Friseuse, war eine lebenslustige, gefühlsbetonte Frau – vom Temperament her das genaue Gegenteil von ihm. Er war der Überlegene, der »Szenen« haßte und bei ihren Streitigkeiten oft einfach ging, um lange Autofahrten zu unternehmen oder in seine Autowerkstatt zu gehen. Sie war die Unterlegene, die ihn anfauchte, weil er so wenig Wert auf die Beziehung legte. Ihre Angst wurde noch durch die Tatsache verstärkt, daß Ron »großartig« aussah.

Dieses Verhaltensmuster ist oft schwer aufzubrechen, weil es in der geschlechtsspezifischen Rollenprägung und in dem Persönlichkeitsstil der Partner wurzelt – das werde ich in den folgenden Kapiteln beschreiben. Doch wenn Paare sogar bei solchen Schwierigkeiten anfangen, neue Mittel zur Kommunikation zu benutzen, können gleich einschneidende Veränderungen eintreten.

Es fällt schwer, über paradoxe Leidenschaft zu reden

Es fällt deshalb so schwer, über paradoxe Leidenschaft zu reden, weil man der Unausgeglichenheit in der Beziehung ins Gesicht sehen muß. Das bedeutet, daß der Überlegene seine Zweifel eingesteht und daß der Unterlegene damit umgehen muß. Es bedeutet auch, daß der Unterlegene seine größere Bedürftigkeit zugibt und daß der Überlegene wiederum damit umgehen muß. Beide Partner müssen ihre am peinlichsten gehüteten Ängste ergründen und preisgeben.

Ich gebe niemandem den Rat, eine solche Unterhaltung zu versuchen, ohne sich vorher überlegt zu haben, *wie* man über diese wichtigen Themen spricht. Ja, es ist sehr schwer, sich der größeren Verletzbarkeit oder Macht innerhalb einer Beziehung zu stellen. Es ist aber auch notwendig. Aber es muß nicht in Folter ausarten. Wenn das nämlich so ist, dann ist die Kommunikationsmethode falsch.

Man fürchtet sich so sehr, die »nackte Wahrheit« über seine Gefühle zu enthüllen, daß man sehr schlau vorgeht, um das zu vermeiden. Für die meisten Überlegenen ist das eine Sache des Anstands. Sie wollen den Unterlegenen nicht niederwerfen, indem sie ihm/ihr sagen, daß sie nicht mehr in ihn/sie verliebt sind. Deshalb behaupten sie, daß bei ihnen etwas nicht stimmt (d. h., sie betreiben Selbstpathologisierung) oder geben beruflichen Streß oder anderen Faktoren die Schuld an ihrer Zerstreutheit. Diese Pseudothemen stehen oft im Mittelpunkt der Unterhaltungen zwischen den Partnern *und* im Mittelpunkt der traditionellen Paartherapie.

Unterlegene sind stolz. Manche werden sich, wie Bill, verhalten wie Überlegene, um keine Verwundbarkeit zu zeigen. Andere werden den Charaktermängeln der Überlegenen – gewöhnlich ist es die »Angst vor Nähe« oder Bindungsangst – die Schuld für die Beziehungskrise geben.

Durch diese Schuldzuweisungstechniken fühlen sich die Partner geschützt. Während sie aber ihr Ego kurzfristig in Sicherheit wiegen, gefährden sie langfristig die Beziehung, weil das Kernproblem nicht angesprochen wird.

Doch wenn Sie die schmerzliche Wahrheit in der richtigen Art aussprechen, werden Ihr Partner und Sie sich besser, nicht schlechter, fühlen.

Kommunikation ohne Schuldzuweisung

Nachdem ich mit Hunderten von Paaren gearbeitet habe, habe ich eine Kommunikationsmethode gefunden, die den Schmerz möglichst gering hält, das Paar in der Anstrengung vereint, ihre gestreßte Beziehung auszubalancieren, und die die Nähe fördert. Sie ändert sowohl die Denk- als auch die Redeweise der Partner, und es hilft ihnen, zu den Ursachen, die ihren Problemen zugrunde liegen, vorzustoßen.

Ich nenne diese Methode *Kommunikation ohne Schuldzuweisung.* Ihr Ziel ist, die Partner davon abzubringen, Redeschlachten gegeneinander zu führen, bei denen keiner gewinnt, und ihre Aufmerksamkeit auf problematische Beziehungsdynamismen zu lenken. Sie besteht aus mehreren Grundstrategien. Wenn Sie diese Strategien benutzen, können Sie Ihre Beziehung wirklich wieder ins Gleichgewicht bringen. Sogar dann, wenn nur ein Partner die Kommunikation ohne Schuldzuweisung benutzt, kann der Erfolg riesig sein.

Das Erlernen der Kommunikation ohne Schuldzuweisung ähnelt ein wenig dem Erlernen einer Fremdsprache – es erfordert Mühe und Übung. Ich wäre dafür, daß Sie die folgenden Abschnitte sorgfältig lesen und die Übungen dazu machen. Bitte, machen Sie das auch, wenn Ihre Beziehung sich nicht in einer Krise befindet, denn es wird Ihnen dabei helfen, ausgewogen zu bleiben.

Strategie 1: Überarbeiten Sie Ihre Anklageschrift

Wir haben alle schon einmal die Erfahrung gemacht, daß wir versucht haben, mit unserem Partner eine ruhige, zivilisierte Unterhaltung über die Dinge in der Beziehung, die uns unglücklich machten, zu führen. Oft wird eine solche Unterhaltung zu einem mündlichen Krieg, dem eisiges Schweigen folgt. Es ist schwer, während dieser Gespräche ruhig und objektiv zu bleiben, weil sie entweder offen oder unterschwellig auf Anklagen aufgebaut sind. Bald wollen die beiden Partner nur noch ihre Positionen verteidigen und dem anderen beweisen, wie falsch er/sie liegt.

In einer der ersten Sitzungen bat ich Miles und Beth, über eine Episode zu sprechen, die typisch für den Rückfall war, den sie erlebten, kurz nachdem Miles wieder zu Hause eingezogen war. Sie sagten das, was nun folgt, wobei ich zu den anklagenden, schuldzuweisenden Bemerkungen, die sie sich ins Gesicht warfen, Anmerkungen machte:

Feststellung	*Versteckte Anklage*
Beth: Ich glaube, gestern abend ist ein gutes Beispiel. Du kamst zwei Stunden zu spät nach Hause und hast nicht angerufen. Und das beweist nun wirklich, daß du mehr an das Restaurant und daran, ein toller Hecht zu sein, denkst als an mich und Chloe.	Du bist egozentrisch und gedankenlos und denkst nur an dich.
Miles: Ich habe dir doch gesagt, daß der Schlauch von der Spülmaschine kaputt war. Was sollte ich denn tun? Das Wasser die ganze Küche überschwemmen lassen, während ich zum Telefon renne und meine Frau anrufe, damit die nicht tobt, wenn ich	Du bist besitzergreifend, zänkisch und mißtrauisch und findest bei allem, was ich tue, einen Fehler.

heimkomme? Weißt du, warum ich nicht angerufen habe? Weil es schon so spät war, als ich endlich Zeit dafür hatte, daß ich wußte, du würdest mich sowieso fertigmachen.

Beth: Na, jetzt wird's Tag. Ich liebe diese Entschuldigungen, die dich gut aussehen lassen und mir die Schuld zuschieben. Aber in Wahrheit weißt du ganz genau, wie ich diese Warterei hasse, und du weißt auch, daß deine Begründung ziemlich schwach ist. Ich möchte nur, daß du mich so behandelst, wie ich es dir wert bin.

Du benutzt auch alles, um den Kopf aus der Schlinge zu ziehen. Es würde mich nicht überraschen, wenn du eine neue Freundin hättest.

Miles: Wenn du aufhören würdest, dich wie eine Paranoide zu benehmen, würde alles verdammt viel einfacher sein.

Du bist unglaublich unsicher.

Schauen Sie sich doch einmal an, wie schnell und leicht diese »Unterhaltung« zu einem Streit wurde und wie unnütz dieser Streit zu sein scheint. Es ist eine Tatsache, daß eine Person, die sich verletzt oder bedroht fühlt, viel eher dazu neigt – und sich dabei auch wohl fühlt –, Sprache dazu zu nutzen, um zu verletzen statt um etwas zu kitten. Selbst der »normalste« Streit ist demoralisierend, denn er sieht wie der Beweis der Fehler in der Beziehung aus.

Jetzt wollen wir lernen, wie man die »Anklageschrift« umschreibt.

Gezielte Anklagen und andere verletzende Taktiken

Unser Verlangen nach Selbstverteidigung und Selbstrechtfertigung richtet Sprachbarrieren zwischen uns auf. So werden wir im

Geiste zu »Anklägern« und kämpfen unfair. Wir können diese Sprachbarrieren niederreißen, wenn wir sensibel dafür werden, wann wir andere verletzen.

Setzen Sie sich nach einem Streit mit Ihrem Partner hin und schreiben Sie das Gespräch auf. Versuchen Sie den Streit so genau wie möglich wiederzugeben. Dann markieren Sie die Stellen, die eine Anschuldigung – offen oder verdeckt – enthalten. Beth und Miles waren entsetzt, als sie sahen, daß jede Feststellung, die sie während ihrer Auseinandersetzung gemacht hatten, eine Anklage enthielt. Das sind übrigens die meisten Leute.

Untersuchen Sie Ihre Aufzeichnung dahingehend, ob die paradoxe Leidenschaft in Ihrem Streit mitspielt. Sie erkennen das an der Art der Anschuldigungen. Das verbale Arsenal des Unterlegenen enthält Adjektive wie »selbstsüchtig«, »gedankenlos«, »lieblos« und »gleichgültig«, Schimpfworte wie »du Schuft«, und Beschuldigungen wie »du bist unfähig zu einer emotionalen Bindung«. Aufgrund ihrer Schuldgefühle können die Überlegenen bei der Namensgebung etwas weniger freizügig sein. Aber unter ihren Spitzen finden sich »besitzergreifend«, »fordernd«, »streitsüchtig«, »eifersüchtig«, »abhängig«, »klammernd« und die Phrase »warum kannst du nicht mehr . . .«.

Als nächstes sollten Sie sich einmal anschauen, auf welche Arten Sie und Ihr Partner versuchen, einander »dranzukriegen«, oder wie Sie versuchen, richtige Kommunikation zu vermeiden. Es folgen jetzt ein paar verletzende Taktiken, die sowohl Unter- als auch Überlegene oft während Perioden mit schlechter Kommunikation benutzen.

- Man verpaßt seinem Partner die »Schweigekur«.
- Man spielt Therapeut, indem man so tut, als wollte man ihm/ihr helfen und auf etwas Krankhaftes bei ihm/ihr hinweist (z. B.: Deine Eltern sind schuld, daß du so verdreht bist).
- »Verallgemeinern«: Man klagt den Partner an, sich »immer« falsch zu verhalten, obwohl man weiß, daß er/sie es nur manchmal tut.
- Schuldgefühle erzeugen (»Du liebst deine Arbeit mehr als mich«).
- An den »wunden Punkten« des Partners drehen (z. B.: alte

Wunden wieder aufreißen, von denen man weiß, daß sie weh tun).

- Sich beleidigt *benehmen,* aber lächeln und sagen »alles in Ordnung«, wenn der Partner fragt, was nicht stimmt.
- Das Selbstvertrauen des Partners mit Kritik untergraben.

Natürlich benutzt zuweilen jeder diese Taktiken. Es handelt sich um instinktive Schutzmaßnahmen des Egos, und sie geben uns das Gefühl, weniger verwundbar zu sein. Aber je vertrauter Sie mit diesen verletzenden Taktiken werden, desto geschickter werden Sie sie erkennen und einschätzen können.

Entschärfen

Entschärfen ist leicht zu lernen, schwer durchzuhalten, aber äußerst wirkungsvoll. Wenn Ihre Wut sich steigert, sollten Sie das tun, was der Therapeut und Autor Dan Wile einen allgemeinen Überblick Ihrer verletzenden Impulse nennt.

Nehmen wir doch einmal Beth' erste Feststellung in ihrem Streit mit Miles. Sie beschuldigte Miles, weil er nicht angerufen hatte, daß er später heimkommen würde, und weil er sich mehr um sein Restaurant kümmern würde als um sie und Chloe. Als sie seine »schwache Begründung« hervorhob, implizierte sie, daß er wieder eine Affäre haben könnte. Da ihm all diese versteckten und offenen Anschuldigungen in dem Augenblick entgegengeschleudert wurden, als er zur Tür hereinkam, bestand Miles' natürliche Reaktion in einem Gegenangriff.

Wenn Beth sich über all ihre Impulse informiert hätte, hätte sie etwa folgendes sagen können:

> »Ich muß dir sagen, Miles, ich empfinde es als ziemlich schlimm, daß du so spät heimkommst und nicht angerufen hast. Und da ich nicht möchte, daß das schon wieder anfängt, glaube ich, daß wir miteinander reden müssen.«

Erkennen Sie den Unterschied? Sie klagt ihn nicht an. Sie sagte, daß sie es als schlimm *empfand.* Indem sie sich einen Überblick verschaffte, stellte sich Beth immer noch dem Problem, aber auf eine weniger provokante Art, was wahrscheinlich zu einem konstruktiven Gespräch führt.

Und Miles hätte mit seinem eigenen abgehobenen Statement reagieren können:

»Ich hatte Angst, daß du wütend auf mich werden würdest, weil ich zu spät komme, daß ich mich richtig auf einen Streit eingestellt habe. Aber du hast recht. Wir müssen darüber reden.«

Solche Statements können einen drohenden Streit entschärfen, indem sie einen verbalen Puffer zwischen den Impuls, sich streiten oder verletzen zu wollen, und dem, über was in Wirklichkeit gestritten wird, setzen. Und das eröffnet die Möglichkeit zu einer Kommunikation, die bereinigt.

Manchmal fällt es schwer, sich zurückzunehmen, wenn man ärgerlich ist. Wenn das für Sie ein Problem darstellt, sollten Sie diese Statements formulieren und auswendig lernen, wenn Sie ruhig sind. Eine gute Methode ist, die oben genannte Liste verletzender Taktiken noch einmal durchzugehen und zu versuchen, sie mit solchen Statements wie den folgenden zu entschärfen:

- Ich würde dich gerne mit Schweigen strafen.
- Ich habe das Gefühl, dir sehr kritisch gegenüberzustehen.
- Ich bin so ärgerlich, daß ich am liebsten versuchen würde, deine ganzen wunden Punkte auszugraben.

Dann sollten Sie Ihr Statement mit dem Vorschlag ». . . ich glaube, wir sollten darüber reden« beschließen.

Natürlich können auch diese Statements nicht immer einen Streit abwenden. Darum ist es wichtig, daß Sie die Kunst lernen, Konflikte zu akzeptieren und sich davon zu erholen.

Akzeptanz und Erholung

Unser Ziel besteht darin, wirkungsvolle Methoden, seine Wut auszudrücken und sich dem Problem zu stellen, zu lernen. Aber es ist fast unmöglich, ein ruhiges, produktives Gespräch mit seinem Partner zu führen, wenn man vor Wut aus allen Nähten platzt. Wut muß – wie der Dampf in einem Druckkochtopf –

abgelassen werden. Wenn die Wut einen bestimmten Punkt erreicht hat, dann denken Sie nicht daran, »an der Beziehung zu arbeiten«, und Sie erinnern sich auch nicht an die Kommunikationstechniken eines Therapeuten. Die Wut ist *da* und will heraus.

Paradoxerweise sind Partner, die Wut und Streitigkeiten als normal akzeptieren, eher in der Lage, sich davon zu erholen. Sie geben ihrer Wut Ausdruck, und damit ist alles gut. Danach sind sie dann bereit, sich mit den Problemen zu befassen, die die Wut verursacht haben. Wenn Sie wissen, wie man mit Wutausbrüchen umgeht, können diese den Grund für ein heilsames Gespräch bilden.

Wenn Sie sich schon von vornherein klarmachen, daß ein Gespräch über die Beziehung zu einem Streit führen könnte, fühlen Sie sich nicht so niedergeschmettert, wenn es dann wirklich passiert. Wenn Sie sich dann wieder beruhigt haben, können Sie die abgehobenen Statements dazu benutzen, um mit der Genesungsphase anzufangen. Ein guter Anfangssatz ist: »Mir tun manche Dinge leid, die ich gesagt habe, aber ich glaube, es war gut, daß wir uns manche Sachen von der Seele geredet haben. Jetzt wollen wir an dem arbeiten, was zwischen uns vorgeht.«

Strategie 2: Reden Sie über Problemmuster

Beziehungen mit Problemen zeichnen sich durch verletzendes Verhalten und schlechte Kommunikation aus. Ein Hauptpunkt meiner Therapie besteht darin, die Aufmerksamkeit eines Paares auf verletzende Verhaltensmuster zu lenken und sie dadurch zu ermutigen, all ihre »Probleme« als Verhaltensmuster zu diskutieren.

Wenn Sie anfangen, Ihre Verhaltensmuster zu ergründen, sollten Sie sich daran erinnern, daß Sie in der Hauptsache danach streben, *solche in Worte zu kleiden, die keine Beschuldigung enthalten. Sie sollten erkennen, daß Sie beide sich so verhalten.* Es hilft gelegentlich beim Diskutieren von Problemen, wenn man das Wort Verhaltensmuster benutzt, und es helfen auch solche Sätze wie:

»Wir scheinen in einem Teufelskreis zu stecken.«

»Wir scheinen uns nicht mehr zu verstehen.«

»In unserem Verhalten zueinander scheint es einen ›Anziehungs- und Abstoßungseffekt‹ zu geben.«

Die Grundstruktur dieser Art von Kommunikation ohne Schuldzuweisung lautet: »Wir sind anscheinend in ein Verhaltensmuster verfallen, das bei dir eine verständliche Reaktion auslöst, die bei mir wiederum eine verständliche Reaktion auslöst, die bei dir wiederum ...«

Wenn die Partner ein Verhaltensmuster, in dem sie sich befinden, isolieren und objektivieren können, sind sie in der Lage, dessen Macht zu erkennen. Dann können sie auch erkennen, warum es Zeitverschwendung ist, dem anderen die Schuld zu geben. Diese Erkenntnis hilft den Partnern, gemeinsam gegen ihre eingefahrenen zwischenmenschlichen Geleise anzugehen.

Bestimmte Verhaltensmuster isolieren

Wenn man über Beziehungsprobleme spricht, ist es leicht, sich an Einzelheiten »aufzuhängen«. Man spricht über bestimmte Mißstände und die Art und Weise, wie man einander behandelt, aber man geht nicht auf das grundlegende Verhaltensmuster ein.

Als Miles und Beth zum Beispiel zu mir kamen, wußten sie nicht, wer richtig und wer falsch lag. Sie hatten ihre Streitigkeiten aufgegliedert, und beide fühlten sich in der Beziehung ungerecht behandelt und als Opfer. Sie hängten sich an *Einzelheiten* auf.

Wir suchten nach ihrem Verhaltensmuster, indem wir zuerst ihre Streitigkeiten so definierten, daß sie auf verständlichen Reaktionen basierten. Als nächstes stellten wir die Ursachen für ihre individuellen Reaktionen fest. Dann waren wir in der Lage, die äußeren Schichten ihres Konfliktmusters zu entfernen, um eine grundlegende Dynamik zu erkennen: Wenn Miles auf Distanz ging, machte das Beth wütend, und ihre Wut ließ Miles noch distanzierter und aufgebrachter reagieren, und so weiter ...

Wenn Sie nach Ihren Verhaltensmustern suchen, sollten Sie sich nicht durch eine Debatte darüber, welcher Partner nun damit »angefangen« hat, ablenken lassen. Es ist gewöhnlich unmöglich und endet in Schuldzuweisungen.

Wenn Sie erst einmal Ihren Problemen auf den Grund gegangen sind, können Sie Ihren ersten direkten Angriff auf die paradoxe Leidenschaft starten.

Wenn Sie über Ihre Verhaltensmuster sprechen

Nach seiner Versöhnung mit Laura hatte Paul ein schwieriges Treffen mit Daphne. Er sagte ihr, daß ihn seine Gefühle Laura gegenüber immer noch verwirrten und daß er eine Lösung suchen müßte. Kurz nachdem er mit Daphne Schluß gemacht hatte, stiegen Lauras alte Zweifel wieder an die Oberfläche – und damit ihre ausweichende Art. Paul spürte, daß er wieder die Kontrolle verlor – obwohl er doch geglaubt hatte, er hätte so viel gelernt. Das Paradox hatte seine ursprüngliche Position in ihrer Beziehung wieder eingenommen, weil weder Paul noch Laura sich wirklich verändert hatten.

In einer gemeinsamen Therapiesitzung bat ich Paul, seine Unsicherheit Laura gegenüber als Verhaltensproblem zu beschreiben. Er dachte einen Augenblick darüber nach und wandte sich dann an sie:

> »Es ist ziemlich klar, daß wir wieder in unser altes Verhaltensmuster verfallen sind. Ich will etwas verkaufen, und du willst es nicht kaufen. Ich bin immer derjenige, der Pläne macht und mit dir zusammensein will, und ich habe immer das Gefühl, du weichst mir aus. Ich fühle mich wie ein Versicherungsvertreter. Ich glaube, wir sollten uns zurücknehmen und uns genau anschauen, warum dieses Verhaltensmuster entstanden ist, und wir sollten darüber reden, wie wir es ändern können.«

Laura wußte sofort, worüber er sprach, und stimmte ihm zu.

Was fehlende Schuldzuweisungen bei Unterlegenen bewirken

Der Unterlegene, der in emotional befrachteten Diskussionen zwischenmenschliche Begriffe verwendet, gewinnt sofort an Einfluß. Diese Begriffe geben ihm die Kontrolle, weil sie Abstand zwischen den Impulsen und dem Verhalten eines Unterlegenen schaffen. Sie verringern auch die Schuldgefühle des Überlegenen bezüglich seiner/ihrer Distanziertheit, was ihr/ihm ermöglicht, sich weniger überlegen zu fühlen. Und Kommunikation ohne Schuldzuweisung bedeutet im Grunde, daß der Unterlegene die Verantwortung für seinen/ihren Anteil am Ungleichgewicht übernimmt – und das verleiht ihm/ihr auch Stärke. Schließlich vermittelt die gemeinsame Arbeit an den Problemmustern dem Unterlegenen ein konkretes Ziel, nämlich, die Methoden zu ändern, wie er/sie sich gegenüber dem Überlegenen verhält.

Was fehlende Schuldzuweisungen bei Überlegenen bewirken

Der Überlegene, der in Gesprächen zwischenmenschliche Begriffe verwendet, wird endlich in der Lage sein, über seine Distanziertheit zu sprechen, ohne sich zu fühlen wie Iwan der Schreckliche. Nachdem Beth ihr Schlüsselmuster beschrieben hatte, war Miles in der Lage, das sensible Thema seines späten Nachhausekommens anzuschneiden, ohne einen Streit zu verursachen.

> »Beth, es scheint so, als ob das Ganze anfängt, wenn ich mich im Restaurant verspäte. Du regst dich auf, was ich verstehen kann. Dann fange ich an, noch langsamer zu arbeiten, weil ich mich dir nicht stellen möchte. Du wirst noch wütender. Ich will nicht anrufen. Und dann streiten wir uns unter Garantie. Das ist der Zeitpunkt, an dem ich mich wirklich zurückziehen will. Aber wir müssen ausdiskutieren, wie wir dieses Verhaltensmuster brechen können.«

Miles war fähig, ein paar der Verhaltensweisen des Überlegenen auszudrücken und zu erklären, ohne sich oder Beth die Schuld dafür zu geben. Als er Beth dazu einlud, ihm bei der Korrektur dieser Verhaltensmuster zu helfen, nahm er den Druck weg. Jetzt würde Beth bei der Arbeit an der Beziehung seine Partnerin sein.

Strategie 3: Lassen Sie die Liebe aus dem Spiel

Das ist einer der unorthodoxesten Aspekte meiner Therapie: Ich bitte Paare, das Thema Liebe zurückzustellen, wenn sie über ihre Probleme sprechen. Es erschwert das Gespräch über Beziehungsprobleme, wenn man über Liebe spricht. Miles beschrieb, wie sehr er sich in die Ecke gedrängt fühlte, wenn Beth das Thema Liebe ins Spiel brachte:

> »Als wir anfingen, Probleme miteinander zu haben, haben wir ein paarmal versucht, darüber zu sprechen. Ich erinnere mich daran, daß Beth mich fragte: ›Warum verhältst du dich so? Liebst du mich nicht mehr?‹ Und das brachte mich abrupt zum Schweigen. Ich entgegnete gewöhnlich: ›Natürlich tue ich das‹ und schob alles auf den Druck, den meine Geldgeber auf mich ausübten. Und ich fragte mich, *was*, zum Teufel, mit mir los war.«

Beth' Frage übte auf Miles den größtmöglichen Druck aus. Er hatte die Möglichkeit zu lügen, auszuweichen oder die schmerzliche Wahrheit zu sagen – wobei er sich nicht sicher war, ob er das wirklich empfand. Die Mehrheit der Überlegenen sind – wie Miles – wirklich ambivalent: Sie wissen nicht genau, was sie eigentlich für ihre Partner empfinden.

Das Problem mit der Liebe

Überlegene denken so: »Ich empfinde weniger Liebe für meinen Partner, darum möchte ich mehr Distanz.« Diese »Logik« beinhaltet, daß der Überlegene der Tatsache, daß er nicht mehr verliebt ist, die Schuld für sein Bedürfnis, sich zurückzuziehen, gibt. Ein solches Denken ist gefährlich, denn es macht die mangelnde Verliebtheit des Überlegenen zum Hauptproblem.

Ich bestärke Überlegene darin, genau andersherum zu denken: »In dieser Beziehung läuft etwas ab, was mich dazu bringt, mehr auf Distanz zu gehen und weniger Liebe zu empfinden.« Das interpretiert den »Verlust« der Liebe als ein *Symptom* der Beziehungsdynamik. Es bringt auch neue Hoffnung ins Spiel, weil Probleme *beseitigt* werden können, und sie können auf eine Art und Weise verändert werden, die die Liebe neu belebt.

Wenn Paare aufhören, sich darüber zu sorgen, wie sehr oder wie wenig ihr Partner sie liebt, können sie wirkungsvoller über ihre verletzenden Verhaltensmuster sprechen. Der Maßstab sollte sein, wie gut sie miteinander klarkommen, und nicht, bis zu welchem Grad sie Liebe füreinander empfinden.

Strategie 4:
Teilen Sie negative Gefühle miteinander

Selbst in den besten Beziehungen erleben die Partner zuweilen negative Gefühle – Eifersucht, Niedergeschlagenheit, Schuldgefühle, Angst, Wut. In unausgeglichenen Beziehungen können diese Gefühle vorherrschend sein.

Wenn ein negatives Gefühl anhält, fragt man sich oft, ob man nur überreagiert oder ob ein »echtes« Problem dahintersteckt. Oft sind manche Menschen geradezu besessen vom Wert ihrer negativen Gefühle und tun überhaupt nichts dagegen. Und das sabotiert jede gute Kommunikation.

Bitte »hängen« Sie sich nicht daran auf, ob Ihre negativen Gefühle nun angemessen oder ungewöhnlich sind. Statt dessen sollten Sie sie zu 50 Prozent als realistisch und zu 50 Prozent als wertlos ansehen. Wenn Sie diese Regel anwenden, können Sie sich sagen: »Sicher, ich habe eine Überreaktion, aber zwischen meinem Partner und mir geht etwas vor, das diese Gefühle erzeugt.« Wenn ich eins in meiner Praxis gelernt habe, dann ist es das: *Jedes Gefühl tritt aus einem bestimmten Grund auf.*

Negative Gefühle, die zu verletzendem Verhalten führen

Bei einer Einzelsitzung erzählte Paul:

> »Ich bin schon wieder eifersüchtig, obwohl ich ganz sicher weiß, daß Laura im Augenblick keine Affäre hat. Also glaube ich, daß es an mir liegt, und versuche, nicht daran zu denken. Aber ich werde dieses Gefühl einfach nicht los.«

Es ist nicht leicht, über negative Gefühle wie Eifersucht zu sprechen. Wenn man dieses Thema anschneidet, fällt es schwer, nicht anklagend oder übermäßig empfindlich zu klingen. Und oft ist man wie Paul ziemlich sicher, daß außerhalb der Beziehung »nichts läuft«, aber das Gefühl hält an.

Ich fragte Paul, wann er wieder anfing eifersüchtig zu sein:

> »Das erste Mal merkte ich es ein paar Wochen nach unserer Versöhnung. Ich blieb vor ihrem Büro stehen, um hallo zu sagen, und sie war nicht da. Statt zu denken: Oh, sie ist nicht hier, dachte ich: Oh, mit wem ist sie zusammen? Später erfuhr ich, daß sie in einer Besprechung war, und ich wollte ganz genau wissen, wer da war ...«

Da Paul Laura nun wirklich nicht verdächtigte, eine Affäre zu haben, schlug ich ihm vor, daß wir nach den Gründen für diese hartnäckige Eifersucht suchen sollten. Sie war ein sehr wichtiges Indiz: Sie war das erste Zeichen dafür, daß ein unausgeglichenes Beziehungsmuster wieder in ihre Partnerschaft zurückgekehrt war.

Negative Gefühle sind Barometer für feine Veränderungen in Beziehungen. Können Sie solche Gefühle mit bestimmten Arten der Kommunikation zwischen Ihnen und Ihrem Partner in Verbindung bringen? Erkennen Sie ein bestimmtes Muster? Erinnern Sie sich daran, daß wir nicht nach Schuldigen suchen. Wir suchen nur nach den Dynamismen, die die Kommunikation vergiften.

Ich fragte Paul, ob seine Eifersucht auf eine schädigende Eigenheit in seiner Beziehung hinwies. Er sagte: »Genaugenommen hat es wahrscheinlich damit zu tun, daß ich nicht sicher bin, ob ich Laura halten kann.« Wenn Sie erst einmal begriffen haben, was Ihre Gefühle auslöst, dann können Sie Ihre Erkenntnis in Kommunikation umwandeln.

Geben Sie negativen Gefühlen den Platz, der ihnen zukommt. Es gibt einen Weg, mit dem Sie Ihre stärksten negativen Gefühle mitteilen können, ohne sich selbst oder Ihrem Partner die Schuld in die Schuhe zu schieben. Man muß diese Gefühle als *Symptome für problematische Verhaltensmuster ansehen.* Zum Beispiel können Sie mit einer abgehobenen allgemeinen Feststellung anfangen wie: »In letzter Zeit empfinde ich (Eifersucht, Schuldgefühle, Niedergeschlagenheit, Angst, Wut, Kritik) . . .« Darauf sollte dann folgen: »Und ich glaube, wir machen immer wieder . . . Was meinst du dazu?«

Wenn Sie Ihre Gefühle kennen und Ihnen Ausdruck verleihen, so ist das ein wichtiger Bestandteil gesunder emotionaler Nähe. Aber in meinem System bedeutet diese Art der Kommunikation kein Ende in sich. Bedenken Sie, daß Ihre Gefühle in der Hauptsache wie ein Fenster funktionieren, durch das man die grausamen Dynamismen sehen kann, die Sie und Ihr Partner miteinander teilen.

Strategie 5: Nutzen Sie das Mitgefühl, um ein Ungleichgewicht in Nähe zu verwandeln

Partner, die mitfühlend sind, nehmen teil an dem, was ein anderer empfindet, und das verdoppelt ihre Einsicht in die Ursachen ihrer schmerzlichen Verhaltensmuster. In einer Sitzung mit Peg und Bill erklärte ich ihnen die Bedeutung des Mitgefühls. Bill arbeitete in der Therapie aufmerksam mit, und nach einem Augenblick beschloß er, Peg mitzuteilen, wie sie sich seiner Meinung nach während ihrer Ehekrise gefühlt haben mußte.

> »Ich weiß, daß dir der Erfolg deines Ladens nichts mehr wert war, als ich nicht befördert wurde. Aber ich kann verstehen, warum du so in deinem Laden aufgehst. So war ich die ganzen Jahre – all meine Energie habe ich in die Bank und meine Karriere gesteckt. Ich glaube, das war interes-

santer und lohnender als häusliche Probleme. Ich weiß auch, daß es frustrierend gewesen sein muß, mich trinkend und aufbrausend zu sehen. Und jedesmal, wenn du versucht hast, mir zu helfen, habe ich dich einfach weggestoßen. Siehst du – ich haßte die Tatsache, daß ich Hilfe brauchte.«

Peg sagte:

»Ich kann es mir noch nicht einmal vorstellen, was ich empfunden habe, als sie dir so etwas Fürchterliches antaten. Du meine Güte – ich war am Boden zerstört, als ich die Wahl zur Jahrgangssprecherin in der letzten Klasse der High-School verlor! Ich habe gesehen, wir hart du all die Jahre gearbeitet und versucht hast, das Beste für deine Familie zu tun. Ich bin mir sicher, daß ich es noch viel schwerer genommen hätte als du.«

Beziehungsprobleme bieten uns die seltene Gelegenheit, die Nähe in unseren Beziehungen zu *vertiefen.* Menschen, die ein Trauma gemeinsam erleben – egal, ob es sich um einen Schiffbruch oder eine Ehekrise handelt – und es überleben, gehen aus dieser Erfahrung mit Mitgefühl und einer stärkeren Bindung hervor. Zugegeben – es fällt Partnern in einer Krise sehr schwer, Mitleid füreinander zu empfinden. Gewöhnlich sind sie tief in einem Denken der Schuldzuweisung, das stark polarisiert, verhaftet. Manche sind verlegen, wenn ich das erste Mal vorschlage, sie sollten Mitleid miteinander haben. Aber gerade weil es so herausfordernd ist, ist es um so bedeutungsvoller, wenn es dann klappt. Mitgefühl auszudrücken ist eine Handlung grundlegender Intimität – und außerdem ist es eine Erfahrung, die das Selbstbewußtsein hebt.

Es geht los

Wenn man sich hinsetzt, um über Beziehungsprobleme zu sprechen, dann ist das ein bißchen so, als ob man in einem Zahnarztstuhl Platz nimmt. Man würde viel lieber etwas anderes tun. Es folgen jetzt ein paar Richtlinien, die meinen Patienten die Angst vor einem Gespräch genommen haben.

Der erste Schritt: Einigen Sie sich über das Gespräch.
Das ähnelt ein bißchen den Vorgesprächen zwischen den Vereinigten Staaten und der Sowjetunion darüber, ob sie die Gespräche aufnehmen sollten. Aber wenn sich Ihre Beziehung in einer Krise befindet – wenn es völlig verfahren ist und weh tut –, kann ein Vorbereitungsgespräch das Eis brechen und Ihnen beiden Zeit geben, sich auf ein weiteres Gespräch vorzubereiten. Fangen Sie damit an, daß Sie gestehen, Sie wüßten, wie schwierig diese Gespräche sind. Ein guter Anfangssatz wäre: »Ich rede nicht gern über diese Dinge, aber wir haben ein paar Probleme, und ich glaube, es wäre gut, wenn wir bald einmal darüber sprechen würden.« Dann suchen Sie einen Termin und einen Ort, der Ihnen beiden zusagt.

Der zweite Schritt: Sagen Sie schon zu Anfang, daß Sie starke Emotionen erwarten.
Sie wissen wahrscheinlich schon im voraus, wie Sie und Ihr Partner reagieren werden, wenn es an die schmutzige Wäsche geht. Wenn Sie diese Reaktionen schon zu Beginn der Unterhaltung mit einem abgehobenen Statement entschärfen, werden sie oft gar nicht so schlimm. Peg zum Beispiel sagte zu Beginn ihres Gesprächs mit Bill: »Ich glaube, wir werden uns beide sehr aufregen, wenn wir über diese Dinge sprechen. Was glaubst du?« Wenn die Partner ihre Angst vor dem Gespräch miteinander teilen können, dann sind sie durch die Angst und durch ein Ziel verbunden: ihrer kränkelnden Beziehung zu helfen.

Der dritte Schritt: Fangen Sie an über diese Verhaltensmuster zu reden (und bleiben Sie auch dabei).
Achten Sie auf Ihre Gefühle, aber sehen Sie sie als Reaktionen auf die Verhaltensmuster, die zwischen Ihnen beiden existieren (lassen Sie die Liebe aus dem Spiel!). Wenn Ihr Partner Ihnen (oder sich) die Schuld in die Schuhe schiebt, dann kritisieren Sie ihn nicht. Versuchen Sie statt dessen, das, was er sagt, neu zu formulieren, indem Sie das Problem ohne Schuldzuweisung in interaktiven Begriffen beschreiben. Manchmal ist es schwierig, dieses Verhaltensmuster spontan auszudrücken, aber machen

Sie sich keine Sorgen. Sie können es später anbringen, wenn Sie Gelegenheit hatten, darüber nachzudenken. Wenn Sie sich gegenseitig anklagen, sollten Sie daran denken, wie wichtig es ist, sich von einem Streit erholen zu können, und Sie sollten erneut abgehobene Statements benutzen, um alles wieder in den Griff zu kriegen.

Wenn Sie erst einmal mit der Kommunikation ohne Schuldzuweisung angefangen haben, können Sie mit einem erfreulichen Gefühl der Kumpanei zu Ihrem Partner rechnen. Das habe ich schon oft erlebt. Weil es kein Thema mehr ist, »wer schuld ist«, werden die positiven Energien des Paares zur Lösung des Problems freigesetzt.

Die Feinabstimmung Ihrer Kommunikation

Wir haben die Grundlagen der Kommunikation ohne Schuldzuweisung nun abgedeckt. Jetzt gebe ich Ihnen ein paar wichtige Tips, wie Sie Ihre Kommunikationsmethoden verfeinern können.

Haben Sie keine Angst davor, das »Mysterium« wegzureden.
Manche Paare haben Angst davor, daß die Romantik und das »Mysterium« in ihrer Beziehung für immer und ewig weg ist, wenn sie über die grundlegenden Probleme sprechen. In Wahrheit ersterben Romantik und das »Mysterium«, wenn die Partner sich schlecht zueinander verhalten. Wenn Sie Ihre Probleme ohne Schuldzuweisung und Anklage ergründen, werden Sie tiefes Vertrauen und starke Intimität erzeugen. Und wenn Sie schon einmal solche Gefühle erlebt haben, dann wissen Sie, wie aufregend sie sein können. Und wenn es Ihnen gelingt, Ihre schlechten Verhaltensmuster zu ändern, dann wird die Beziehung neu und frisch und, ja, sehr romantisch sein.

Wenn die Beziehung noch neu ist.
Die paradoxe Leidenschaft kann eine Beziehung zu jeder Zeit treffen, selbst bei der ersten Begegnung. Aber es ist nie zu früh,

um Kommunikation ohne Schuldzuweisung zu benutzen. Wenn Sie, kurz nachdem Sie jemanden kennengelernt haben, ein Ungleichgewicht spüren, dann sollten Sie versuchen, etwas zu sagen, wie: »Ich weiß, daß wir erst angefangen haben, uns zu treffen, aber es scheint so, als ob ich (du) zu schnell bin (bist) und du (ich) zurückweichst (zurückweiche). Was meinst du dazu?«

Hüten Sie sich vor schlechten Verhaltensmustern, die sich als Entschlüsse tarnen.

Die paradoxe Leidenschaft kann sich selbst dann in eine Beziehung einschleichen, wenn die Partner darüber Bescheid wissen. Selbst bei der Kommunikation ohne Schuldzuweisung kann ein Ungleichgewicht auftreten. Ein Partner will immer nur über die Verhaltensmuster des Paares sprechen und läßt der Spontaneität in der Beziehung nur wenig Raum. Den anderen Partner ärgert das endlose Reden, worauf er/sie sich für seinen/ihren Widerstand schuldig fühlt. Ich rate Paaren, in dieser Situation eine Diskussion ohne Schuldzuweisung über die Kommunikation ohne Schuldzuweisung zu führen. Etwa so: »Es scheint so, als ob du (ich) dauernd über unsere Verhaltensmuster reden willst (will), und ich (du) diese Gespräche abbrechen will (willst). Siehst du das auch so?«

Auch Mitgefühl kann falsch gebraucht werden. Ein Überlegener kann es auf herablassende Art gebrauchen: »Du verhältst dich nur deshalb wie ein Klammeraffe, weil ich dich so verunsichere.« Oder ein Unterlegener benutzt sie, um in dem Überlegenen Schuldgefühle zu wecken: »Ich kann verstehen, daß du so oft weg bist. Es macht keinen Spaß, in meiner Nähe zu sein. Deshalb geh bitte, ich möchte nur, daß du glücklich bist.« Hüten Sie sich vor diesen verkappten »Lösungen,« und wenn sie doch auftreten, sollten Sie sie dazu nutzen, das Ungleichgewicht zu definieren und auszugleichen.

Haben Sie keine Angst davor, einen Unparteiischen hinzuzuziehen.

Es kann eine beängstigende Aufgabe sein, verkrustete Verhaltensmuster aufzubrechen und mit einer wirkungsvollen Kommunikation zu beginnen. Verzweifeln Sie nicht, wenn es Ihnen nicht gelingt oder wenn Sie gleich nach dem Start einen Rückschlag erleben. Das bedeutet nicht, daß Ihre Beziehung verloren ist. Es bedeutet nur, daß Sie professionelle Hilfe gebrauchen könnten.

Wenn Partner allein arbeiten.
Manche Partner werden automatisch alles, was nach Therapie riecht, verweigern – besonders eine »bedeutungsvolle Kommunikation« über Beziehungsprobleme. Bitte, kritisieren Sie Ihren Partner nicht, wenn es ihm/ihr widerstrebt. Ihre Beziehung kann sich trotzdem weiterentwickeln – selbst dann, wenn Sie als einzige(r) die Kommunikation ohne Schuldzuweisung nutzen. Wenn Sie es erst einmal richtig beherrschen (das wird Zeit und Mühe erfordern), werden Sie merken, daß das gewöhnlich einen schweigenden Partner aus der Reserve lockt oder einen wütenden entwaffnet.

Um den Zugang zu einem skeptischen Partner zu finden, stellt es eine gute Methode dar, ihm/ihr die Kommunikation ohne Schuldzuweisung zu erklären. Sagen Sie ihm/ihr, daß man so daran gewöhnt ist, Schuldzuweisungen auszusprechen, daß man gar nicht mehr merkt, daß es auch noch andere Möglichkeiten gibt. Erklären Sie den Unterschied zwischen schuldzuweisender und nicht schuldzuweisender Sprache, indem Sie eine kürzlich erfolgte Schuldzuweisung nehmen und sie als Problemmuster neu fassen. Sagen Sie ihm/ihr, daß Sie in Zukunft ohne Schuldzuweisung über Probleme reden wollen und daß Sie hoffen, er/sie wird dasselbe tun. Aber versichern Sie ihm/ihr auch, daß es nahezu unmöglich ist, Schuldzuweisungen ganz auszuschließen. Es ist nur wichtig zu lernen, wie man sich von Streitigkeiten *erholt* und wie man etwas miteinander aushandelt.

Denken Sie daran – Ihre Beziehung kann Bestand haben, aber auch scheitern. Ihr Ziel ist es, daß Sie sich gut fühlen, weil Sie alles versucht haben, was Sie können.

Seien Sie humorvoll.
Miles und Beth kamen in eine Sitzung und sagten, daß sie eine harte Woche hinter sich hätten. »Wieso?« fragte ich. »Wir hat-

ten starke SVMs zu bewältigen«, erwiderte Beth. – »SVMs?« fragte ich und hatte Angst, daß es ansteckend sein könnte. – »Schlechte Verhaltensmuster«, sagte Miles. Wir lachten alle.

Ich war froh, daß dieses Paar wieder Sinn für Humor entwickelt hatte. Es ist bewiesen, daß Humor die Heilung von physischen Krankheiten beschleunigt, und Humor hat eine ähnliche Wirkung auf Beziehungsprobleme. Man kann es nicht erzwingen, weil Humor wie Leidenschaft auf Spontaneität gegründet ist. Aber wenn es vorkommt – weigern Sie sich keinen Augenblick. Und wenn Sie etwas Lustiges an der paradoxen Leidenschaft entdecken (sie kann ebenso komisch wie tragisch sein), dann legen Sie das offen dar – auf eine besonders milde Art und Weise.

Formulieren Sie einen Plan.
Wenn Sie erst einmal ein Problem in Ihrer Beziehung erkannt und darüber gesprochen haben, sollten Sie einen Plan entwerfen, der Sie beide in die Korrektur miteinbezieht. Miles und Beth dachten sich beispielsweise folgenden Plan aus, um mit seinem späten Nachhausekommen fertig zu werden. Miles sagte, daß er Beth anrufen würde, wenn er eine halbe Stunde länger im Restaurant bleiben müßte. Beth sagte zu, daß sie Miles nicht mehr mit Vorwürfen oder schlechten Nachrichten begrüßen würde, wenn er heimkam. »Vielleicht gebe ich ihm sogar einen Kuß«, sagte sie.

Wenn Sie sich, nachdem Sie den Plan entworfen haben, unwohl fühlen, dann sagen Sie es. Bitten Sie Ihren Partner, Ihnen dabei zu helfen, zu verstehen, warum Sie sich bei diesem Plan unwohl fühlen. Sehen Sie jeden Plan als Experiment, das wertvolle Informationen enthält. Wenn der Plan funktioniert, gratulieren Sie sich. Wenn der Plan das Problem nicht löst, ist das Experiment trotzdem ein Erfolg, denn es teilt Ihnen mit, daß man eine andere Strategie benutzen muß. Kommunikation ohne Schuldzuweisung ist wichtig, um die Effektivität Ihrer Pläne einzuschätzen, und um neue Pläne zu formulieren.

Wenn Ihre Beziehung nicht allzu sehr aus dem Gleichgewicht geraten ist, dann brauchen Sie wahrscheinlich nur eine Kommunikation ohne Schuldzuweisung, um wieder ins Gleichgewicht zu kommen. Aber extrem unausgeglichene Paare haben mehr harte Arbeit vor sich. Einsicht und offene Gespräche werden immer gebraucht, aber Sie müssen auch lernen, wie man verkrustete Verhaltensmuster von Überlegenen und Unterlegenen aufbrechen kann. Wir wollen zuerst einmal sehen, was Unterlegene tun können.

9. Kapitel

Was Unterlegene tun können – Sieben Strategien zur Gleichberechtigung

Deborah war am Rande der Verzweiflung, als sie das erste Mal zu mir kam. Während sie aus dem Fenster sah, redete sie über ihre Affäre mit Jonathan auf eine Art, die ihre Nonchalance Lügen strafte. Aber als sie gestand, daß sie gehofft hatte, sie würden heiraten, brach sie zusammen. Der ganze Schmerz, die Demütigung und die bittere Enttäuschung, verschmäht worden zu sein, brach aus ihr heraus. Ich gab ihr eine Packung Taschentücher und sagte ihr, daß es in Ordnung wäre, wenn sie sich erst beruhigen und dann reden würde. Während sie weinte, versicherte ich ihr, daß sie im Augenblick eine sehr wichtige emotionale Arbeit leisten würde – sie stellte sich ihrem Verlust.

Strategie 1: Seien Sie gut zu sich selbst

Eine der ersten Dinge, die ein Psychotherapeut lernt, ist die Bedeutung des Timing. Auf eine persönliche Veränderung hinzuarbeiten ist immer schwer. Es ist aber fast unmöglich, wenn man mitten in einer emotionalen Krise steckt. Wenn in Ihrer Welt das Unterste zuoberst gekehrt wurde, weil ein Partner daran denkt, sie zu verlassen (oder es schon getan hat), sollten Sie noch nicht versuchen, Ihr Leben zu verändern. Ihr erstes Anliegen sollte jetzt sein, Ihren akuten Schmerz zu überwinden.

In einer späteren Sitzung wurde Deborah klar, wie glücklich sie gewesen war, daß ihre Freundin Kelly ihr eine moralische Stütze war.

»Als Jonathan und ich zusammen waren, vernachlässigte ich

irgendwie alles. Auch meine Freunde. Ich weiß, daß das Kelly besonders verletzte, denn ich warf immer die Pläne um, die wir gemacht hatten, wenn Jonathan anrief. Es ist verblüffend, daß sie sich immer noch so sehr um mich sorgte, daß sie anrief. Aber sie schien von Anfang an zu spüren, daß es irgendwelche Probleme geben würde.«

Oft werden intime Beziehungen als einzige Quelle emotionaler Zuwendung angesehen. Aber wenn die Beziehung aus dem Gleichgewicht gerät, sitzt der oder die Unterlegene offensichtlich fest – er oder sie kann sich schließlich keine Zuwendung von dem Partner erhoffen, dessen Distanziertheit Schmerz verursacht. Und hier finden wir wieder das Paradox: Wenn die Unterlegene Zuwendung beim Partner sucht, wird sie ihn nur noch weiter von sich treiben.

Deshalb werden Freunde während einer Beziehungskrise zu einer Quelle des Trostes. Aus diesem Grund frage ich meine Patienten, die Unterlegene sind, ob sie sich um ihre Freunde gekümmert hätten. Freunde (und oft auch Familienmitglieder) bieten Unterstützung und Mitgefühl an – zwei Dinge, die für die Genesung ungeheuer wichtig sind. Ein Freund wird Ihnen das Gefühl, etwas wert zu sein, vermitteln. Sie haben wahrscheinlich schon einmal einem Freund, der in Not war, Beistand geleistet. Jetzt ist es an der Zeit, daß Sie sich beistehen lassen. Psychotherapie oder Seelsorge können auch eine Stütze bieten und Ihnen helfen, von akuten emotionalen Schmerzen geheilt zu werden.

Noch ein letzter Punkt. Wir fühlen uns nur selten so allein wie in einer Situation, in der der Fortbestand unserer Beziehung unsicher ist. Und obwohl es wichtig ist, sich bei Freunden, Verwandten oder Seelsorgern Trost zu holen, habe ich herausgefunden, daß es Menschen schneller wieder bessergeht, die ihr Gefühl, allein zu sein, nicht bekämpfen, sondern es annehmen. Manchen Menschen fällt es schwer, Zeit für sich allein zu finden, aber den meisten ist es möglich. Jetzt ist die Zeit, in der Sie bekommen, was Sie brauchen, deshalb unterstützen Sie sich, indem Sie Opfer bringen, um Zeit für sich allein zu haben. Nehmen Sie einen Nachmittag frei, und verbringen Sie ihn am Meer, an einem See, in einem Park oder einer öffentlichen Grünanlage. Natur kann einzigartig tröstlich sein. Wenn es möglich ist, verbringen Sie einen Abend mit sich selbst: Gehen Sie ins Konzert oder ins Kino, lesen Sie Gedichte, schreiben Sie in Ihr Tagebuch, oder weinen Sie, soviel Sie möchten.

Leugnen Sie Ihre Traurigkeit nicht, und versuchen Sie sich auch nicht abzulenken – zumindest nicht in der ersten Zeit. Haben Sie Mitleid mit sich selbst. Entschuldigen Sie sich nicht dafür. Das ist die schnellste Methode zur Überwindung einer Trauerphase und dem Anfang einer neuen emotionalen Stärke.

Strategie 2: Akzeptieren Sie die Realität

Eine emotionale Krise wird Ihre Wahrnehmungsfähigkeit trüben. Wenn Sie nicht richtig denken können, fällt es schwer, zu Ihrem Besten zu handeln.

Mit meinen Patienten, die Unterlegene sind, arbeite ich zuerst an ihren Denkmustern, dann an ihren Verhaltensmustern. Wir wollen uns einmal anschauen, in welche mentalen Fallen wir geraten können, wenn unsere Beziehungen zerbrechen.

Katastrophendenken.
Hier sind ein paar der Statements, die Deborah in dieser ersten Sitzung machte:

- Ich werde nie wieder jemanden finden, den ich so liebe wie Jonathan.
- Ich möchte einem Mann nie wieder so nahe kommen.
- Ich werde nie heiraten oder Mutter werden.

Deborah entwickelte ein Katastrophendenken, weil sie glaubte, ihr Leben würde negativ verlaufen. Aus der Position eines Unterlegenen sieht die Beziehung ungeheuer bedeutend aus – so bedeutend, daß sie lebenswichtig zu sein scheint. Darum führt die Aussicht, diese Beziehung zu beenden, zu einem solchen Pessimismus und einer solchen Panik.

Unterlegene neigen dazu, in eine Art Trance zu fallen, die sie taub für jede Vernunft macht. Freunde, Verwandte, ja sogar ihr eigenes rationales Selbst flehen sie an »aufzuwachen«. Aber sie fühlen sich zu bedroht, um auf Vernunftgründe zu hören. Und während die Beziehung immer unausgeglichener, schlechter und lockerer wird, fühlt sich der Unterlegene immer weniger in der Lage, den Bruch der Beziehung zu überleben. In diesem Widerspruch gefangen, weigern sich Unterlegene, sich aus solchen Beziehungen zurückzuziehen.

Deborah wurde bewußt, daß ein Großteil ihres verzweifelten Unterlegenenverhaltens auf Katastrophendenken zurückzuführen war. Mit dieser Übung zeige ich meinen Patienten die Gefahren des Katastrophendenkens und anderer mentaler Fallen:

Debs Wahrnehmung: Jonathan zieht sich zurück.

Debs sofortige Reaktion: Normale Angst und Unsicherheit.

Debs Überreaktion als Unterlegene: Panik und Katastrophendenken. Sie ist dreiunddreißig, also fast schon reif, zum alten Eisen geworfen zu werden. Angst vor Zurückweisung und die Furcht, es mit Jonathan zu »verderben«, werden unerträglich. Plötzlich ist Jonathan Debs letzte Chance für Liebe, Kinder, Ehe, Glück im Leben.

Debs Lösung als Unterlegene.
Extrem unterwürfiges Verhalten, Benehmen wie ein Echo und übermäßiges Werbeverhalten. Sie plappert Jonathan alles nach und fügt sich ihm bei jeder Gelegenheit. Sie tut alles, um sich in seiner Gegenwart von ihrer besten Seite zu zeigen. Sie ist gehemmt. Sie versucht Aussprachen zu vermeiden.

Endergebnis.
Deborahs Verzweiflung wird für Jonathan offenbar. Sie erdrückt ihn, gibt ihm nicht den »Raum«, den er in einer Beziehung gern hat. Er zieht sich noch weiter zurück und beendet die Beziehung.

Katastrophendenken wird in der Position des Unterlegenen ebenso aufgebaut, wie sich die paradoxe Leidenschaft im menschlichen Wesen aufbaut. Doch obwohl wir sie nicht eliminieren können, können wir wirkungsvoll damit umgehen.

Wenn Sie sich dabei ertappen, solche Dinge zu sagen, wie: »Ich werde nie wieder lieben«, dann sollte bei Ihnen eine Alarmglocke klingeln. Schreiben Sie diese Gedanken auf; es hilft dabei, sie zu objektivieren, wenn man sie schwarz auf weiß sieht. Sagen Sie sich, daß Ihr Denken durch die paradoxe Leidenschaft verdreht und negativ wurde. Dann sollten Sie die »Logik« dieses Katastrophendenkens angreifen. Erinnern Sie sich daran, daß Sie diese Ängste schon früher hatten und daß sie fast jeder hat. Haben sie sich als wahr herausgestellt? Haben Sie Freunde, die das Ende einer Beziehung nicht überlebt haben? Die nie wieder Liebe und Glück erlebt haben? Wurden Sie vor dieser Beziehung schon einmal von einer Person verlassen, von der Sie glaubten, daß das die einzige Person wäre, die Sie jemals begehren würden?

Wenn Sie es aus dieser Perspektive sehen, wird sich die panische, irrationale Qualität Ihres Krisendenkens verringern. Und das bedeutet, Sie werden nicht auf verzweifelte Lösungen zurückgreifen müssen, um sich vor einer »Katastrophe« zu retten. Erinnern Sie sich daran, daß Sie in einer schwierigen Situation sind, aber wenn Sie es als Katastrophe ansehen, verfallen Sie in ein Katastrophendenken.

Selbstsabotage.
Mensch zu sein heißt, sich unsicher zu fühlen – zumindest manchmal. Aber einige von uns scheinen einen »inneren Saboteur« zu besitzen, der das Selbstwertgefühl unterminiert und uns immer dann, wenn man Angst hat, zu unterwürfigem Verhalten anstachelt. Es handelt sich hier also um einen mächtigen Verbündeten der paradoxen Leidenschaft.

Bill erlebte den größten Rückschlag seines Lebens zu einem Zeitpunkt, als er sich auf dem Höhepunkt seines Erfolgs glaubte. Der Schlag wurde noch verstärkt, durch den Erfolg seiner Frau. Selbst wenn Bills Selbstwertgefühl stärker gewesen wäre, hätte er *immer noch* große Traurigkeit, Enttäuschung und Wut empfunden. Aber Bill besaß – wie viele Männer, die nach »traditionellem« Muster leben – keinen Verarbeitungsmechanismus für eine emotionale Krise. Diese Lücke nutzte sein innerer Saboteur, um sein Gefühl, versagt zu haben, zu verstärken, sein Selbstvertrauen zu mindern und ihn in die Arme des Alkoholismus, zu Selbsthaß, gewalttätigem Verhalten und schwerer Depression zu treiben.

Durch die Unterstützung von den Anonymen Alkoholikern und von Peg fing Bill an, seine emotionale Stärke wiederzugewinnen. Aber erst viel später, nach ein paar Sitzungen mit mir, war er bereit, seinen Karriereverlust zu verarbeiten.

Ich bat Bill, sich an den Zeitpunkt zu erinnern, in dem er am verzweifeltsten gewesen war.

> »Ich wachte eines Morgens auf, und das Versagen lag schwer wie ein Amboß auf meiner Brust. Ich dachte an die Typen, die es geschafft hatten. Offensichtlich fehlte mir etwas, was jeder außer mir erkennen konnte. Ich glaube, ich empfand sehr viel Haß. Ich haßte meine Firma. Ich haßte Peg. Doch am meisten haßte ich mich selbst. Es kümmerte mich nicht, ob ich lebte oder starb. Ich empfand den Haß nicht so schlimm, wenn ich trank, und es hätte mich nicht gestört, wenn ich mich umgebracht hätte.«

Dann fragte ich ihn, wie er seine negativen, selbstzerstörerischen Gedanken neu gefaßt hätte, damit er sein Freund und nicht sein Feind geworden wäre.

> »Viele Männer in meiner AA-Gruppe haben große Rückschläge erlebt, und ich glaube, daß wir mit der Hilfe des Alkohols unsere eigenen Feinde wurden. Ich könnte sagen, daß ich ein normaler, fehlbarer Mensch bin, der wie jeder andere Verluste erlebt. Schließlich hat Ford Lee Iacocca *gefeuert* – sie haben ihn nicht bloß übergangen. Ich glaube, daß man sich an den Jungs, die einen verletzt haben, nicht rächen kann, indem man sich selbst oder seine Familie oder sogar die Kerle, die einem das angetan haben, zerstört (obwohl ich mir das oft vorgestellt habe). Nein, man muß diese Gelegenheit zu seinem eigenen Vorteil ummünzen. So rächt man sich an denen, und genau das habe ich vor.«

Bill hatte die Absicht, seine Leidenschaft für das Segeln zum Beruf zu machen. Er war entschlossen, sich durch seinen inneren Saboteur seinen Traum nicht nehmen zu lassen.

Sie können Ihren inneren Saboteur zum Schweigen bringen, wenn Sie seiner demoralisierenden Logik mit Gedanken begegnen, die Ihr Selbstwertgefühl heben, statt es zu zerstören. Denken Sie an Vorfälle in jüngster Zeit, bei denen Ihre Gedanken Ihr Selbstvertrauen mehr untergruben als es zu unterstützen. Das hier sind ein paar gebräuchliche Gedanken von Unterlegenen zur Selbstsabotage:

- Ich bin zu . . . (dick, dünn, groß, klein, usw.)
- Es macht keinen Spaß, mit mir zusammenzusein.
- Ich bin nicht erfolgreich genug.
- Ich bin zu alt.
- Ich bin zu unsicher.
- Ich bin nicht clever genug.

Bitte, zerstreuen Sie Ihre Gedanken, die Sie sabotieren, dadurch, indem Sie sich mit sich selbst anfreunden. Sie müssen akzeptieren, daß hinter der Distanziertheit Ihres Partners bestimmte Dynamismen stecken, und aufhören, sich die Schuld an dem zu geben, was Sie als Ihre persönlichen Unzulänglichkeiten ansehen. Machen Sie sich bewußt, daß diese Dynamismen Ihnen eine Periode der Unsicherheit beschert haben, in der Sie sich unattraktiv fühlen und sich auf eine Art und Weise verhalten, die Sie verabscheuen. Das passiert jedem. Machen Sie nicht den Fehler zu glauben, daß das immer so weitergeht.

Nehmen Sie einen beherzten Standpunkt ein: Sie sind das, was Sie sind, und wenn Sie von jemandem eine Reaktion bekommen, die Sie schlecht von sich denken läßt, dann machen Sie es zu deren Problem, nicht zu Ihrem. Werden Sie wütend, und motivieren Sie sich, und verlieren Sie nicht das Selbstwertgefühl.

Der Reflex des Unterlegenen.

Die grundlegende Panikreaktion auf eine Beziehungskrise ist die Verstärkung Ihres unterwürfigen Verhaltens. Da sie eng mit dem Katastrophendenken und der Selbstsabotage verbunden sind, können diese Verhaltensweisen blitzartig auftreten – bevor Sie die Chance haben, sie zu stoppen. Aber Sie können das nächstbeste tun: Lernen Sie, Ihre reflexiven unterwürfigen Verhaltensweisen zu erkennen und dagegen anzugehen.

Um diese Fähigkeit zu entwickeln, sollten Sie zuerst eine Liste der gefürchtetsten und am häufigsten vorkommenden Reflexe aufstellen. Paul schrieb folgendes:

- Immer mit Laura einer Meinung sein.
- Ihr nie zu sagen, wenn ich erregt oder wütend bin.
- Sie anzurufen oder zu ihrem Büro zu gehen, wenn ich unsicher oder eifersüchtig bin.
- Ihr viele Gefallen tun, damit sie mich mehr mag.

- Immer das tun, was sie will, selbst dann, wenn ich es nicht will.

Paul erzählte mir, daß er es hassen würde, in Lauras Gegenwart der »langweilige, nette Hampelmann« zu sein. Aber er schien nicht damit aufhören zu können, sich so zu verhalten. Ich sagte ihm, daß er seine Liste studieren sollte, damit er darauf vorbereitet wäre diese Verhaltensweisen zu erkennen, sobald sie sich zeigten. Dann ...

Halten Sie einen inneren Dialog.
So redete sich Paul aus einer Episode mit seinem Unterlegenenreflex wieder heraus:

> »Es war Freitagnachmittag, und Laura rief in meinem Büro an, um mir zu erzählen, daß sie gerade von einer Party gehört hätte. Ich war total kaputt und freute mich auf einen friedlichen Freitagabend daheim. Aber ich sagte automatisch ja. Nachdem ich aufgelegt hatte, wurde ich von negativen Gefühlen fast aufgefressen. Ich merkte, daß ich es schon wieder getan hatte. Ich würde Laura wieder einmal begleiten, weil ich Angst davor hatte, sie nicht »bewachen« zu können, und Laura könnte glauben, ich wäre ein Stockfisch. Deshalb rief ich sie zurück und sagte ihr, daß ich noch einmal darüber nachgedacht hätte und daß ich eigentlich nicht gern zu der Party gehen würde, aber es wäre in Ordnung, wenn sie dorthin ginge. Und ich will Ihnen was sagen – ich fühlte mich gut dabei, obwohl ich ehrlich zugeben muß, daß ich etwas Angst davor hatte, sie allein gehen zu lassen. Das Lustige an der Sache ist, daß sie sich entschloß, die Party früh zu verlassen und in meine Wohnung zu kommen. Ich schmunzelte darüber ein bißchen.«

Bitte bereiten Sie sich darauf vor, unerwünschte Unterwürfigkeitsreflexe zu erkennen und sich dann selbst daraus zu befreien. Mit der Zeit werden Sie Ihre Reaktionen so schnell erkennen, daß Sie in der Lage sein werden, sie im Keim zu ersticken.

Wenn Sie lernen, Ihre Überreaktionen und Ihr Reflexverhalten zu kontrollieren, werden Ihre Gedanken wieder klar, und Ihr Impuls, sich unterwürfig zu verhalten, verschwindet. Erwarten Sie nicht, daß Sie sich vollkommen von diesen mentalen Fallen befreien; sie sind einfach ein Bestandteil menschlicher Erfahrung. Aber seien Sie bereit, ein paar gesunde neue Einstellungen zu sich selbst und Ihrer Beziehung zu bekommen.

Strategie 3: Tapfere, neue Gedanken

Unterlegene fühlen sich deshalb so entnervt, weil ihre stärksten Anstrengungen nichts fruchten. Sie sehen sich einer Notwendigkeit gegenüber – sie müssen ihre Taktik ändern. Das bedeutet, daß sie Risiken auf sich nehmen und Veränderungen bei sich selbst vornehmen müssen. Natürlich ist ein solches Unterfangen nicht nur schwierig, sondern auch beängstigend. Sie sehen sich auch dem Drängen der paradoxen Leidenschaft gegenüber, ihre unterwürfige Taktik *nicht* aufzugeben, sondern sie sogar noch zu intensivieren.

Es folgen jetzt Richtlinien, damit Sie positiv und tapfer denken. So können sie Ihnen dabei helfen, Ihren Grundansatz zu ändern.

Sie müssen sich ändern. Sie möchten, daß Ihr Partner sich ändert. Daß er/sie liebevoller, aufmerksamer und hingebungsvoller wird. Aber es wird Ihnen langsam klar, daß alle Liebe, alle Nettigkeit, alles Betteln, alle Bestechung und alles Meckern der Welt vergebens ist. Sie können Ihren Partner nicht ändern, und je mehr Sie es versuchen, desto mehr wird er/sie sich weigern. Aber Sie können sich ändern, besonders Ihr unterwürfiges Denken, Verhalten und Reden. Das ist ein schweres und beängstigendes Vorhaben. Aber sich selbst zu ändern ist das wirkungsvollste Mittel, das man hat, um seinen Partner zu ändern, weil man damit die Beziehungsdynamik verändert.

Keine Angst vor dem Bruch zu haben ist eine gute Methode, um eine Beziehung zu retten.
In dem auf Katastrophen ausgerichteten Geisteszustand fürchtet der Unterlegene, daß er seinen Partner verlieren wird, wenn er sich ändert. Er ist überzeugt, daß seine unerschütterliche Liebe

und Ergebenheit ihn wieder zurückbringen wird, auch wenn genügend Beweise für das Gegenteil existieren. Wenn diese Angst Ihr Verhalten beherrscht, sind Sie gehemmt, und Ihre Spontaneität ist blockiert. Ihre Bedürftigkeit und Ihre Verzweiflung wird nur schwerlich enden und Ihr Ziel – die Liebe Ihres Partners zurückzugewinnen – torpedieren. Vielleicht das schädlichste ist Ihre Angst, Ihren Partner nicht mehr festhalten zu können. Das hält Sie ab, außerhalb der Beziehung irgend etwas zu tun.

Paradoxerweise ist es – natürlich! – so, daß Ihre Chance, die Beziehung zu retten, um so größer wird, je mehr sie gesunde, gefährliche Risiken auf sich nehmen.

Ich rate Ihnen sicher nicht dazu, mit Ihrem Partner ein emotionales russisches Roulette zu spielen. Ich möchte nicht, daß Sie Ihre Beziehung aufs Spiel setzen. Ich möchte, daß Sie mehr Kraft haben, um die Person zu sein, die Sie bei Ihrem Partner sein wollen.

Wann immer Katastrophendenken Sie davon abhält, hilfreiche Risiken auf sich zu nehmen, stellen Sie sich dem und widerstehen Sie. Was ist, wenn Ihre Beziehung *nicht* hält? Ja, Sie werden Schmerzen ertragen müssen. Aber Sie werden es überleben, und Sie werden dadurch stärker, klüger und besser gerüstet sein, um eine ausgeglichene und erfüllte Beziehung zu finden – eine Beziehung, in der Sie sich besser fühlen als jetzt.

Wenn es an der Zeit ist, wirkliche Risiken auf sich zu nehmen, sollten Sie daran denken, daß Sie nicht normal wären, wenn Sie sich *nicht* ängstlich und angespannt fühlen würden. Denken Sie daran, daß Anspannung ein Begleiter der Reife ist und als ein Zeichen dafür, daß es in Ihrem Leben weitergeht, angesehen werden sollte.

Eine neue Quelle der Stärke.

Es erfordert Stärke und Mut, sich aus der Position eines Unterlegenen zu befreien. Ich würde Ihnen gern eine Quelle der Stärke präsentieren, von der Sie vielleicht nicht wissen, daß Sie sie besitzen – Wut.

Die meisten Unterlegenen empfinden große Wut, weil so viele ihrer Bedürfnisse nicht befriedigt werden. Aber sie geben ihr nur widerstrebend direkt Ausdruck, weil sie fürchten, einen distanzierten Partner noch weiter weg zu treiben. Manchmal unterdrücken sie ihre Wut so wirkungsvoll, daß sie ihnen nicht mehr bewußt ist. Aber unterdrückte Wut staut sich nur auf und verhärtet sich zu Feindseligkeit und Verbitterung. In dieser Form kann sie nach außen direkt auf Ihren Partner und nach innen gegen die eigene Person gerichtet sein – oder beides. Dann ist sie eine verschwendete Ressource.

Bitte, verschwenden Sie Ihre Wut nicht, indem Sie sie gegen sich selbst oder Ihren Partner richten. Wut sollte als Motivation zur Veränderung genutzt werden. Sie können Ihre Wut nutzen, indem Sie sich sagen: »Verdammt noch mal, ich bin es leid die Unterlegene zu sein! Es wird Zeit, daß ich die Person werde, die ich in der Beziehung sein will.«

Wenden wir uns nun der besten Methode zu, die ich kenne, um dieses Ziel zu erreichen.

Strategie 4: Schaffen Sie eine gesunde Distanz

Mein Therapieprogramm für Unterlegene kreist um eine einzige Prämisse: *Die größte Chance eines Unterlegenen, die Beziehung zu verbessern, besteht darin, daß er aufhört, seine ganze Energie hineinzustecken.* Ihr Ziel ist es, das zu erreichen, was ich gesunde Distanz nenne.

Das bedeutet nicht, daß Sie aufhören sollen, Ihren Partner zu lieben, oder daß Sie das Blümchen Rühr-mich-nicht-an spielen sollen. Es bedeutet, daß Sie versuchen sollen, Ihr Leben ins Gleichgewicht zu bringen. Bei einigen wird dies beinhalten, daß sie persönliche Stärken, die scheinbar verblaßt sind, als die Beziehungsprobleme wuchsen, wieder einfordern. Bei anderen kann es auch bedeuten, daß sie neue Stärken aufbauen. In beiden Fällen werden Sie sich bewußt in der Beziehung zurücknehmen.

Sie haben zwei wichtige Ziele. Zum einen wollen Sie sich aus der Position des Unterlegenen und all der demoralisierenden Auswirkungen, die damit verbunden sind, befreien, und zum anderen wollen Sie Ihre Anziehungskraft auf den Überlegenen verstärken.

Gesunde Distanz wird Ihnen zuerst als ganz falsch erscheinen. Trotzdem bitte ich Sie, sich zu einem Zeitpunkt zurückzunehmen, in dem Sie fast hilflos an die Beziehung gekettet sind. Sie haben Unmengen von Ausreden, damit Sie keine gesunde Distanz halten können. Aber ich bitte Sie, sich davon freizumachen. Sie müssen sich nämlich auch von der allgemeinen akzeptierten Behauptung befreien, daß es der einzige Weg ist, eine Beziehung zu verbessern, wenn Sie Ihren Partner zur Nähe ermutigen. Gesunde Distanz ist die beste Methode, die ich kenne, um Nähe wieder herzustellen.

Erinnern Sie sich an Ihre Stärken.
Zu Beginn der Therapie klagte Beth darüber, welche Auswirkungen die unklare Beziehung zu Miles auf ihre Lebensqualität gehabt hätte.

> »Als ich mich wegen Miles noch sicher fühlte, und natürlich war es so, bevor ich ihn heiratete, war ich frei, ganz ich selbst zu sein. Ich aß mit Freunden zu Abend und ging mit ihnen ins Kino, ging einkaufen, verreiste, las gute Bücher, besuchte gelegentlich Abendkurse. Natürlich wurde das alles durch das Kind sehr verändert. Aber das war nicht das Entscheidende. Es war so, als ob das Leben auf Stecknadelkopfgröße geschrumpft wäre. Alles hing in der Schwebe, weil ich dauernd daran dachte, was mit uns geschehen würde. Mein früheres, interessantes Leben erschien mir fast wie ein Traum.«

Ich sagte, daß es nur natürlich war, wenn sie sich durch ihre Ängste um die Beziehung von ihrem Weg hatte abbringen lassen, aber daß das ihr und der Beziehung geschadet hätte.

Sie müssen an zwei Sachen denken, wenn Sie bei sich die Symptome eines Unterlegenen entdecken: An Wege, den Druck auf Ihren Partner zu verringern, und an Methoden, sich selbst stärker zu machen. Das beste Mittel, um beides zu erreichen, ist, daran die Individualität außerhalb der Beziehung wieder aufzubauen.

Machen Sie eine persönliche Inventur.
Ehe wir einen Plan zum Erlangen einer gesunden Distanz formulieren, bitte ich meine Patienten, eine persönliche Inventur durchzuführen. Beantworten Sie sich bitte die folgenden Fragen:

- An welchen Aktivitäten hatte ich Spaß, ehe ich mich in meinen Partner verliebte (oder ehe Probleme auftauchten)?
- Welche persönlichen Ziele habe ich außerhalb der Beziehung?
- Bin ich auf dem Weg, sie zu erreichen?
- Wie verläuft mein soziales Leben außerhalb der Beziehung?
- Was sind meine Stärken? Nutze ich sie im Augenblick?

Je detaillierter Sie diese Fragen beantworten, desto mehr wird Ihnen diese Bestandsaufnahme helfen. Schreiben Sie beispielsweise bei der Frage nach Ihren persönlichen Zielen nicht nur »einen neuen Job bekommen«. Schreiben Sie, welcher Job das sein soll, welche Schritte man unternehmen muß, um ihn zu bekommen, und einen Zeitplan für jeden dieser Schritte.

Machen Sie einen Plan für gesunde Distanz.
Nachdem sie ihre persönliche Bestandsaufnahme gemacht hatte, merkte Beth, daß sie viele Lebensbereiche, die ihr früher wichtig gewesen waren, vernachlässigt hatte. Die Grundlage ihres Plans für gesunde Distanz war der Wiederaufbau ihrer Stärken.

- Den Teilzeitjob in der Werbung im Augenblick behalten, aber darauf abzielen, freiberuflich zu arbeiten. Eine Broschüre zusammenstellen (April). Broschüren an bestimmte Firmen schicken (Juni). Die Firmen anrufen und sich zum Lunch verabreden (Juli).
- Vergiß Aerobic und fang wieder an, im »Y« mindestens zweimal die Woche zu schwimmen. Melde Chloe für die Kurse im »Y« an (sofort).
- Verabrede dich einmal die Woche mit einer Freundin zum Lunch.
- Schreibe dich einmal die Woche für einen Volkshochschulkurs ein (sofort).
- Fahr wenigstens einmal im Monat in die Natur (sofort).

Einen Monat später fragte ich Beth, wie sie mit ihren Anstrengungen, gesunde Distanz zu schaffen, vorankam.

»Es war nicht ganz einfach. Vom Verstand her weiß man, daß man diese Dinge tun sollte. Aber es ist so, als ob Beziehungsprobleme dich für den Rest deines Lebens zum Faulpelz machen. Ich fange gewöhnlich begeistert mit etwas an – wie den Sport. Aber man wird so leicht mutlos, und das macht alles irgendwie negativ. Ich hörte ein paar Tage damit auf, aber dann erkannte ich, daß alles den Bach hinunterging, und machte weiter.«

Ich versicherte Beth, daß Stillstand und Rückschläge völlig normal, akzeptabel und kein Grund für selbstzerstörerische Gedanken wären. Ich ermutigte sie, den Plan durchzuführen. Zwei Monate später kam eine neue Beth zum Vorschein. Sie beschrieb die Auswirkungen, die die gesunde Distanz auf ihr Auftreten und ihre Beziehung zu Miles gehabt hatte:

»Ich habe einfach mehr Energie, und das Beste ist – ich spüre, daß ich mein Leben wieder unter Kontrolle habe. Ich gehe auch lockerer mit Miles um. Die Sachen, die mich so gestört haben, scheinen gar nicht mehr viel zu bedeuten. Ich weiß, daß uns all das geholfen hat, besser zurechtzukommen. Ich denke manchmal, das ist so ähnlich, als ob wir uns neu kennenlernen.«

Beth war zufriedener, beschäftigter, ausgeglichener und sich ihrer selbst sicherer. Sie fühlte sich weniger abhängig und nicht mehr als Opfer. Langsam richtete sie ihre Aufmerksamkeit nicht mehr nur auf Miles. Die Dynamik zwischen den beiden änderte sich auf eine positive Art und Weise.

Bauen Sie neue Stärken auf.

Bill spürte, daß er den Fehler seines Lebens gemacht hatte, als er sich »nur auf das konzentrierte, von dem ich glaubte, daß es von mir erwartet würde, statt das zu tun, was mich interessierte«. Er gab zu, daß ihn die Arbeit in der Bank an sich nie befriedigt hatte.

»Ich glaube, einer der Gründe, warum ich so wütend auf Peg war, war der, daß ihr das, was sie im Laden tat, sehr gefiel. Meine Karriere hat mir nie Freude gemacht, und vielleicht merkte man das. Vielleicht ist das einer der Gründe, warum es nicht geklappt hat.«

Bill war, seit seine Familie in seiner Kindheit einen Sommer an der Chesapeake Bay verbracht hatte, dem Segeln verfallen. Im College segelte er Regatten und machte Segeltörns mittlerer Länge mit, aber er kam nie auf den Gedanken, seine Leidenschaft zum Beruf zu machen. Nach der Heirat abonnierte er weiterhin die Zeitschrift *Sailing* und verbrachte gelegentlich mit Peg und den Jungs die Wochenenden auf gemieteten Booten.

Aber jetzt merkte Bill, daß er mit seiner Rente, den Ersparnissen und Pegs neuem Einkommen die Chance hatte, etwas auf die Beine zu stellen, was er gern tat, und so eine scheinbare Niederlage zu einem persönlichen Sieg ummünzen konnte. Mit Pegs Unterstützung kaufte er ein 33 Fuß langes zweimastiges Segelboot, das eine Überholung nötig hatte (die er selbst machen konnte). In dieser Zeit knüpfte er Kontakte zu Segelfirmen. Er »traf es wirklich gut« mit dem Makler, der ihm sein Boot vermittelte, da dieser auch ein trockener Alkoholiker namens Jack war. Jack lud ihn ein, in seinem Büro zu arbeiten, um das Geschäft kennenzulernen.

Ich fragte Bill, wie all dies den Rest seines Lebens beeinflussen würde.

»Das ist ein Unterschied wie Tag und Nacht. Ich arbeite gern auf dem Boot, und Peg hat es auch schon erwischt. Sie hilft mir sonntags, die Farbe abzukratzen. Wir planen eine Jungfernfahrt. In der Zwischenzeit arbeite ich halbtags bei Jack, im Augenblick noch ohne Bezahlung, aber ich lerne ja auch noch. Wir fahren mit den Booten, auf die er ein Auge geworfen hat, raus, und er zeigt mir ein paar Tricks beim Makeln. Er hält mich für ein Naturtalent. Ich kann Ihnen gar nicht sagen, wie sehr ich das alles genieße.«

Wenn wir neue Fähigkeiten oder Talente entwickeln, reiten wir eine gewaltige Attacke gegen die Zwänge eines Unterlegenen. Tatsächlich stellt es eine der größten Motivationen für eine Karriere dar, wenn man das Verlangen hat, sich auf die gleiche Ebene mit einem Partner zu stellen. Es handelt sich um eine »Ich werde es ihm/ihr schon zeigen«-Reaktion, und es ist ein konstruktiver Weg, mit negativen Emotionen fertig zu werden.

Gesunde Distanz, wenn man eng zusammenlebt.
Kurz nachdem wir das erste Mal über gesunde Distanz gesprochen hatten, rief mich Beth an, um »schnell etwas zu fragen«. Sie und Miles planten einen Wochenendausflug in ein Thermalbad (Chloe sollte bei ihrer Großmutter bleiben). Sie fragte sich jetzt,

> »wie ich mich Miles gegenüber bei all der gesunden Distanz verhalten soll? Soll ich versuchen, gleichgültig zu sein? Soll ich mir ein paar Bücher oder Arbeit mitnehmen? Soll ich getrennte Schlafzimmer verlangen?« (Sie lachte.)

Ich erklärte Beth, daß das Ziel der gesunden Distanz darin besteht, sich seinem Partner gegenüber *nicht distanziert zu verhalten.* Man sollte sich nicht vorher überlegen, wie man sich dem Partner gegenüber verhält – das bringt jede Spontaneität in der Beziehung um. Statt dessen sollte man sich so benehmen, *wie man sich fühlt.* Manchmal kann das bedeuten, daß man in Gegenwart des Partners ein Buch liest oder arbeitet. Und wenn einem nach Liebe zumute ist, sollte man diese Liebe auch mit allen Mitteln ausdrücken. Aber wenn Ihnen nach Liebe ist und Sie aber gleichzeitig nicht wissen, was Ihr Partner empfindet, dann sollten Sie es etwa so ausdrücken: »Ich genieße es wirklich, mit dir zusammenzusein, und ich möchte, daß es auch so bleibt. Deshalb laß es mich wissen, wenn du Zeit für dich brauchst. Okay?« So verbindet man Nähe mit Unabhängigkeit, ohne Druck auszuüben.

Ich erfuhr später, daß Miles' und Beth' Wochenende ein großer Erfolg war.

Warum gesunde Distanz funktioniert.
Miles sagte über Beth' neue Aktivitäten:

> »Wenn ich jetzt heimkomme, habe ich nicht mehr diese Angst: Was habe ich heute wieder falsch gemacht? Ich merke, daß Beth an dem, was sie tut, Freude hat, und das macht mich glücklich. Sie ist wirklich ein toller Kerl. Ich helfe ihr auch gern, wenn sie sich Problemen und Frustrationen in ihrem Geschäft gegenübersieht, weil ich so etwas wirklich gut kenne und kann. Es hat uns einander viel näher gebracht.«

Ein völliges emotionales Aufgehen im Partner ist für beide einengend. Aber gesunde Distanz ermöglicht Ihnen, die folgenden ermutigenden Qualitäten zu kultivieren.

- *Eigenständigkeit.* Indem Sie sich emotional etwas vom Überlegenen lösen und gleichzeitig ihr Leben mit anderen befriedigenden Vorhaben bereichern, werden Sie wieder zu einer vollständigen, ausgeglichenen, eigenständigen Person. Eigenständigkeit – Lösung und Ganzheit – ist eines der stärksten Gegenmittel für die paradoxe Leidenschaft. Und wenn das auch noch durch Nähe ausbalanciert wird, ist das schon die halbe Miete für das, was großartige Beziehungen so großartig macht.

- *Spontaneität.* Wir haben gesehen, daß der Entschluß des Unterlegenen, »spontan zu sein«, gewöhnlich etwas Negatives bewirkt, weil es in dem Unterlegenen eine Art Prüfungsangst auslöst. Aber Sie können Ihre Spontaneität wiedergewinnen, wenn Sie das Gefühl ablegen, daß bei jedem Schritt Ihres Partners alles auf Ihnen lastet. Wenn andere Bereiche Ihres Lebens lohnenswert sind, fühlen Sie sich selbstbewußter und sind weniger ängstlich und gehemmt. Außerdem werden Sie spontaner handeln.

- *Selbstachtung.* Hinter dem Hineinschlittern in die Position eines Unterlegenen stehen oft Probleme mit der Selbstachtung. Wenn geringe Selbstachtung in uns das Gefühl auslöst, es nicht wert zu sein, geliebt zu werden, ist Unsicherheit unausweichlich und schwer zu verbergen. Das Gefühl, weniger geliebt zu werden, läßt unsere Selbstachtung außerdem noch weiter schwinden. Eine Schlüsselfunktion der gesunden Distanz besteht darin, neue Quellen für Selbstachtung und Selbstvertrauen zu finden – das wird Ihr Gefühl der Unsicherheit in der Beziehung wettmachen.

- *Die paradoxe Leidenschaft für sich nutzen.* Gesunde Distanz funktioniert, weil sie die Dynamismen der paradoxen Leidenschaft nutzt, um diese zu bekämpfen. Wir wissen, daß das

Verlangen des Unterlegenen die Distanz des Überlegenen erzeugt. Wenn man nun das Verlangen auf etwas anderes umpolt, wird man stärker. Es wird Zeiten geben, in denen Sie von Ihren Handlungen nicht so ganz überzeugt sein werden. Ihre Emotionen können so vollkommen von dem Überlegenen absorbiert worden sein, daß jede Aktivität wie Falschspielerei aussieht. Aber bitte geben Sie nicht auf! Wenn Sie am Ball bleiben, werden Sie bald positive Resultate erzielen, die Sie Ihre Anstrengungen verstärken lassen.

Gesunde Distanz ist kein Spiel.

Ich hatte unterlegene Patienten, die sich weigerten, auf gesunde Distanz zu gehen, weil es ihnen wie ein Spiel erschien. Aber es gibt einen großen Unterschied zwischen gesunder Distanz und einem Spiel.

Ich bin entsetzt über die Flut von Selbsthilfebüchern und Artikeln, die empfehlen, das Blümchen »Rühr-mich-nicht-an« zu spielen, um einen widerstrebenden oder ambivalenten Partner einzufangen. Unglücklicherweise erteilen oft auch noch Psychotherapeuten diesen Rat.

Man spielt ein Spielchen, wenn der Unterlegene versucht, die Gefühle des Überlegenen mit pseudoüberlegenen – das heißt falsch distanzierten – Handlungen zu manipulieren. Hier sind ein paar der »Empfehlungen«, die ich gelesen habe:

- Nachrichten auf dem Anrufbeantworter nicht zu beantworten.
- In Gegenwart des Überlegenen mit anderen flirten.
- Ein paar Tage lang zu »verschwinden«.
- Sich mit anderen verabreden, um den Überlegenen zu »kriegen«.
- Dem Überlegenen die »Schweigekur« zuteil werden lassen.
- Sex verweigern.
- So tun, als stünde man dem Verhalten des Überlegenen gleichgültig gegenüber.

Das Problem bei diesen Ratschlägen ist, daß sie, selbst wenn sie funktionieren, den Gefühlen des Überlegenen noch Wut und Mißtrauen hinzufügen. Außerdem würden sie Ihre Beziehung nicht wirklich verbessern, weil sie ja nicht Ihr emotionales Investment verändern. Spielchen sind wie Pflaster, die im besten Fall den Überlegenen zeitweise wieder zurückbringen, weil sie ihn emotional »fertigmachen«. Andererseits ist gesunde Distanz die beste Medizin für Ihre Beziehung, und – was noch wichtiger ist – *für Sie.*

Also denken Sie daran, daß solche Spiele vom Überlegenen leicht durchschaut werden. Erinnern Sie sich noch, wie Paul versuchte, Laura beim Picknick ihrer Kanzlei eifersüchtig zu machen? Sein Versuch schlug fehl, weil sie ihn durchschaute. Wenn Sie sich zu Spielchen flüchten, um Ihre Beziehung zu retten, dann deshalb, weil Sie so viele Gefühle investiert haben. Und das ist schwer zu verbergen.

Strategie 5:
Erklären Sie, was Sie gerade tun

Es ist ungeheuer wichtig, daß Sie mit Ihrem Partner reden, während Sie auf gesunde Distanz gehen.

Wenn Sie das nicht tun, gehen Sie das gleiche Risiko ein wie jemand, der Spielchen spielt: Ihr Partner könnte verwirrt, mißtrauisch und wütend werden.

Erinnern Sie sich noch an Marie und Ron, das Paar, das im achten Kapitel erwähnt wurde? Ihr Verhaltensmuster war, daß sie wütend auf ihn war, weil er sich so distanziert verhielt, und daß sie Angst hatte, er würde sie verlassen, weil er so gut aussah. In einer Einzeltherapie erarbeiteten Marie und ich einen Plan für gesunde Distanz. Sie war aufgeregt, weil er zwei Dinge enthielt, die sie immer schon tun wollte: Einen Kurs in Modern Dance belegen und freiwillig als Friseuse in einem Altenheim arbeiten.

Mit dem für sie charakteristischen Eifer setzte sie ihren Plan in die Tat um. Sie redete nur nicht über ihre neuen Aktivitäten. Sie erzählte mir, daß Ron sofort reagierte:

> »Als ich anfing, mehr außerhalb des Hauses zu tun, kam er später heim, und das auch noch betrunken, was Ron gar nicht ähnlich sieht. Deshalb fragte ich, was los wäre. Er sag-

te: Du hast mir erzählt, du würdest jemanden treffen. Ich erklärte ihm, daß das lächerlich wäre, aber er glaubte mir nicht, und es artete in einen Streit aus. Er ging . . .«

Marie gab zu, daß sie es versäumt hatte, ihre neuen Kommunikationstechniken zusammen mit der gesunden Distanz zu praktizieren. Sie sagte, daß sie das Gefühl hätte, ihre neuen Aktivitäten hätten mehr »Wirkung«, wenn sie sie geheimhielte, und sie hatte Angst davor, daß Ron sie auslachen würde, wenn sie ihm sagte, was sie gerade tat.

Ich erklärte Marie, daß es oft zu einem Rückschlag, wie sie ihn gerade erlebt hätte, führen würde, wenn man gesunde Distanz ohne Kommunikation praktizierte, und daß das sehr leicht seinen Nutzen ad absurdum führen würde.

Wegen Rons Reaktion entschloß Marie sich, ihm einen Brief zu schreiben, in dem sie ihm ihre gesunde Distanz erklärte.

»Lieber Ron,

unser Mißverständnis tut mir leid. Ich versichere Dir, daß ich niemanden treffe – das ist das letzte, was ich tun möchte. Du weißt ja, daß ich gerade eine Therapie mache, und ich habe versucht, Dir den Druck zu nehmen. Du siehst, mir ist klar, daß ich Dich mit meinem Gemecker, weil Du nichts mit mir unternehmen wolltest, verrückt gemacht habe. aber jetzt weiß ich, daß einer der Hauptgründe, warum Du mir nicht sehr viel gegeben hast, der war, daß ich immer mehr von Dir wollte. Deshalb mache ich also diese Sache, die man gesunde Distanz nennt (den Begriff hat mein Therapeut geprägt, nicht ich). Das bedeutet, ich tue Dinge, die ich schon lange machen wollte (wie Unterricht in Modern Dance nehmen), und ich versuche Sue und Delise eine bessere Freundin zu sein, und eine bessere Tochter und Schwester, weil ich meine Familie vernachlässigt habe. Ich muß mich manchmal dazu zwingen, aber das Gute daran ist, daß ich mich jetzt besser fühle, und das bedeutet, daß ich nicht mehr so wütend auf Dich bin. Klingt das nicht gut? Ich verspreche Dir – ich werde nicht mehr meckern.

Ich hoffe, dieser Brief hilft. Und ich hoffe auch, daß wir irgendwann darüber reden können. Es tut mir leid, daß ich Dir das nicht früher erklärt habe. Alles Liebe, Marie«

Sie schickte diesen Brief an seine Autowerkstatt. Als er am nächsten Tag heimkam, fragte er scherzhaft, ob gesunde Distanz auch bedeuten würde, daß er besser nicht versuchen sollte, sie anzufassen. An diesem Abend gingen sie essen und erlebten »die romantischste Zeit seit langem«.

Wenn Unterlegene über ihre Pläne zur gesunden Distanz sprechen, übermitteln sie dem Überlegenen ein paar wichtige Botschaften:

- Daß sie sich selbstbewußt genug fühlen, um ihren Anteil an den Beziehungsproblemen einzugestehen.
- Daß sie etwas unternehmen, um den Druck abzubauen, und zwar auf eine Art, die Liebe und Vertrauen fördert.
- Daß der Überlegene wegen seiner emotionalen Distanz keine Schuldgefühle haben muß (das lockt ihn/sie aus der Reserve).
- Daß der Überlegene nicht der Mittelpunkt ihres/seines Universums ist (was ihm/ihr einen gesunden Schlag versetzt und ihn/sie die wachsende Eigenständigkeit des Unterlegenen spüren läßt).

Strategie 6:
Stellen Sie sich Ihrer Angst vor der Distanziertheit

Beth gestand mir eine Furcht, die die gesunde Distanz nicht ausgelöscht, sondern sogar noch verstärkt hatte.

> »Mir geht einfach nicht aus dem Kopf, daß Miles die Tatsache, daß ich jetzt mehr zu tun habe, als Entschuldigung benutzen wird, um eine neue Affäre zu haben. Er wird glauben, daß ich ihn nicht wirklich liebe, oder er ist nicht befriedigt, und benutzt das als Entschuldigung, sich herumtreiben zu können.«

Gute Kommunikation wird das Risiko, daß ein Überlegener so reagiert, wie Beth fürchtete, sehr gering halten. Nichtsdestoweniger bleibt immer ein Risiko, wenn ein Unterlegener eigenständig wird. Aber man gibt dem Paradox nach, wenn man diese Ängste für sich behält. Wenn eine Beziehung so empfindlich ist, daß eine gesunde Distanz, die auf liebevolle Art durchgeführt wird, sie zerbricht, dann haben Sie wahrscheinlich nur ein unausweichliches Ende beschleunigt.

Doch mit diesen Ängsten muß man fertig werden. Es folgt jetzt eine Übung, die Beth und anderen Unterlegenen geholfen hat, ihre Angst vor der gesunden Distanz abzubauen.

1. Schritt:
Schreiben Sie auf, wovor Sie die meiste Angst haben, wenn Sie eine größere Distanz zwischen sich und Ihren Partner setzen.

> *Beth:* Daß Miles wieder eine Affäre hat.

2. Schritt:
Stellen Sie sich vor, das, wovor Sie die meiste Angst haben, trifft ein. Wie reagieren Sie?

> *Beth:* Ich fühle mich doppelt betrogen. Bin äußerst wütend, traurig, desillusioniert. Und ich fühle mich wie eine Närrin, weil ich ihm noch eine Chance gegeben und ihm vertraut habe.

3. Schritt:
Drücken Sie Ihre Angst aus, ohne jemanden anzuklagen.

> *Beth:* Ich weiß, daß es wichtig ist, Miles und der Beziehung noch eine Chance zu geben. Ich glaube immer noch, daß wir zusammengehören und daß es für Chloe das beste ist, wenn wir es schaffen. Aber diesmal weiche ich dem Gefühl aus, ebenso wütend und verächtlich von mir wie von Miles zu denken. Ich bin auf dem richtigen Weg, und ich fühle mich besser und stärker, und wenn Miles wieder eine Affäre hat, dann weiß ich ganz sicher, daß er für mich nicht der Richtige ist. Ich weiß auch, daß ich alles versuche, damit diese Beziehung klappt, bevor ich sie aufgebe.

Jetzt kommt der härteste und entscheidendste Bestandteil der Übung:

4. Schritt:
Sprechen Sie mit Ihrem Partner über Ihre Ängste und Ihre »neugefaßte« Sichtweise. Bleiben Sie fest. Sagen Sie Ihrem Partner, daß er/sie die Beziehung gefährdet und möglicherweise beendet, wenn er/sie das tut, wovor Sie sich am meisten fürchten.

Beth entschied sich dafür, den vierten Schritt in einer gemeinsamen Therapiesitzung mit Miles zu machen. Miles schien ihre Angst nahezugehen, und er respektierte ihre Entschiedenheit. Er versicherte ihr, daß er das letzte Mal die Lektion seines Lebens bekommen hätte. Er gestand ihr auch seine Ängste, die durch ihre gesunde Distanz entstanden waren. Dessenungeachtet machte er sich »immer noch ein bißchen Sorgen wegen Kevin«. Sie fühlten sich beide besser, als sie merkten, daß sie gemeinsame Ängste hatten.

Was ist, wenn der Überlegene gegen gesunde Distanz ist?

Die gesunde Distanz machte Miles angst. Manche Überlegene sind völlig dagegen. Wenn Ihr Partner sich offen weigert, dann verdammen Sie ihn/sie nicht deswegen. Aber Sie sollten auch nicht vor dem zurückschrecken, was dahintersteckt. Die Chancen stehen nämlich gut, daß Ihr widerstrebender Partner Sie aus einer tiefsitzenden Unsicherheit kontrollieren *muß.* Es könnte auch sein, daß Sie sich in dieser Beziehung befinden, weil Sie das Bedürfnis haben, die Kontrolle einer anderen Person zu überlassen.

Das Bedürfnis, zu kontrollieren und kontrolliert zu werden, wird gewöhnlich bei Menschen mit begrenzten zwischenmenschlichen Fähigkeiten, die auf eine dysfunktionale Kindheit zurückzuführen sind, gefunden. (Ich werde in den Kapiteln 13 und 14 darüber sprechen.) Doch jetzt ist es das wichtigste, immer daran zu denken, daß man hoffen kann, alles besser zu machen, wenn man sich tapfer selbst den unerfreulichsten Beziehungsrealitäten stellt.

Strategie 7:
Definieren Sie die Grenzen Ihrer gesunden Distanz

Marie und Ron machten Fortschritte, aber an einem bestimmten Punkt kehrte ihre Frustration zurück.

> »Ich fühlte mich viel besser, und wir kamen auch besser miteinander aus. Aber es gibt immer noch ein Problem. Er ist einfach nicht der Typ, der immer um einen herumgurrt. Und dabei bedeutet mir genau das sehr viel.«

Eine gesunde Distanz macht es erforderlich, daß der Unterlegene bezüglich der Nähe Kompromisse schließt. Aber manchmal kann gesunde Distanz aus bestimmten Gründen – in diesem Fall ein grundlegender Unterschied der Persönlichkeit – einfach zu entbehrungsreich für das Verlangen des Unterlegenen nach Nähe sein. Wenn Ihr überlegener Partner kaum in der Lage ist, Ihnen nah zu sein, dann müßte Ihre Beziehung ernsthaft neu eingestellt werden – obwohl Sie besser miteinander auskommen.

Versuchen Sie es mindestens ein paar Monate mit der gesunden Distanz. Reden Sie ohne Schuldzuweisung darüber, was Sie von der Beziehung erwarten. Und wenn es so scheint, als ob situationsbedingte oder persönlichkeitsbedingte Faktoren eine Rolle bei Ihrem Unglück spielen, dann sollten Sie das ansprechen. Handeln Sie etwas aus, und schließen Sie Kompromisse. Suchen Sie nach einer Balance, die Ihren geringsten Bedürfnissen nach Nähe und den Bedürfnissen Ihres Partners, allein zu sein, entgegenkommt.

Wenn Sie sich schließlich trotz all Ihrer Anstrengungen immer noch emotional unbefriedigt fühlen, werden Sie vor eine schwere Entscheidung gestellt. Bevor Sie sie fällen, sollten Sie ein Gespräch mit Ihrem Partner führen, bei dem keine Schuldzuweisung stattfindet, aber bei dem alle schmutzige Wäsche gewaschen wird. Geben Sie Ihrem Gefühl Ausdruck, daß sie vielleicht nicht so gut zueinander passen. Indem Sie die Initiative ergreifen, haben Sie die Kontrolle und bringen damit die Beziehung eher ins Gleichgewicht. Manchmal wird eine Beziehung zu diesem Zeitpunkt noch gerettet und besteht weiter.

Das Ultimatum ist die letzte Möglichkeit, um Ihre persönlichen Grenzen zu definieren. Es ist eine mächtige Waffe, die oft von

Unterlegenen benutzt – und auch oft mißbraucht – wird. Ultimaten sollten sparsam und vorsichtig benutzt werden, um zu vermeiden, daß man »Feuer« schreit, wenn es gar nicht brennt. Ein Ultimatum sollte nicht benutzt werden, um in einer Beziehung Einfluß zu gewinnen oder um den Überlegenen zu ängstigen.

Ehe sie/er ein Ultimatum stellt, sollte sich der Unterlegene klar darüber sein, was er/sie in der Beziehung nicht länger tolerieren kann. Er/sie sollte sich auf die Dynamismen konzentrieren und dem Partner gegenüber keine schuldzuweisende Haltung einnehmen. Das Ultimatum könnte etwa so aussehen: »Wenn wir nicht bald die Veränderungen vornehmen, über die wir gesprochen haben, sollten wir uns meiner Meinung nach besser trennen.« Das heißt, man sollte das Ultimatum dazu nutzen, eine Veränderung vorzunehmen.

Manchmal führt der Schock eines Ultimatums zu positiven Ergebnissen. Aber bleiben Sie realistisch, wenn ein Ultimatum anscheinend gewirkt hat. Wenn ein stark ambivalenter Überlegener sich Ihrem Ultimatum beugt, indem er/sie Ihnen eine Bindung – zum Beispiel eine Heirat – anbietet, dann sind Sie wahrscheinlich begeistert. Aber ein Ultimatum ist eine »Schnellkur«, kein Mittel zu einer grundlegenden Veränderung. Es könnte Ihnen eine Bindung an eine Person einbringen, die Ihnen auf lange Sicht nicht die Liebe und Nähe geben kann, die Sie wollen.

Marie stellte Ron schließlich ein Ultimatum. Sie fing damit an, daß sie ihm versicherte, sie würde ihm nicht die Schuld daran geben – sie fühlte nur, daß ihre Bedürfnisse in der Beziehung nicht befriedigt würden. Sie sagte, daß sie hoffte, sie könnten ihre Probleme überwinden, aber wenn sich nichts ändern würde, dann hätte sie vor, ihn zu verlassen. Sie war am Boden zerstört, als Ron ihr wütend sagte, dann sollte sie doch tun, was ihr, verdammt noch mal, gefiele, und dann ging. Am nächsten Tag willigte er ein, mit ihr zusammen in die Paartherapie zu gehen.

Sie kennen nun ein paar Strategien, die Ihnen helfen, Ihre unausgeglichenen, unterwürfigen Verhaltensweisen zu ändern. Sehen Sie sie als Quelle persönlicher Macht, als Mittel, die Sie benutzen, um in der Beziehung das zu bekommen, was Sie wollen, an. Unterlegene können in ihrem Leben und in ihren Beziehungen viel bewegen, wenn sie sich dazu entschließen.

10. Kapitel

Was Überlegene tun können – Sieben Wege, um der Liebe eine Chance zu geben

Ambivalente Überlegene sind Experten darin, sich selbst zu quälen. Laura drückte in unserer ersten Einzelsitzung die klassische Angst des Überlegenen aus:

> »Ich glaube, ich habe mich noch nie so schlecht gefühlt. Ich habe mich nie für eine Person gehalten, die andere manipuliert, aber langsam hatte ich meine Zweifel. Das schlimmste ist, daß ich schon glaube, mich selbst nicht mehr zu kennen. Anfangs hielt ich Paul für den Mann meiner Träume, dann fühlte ich mich plötzlich in seiner Gegenwart unwohl und war unruhig. Ich schimpfte über ihn und ließ ihn fallen. Dann ließ man mich fallen, und das erste, was ich tun wollte, war, Paul von einer Frau wegzureißen, die wahrscheinlich viel besser zu ihm paßt als ich. Ich will im Augenblick nur Liebe für ihn empfinden und nicht diesen schrecklichen, nagenden Zweifel spüren. Können Sie etwas, irgend etwas, tun, um mich wieder hinzubiegen?«

Ambivalente Überlegene wie Laura hinterfragen ihre angeborene menschliche Güte. Sie fragen sich, wie so ein »guter« Mensch so empfinden kann wie sie, warum er das tut, was sie tun, und die Gedanken haben kann, die sie haben. Natürlich »kennen« sie die Antwort schon im voraus: Ein guter Mensch kann das nicht, nur ein schlechter.

Ich sagte Laura das, was ich den meisten meiner überlegenen Patienten rate: Gönnen Sie sich zuerst einmal eine Pause.

Strategie 1: Haben Sie Mitleid mit sich selbst

Mitleid mit sich selbst haben bedeutet, daß Sie Ihre Überlegenheit akzeptieren und sich nicht dafür verdammen. Das schließt Ihre Schuldgefühle, Ihre Wut, das Gefühl der Distanziertheit, die Langeweile und die Ungeduld, das Gefühl zu heucheln und den Wunsch nach mehr Leidenschaft ein. Wenn man das Ungleichgewicht in Ihrer Beziehung bedenkt, sind diese Gefühle völlig normal, aber sie sind auch der Schlüssel zum Verständnis und der Korrektur des Ungleichgewichts, und auch sehr wahrscheinlich zum Neuerwachen der Liebe.

Es ist eine Tatsache, daß Überlegene ebenso sehr wie die Unterlegenen Opfer der paradoxen Leidenschaft sind. Sie geraten in Verwirrung, weil ihnen Gefühle, die von der paradoxen Leidenschaft ausgelöst werden, sagen, daß sie die Macht in der Beziehung haben. Sie merken nicht, daß ihre Macht sie unfähig macht, den Unterlegenen zu lieben. Die erste Aufgabe des Überlegenen besteht darin, zu akzeptieren, daß sie die Beziehungsprobleme nicht dadurch ausgelöst haben, daß sie nicht mehr liebten. Zwischen den Partnern wuchs ein Ungleichgewicht, und das erzeugte diese unerwünschten Gefühle. Sowohl Sie als auch der Unterlegene entbehren die Liebe und die Nähe.

Wenn Überlegene ihre Gefühle als normal akzeptieren, verschwinden ihre Schuldgefühle, die Wut und die Frustration. Dann scheint ihnen die Beziehung besser zu sein. Deshalb ist es ungeheuer wichtig, daß Überlegene lernen, Mitleid mit sich zu haben, um den ersten Schritt zur Heilung zu machen.

Stellen Sie sich vor, daß Sie eine gute Freundin haben, die ebenfalls mit ihrer Beziehung in einer mißlichen Lage steckt. Sie bittet Sie um Ihre Hilfe. Was würden Sie sagen, um sie zu trösten? Schreiben Sie auf, welche Trostworte Sie verwenden würden. Denken Sie dabei daran, was Sie vom Paradox wissen – setzen Sie den emotionalen Zustand Ihrer Freundin in Verbindung mit den zerstörerischen Kräften, die von dem Ungleichgewicht in der Beziehung angetrieben werden.

Peg, die zugab, daß sie sich selbst quälte, mußte dringend Mitleid mit sich haben. Lesen Sie, was sie schrieb:

> »Hör zu, du wolltest deinen Mann doch nicht absichtlich verletzen. Du wolltest mehr als alles andere, daß ihr beide glücklich seid. Aber das Timing hätte nicht schlechter sein können. Zum ersten Mal in vierundvierzig Jahren bist du eine eigenständige Person. Du hast etwas gefunden, was du sehr gern tust, und du fühlst dich großartig. Es war doch nicht deine Schuld, daß die Firma deines Mannes ihm einen solchen Schlag versetzt hat, als es gerade so gut mit ihm klappte. Was erwartet er denn von dir? Daß du den Laden aufgibst, damit er sich nicht so mies fühlt? Das würde überhaupt nichts helfen, und wahrscheinlich alles nur noch verschlimmern. Ihr beide würdet auf Jahre hinaus in den gleichen Rollen festhängen, und keiner von euch beiden wüßte, wie man mit plötzlichen Veränderungen im Leben zurechtkommt. Ihr habt beide Fehler gemacht, ihr seid beide verletzt worden, und ihr seid beide nur Menschen. Und sieh doch nur, wieviel du gelernt hast und wie schwer du arbeitest, damit alles besser läuft. Du kannst dir nicht vorstellen, wie ich mit dir fühle. Ich weiß, in welcher Hölle der Einsamkeit du zur Zeit lebst . . .«

Als Peg mir das vorlas, brach sie beim letzten Satz in Tränen aus. Das tat ihr gut und reinigte sie. Pegs Mitleid mit sich befreite sie allmählich von ihrem Verlangen, sich selbst zu bestrafen. Sie war jetzt bereit, produktiv an ihrer Beziehung zu arbeiten.

Erkennen Sie die Rolle, die verdrehtes Denken spielt.

Überlegene denken im allgemeinen genau so verquer wie Unterlegene. Aber es gibt einen entscheidenden Unterschied. Das verdrehte Denken veranlaßt Unterlegene, noch stärker zu klammern. Überlegene hingegen werden durch verdrehte Gedanken in heillose Widersprüche verwickelt. Für sie ist die Frage, die man nicht beantworten kann: Wäre es ein schwerer Fehler, die Beziehung aufzugeben, oder wäre es ein Fehler zu bleiben?

Ambivalente Überlegene sehnen sich nach Objektivität, aber es fällt ihnen schwer, sogar die grundlegendsten Fragen nach ihren Gefühlen zu beantworten:

- Liebe ich meinen Partner?
- Ist dicse Beziehung richtig für mich?
- Bin ich eigentlich glücklich in Augenblicken, in denen ich unglücklich bin, oder bin ich unglücklich in Augenblicken, in denen ich glücklich bin?

Auf der Suche nach den Antworten drehen sich die Überlegenen gewissermaßen im Kreis. So wichtig diese Fragen auch sind – Überlegene sind besser dran, wenn sie sie vergessen und sich statt dessen den Dynamismen zuwenden, die hinter diesen Fragen stehen.

Ich bitte Überlegene während eines schweren Anfalls von BAS (Bindungs-Ambivalenz-Syndrom), keine grundlegenden Entscheidungen zu treffen. Mein Ziel ist, Ihnen zu helfen, Ihre verdrehten Denkmuster zu verstehen und zu korrigieren. Nur dann können Sie klar erkennen, was Sie von einer Beziehung verlangen.

Strategie 2: Lernen Sie aus Ihren Schuldgefühlen

Wenn Überlegene merken, daß sie ihren Partner nicht mehr lieben, fühlen sie sich schuldig – besonders wenn ihre Partner sie sehr lieben und/oder sehr verletzlich sind.

Laura wurde von Schuldgefühlen geplagt. Ihr war nicht bewußt, daß ihre Schuldgefühle eine große Rolle bei ihren Beziehungsproblemen spielten. Sie dachte, das wäre lediglich eine unerfreuliche Nebenwirkung ihrer negativen Gefühle Paul gegenüber. Schuldgefühle ließen sie den Gedanken verwerfen, daß es eine verständliche, ja sogar vorhersehbare Reaktion wäre, wenn sie Paul wiederhaben wollte. Es erschien ihr natürlicher, ihr Verhalten als heimtückisches Kontrollieren zu verdammen. Schuldgefühle veranlaßten Laura, sich mit selbstpathologisierenden Gedanken zu bestrafen.

Schuld ist ein komplexes Thema, das von den Psychologen heiß diskutiert wird. Ich widerspreche entschieden den Psychotherapeuten, die behaupten, Schuld wäre eine »nutzlose Emotion«. Wie ich schon früher sagte, glaube ich, daß jedes Gefühl aus einem bestimmten Grund auftritt. Maßvolle Schuld kann eine Art moralisches Signal sein, das uns warnt, wenn wir eine andere Person unfair behandeln. Sie kann auch ein Mentor sein, der uns hilft, aus unseren Fehlern zu lernen.

Aber Überlegene neigen zu einer bestimmten Form von unkontrolliertem Schuldgefühl, das ich die »Flüchterschuld« nenne. Es erzeugt in dem Überlegenen eine Kamikazementalität, die zu extrem schädigendem Verhalten führen kann. Überlegenen mit einem »Flüchterschuldgefühl« geht es so schlecht, daß sie »nichts mehr zu verlieren haben«; sie sind über jede Reue hinaus. Untreue und grausames Verhalten treten oft bei den Überlegenen auf, die sich abgeschrieben haben, weil sie ihre Partner nicht mehr lieben. Paradoxerweise neigen sie durch die »Flüchterschuld« dazu, das zu tun, wodurch sie sich am schuldigsten fühlen: Sie tun ihren Partnern weh. Oft führt der unerträgliche Schmerz der Schuld zu der extremsten Handlung des Überlegenen – er flieht vor der Quelle der Schuld, der Beziehung.

Die Übung für das Schuldgefühl

Schuldgefühle töten oft die Empfindungen, die in der Beziehung bestehen. Deshalb dränge ich Überlegene, diese Übung zu machen, wann immer sie Lust dazu haben. Der folgende Prozeß wandelt die Schuldgefühle in eine Hilfsmaßnahme zur *Lösung* entscheidender Beziehungsprobleme.

1. Schritt:
Machen Sie eine Liste Ihrer selbstpathologisierenden Statements

Ich bat Laura aufzulisten, welche Schuld sie sich selbst zur Last legte. Sie schrieb folgendes auf:

»1. Ich bin unreif. Ich erwartete, einen Partner zu finden, den ich für alle Zeiten aufregend und romantisch finden würde.
2. Ich bin emotional so hohl, daß ich jemanden nicht mehr will, sobald ich ihn ›habe‹. Vielleicht bedeutet das, daß ich Angst vor einer Bindung habe.

3. Wenn es um meine Karriere geht, kann ich sehr selbstsüchtig sein. Wenn ich mich zwischen Paul und einem Fall entscheiden müßte, würde ich mich immer für den Fall entscheiden.«

2. Schritt:
Wenden Sie die 50/50-Regel auf Ihre Schuldgefühle an

Bei jedem selbstpathologisierenden Statement schreiben Sie auf, inwiefern es sich *teilweise um eine Übertreibung* und *teilweise um eine Reflexion Ihrer echten Beziehungsprobleme* handelt. Laura schrieb folgendes:

»1. Manchmal lasse ich mich von meinen romantischen Vorstellungen zu sehr mitreißen. Aber ich glaube, ich bin reif genug, um mich in einem anspruchsvollen Beruf durchzusetzen. Paul ist jemand, für den ich große Zuneigung entwickeln kann, aber manchmal ist er so besitzergreifend, daß selbst meine Freunde mich für überraschend tolerant halten.

2. Ich merke, daß ich mich eines Tages meiner Bindungsangst stellen muß, besonders weil ich mir dadurch immer wieder eine bestimmte Art Mann aussuche. Aber man *muß* doch auch vorsichtig sein. Ich kenne viele Leute, die nicht *genug* Angst vor einer Bindung hatten. Sie rutschen in schlechte Ehen, und alles endet damit, daß sie jahrelang bezahlen. Ich bin glücklich, daß wir versuchen herauszubekommen, warum ich Probleme damit habe, Paul zu lieben. Es wird uns eine bessere Chance geben, die richtige Entscheidung zu treffen.

3. Das ist zu mehr als neunzig Prozent Übertreibung. Ich weiß, daß berufstätige Paare, mit denen es am besten klappt, ihre Arbeit und ihr Privatleben säuberlich voneinander trennen. Und das gelingt mir wesentlich besser als Paul.

3. Schritt: Stellen Sie sich den Kernproblemen

Es ist gut, sich *etwas* schuldig zu fühlen, solange Sie sich nicht selbst pathologisieren. Benutzen Sie Ihr Schuldgefühl als Motivation, um Verhaltensmuster zu suchen, die weh tun, und sprechen Sie mit Ihrem Partner darüber. Geben Sie zu, daß Sie in den Dynamismen der Beziehung eine Rolle spielen, aber denken Sie immer an die Tatsache, daß Ihre Probleme durch ein Ungleichgewicht entstanden sind, das sowohl Sie als auch Ihr Partner ausgelöst haben können.

Selbst wenn Sie etwas getan haben, was Ihren Partner verletzt hat, werden Sie ihn/sie aufs äußerste verletzen, wenn Sie sich selbst verdammen. Sagen Sie sich: »Ja, ich habe Fehler gemacht. Was kann ich jetzt tun, damit diese Beziehung klappt?«

Schuldgefühle verleihen der Beziehung einen stark negativen Beigeschmack. Aber wenn Überlegene die Kontrolle über ihre Schuldgefühle erlangen, tritt dieser negative Beigeschmack in den Hintergrund. Darum arbeite ich zu Anfang meiner Therapie mit Überlegenen so gern mit der »Flüchterschuld«. Von diesem Schuldgefühl befreit, verbessert sich die Haltung eines Überlegenen der Beziehung gegenüber oft verblüffend.

Strategie 3: Nutzen Sie Ihre Wut

Einerseits fühlen sich Überlegene schuldig und tadelnswert, andererseits empfinden sie eine Menge verständliche Wut. Sie sind wütend auf ihre Partner, weil diese sie enttäuscht haben, und sie sind wütend, weil sie sich so eingeengt und unbefriedigt fühlen. Aber nur selten empfinden Überlegene ihre Wut als gerechtfertigt, weil der Unterlegene gewöhnlich so liebevoll und verletzbar ist.

Selbst unter den besten Bedingungen haben die meisten Menschen Schwierigkeiten, ihrer Wut wirkungsvoll Ausdruck zu verleihen. Überlegene sind da keine Ausnahme. Während ihre Wut stärker wird, tun sie gewöhnlich eins von drei Dingen: Sie klagen an und schieben alle Schuld ihrem Partner zu; sie behalten die Wut für sich, so daß sie sich in Schuldgefühle und Selbstpathologisierung verwandelt; oder sie finden indirekte Wege, um sie auszudrücken.

Wenn Ihnen auffällt, daß Sie ständig wegen Kleinigkeiten ärgerlich werden oder »in die Luft gehen«, dann geben Sie wahrscheinlich Ihrer Wut wegen größerer Beziehungsprobleme am falschen Ort Ausdruck. Miles verlor zum Beispiel gelegentlich die Beherrschung, wenn Beth die trivialsten Dinge tat – wie beispielsweise das Licht brennen lassen. Laura fauchte Paul einmal wegen seines Schnarchens an. Das Problem ist, daß die Wut direkt den Dynamismen der paradoxen Leidenschaft in die Hände spielt, denn sie schadet der Selbstachtung des Unterlegenen und facht das Schuldgefühl des Überlegenen weiter an. Und die Wut des Überlegenen wächst immer weiter, weil die Kernprobleme nicht berührt werden.

Kommunikation ohne Schuldzuweisung ist der Schlüssel, um Wut *direkt* und *konstruktiv* über die grundlegenden Probleme auszudrücken. Wenn Sie sehr wütend auf Ihren Partner sind, dann sollten Sie das achte Kapitel noch einmal lesen. Ich biete meinen Patienten, die Überlegene sind, auch eine Analogie an, die ihnen stets geholfen hat, ihre Wut zu verstehen, zu akzeptieren und neu zu kanalisieren.

Menschen, die sich um einen kranken Partner kümmern müssen, sind oft wütend und ärgerlich. Plötzlich werden ihnen neue Verantwortlichkeiten und Einschränkungen aufgebürdet. Im allgemeinen interpretieren sie es fälschlicherweise so, daß die Ursache für ihre Wut *der kranke Partner* ist. Und das bringt sie dazu, sich selbst zu verdammen, weil der Partner so hilflos und bedürftig ist. Menschen in dieser Situation kann man als Therapeut ungemein mit dem Rat helfen, ihre Wut auf die *veränderte Lebenssituation* und nicht auf den Partner zu lenken. Dieser Ansatz fördert das Bewußtsein »ich schaffe es«, so daß man das Beste aus der Situation machen kann.

Für Überlegene hat es dieselbe Wirkung, wenn sie den Beziehungsdynamismen die Schuld geben. Wenn man Wut so begründet, wird sie gerechtfertigt und verleiht sogar neue Energie. Überlegene können Wut in eine starke Motivation umwandeln, wenn sie sagen: »Diese Situation macht mich wütend, und ich werde alles tun, damit ich sie verbessern kann.«

Strategie 4: Lernen Sie, Ihren Partner klar zu sehen

Wenn Unterlegene dem Katastrophendenken verfallen, bilden sie sich ein, daß sie ohne die Beziehung nicht leben können. Wenn Überlegene dem Katastrophendenken verfallen, bilden sie sich ein, sie könnten nicht in der Beziehung leben – daß sie für immer und ewig mit Partnern leben müssen, die sie weder anziehen noch befriedigen. Sie verlieren das sexuelle Interesse an ihren Partnern und reagieren darauf, indem sie ihr »unreifes« Verlangen nach romantischer Erregung pathologisieren. Sie fangen an, sich zu fragen, ob ihre Ansprüche nicht zu hoch sind.

Bitte, verwerfen Sie Ihre negative Einstellung gegenüber Ihrem Partner nicht. Es könnte sehr gut möglich sein, daß die Persönlichkeit Ihres Partners, seine Intelligenz, sein Aussehen, sein Humor und so weiter einfach nicht gut zu Ihren Bedürfnissen passen. Außerdem sollten Sie daran denken, daß die Position des Überlegenen Sie dazu zwingt, die schlechten Seiten Ihres Partners zu sehr zu betonen und Sie die guten Seiten übersehen läßt. Seien Sie besonders sensibel solchen Verdrehungen gegenüber, wenn Ihre Beziehung einmal im Gleichgewicht war, aber dann wegen einer situationsbedingten Veränderung abrutschte.

Die Übung zur Objektivierung:
Diese Übung hilft Überlegenen, ihre Partner objektiv zu sehen, und zerstreut auch ihre Angst zu heucheln.

Zuerst schreiben Sie eine Liste der negativen Eigenschaften Ihres Partners, die Sie stören. Lassen Sie sich diese Liste von Ihren instinktiven Gefühlen diktieren, und machen Sie sich für nichts, was Sie empfinden, herunter.

Als nächstes schreiben Sie daneben eine Liste der positiven Eigenschaften Ihres Partners, die ein Ungleichgewicht entwertet haben könnte. Es könnte Ihnen helfen, wenn Sie daran denken, was Sie zuerst an Ihrem Partner angezogen hat.

Das sind die Listen, die Laura über Paul verfaßte:

Schlechte Eigenschaften	*Gute Eigenschaften*
Er gibt sich zuviel Mühe	Man respektiert ihn sehr
Er ist unsportlich	Er ist sehr gescheit
Sein unmodernes Aussehen	Er hat das gewisse Etwas
Sein ungeselliges Verhalten	Er ist liebevoll und nett
Er ist besitzergreifend	Er ist großzügig

Untersuchen Sie die negativen Eigenschaften, und denken Sie darüber nach, *ob sie in Wirklichkeit auf die Position des Unterlegenen zurückzuführen sind.* Laura fiel auf, daß Pauls unattraktives Verhalten in ihrer Gegenwart wahrscheinlich in seiner Unsicherheit begründet lag. Sie zog auch den Schluß, daß sich seine negativen Eigenschaften durch die Sichtweise einer Überlegenen noch verstärkten.

Als nächstes stellen Sie sich Ihren Partner in einer Situation – zum Beispiel bei einer Party – vor, bei der seine/ihre Unsicherheit besonders hervortritt. Stellen Sie sich sein/ihr unsicheres, unterwürfiges Verhalten genau vor. Registrieren Sie, wie Ihre negative Einstellung wächst?

Jetzt geben Sie ihm die Rolle eines Partners, der sicher ist und dem Ihre Liebe Selbstvertrauen gibt. Sie schauen sich im Raum um, und da steht er, in eine Unterhaltung mit interessant aussehenden Menschen vertieft. Er zwinkert Ihnen zu, wenn er merkt, daß Sie ihn anschauen. Oder eine alte Liebe von Ihnen kommt, um sich mit Ihnen zu unterhalten, und Ihr Partner entschuldigt sich, um Ihnen Zeit zu geben, mit ihm allein zu sein. Wenn Sie Ihren alten Freund verlassen, um sich wieder zu Ihrem selbstbewußten, sicheren Partner zu gesellen, drückt er Ihre Hand und sagt: »Ich habe dich vermißt.«

So stellte sich Laura einen selbstbewußten, sicheren Paul vor. »Es ist lustig«, sagte sie, »aber genau so ist er am Arbeitsplatz.« Sie merkte auch, warum – in beruflichen Fragen war er sicher und selbstbewußt, da war er kein Unterlegener.

Ich versicherte Laura, es wäre durchaus möglich, daß sich

Paul auch in seiner Beziehung wirklich sicher fühlen würde. Man mußte nur an den Dynamismen arbeiten, die ihnen beiden weh taten. Dann fragte ich sie, wie eingeengt sie sich noch immer fühlte. Wie viele meiner überlegenen Patienten erwiderte sie: »Das tue ich nicht. Hauptsächlich fühle ich mich aufgeregt und herausgefordert. Ich möchte wirklich anfangen, daran zu arbeiten.«

Strategie 5: Halten Sie sich die Option auf Freiheit offen

Die Option auf Freiheit ist ein sehr gutes Konzept, das vielen meiner Patienten geholfen hat, mit ihrem Gefühl, zu heucheln, umzugehen und ihre Ambivalenz zu lösen. Es ist die direkteste Methode, mit dem Eingeengtsein umzugehen.

Es ist egal, aus welchem Grund dieses Gefühl entstanden ist. Es könnte die Angst, keine bessere Beziehung zu finden, die Furcht vor der Unabhängigkeit, Pflichtgefühl, Sorgen, was die Leute denken könnten, Schuldgefühle und Angst, einen Partner oder unmündige Kinder emotional zu zerstören gewesen sein.

Wenn Sie an dem Glauben festhalten, daß Sie in Ihrer Beziehung in der Falle sitzen – aus welchem Grund auch immer –, so garantiert das drei Dinge: daß Sie tatsächlich in der Falle sitzen, daß Sie unglücklich sind, weil Sie sich so eingeengt fühlen, und daß Ihr Widerstand gegen die Beziehung wächst. Versuche, Ihr Elend zu unterdrücken, lassen Ihre Gefühle noch garstiger werden. Sie könnten Ihren Frust durch den Mißbrauch schädlicher Substanzen, Seitensprünge und das emotionale Aushungern Ihres Partners ausleben.

Wie wir gesehen haben, haben die Behandlungsmöglichkeiten der paradoxen Leidenschaft auch oft selbst einen Hang zum Paradoxen. Und genauso ist es mit der Option auf Freiheit. Sich die Option auf Freiheit offenzuhalten bedeutet zu akzeptieren, daß Sie die Beziehung verlassen können und sollen, wenn Ihr Frust weiter wächst. Es bedeutet, daß Sie sich selbst sagen können, daß Sie *jedes Recht* haben auszusteigen, wenn Ihre Bedürfnisse nicht befriedigt werden.

Wenn Sie sich dieser Dinge versichern, werden Sie Ihre Chancen, die Beziehung wiederzubeleben, unerhört verbessern. Diese Denkweise macht Sie freier, deshalb wird das Verlangen geringer, gegen die Fesseln der Beziehung anzugehen. Wenn Sie aufhören, sich von Ihrem Partner zurückzuziehen, braucht Ihr Partner sich nicht an Sie zu klammern.

Deshalb bekämpft die Option auf Freiheit die Dynamismen des Paradoxons:

- Sie befreit Sie von panikartigen, verdrehten, negativen Gedanken über Ihren Partner.
- Sie erlaubt Ihnen, Ihre Beziehung objektiver einzuschätzen.
- Sie spornt Sie eher an, die Beziehung zu verbessern.
- Sie hilft Ihnen, wieder Liebe zu empfinden.

Die Übung für die Option auf Freiheit:

Als Peg mit der Einzeltherapie anfing, fühlte sie sich nicht nur gefangen, sondern auch bewegungsunfähig. Ihre »Lösung« – eine anhaltende Phantasie, Witwe zu sein – verursachte nur noch größere Probleme. Oft malte sie sich aus, daß Bill eines natürlichen Todes starb und sie ehrenhaft von der Ehe befreit wäre. Doch sie konnte das Gefühl, frei zu sein, nie länger als einen Augenblick genießen, weil sie dann sofort anfing, sich zu hassen und depressiv zu werden. Wenn Bill trank oder sie mißhandelte, meinte sie, sie hätte kein Recht, sich gegen ihn zu wehren. Schließlich verdiente eine Frau es, mißhandelt zu werden, die sich vorstellte, daß ihr Mann starb. Daher nährten ihre Phantasien das Gefühl, gefangen zu sein, noch mehr.

Ein großer Teil der Therapie besteht darin, Patienten zu zeigen, daß sie viel mehr Möglichkeiten haben, als sie wissen. Obwohl das Hauptziel meiner Therapie war, Peg zu helfen, ihre Ehe zu retten, empfand ich es als ungeheuer wichtig, daß sie die folgende Übung ziemlich früh durchführte. Ich wollte ihr zeigen, daß sie, wenn sie ihr Recht akzeptieren könnte, Bill zu verlassen, falls er seine Mißhandlungen fortsetzte, eher die Berechtigung spüren würde, ihn mit ihren gemeinsamen Problemen zu konfrontieren. Sie schrieb folgendes:

Gründe, warum ich bleiben muß	*Die Freiheitsoption*
Bill braucht mich. Wenn ich ihn verlasse, dann endet er womöglich in der Gosse.	Bill ist ein erwachsener Mensch, der die Verantwortung für seine Taten übernehmen muß. Ich habe das Recht, geliebt und respektiert zu werden.
Unsere gemeinsame Vergangenheit	Ich halte unsere gemeinsame Vergangenheit in Ehren, aber das ist kein Grund, warum ich jetzt und in Zukunft mit Mißhandlungen leben muß.
Die Jungen	Alle beiden haben mir unter vier Augen ihre Unterstützung zugesichert, falls ich Bill verlassen sollte.
Ich habe geschworen, Bill in guten wie in schlechten Tagen beizustehen.	Es stimmt, daß ich bessere Methoden lernen muß, um Bill zu helfen, wenn es ihm schlecht geht, aber ich habe nicht geschworen, Mißhandlungen zu ertragen.
Die Angst vor einer Scheidung.	Ich werde den Schmerz überleben und wahrscheinlich mit der Zeit glücklicher sein.
Ich bin zu alt, um einen neuen Partner zu finden.	Vielleicht, vielleicht auch nicht. Aber mir wird es allein besser gehen, als mit Bill, wie er jetzt ist.

Peg fiel es anfangs schwer, sich mit der Option auf Freiheit wohl zu fühlen, weil sie, wie sie selbst zugab, an dem »altmodischen ›halte zu deinem Mann‹« festhielt. Aber als wir an der Übung arbeiteten, fühlte sie sich weniger eingesperrt. Peg akzeptierte, daß sie für *ihre* Rechte und Bedürfnisse in der Ehe kämpfen konnte. Und wenn Bill nicht willens war, seinen Teil beizusteuern, hatte sie die Möglichkeit zu gehen.

Die Realität von unmündigen Kindern und begrenzten finanziellen Möglichkeiten könnten die Option auf Freiheit zu einer bloßen Phantasievorstellung machen. Aber auch das ist nicht so, wie es scheint. Sie sollten sich langfristige Ziele setzen, die Ihnen mehr Freiheit und Unabhängigkeit verschaffen, uns sich ihnen realistisch nähern. Das könnte bedeuten, zu warten, bis die Kinder in die Schule gehen, sich einen Abschluß auf der Abendschule zu erwerben oder eine Teilzeitbeschäftigung aufzunehmen. Jede konkrete Anstrengung, Ihr Leben zu verändern, wird Ihnen das Gefühl, in der Falle zu sitzen, nehmen und Ihre Laune heben. Wenn Sie sich nicht mehr eingeschränkt fühlen, werden Sie sich auch in Ihrer Beziehung besser fühlen.

Aber denken Sie nicht, daß Sie gehen müssen.
Die Option auf Freiheit ist nicht dazu da, dem Überlegenen beim ersten Anzeichen von Ärger zu ermöglichen, die Beziehung zu verlassen. Statt dessen ist sie für Überlegene entworfen, die Schuldgefühle haben und sich fürchten zu gehen oder durch bestimmte Realitäten blockiert sind. Das oberste Ziel der Option auf Freiheit ist, ambivalenten, bewegungsunfähigen Überlegenen das Gefühl zu vermitteln, daß es mehrere Möglichkeiten *und* emotionale Sicherheit gibt. In meiner Praxis habe ich gesehen, wie die Option auf Freiheit viele Überlegene, die am Verzweifeln waren, in effektive Problemlöser verwandelte.

Strategie 6: Nähe auf Probe

Das ist das Kernstück meiner Therapie mit Überlegenen. Nähe auf Probe – die Antwort des Überlegenen auf die gesunde Distanz des Unterlegenen – ist genau das, wonach es klingt: Das Gegenteil einer Trennung auf Probe.

Wie Sie wissen, verführt Ihre emotionale Distanz Ihren Partner dazu, auf Sie den Druck nach mehr Nähe auszuüben, wenn das Paradox am Werk ist. Aber diese Anstrengungen fallen auf den Unterlegenen zurück, weil Sie sich jetzt nach noch mehr Distanz sehnen. Stellen Sie sich einmal vor, was passieren würde, wenn Sie plötzlich die Nähe Ihres Unterlegenen suchen.

Ich habe die Resultate gesehen, und oft sind sie verblüffend. Ein Unterlegener fühlt sich sehr schnell sicherer und weniger bedürftig. Er/sie wird Selbstvertrauen, Gelassenheit, emotionale Kontrolle, Spontaneität und oft auch die Anziehungskraft auf den Überlegenen wiederbekommen. Manchmal wird die Beziehung allerdings immer noch nicht stimmen – nämlich dann, wenn das Ungleichgewicht sehr tief geht. Aber Nähe auf Probe bietet den besten Weg, um diese Entscheidung zu treffen und die Ambivalenz bezüglich der Beziehung aufzulösen.

Die wichtigsten Worte sind hier *auf Probe*. Dieser Ansatz befreit Sie von der *Verpflichtung* zur Nähe und hält Ihnen die Tür zur Freiheit weit offen. Ihr Ziel ist nicht, Nähe zu empfinden, sondern zu sehen, ob Sie Nähe empfinden *können*. Das unterscheidet sich sehr von dem Ansatz der traditionellen Paartherapie, bei dem der Überlegene als derjenige angesehen wird, der Nähe und Bindung meidet. Er/sie wird dazu gedrängt, das zu überwinden. Diese »Lösung« bietet nur oberflächliche Nähe und geht nicht konkret auf die distanzierten Gefühle des Überlegenen ein.

Wenn Sie es mit der Nähe auf Probe versuchen, haben Sie das Ziel, der Ambivalenz ein Ende zu machen. Ganz gleich, ob Sie nun hinterher Ihren Partner wieder lieben oder ob Sie sich größere Distanz wünschen – Sie haben auf jeden Fall innerhalb der Beziehung eine Perspektive, Einsicht und eine größere Sicherheit.

Sie fühlen sich in Ihrer Beziehung distanziert, frustriert und halten Sie für negativ. Doch ich bitte Sie, Ihrem Partner näherzukommen. Wie können Sie das erreichen, ohne Widerstreben und Ärger zu empfinden oder überkritisch zu werden?

Fangen Sie die Nähe auf Probe mit Kommunikation ohne Schuldzuweisung an.
Sie sollten unbedingt wissen, daß der Hauptbestandteil der Nähe auf Probe die Kommunikation ist. Wenn Sie Ihre Gefühle – *sogar Ihre negativen Gefühle* – in Begriffe fassen, die keine Schuldzuweisung enthalten, kommen Sie Ihrem Partner einen Schritt näher.

Laura hatte Angst davor, Paul etwas über ihren Frust und ihre Schuldgefühle zu sagen. Ich riet ihr, sich Zeit zu nehmen, damit sie über die Begriffe ohne Schuldzuweisung nachdenken konnte, die zu dieser Aufgabe paßten. Sie machte genau das, was Paul schon getan hatte – sie faßte ihre Gedanken in einer Analogie zusammen. Das kann eine sehr effektive Möglichkeit sein, um die Wirkung zu maximieren und die Schuldzuweisung möglichst gering zu halten. Sie sagte folgendes:

> »Paul, erinnerst du dich daran, wie du mir einmal erzählt hast, daß es dir schwerfällt, deine Mutter zu besuchen, weil es sie so aufregt, dich zu sehen? Sie verwöhnt und bedient dich, bis du dich schuldig fühlst. Und du kommst immer wieder frustriert zurück, weil du gehofft hattest, daß ihr einfach entspannt und locker zusammensein könntet. Nun, ich glaube, daß wir uns manchmal ähnlich verhalten. Du kannst so nett und aufmerksam zu mir sein, daß ich anfange, mich schuldig zu fühlen, und frustriert bin. Und dann fällt es mir schwer, mich *nicht* zurückzuziehen, was immer dann der Fall ist, wenn du es übertreibst.«

Obwohl es Paul weh tat, gab Lauras Vergleich ihm doch eine neue Perspektive, was seine Rolle bei ihren gemeinsamen Problemen anging. Und Laura spürte nicht mehr die Last ihrer entscheidendsten negativen Gefühle. Das Ergebnis war, daß sie sich Paul näher fühlte und gewillt war, alles zu versuchen.

Manchmal reinigt das Lautwerdenlassen negativer Gefühle nicht die Luft, und verschafft Ihnen auch nicht das Gefühl von

Nähe. Das ist besonders dann der Fall, wenn Sie es zum ersten Mal probieren. Wenn einer oder Sie beide sich bedroht fühlen, könnte dieses Gespräch mit einem Streit enden oder damit, daß einer von beiden sich zurückzieht. Diese Art, miteinander zu reden, ist ein sehr schwieriger Schritt. Schließlich bieten Sie dem Unterlegenen echte Nähe an – Ihre wahren Gefühle in einem Paket ohne Schuldzuweisung. Sie geben dem Unterlegenen, dem die Dinge, die Sie stören, möglicherweise nicht bewußt sind, auch wichtige Informationen.

Manchmal verzögert sich die Reaktion auf die negativen Enthüllungen. Einen oder zwei Tage nach einer solchen Unterhaltung wird ein Unterlegener sich oft seinem Partner nähern und sagen, wie froh er/sie darüber ist, daß diese Themen zur Sprache gekommen sind. Paul sagte später über Lauras Enthüllung:

> »Es sagte mir, daß ihr unsere Beziehung nicht gleichgültig war. Und es gab mir eine Anregung, was ich tun könnte, damit es besser lief. Ich fühle mich jetzt sicherer.«

Teilen Sie die kleinen Dinge miteinander.
Überlegene neigen dazu, mit ihren Partnern nicht mehr die Gefühle, Gedanken und Erlebnisse zu teilen, die die Nähe zwischen zwei Personen ausmachen. Freunde teilen so etwas miteinander, und ich bitte Überlegene, das bei ihren Partnern zu versuchen – die Freundschaft wieder zu beleben.

Als Peg ihr Geschäft aufmachte und Bill noch arbeitete, hatten sie »faszinierende Unterhaltungen« über ihre Entdeckungen und Erlebnisse als frischgebackene Geschäftsfrau gehabt. Aber Bills Karriereknick und sein persönlicher Abstieg machten ihrer Freundschaft und diesen Mitteilungen ein Ende. Jetzt wollte Peg diesen Aspekt ihrer Beziehung neu beleben.

> »Wenn das Wetter schön war, saßen wir gewöhnlich am späten Nachmittag auf der Veranda, sahen dem Sonnenuntergang zu und redeten. Deshalb lud ich ihn eines Abends, als ich heimkam, nach draußen ein. Ich wollte ihm nur von meinem Tag erzählen. Ich erwähnte etwas, was ich auf der Heimfahrt im Radio gehört hatte, und daß eine alte Freundin in den Laden gekommen war. Anfangs reagierte er kaum, aber dann fragte ich ihn etwas wegen einer proble-

matischen Angestellten. Und er wurde irgendwie munter. Was er sagte, war richtig klug, und ich lobte ihn auch. Und dann fragte ich ihn, wie sein Tag gelaufen wäre. Er erzählte mir von einer lustigen Unterhaltung, die er mit einer Zeugin Jehovas, die an die Tür gekommen war, gehabt hatte. Wir blieben draußen sitzen, bis es zu kühl wurde.«

Peg zeigte Bill, daß sie ihm etwas von sich geben wollte. Indem sie seinen Rat suchte, bestätigte sie ihm, daß sie ihn schätzte und eine seiner Stärken würdigte. Peg bat um Bills Freundschaft. Peg berichtete, daß sie über eine Woche »hinein- und hinausgingen«. Aber sie hielt durch, bis neue Kommunikationsmuster und positives Miteinanderteilen Wurzeln geschlagen hatte.

Experimente mit Zuneigung

Wenn ein ambivalenter Überlegener der Beziehung positiv gegenübersteht, schlage ich vor, daß er/sie mit Zuneigung experimentiert. Er/sie unternimmt einfach die geballte Anstrengung, Zuneigung auszudrücken. Viele Überlegene sind angenehm überrascht, wenn sie entdecken, daß es ihre Zuneigung verstärkt, wenn sie sie zeigen.

Die Dynamik, die das ermöglicht, ist die paradoxe Leidenschaft in Reinkultur. Indem sie ihre Zuneigung ausdrücken, helfen die Überlegenen ihren Partnern, mehr Selbstvertrauen zu entwickeln und weniger bedürftig zu sein. Dadurch löst sich im Gegenzug das Klammern des Unterlegenen. Das Ergebnis ist eine bessere Balance zwischen den Partnern.

Denken Sie sich Gesten der Zuneigung aus, die Ihrem Partner viel bedeuten. Miles stellte diese Liste zusammen:

- Ihr die Füße massieren. Beth mag das sehr.
- Ihr Blumen mitbringen.
- Nur für uns zwei ein Wochenende in einem Hotel oder einem Thermalbad buchen.
- Ihr Komplimente machen.
- Sie öfter berühren und küssen.
- Sie mit einem Besuch im Kino oder Theater überraschen.
- Ihr sagen, daß ich sie liebe.

Ich schlug Miles vor, daß er einen dieser Punkte immer dann ausprobieren sollte, wenn es zwischen ihnen gut lief. Nach zwei Wochen fragte ich ihn, wie das Experiment funktioniere.

»Zuerst fühlte ich mich ein wenig gezwungen, wenn ich diese Sachen machte – sogar dann, wenn Beth und ich gut miteinander auskamen. Aber ich dachte immer daran, was Sie gesagt hatten – daß es mein Ziel wäre auszuprobieren, ob ich ihr näherkommen könnte. Ich erklärte Beth sogar, daß ich ihr näherkommen wollte. Und sie reagiert sehr positiv darauf. Sie sagte: ›Wenn das so ist – warum kommst du dann nicht her und schmust mit mir?‹ Wir machen immer noch Höhen und Tiefen durch, aber die Tiefen sind nicht mehr ganz so tief. Und es ist so schön, wenn wir uns unsere Zuneigung zeigen, daß ich das weitermachen möchte.«

Obwohl es eigentlich nicht sein Ziel war, hatte Miles herausgefunden, daß es zu einer sehr zärtlichen Liebesbeziehung führte, wenn man mehr Zuneigung in die Beziehung einbrachte. Das gefiel Beth auch.

Ein Experiment mit Verletzlichkeit

Ich bitte meine Patienten, ihren unterlegenen Partnern etwas von ihren verletzbarsten Punkten, den tiefsten Ängsten, Selbstzweifeln und Geheimnissen zu erzählen – Dinge, die sie nie zuvor jemandem erzählt haben. Das mag beängstigend erscheinen, aber es ist eine gute Methode, um eine unausgeglichene Partnerschaft ins Gleichgewicht zu bringen. Irgendwie macht Ihr emotionales Risiko *Sie* zum Unterlegenen und Ihren Partner zu demjenigen, der zeitweise die Kontrolle hat. Wieder können die Ergebnisse sehr positiv sein. Es tut gut, ein wenig die Deckung herunterzunehmen und es einer anderen Person zu erlauben, das zu teilen, was eine größere emotionale Belastung sein kann, als Sie annehmen.

Laura versuchte es mit dieser Strategie. In einer gemeinsamen Sitzung berichtete sie, wie es gelaufen war:

»Am nächsten Abend erzählte ich Paul etwas, was ich noch niemandem erzählt hatte. Nun ja, es ging um meine Mutter. Sie litt unter Depressionen. Sie ist ein paarmal eingewiesen worden, einmal nach einem Selbstmordversuch. Man hat uns erzählt, sie würde ihre Schwester besuchen. Aber ich erfuhr die Wahrheit – auch die Tatsache, daß sie mit Elektroschocks behandelt wurde – erst, als ich im College war. Und ich merkte, daß ich Angst davor hatte, anderen davon zu erzählen, weil man dann denken könnte, ich wäre vielleicht auch nicht ganz richtig im Kopf. Aber das erzeugte in mir Schuldgefühle und das Gefühl, einer Frau gegenüber unloyal zu sein, die mich so geliebt hatte.«

Laura brach ab und holte tief Luft, um die Tränen zu unterdrükken. Sie nahm Pauls Hand und drückte sie. Dann beendete sie ihren Gedankengang.

»Egal – als ich es Paul erzählte, sagte er genau das Richtige und hielt mich fest. Und ich fühlte mich sehr geborgen und verstanden.«

Verletzlichkeiten mit Partnern zu teilen und als Gegenleistung emotionale Unterstützung zu bekommen ist ein guter Anfang, sich nahezukommen. Manche Überlegene meiden solche Enthüllungen, weil sie die Kontrolle nicht verlieren wollen. Doch wenn Überlegene in ihren Beziehungen emotionale Risiken auf sich nehmen, empfinden sie viel tiefer. Laura meinte, daß sie sich so gut gefühlt hätte, nachdem sie Paul alles gestanden hatte, daß sie sich wünschte, sie hätte es schon früher getan.

Jetzt noch ein paar mahnende Worte über diese Strategie: Sie dürfen nicht meinen, daß Sie Ihrem Partner Ihre *ganze* Vergangenheit beichten müssen. Fangen Sie mit etwas an, bei dem Sie sich ganz wohl fühlen, und beobachten Sie, seine Reaktion. Überfallen Sie Ihren Partner nicht aus heiterem Himmel damit. Fragen Sie ihn/sie, ob er/sie etwas ganz Persönliches von Ihnen erfahren möchte. Setzen Sie einen Termin fest, wann Sie darüber sprechen wollen, wenn es im Moment nicht paßt.

Schließlich sollten Sie darauf vorbereitet sein, Angst zu haben – es sogar begrüßen. Es ist ein Zeichen dafür, daß Sie sich wirklich verletzbar machen und nicht nur einfach wie eine Marionette agieren.

Erklären Sie, was Sie tun.
Wenn Sie Ihrem Partner nichts über die Nähe auf Probe erzählen, helfen diese Strategien trotzdem Ihrer Beziehung. Aber wenn Sie sich dafür entscheiden, über die Nähe auf Probe zu sprechen, machen Sie Ihrem Partner klar, daß Sie die Beziehung genug schätzen, um auf ihre Verbesserung hinzuarbeiten. Und das bringt den Unterlegenen dazu, seinen/ihren Teil dazu beizutragen, damit alles besser wird.

Wenn der Unterlegene und der Überlegene gesunde Distanz und Nähe auf Probe koordinieren, bekommt das Paradox eine doppelte Dosis Medizin. Es verliert seine Macht als negative Kraft in der Beziehung. Dadurch können sich die Partner von den verdrehten Gedankengängen und den extremen Verhaltensweisen lösen, die durch die paradoxe Leidenschaft entstanden sind. Klarer und ruhiger können sie jetzt als Team an den grundlegenden Problemen arbeiten.

Manche Überlegene wollen nicht mit ihren Partnern über die Nähe auf Probe sprechen, weil sie glauben, es würde zu sehr nach einem emotionalem Spielchen klingen. Schließlich macht es die Nähe auf Probe erforderlich, daß der Überlegene seinen Partner (und sich selbst) einem »Beziehungstest« unterzieht. Das könnte den Unterlegenen nervös machen – also warum soll man es ihm/ihr erzählen?

Ich erwidere darauf immer, daß Überlegene im Geist sowieso schon die Beziehung testen, weil sie entscheiden wollen, ob sie gehen oder bleiben sollen. Unterlegene spüren das gewöhnlich. Ein »Beziehungstest« läuft also sowieso schon ab. Aber es ist heilsamer, wenn dieser Test bewußt, geplant und ergebnisorientiert abläuft. Der Überlegene, der seinem Partner sagen kann: »Wir haben Probleme, laß uns sehen, ob wir etwas verbessern können«, hat die ganze Sache schon verbessert.

Die Betonung während der Nähe auf Probe sollte auf die *Qualität* der Zeit gelegt werden, die Sie mit Ihrem Partner verbringen, nicht auf die *Quantität.* Wenn Sie sich verpflichtet fühlen, während der Nähe auf Probe jede freie Minute mit Ihrem Partner zu verbringen, wird es Ihnen schwerfallen, zu einer liebevollen Einstellung zu finden. Andererseits könnte es durchaus sein, daß Sie und Ihr Partner nur selten Zeit für sich allein haben – wegen beruflicher und elterlicher Pflichten. Wenn das der Fall ist, setzen sie Termine fest, an denen Sie regelmäßig allein zusammen sind.

Stellen Sie keine Bedingungen.
Nähe auf Probe wirkt am besten, wenn Ihre emotionale Nähe *bedingungslos* angeboten wird. Zum Beispiel beinhaltete Pegs Nähe auf Probe das Kochen von Feinschmeckermenüs für Bill, die bei Kerzenlicht am Samstagabend verzehrt wurden. Aber als sie mit dieser »Tradition« anfing, sagte sie Bill nicht: »Ich werde dir tolle Abendessen kochen, wenn du einen Job bekommst und aufhörst im Haus herumzusitzen.« Pegs Handlung bewies Zuneigung und Akzeptanz für Bill. Und diese Stärkung des Egos half ihm dabei, ein Mann zu werden, in den sie sich wieder verlieben konnte.

Strategie 7: Seien Sie geduldig

Als Miles es anfangs mit der Nähe probierte, fühlte er sich »ein bißchen gezwungen«. Aber er gestattete diesem Gefühl nicht, Panik, Schuldgefühle oder Schuldzuweisungen zu fördern. Er wartete geduldig ab. Und mit der Zeit und mit Beth' Hilfe fand er heraus, daß die Liebe zu seiner Frau wuchs, sich vertiefte und beständiger wurde.

Ich kann für die Effektivität der Strategien in diesem Kapitel garantieren, aber wieviel Erfolg Sie damit haben, hängt davon ab, wie geduldig Sie sie benutzen. Die Dynamismen des Ungleichgewichts haben viel Kraft, und manchmal braucht man eine Weile, bis man erkennen kann, ob sie aufgelöst werden können. Manche meiner Patienten arbeiteten bis zu einem Jahr daran, ehe das Gleichgewicht – und die Liebe – wieder zurückkehrten. Diese Überlegene probierten beharrlich verschiedene Strategien aus und blieben bei denen, die ihnen halfen. Sie erlernten die Kunst, sich von Streitigkeiten zu erholen und die unausbleiblichen Rückschläge zu ertragen.

Meine Patienten, die früher Überlegene waren, sagen einstimmig, daß die erneuerte Liebe und Intimität in ihren Beziehungen, die Anstrengungen mehr als wert gewesen ist. Wenn man in eine Beziehung harte emotionale Arbeit investiert, dann verstärkt man die Liebe und vertieft die Intimität.

Überlegene, die nicht in der Lage sind, wieder zu lieben, erreichen trotzdem das Ende ihrer Ambivalenz, weil ihre Probleme gelöst wurden. Sie wissen, daß sie ihr Bestes getan haben, damit die Beziehung funktioniert, und das kann das Endstadium für jeden ein bißchen leichter machen.

11. Kapitel

Die Suche nach den Wurzeln – Welche Rolle spielen Situationen, Geschlecht und Anziehungskraft?

Sie haben gelernt, mit Ihren Partnern über problematische Themen zu sprechen und darüber, wie Sie zerstörerische Verhaltensmuster in Ihrer Beziehung erkennen können. Sie kennen auch äußerst effektive Methoden zur Bekämpfung von überlegenen und unterwürfigen Gedanken und Handlungen.

Jetzt wollen wir tiefer gehen – zu den wahren Ursachen des Ungleichgewichts in Ihrer Beziehung. Was erzeugt die Verhaltensmuster, den Ärger und den Schmerz?

Im zweiten Kapitel haben Sie gelernt, daß ein Ungleichgewicht drei Ursachen haben kann: Situationsbedingte, Unterschiede bei der Anziehungskraft und Unvereinbarkeiten im Persönlichkeitsstil. Ich erlebe oft unausgeglichene Beziehungen, die mehr als ein Symptom zeigen. Aber jede Beziehung hat eine bestimmte Stelle, an der sie verwundbar ist – gewissermaßen die Achillesferse der Beziehung –, und es ist wichtig zu erfahren, welche Stelle das bei Ihnen ist. Wenn Sie es wissen, können Sie für Schutz sorgen.

Situationsbedingtes Ungleichgewicht

Beth und Miles fingen als ausgeglichenes, gleichberechtigtes Paar an. Aber als Beth zu der Zeit, als Miles sein Restaurant eröffnete, Vollzeit-Mutter wurde, setzte sie das einem enormen Druck aus. Ihre Rollen veränderten sich und damit auch ihre Machtpositionen. Mit dem Verlust der Balance kam es zu Panik, Verwirrung und Frustrationen. Beth sagte: »Ich war verblüfft, als ich merkte, daß sich zwischen uns alles geändert hatte. Was grundsolide ausgesehen hat, war plötzlich zart und zerbrechlich.«

Situationsbedingtes Ungleichgewicht zwingt dazu, sich einzugestehen, daß die Beziehung zerbrechlich ist. Es ist ein Fehler zu glauben, daß Beziehungen nur von innen heraus, durch persönliche Veränderungen oder Unvereinbarkeiten, bedroht werden können. Ereignisse außerhalb der Beziehung können Ihr Intimleben stark beeinflussen, weil sie an Ihre emotionalen Reserven gehen. Wenn sich die emotionale Investition ändert, ändern sich auch die zwischenmenschlichen Dynamismen.

Ein Fallbeispiel: Als Beth ihren Beruf aufgab, entzog sie sich die persönliche und berufliche Anerkennung, an die sie gewöhnt war. In der neuen Rolle als Mutter fühlte sie sich unsicher und bekam auch nur wenig Anerkennung. Aber ihre emotionale Bedürftigkeit hätte es nicht gegeben, wenn sich ihre Situation nicht geändert hätte.

Auch bei Miles hatte sich die Situation geändert. Er war noch nie zuvor einer solch bedrückenden »Friß-oder-stirb«-Situation ausgesetzt gewesen.

> »Es stand alles auf dem Spiel. Die Geldgeber waren sehr freigebig, aber dahinter stand die Botschaft, daß sie mich fertigmachen würden, wenn das Restaurant pleite machte. Ich habe fälschlicherweise angenommen, daß Beth zu Hause schon allein zurechtkäme.«

So konzentrierte sich Miles emotional auf das Restaurant – zu Lasten der Beziehung. Wenn Beth immer noch berufstätig gewesen wäre, hätte diese Veränderung nur ein leichtes Ungleichgewicht zur Folge gehabt. Aber wenn man ihre neue Bedürftigkeit einrechnet, war das Ungleichgewicht extrem.

Die meisten Paare, die mich konsultieren, leiden unter einem situationsbedingten Ungleichgewicht – sie wissen es nur nicht. Die menschliche Eigenheit, einer *Person* die Schuld zu geben, macht sie für den ungeheuren Einfluß, den eine aufreibende Situation darauf haben kann, blind. Manchmal machen sie Feststellungen, die der Wahrheit sehr nahekommen: »Es war nicht mehr dasselbe, seit Mutter operiert wurde«, oder (was ich sehr oft höre) ». . . seit wir Topeka (oder irgendeinen anderen Ort) verlassen haben«. Die Lösung entgeht ihnen – daß nämlich nahezu jedes Paar in ihrer Lage genau den gleichen Beziehungszwängen erliegen würde.

Ich bin gewöhnlich erleichtert, wenn ich bei meinen Patienten Symptome für situationsbedingtes Ungleichgewicht entdecke. Es ist die Form von Ungleichgewicht, die am besten zu behandeln ist. Manchmal genügt es, sie den Paaren zu erklären, damit sie schnell wieder ins Gleis kommen.

Doch bei den meisten Paaren ist es nicht ganz so einfach. Ein Ungleichgewicht zu erleben ist ein bißchen so, als würde man die Büchse der Pandora einen Spaltbreit öffnen. Emotionale Dämonen werden losgelassen, und man muß zusätzlich zu der unausgeglichenen Situation auch noch mit ihnen zurechtkommen.

Ein situationsbedingtes Ungleichgewicht erkennen

Als Sie und Ihr Partner Probleme bekamen, haben Sie da –

- eine Veränderung im Berufsleben erlebt?
- eine aufreibende Veränderung wie einen Umzug, die Geburt eines Babys, eine Heirat oder den Tod eines Elternteils oder einer anderen geliebten Person erlebt?
- eine Familienkrise wie die Rebellion eines Teenagers oder den Einzug eines älteren Verwandten erlebt?
- eine wichtige Aufgabe, Verantwortung oder ein Projekt wie die Teilnahme an einer politischen Kampagne, den Vorsitz der Elternpflegschaft oder die Hauptrolle in einer Laienspielgruppe übernommen?
- eine schwere Krankheit oder einen Unfall gehabt?
- eine große Geldsumme gewonnen oder verloren?

Wenn Sie eine dieser Fragen mit ja beantwortet haben, leidet Ihre Beziehung offenbar unter einem situationsbedingten Ungleichgewicht.

Erinnern Sie sich noch an Deborah und Jonathan, die Kunstlehrerin und den Bauunternehmer? Ihre persönlichen Situationen waren relativ ähnlich und stabil. Doch es entwickelten sich zwischen ihnen die Dynamismen der paradoxen Leidenschaft, weil ihre Persönlichkeiten total verschieden waren und nicht zueinander paßten (wir werden dieses Thema später näher erörtern).

Beth und Miles hingegen erkannten sofort, daß ihre Situation ein Ungleichgewicht erzeugte. Diese Wahrnehmung war eine gute Therapie für sie, denn ihr Problem wurzelte in Äußerlichkeiten, die behebbar waren, und nicht in irgendeinem psychologischen Schattenland. Natürlich mußten sie an den Verhaltensmustern des Überlegenen und Unterlegenen, die durch ihre unausgeglichene Situation erzeugt wurden, noch arbeiten. Aber ihre Anstrengungen werden belohnt, wenn sie diese Verhaltensmuster *und* die aufreibende Situation attackieren.

Die Situation verändern

Hier ist ein Programm, das Schritt für Schritt das situationsbedingte Ungleichgewicht aus Ihrer Beziehung entfernt. Es wird Ihnen auffallen, daß es sich hier um eine natürliche Mischung zwischen diesem Programm und sowohl der gesunden Distanz des Unterlegenen als auch der Nähe auf Probe des Überlegenen handelt. Also machen Sie sich keine Gedanken, wie Sie das koordinieren können. Das wird ganz von selbst passieren.

1. Geben Sie der Situation die Schuld

Marcy und Steve, ein Paar in den Vierzigern, kamen zu mir und wußten, daß eine Situation in ihrer Beziehung ein Chaos verursacht hatte. Aber so, wie sie es sahen, hatte diese (nicht ungewöhnliche) Situation bei jedem von ihnen die schlechteste Seite zutage gefördert. Jetzt, da sie die »fürchterliche Wahrheit« voneinander wußten, mochten sie sich nicht mehr.

Sowohl Marcy als auch Steve waren im Verkauf tätig – sie verkaufte Immobilien und er medizinisches Zubehör. Sie hatten zwei kleine Kinder. Alles war gutgegangen, bis Steves verwitwete Mutter nach Kalifornien gezogen war, wo Marcy und Steve lebten. Obwohl sie ihre eigene Wohnung hatte (Marcy: »Sie würde, Gott sei Dank, nicht im Traum daran denken, bei uns im Haus zu leben.«), war ihre Gegenwart im Haushalt der beiden sehr stark spürbar. Steve, der sich um die Verfassung seiner Mutter sorgte, verbrachte eine Menge Zeit mit ihr. Er ging mit ihr einkaufen und führte sie herum. Marcy war unglücklich, wenn ihre Schwiegermutter sie besuchte, denn sie kritisierte offen ihre Haushaltsführung, die Manieren der Kinder, »einfach alles«. Marcy versuchte, höflich zu ihrer Schwiegermutter zu sein, aber sie erlitt vor und nach den Besuchen Temperamentsausbrüche, Weinkrämpfe und Wut. Sie bemerkte auch, daß . . .

> »ich mit meiner Schwiegermutter um Steve kämpfte. Eines Abends schliefen die Kinder bei ihren Vettern. Ich bereitete ein romantisches Abendessen vor und putzte mich mit einem seidenen Wickelkleid heraus. Das Telefon klingelte, als wir fast fertig mit dem Essen waren. Mom war dran, völlig in Panik, weil sie ›ein Geräusch‹ gehört hat. Das ist eigentlich in Ordnung – aber sie hört mehrmals in der Woche ›ein Geräusch‹. Steve sauste los. Ich trank den Rest Champagner und schlief auf der Couch ein. Steve kam heim und ging ins Bett. Ich wachte am nächsten Morgen auf der Couch auf.«

Marcy meinte, das Problem würde durch Steves ungesunde Anhänglichkeit an seine Mutter erzeugt. Steve meinte, daß Marcy sich wie ein selbstsüchtiges Kind verhalten würde und kein Mitleid mit seiner Mutter hätte. Anders gesagt – sie gaben sich gegenseitig die Schuld.

In mehreren Therapiesitzungen führte ich Steve und Marcy zu dem Schluß, daß sie ein im Grunde gut zusammenpassendes, ausgeglichenes Paar waren, das nur unter einem situationsbedingten Ungleichgewicht litt. Steves Beschäftigung mit seiner Mutter machte ihn zum Überlegenen, während Marcys Drang nach mehr Nähe sie zur Unterlegenen machte. Die größte Belastung war offenbar, daß die Situation so sensibel war. Sie hegten beide starke und sehr persönliche Gefühle in bezug auf Steves trauernde Mutter, und auch die Mutter hatte ihre eigenen komplexen Bedürfnisse.

2. Haben Sie Mitleid

Der nächste wichtige Schritt besteht darin, daß man für die Gefühle des Partners Mitleid empfindet. Für Steve und Marcy erwies sich das als sehr wirkungsvolle Übung. Am Ende unserer zweiten Sitzung bat ich sie, sich die Gefühle des anderen vorzustellen und sich darauf vorzubereiten, in der nächsten Sitzung darüber zu reden. Als wir uns wieder trafen, war folgendes Steves Antwort:

> »Aus Marcys Blickwinkel kann ich verstehen, daß die Ankunft meiner Mutter unsere Art zu leben verändert hat. Es stimmt, daß ich mich sehr um meine Mutter sorge, und ich habe Angst, daß sie den Tod meines Vaters nicht gut verkraftet. Aber ich weiß, daß das Marcy sehr irritiert haben muß, weil wir gewöhnlich füreinander da sind. Plötzlich hat sich das geändert. Unglücklicherweise ist meine Mutter kein Mensch, mit dem man leicht klarkommt. Wenn sie und Marcy gut miteinander auskämen, gäbe es wirklich kein Problem. Und ich weiß, daß Marcy es ernsthaft versucht hat, mit Mom gut Freund zu werden.«

Als Steve sein Mitleid für sie bekundet hatte, beugte sich Marcy weinend zu ihm herüber und küßte ihn auf die Wange.

> »Steve besitzt ein starkes Pflichtgefühl, und da seine Schwester mit der Mutter so gut auskommt wie ich, meint er, er müßte die ganze Verantwortung tragen. Ich glaube, Steve geht das deshalb so nah, weil seine Mutter ihn immer so sehr geliebt und ihm viel gegeben hat – wahrscheinlich, weil sein Vater so selten daheim war. Jetzt glaubt er, ihr etwas schuldig zu sein. Ich weiß, daß Steve bewußt ist, daß in dieser Situation etwas getan werden muß. Aber der Druck und die Frustration hatten uns gepackt, ehe wir in der Lage waren, eine Lösung zu finden.

Jetzt, da sie wieder zusammengefunden hatten, waren Marcy und Steve bereit, nach einer Lösung zu suchen.

3. Handeln Sie ein Gleichgewicht aus

Wenn eine Situation ein Paar aus dem Gleichgewicht bringen kann, ist sie gewöhnlich auch sehr komplex. Deshalb bitte ich meine Patienten bei den Veränderungen, die sie durchmachen, um eine Problemsituation zu verbessern, »vage Pläne« zu vermeiden. Es ist viel besser, konkrete, handlungsorientierte kurz- und langfristige Pläne zu erstellen, wie es Marcy und Steve taten.

Machen Sie kurzfristige Pläne.
Steve und Marcy beschlossen, in naher Zukunft keine allzugroßen Veränderungen zu erwarten. Marcy hatte Mitleid, und sie wußte, daß Steves Mutter, die ja schon älter und von Natur aus zart war, sich nicht sehr schnell – vielleicht auch nie – einleben würde. Aber Marcy erbot sich freiwillig, eine größere Anstrengung zu unternehmen. So schwer es ihr auch fiele, sagte sie, würde sie doch ihrer Schwiegermutter die Hand zur Versöhnung reichen, sie vielleicht zum Lunch ausführen oder mit ihr durch Antiquitätengeschäfte bummeln, was sie sehr mochte.

Steve sagte, er würde damit anfangen, seiner Mutter Grenzen zu setzen; zum Beispiel würde er feste Zeiten ausmachen, wann er sie besuchen oder mit ihr wegfahren würde. Er wollte liebevoll, aber entschieden sein, und wollte sie daran erinnern, daß er nicht gut mit zwei Familien leben könnte, und sie dazu einladen, sich dem Rest der Familie anzuschließen.

Pläne auf lange Sicht sind hilfreich.
Steve und Marcy erkannten, daß das Problem selbst dann nicht völlig gelöst wäre, wenn es Steves Mutter gelang, mit Marcy auszukommen. Sie mußte selbst etwas unternehmen und eigene Freunde haben. Deshalb planten sie auf lange Sicht, Steves Mutter zu Aktivitäten zu animieren.

Zuerst weigerte sich Steves Mutter eisern und sprach dauernd davon, daß sie bei ihrem Ehemann »sein wollte«. Aber drei Monate später, als wir unsere letzte Therapiesitzung hatten, hatte Steves Mutter Spaß an einem Bridgeclub für Senioren, kam zweimal in der Woche zum Essen zu Marcy und Steve und hatte angeboten, auf die Kinder aufzupassen, wenn Steve und Marcy ausgehen wollten.

Was ist, wenn man die Situation nicht verändern kann?
Nehmen wir einmal an, daß kurz danach bei Steves Mutter die Alzheimersche Krankheit diagnostiziert würde. Nehmen wir auch an, daß es Steve viel bedeuten würde, wenn sie die Mutter, so lange es irgendwie ginge, in ihrem Haus pflegen würden.

Ich glaube, daß man *immer* etwas unternehmen kann, um eine schlimme Lage zu verbessern. Jede schwere Situation läßt die Wahl zwischen Dutzenden von Behandlungsmöglichkeiten. Mit anderen Worten – man verliert nie alle Optionen. Aber wenn man akzeptiert, daß man kein hilfloser Spielball der Umstände ist, muß man auch daran arbeiten, das Beste aus einer gegebenen Situation zu machen.

Es ist äußerst wichtig, daß Sie die Kommunikation ohne Schuldzuweisung beibehalten und regelmäßig über die Gefühle sprechen, die sich durch eine belastende Situation aufstauen. Es ist auch wichtig, daß die Partner auf schlechte Verhaltensmuster achten, die ihr Ungleichgewicht noch vergrößern könnten.

Die schlimmsten Situationen können uns nützen, wenn wir an ihren Herausforderungen wachsen. Bei Partnern können sie zu einer Quelle des Mitleids, der Nähe und des gegenseitigen Respekts werden – alle sind gute Mittel, um die Balance zu finden.

Erkennen Sie situationsbedingtes Ungleichgewicht im voraus.
Ihr Boß hat gerade Konkurs angemeldet, Ihr Arzt hat Ihnen gesagt, daß Sie mit Zwillingen schwanger sind, und die neue Sekretärin Ihres Mannes sieht aus wie Kim Basinger. Jetzt sollten Sie in Ihrer Beziehung mit Unstimmigkeiten rechnen. Reden Sie mit Ihrem Partner. Sprechen Sie darüber, was Sie in dieser Situation empfinden und welche Verhaltensmuster sich ergeben könnten. Verzeihen Sie sich schon im voraus die unausweichlichen Augenblicke, in denen Sie sich streiten. Stellen Sie Tabellen von vorhersehbaren überlegenen und unterlegenen Gedanken und Verhaltensweisen auf, und gehen Sie zusammen dagegen an. Machen Sie sich klar, daß es Monate oder sogar Jahre dauern kann, um solche situationsbedingten Probleme zu überwinden. Aber wenn Sie etwas dagegen unternehmen, können Sie den Prozeß beschleunigen und Ihre Beziehung vertiefen.

Geschlechtsspezifische Rollen

Wenn wir ein situationsbedingtes Ungleichgewicht in Liebesbeziehungen ergründen, müssen wir einen der stärksten äußeren Einflüsse, die die Menschheit kennt, miteinbeziehen: Die gesellschaftlichen Regeln und Erwartungen an akzeptables männliches und weibliches Verhalten. Ich halte diese Erwartungen für entscheidende Faktoren bei der Festsetzung von Lebenssituationen und der Persönlichkeit.

Charakterzüge von »Jungen« und »Mädchen« und die paradoxe Leidenschaft

In den letzten zwanzig Jahren haben sich die Grundtypen der männlichen und weiblichen Rolle unleugbar geändert. Doch traditionelle Behauptungen über die Charakterzüge von Frauen und Männern beeinflussen uns unterschwellig immer noch. Zum Beispiel werden aggressive, erfolgreiche Frauen immer noch als *Ausnahmen* beschrieben und Männer, die zu Hause bleiben und die Kinder versorgen, als widernatürliche Geschöpfe. Es hilft, wenn man diese tendenziösen Ansichten über Männer und Frauen und ein paar der Wörter, die damit in Verbindung gebracht werden, kennt.

Traditionell weiblich	*Traditionell männlich*
Mitläufer	Führer
Versorgte	Versorger
Passiv	Aggressiv
Abhängig	Unabhängig
Unterwürfig	Dominant
Mutter	Ernährer
Heim	Arbeitsplatz
Finanziell verwundbar	Finanziell stark

Offensichtlich ist eine Frau, die die typisch weiblichen Charakterzüge hat, zur Unterlegenen bestimmt, genauso wie der typische Mann ein Überlegener sein muß. Der emotionale Mittelpunkt des Mannes liegt außerhalb der Beziehung. Für die typische Frau sind die Beziehung und die Familie der Mittelpunkt ihres emotionalen Lebens. Während die Orientierung des Mannes nach außen wächst, fühlt die Frau das verstärkte Bedürfnis, seine Aufmerksamkeit zu erregen – und damit fängt die Spirale der paradoxen Leidenschaft an, sich zu drehen. Beide fühlen sich in diesem Verhaltensmuster gefangen, und beide könnten ihre Partner meiden, um ihre wichtigsten Bedürfnisse zu befriedigen. Freunde, Kinder, Liebhaber, Arbeit und Hobbies werden zu Ersatzbefriedigungen, wenn ein Ungleichgewicht die Bindung zwischen zwei Partnern zerstört hat.

Der Fall von Miles und Beth zeigt, wie stark geschlechtsspezifische Rollen zerstörerische Beziehungsmuster auslösen können. Bevor sie ihre *zeitweise* Rolle als Mutter und Hausfrau aufnahm, war Beth eine moderne Frau. Sie hatte ein erfülltes Berufsleben, das sie forderte. Sie war unabhängig, selbstbewußt, glücklich, selbstzufrieden und besaß finanzielle Sicherheit. »Aber in meinem Leben fehlte etwas«, erinnerte sie sich, »und deshalb ergriff ich die Gelegenheit, als Miles kam.« Aber später sagte sie:

> »Ich fühlte mich so, als würde ich mich irgendwie in meine Mutter verwandeln. Mein mütterlicher Instinkt war stark, und in den ersten sechs Monaten geriet ich allein bei dem Gedanken, daß sich jemand anders um Chloe kümmern könnte, in Panik. Und ich verlor das Gefühl dafür, was ich wirklich empfand. Putzen war ein großes Problem. Ich dachte, daß Frauen es überhaupt nicht tun sollten, sogar dann, wenn sie ›nicht arbeiteten‹ – ein absurdes Konzept, wenn Kinder mit im Spiel sind. Aber ich fühlte mich zu ›schuldbewußt‹, um Miles zu bitten auszuhelfen, denn ich konnte ja sehen, wie schwer er ›für uns‹ arbeitete. Aber dann fiel mir auf, daß ihm das Freude machte. Dreckige Windeln und schmutzige Teller sind nicht gerade mein Traum vom Glück. Genau da fing ich an, ärgerlich zu werden.«

Beth' Verlangen, für ihr Kind zu sorgen, kollidierte mit ihren modernen Wertvorstellungen. Diese Konflikte brachten ihr in der Beziehung eine Machteinbuße ein. Da sie nicht wußte, wie sie ihre Probleme effektiv ausdrücken oder wie sie verschiedene problemlösende Strategien ausprobieren sollte, wurde sie unzufrieden und nahm einen bedürftigen, fordernden Unterlegenenstandpunkt ein. Miles konzentrierte sich so stark auf seine Karriere – »es war ja sowohl für meine Familie als auch für mich selbst« –, daß er nicht bemerkte, wie das Glück ihnen entglitt.

Oberflächliche Kontrolle kaschiert oft starke Macht.
So wie sich die traditionellen geschlechtsspezifischen Rollen mit der paradoxen Leidenschaft vermischen, überrascht es nicht, von distanzierten Ehemännern und bedürftigen Hausfrauen zu hören. Aber geschlechtsspezifische Rollen können Tarnmanöver sein, die *die Macht einer Frau und die Bedürftigkeit eines Mannes verschleiern* – sogar vor den Partnern selbst. In diesem Fall müssen die Partner das oberflächliche Verhalten durchschauen.

An der Oberfläche verkörpern diese Paare das stereotype Bild von typisch männlich/weiblichen Beziehungen. Der Mann ist dominierend, kontrollierend und aggressiv. Die Frau ist abhängig, unterwürfig und passiv. Aber es gibt noch einen Faktor, der unter dem oberflächlichen Verhalten wirkt – und dieser legt letzten Endes fest, welcher Partner die meiste Macht in Händen hält. Das hat nichts damit zu tun, wer das Geld verdient oder damit umgeht oder wer die wichtigen Entscheidungen trifft – noch nicht einmal damit, wer der Härtere von beiden ist.

Der Partner in der Beziehung hat die Macht, der *emotional weniger abhängig ist.* Oberflächliche Kontrolle mag entweder der Überlegene oder der Unterlegene haben, aber die wirkliche Macht liegt in den Händen des wahren Überlegenen. Und manchmal scheint der wahre Überlegene nach außen hin der Unterlegene zu sein. Beispielsweise kann eine Frau passiv, abhängig und unterwürfig sein. Aber wenn sie weniger an die Beziehung gebunden ist als ihr Partner, hat sie die wahre Macht in Händen. Letzten Endes bestimmt sie, ob es eine Beziehung geben wird. Oft tötet die sture, dominante Persönlichkeit ihres Partners ihre Zuneigung. Sie ist eine »verkappte Überlegene«, ihr Partner der »verkappte Unterlegene«.

Sie behalten ihre Masken an, solange ihre Beziehung besteht. Diese Masken sind so wirkungsvoll, daß weder der Frau noch dem Mann bewußt ist, welche Macht sie in der Beziehung hat. Aber wenn sie ihn verläßt oder wenn ein Seitensprung offenbar wird, fallen die Masken plötzlich. Für die verkappte Überlegene gibt es dann oft kein Zurück mehr; ihr Gefühl der Befreiung kann das Schuldgefühl ausgleichen. Der verkappte Unterlegene hingegen wird zwischen strafender Rache und flehenden Bitten, damit sie zurückkehrt, hin- und hergerissen.

Es gibt Ehen mit *verstecktem Gleichgewicht,* in denen die Partner in den traditionellen geschlechtsspezifischen Rollen leben – *und beide sind glücklich und gleichermaßen in der Beziehung verwurzelt.* Wieder erklärt das unterschwellige Verhaltensmuster alles. In diesem Fall ist die Liebe, der Respekt und die Sorge der Partner füreinander ausbalanciert, obwohl dies von den Partnern auf sehr unterschiedliche Arten ausgedrückt werden kann. Oft besitzt die Frau anziehende Eigenschaften wie Intelligenz, emotionale Stärke, Witz, Schönheit, Selbstachtung und so weiter. Die Stärken der Frau können entweder die des Ehemannes widerspiegeln oder geringer entwickelte Bereiche bei ihm kompensieren. Wieder *scheint* dieser *Typus* Ehemann derjenige zu sein, der allein die Macht und die Kontrolle in der Beziehung innehat – eben derjenige, der »die Hosen anhat«. Aber weil er ebenso wie seine Frau emotional in der Beziehung wurzelt, teilen sie sich die Macht und die tiefe Liebe.

Die geschlechtsspezifische Rollenverteilung ist ein Risikofaktor, und Ihre Beziehung kann der paradoxen Leidenschaft zum Opfer fallen. Glücklicherweise suchen sich die modernen Frauen und Männer nicht mehr bewußt Partner aus, die dem Traditionellen verhaftet sind. Ein Mann sucht eine Partnerin für Liebe, Kameradschaft, Familiengründung und zum Teilen der finanziellen Last. Aus dem gleichen Grund hat die moderne Frau nicht das Bedürfnis, sich einem starken Mann zu unterwerfen. Ihre Möglichkeiten haben sich vervielfacht, und die langfristige Abhängigkeit von einem Mann hat heutzutage nur einen sehr geringen Reiz. Ihre Hauptaufgabe ist es, Karriere und Mutterschaft gegeneinander abzuwägen.

Unglücklicherweise herrscht immer noch große Verwirrung darüber, was Männer und Frauen wirklich voneinander wollen. Oft scheint es so, als ob das, was man vorgibt zu wollen, der Gegensatz von dem ist, was man sich sucht (Beispiel: Ein Mann, der eine »emanzipierte, befreite« Frau möchte, die aber gleichzeitig willig alle traditionellen häuslichen Pflichten übernimmt). Darum sollten wir die Überreste der traditionellen geschlechtsspezifischen Rollen mißtrauisch beobachten.

Wir leben in einer Zeit, die unbegrenzte Möglichkeiten für die Balance zwischen Mann und Frau bietet – in einer Zeit, in der beide ihre emotionalen Energien gleichberechtigt zwischen Karrierebelangen und Beziehungsbelangen aufteilen können. Und ich kenne unter meinen Freunden und Kollegen ein paar sehr gute und liebevolle Partnerschaften.

Aber es gibt auch Fehlschaltungen – und dazu gehören auch Phänomene wie die »Superfrau«, die versucht, »alles zu haben«.

Beth versuchte es mit der traditionell weiblichen Rolle und landete in der Position der Unterlegenen. Viele Frauen versuchen, alles zu schaffen – Mutterschaft, Haushalt und Karriere –, und begegnen dabei einer anderen Seite der paradoxen Leidenschaft.

Schauen Sie sich einmal ein Paar an, das ich behandelt habe – Hugh und Louise. Er war der leitende Beamte eines städtischen Versorgungswerks, und sie leitete die Lohnbuchhaltung einer örtlichen Universität. Sie hatten zwei Kinder, und sie waren beschäftigt, ausgeglichen und glücklich. Aber dann wurde Louise, die aktives Gewerkschaftsmitglied war, zur Ortsgruppenvorsitzenden gewählt. Plötzlich vergrößerte sich ihr Zeitaufwand enorm. Sie hatte immer den Löwenanteil bei der Versorgung der Kinder gehabt, und das änderte sich auch jetzt nicht viel. Bald ging fast Louises ganze emotionale Energie für die Kinder, die Arbeit und die Gewerkschaft drauf. Für Hugh, der sich bald vernachlässigt fühlte, blieb nur wenig übrig.

Wenn Hugh mit ihr schlafen wollte, hatte Louise entweder keine Zeit oder war zu müde. Wenn er ihr vorschlug auszugehen, hatte sie immer noch etwas anderes zu tun. Wie viele Frauen in dieser Lage hatten die Anforderungen an ihre Zeit und Energie Louise in eine Überlegene und ihren Mann in einen Unterlegenen verwandelt. Nach einer Weile merkte Louise, daß sie für Hugh nicht mehr viel Liebe empfand. Er war einfach ein Teil ihres Lebens, und manchmal ein ziemlich ermüdender. Hugh wiederum fühlte sich emotional vernachlässigt, bedürftig und ärgerlich. Sie landeten in der Therapie, nachdem Louise erfahren hatte, daß er eine Affäre mit einer Sekretärin in seinem Büro hatte.

Hughs und Louises schlechtes Verhaltensmuster war Gemeinschaftsarbeit. Hugh machte sich nicht klar, daß er mehr Zeit mit Louise verbringen könnte, wenn er ihr bei den Kindern und anderen Pflichten im Haushalt half. Ironischerweise fiel es Louise schwer, ihn um Hilfe zu bitten, weil sie nicht glauben wollte, daß Hugh gute Arbeit leisten würde oder konnte.

Wie jedes andere schlechte Beziehungsmuster, sollte ein *Ungleichgewicht aufgrund des Geschlechts* zuerst definiert und dann mit Kommunikation ohne Schuldzuweisung und ausgleichenden Strategien attackiert werden. Aber es fällt Frauen nicht leicht, etwas ohne Schuldzuweisung zu sehen, wenn es um die Aufteilung der Hausarbeit geht. Das ist kein triviales Thema, weil der Haushalt das Spiegelbild der ganzen Beziehung darstellen kann.

Es *gibt* hoffnungsvolle Veränderungen, aber Studien haben jüngst gezeigt, daß bei verheirateten Partnern mit gleichen beruflichen Anforderungen und gleichem Prestige immer noch die Frauen achtzig bis neunzig Prozent der Hausarbeit und der Kindererziehung übernehmen. Die Doppelbelastung von Beruf und Haushalt beträgt bei Frauen etwa achtzig Arbeitsstunden in der Woche.

Die Männer tragen nicht *allein* die Schuld daran. Viele hatten Mütter, die hinter ihnen herräumten und ihnen nicht dabei halfen, gute Gewohnheiten zu entwickeln. Viele haben regelrecht Angst davor, selbst in den Augen ihrer Frauen als unmännlich zu gelten, wenn sie putzen. Und manche Frauen machen es ihren Männern möglich, weniger zu tun, als sie eigentlich müßten.

Es gibt mehrere Strategien, um mit ungleicher Arbeitsaufteilung aufgrund des Geschlechts fertig zu werden. Eine, die speziell für Frauen entworfen wurde, ist im Nachwort zu finden. Es ist eine Methode, die Männer Schritt für Schritt dazu ermutigt, einen fairen Anteil an der Hausarbeit zu übernehmen. Es war die Therapie, die sich bei Hugh und Louise als höchst wirksam erwies. Wenn Hausarbeit in Ihrer Beziehung – wie in so vielen anderen auch – eine Quelle des Ungleichgewichts und des Ärgers ist, dann bitte ich Sie, es einmal mit dieser Methode zu versuchen.

Bei einer anderen Strategie sehen Sie Ihre Ersparnisse mit ganz neuen Augen an.

Machen Sie das Geld zu Ihrem Verbündeten.
Geld kann ein starker Verbündeter im Kampf gegen ein Ungleichgewicht aufgrund des Geschlechts sein, wenn einer oder beide Partner arbeiten. Miles und Beth bieten ein gutes Beispiel. Sie hatten Ersparnisse, aber sie gaben sie nicht für das aus, was ihnen geholfen hätte, als sich ihre Situation änderte. Sie sagten, das sei eine Sache der Priorität. Ersparnisse waren für Dinge wie einen Anbau an ihr kleines Haus, ein neues Auto oder Urlaub da. Für sie bestand einer der Vorteile, als Beth daheim bei Chloe blieb, darin, kein Geld für eine Tagesmutter und Putzfrau ausgeben zu müssen.

Wenn eine Ehefrau, die zu Hause bleibt, eine gute Karriere aufgegeben hat, kann die Lage unbeständig werden. Sie hat das Gefühl, in der Falle zu sitzen und durch ihre Lage entwertet worden zu sein. Sie ärgert sich über ihren Mann, der freier ist, und sie neigt dazu, die Gedanken, Gefühle und Verhaltensweisen einer Unterlegenen zu entwickeln. So eine Situation kann zu einer Identitätskrise führen, wie man bei Beth gesehen hat. Ihr Statusverlust bringt sie in Schwierigkeiten.

Unter diesen Voraussetzungen erklärte ich Beth und Miles, was eine Kosten-Nutzen-Analyse der Ausgaben für eine Halbtagstagesmutter und Putzfrau bringen würde. Regelmäßig von den Pflichten einer Mutter und Hausfrau befreit zu sein, ohne Schuldgefühle haben zu müssen – wenn der Ehemann nicht einspringen kann oder will –, ermöglicht der Frau, ihren anderen Interessen nachzugehen und ihre Identität zu wahren. Zusätzlich sparen Sie noch Geld für später anfallende Kosten, wenn Sie das Geld zur Förderung der emotionalen Balance in Ihrer Beziehung benutzen – nämlich die Kosten für eine Therapie, die Anwälte, die Scheidung und den unkalkulierbaren emotionalen Preis, den sie für eine zerbrochene Beziehung zahlen müssen.

Wenn eine Hausfrau (oder ein Hausmann) die Frustrationen nicht überwinden kann, sollte sie/er wieder halb- oder ganztags arbeiten. Wenn sie/er keinen gutbezahlten Job bekommt, sollte sie/er es trotzdem durchziehen, selbst wenn man die Kosten für die Tagesmutter und anderes bedenkt. Wenn die Kinder in die Schule gehen, kann die Verdienstmöglichkeit der Frau größer sein, als sie es gewesen wäre, wenn sie nicht gearbeitet hätte. Das wird sie für ein paar finanziell »klamme« Jahre entschädigen. Aber der Hauptpunkt ist natürlich, daß ihre persönliche Zufriedenheit der Beziehung Auftrieb gegeben hat.

Geld hat auch Nachteile.
Da ich einige Paare behandelt habe, die schnell vorankamen, habe ich gesehen, daß die Gier nach materiellem und beruflichem Erfolg zu einer gefährlichen emotionalen Dynamik führen kann.

Der Drang nach Erfolg und seinen Belohnungen – Geld und Macht – kultiviert in Männern und Frauen eine Orientierung zum Überlegenen. Beruflicher Erfolg ist verführerisch, weil dies eine Reihe von Belohnungen bietet – Gehaltserhöhungen, Beförderungen, Lob, ein luxuriöses Leben –, das nährt auf direktem Weg das Ego. Aber um das zu verdienen, müssen Männer und Frauen ihre Verletzlichkeit verbergen und einen beherrschten, kontrollierenden Standpunkt einnehmen – im Klartext: einen überlegenen Standpunkt, der tiefe Unzufriedenheit auslösen kann.

Die finanziell unabhängige »moderne Frau« kann durch die Position einer Überlegenen sehr wählerisch werden, und sie sucht auch nicht ernsthaft nach einem Partner, bevor nicht die Zeit, in der sie Kinder bekommen kann, fast abgelaufen ist. Zu diesem Zeitpunkt kann sie sich plötzlich als verwirrte Unterlegene empfinden. Für den erfolgshungrigen Mann kann das die dauerhafte Gefangenschaft in der Rolle des Überlegenen bedeuten, und dann wird ihm Bindungsangst oder Unreife nachgesagt.

Es ist leicht, den Lohn des Erfolgs für das wahre Unglück verantwortlich zu machen. Jeder berufliche Sieg wird als Augenblick vollkommener Erfüllung empfunden. Aber es ist ein Gefühl, das verblaßt und Sie nach neuen Höhepunkten suchen läßt. Unglücklicherweise scheint es in Beziehungen – ausgenommen zu Anfang – mehr Probleme als Belohnungen zu geben. Sie neigen auch dazu, schwerer kontrollierbar zu sein als eine Karriere, so daß dieser Lebensbereich leicht vernachlässigt wird. Manchmal haben Leute, die Karriere machen, nicht einmal die *Zeit,* anderen nahe zu sein.

Wenn Sie vollkommen im Beruf aufgehen und die Bedeutung einer Beziehung ignorieren, schleicht sich eine innere Leere ein. Diese Leere könnte Sie dazu anspornen, neue »Karrierehochs« anzustreben.

Weil Frauen Kinder bekommen können, entkommen sie dem »Erfolgssyndrom« leichter als Männer. Aber dann sehen sie sich auch oft einem Statusverlust gegenüber.

Wenn ich mit Menschen arbeite, die den Erfolg der Nähe vorgezogen haben, erkläre ich ihnen die emotionalen Dynamismen ihrer Wahl. Und ich versichere ihnen, daß es nicht nötig ist, die Karriere abzubrechen, um emotionale Befriedigung zu finden. Aber es hilft, wenn man für eine persönliche Balance zwischen beiden Gebieten sorgt. Sonst können Sie in einer überlegenen Position stranden, die Nähe in Grenzen hält und Sie weiter den schwer definierbaren Trophäen des Erfolgs nachjagen läßt.

Anziehungskraft

Ich habe herausgefunden, daß das Konzept der Anziehungskraft bei vielen Menschen ein Angstgefühl auslöst. Das bestärkt mich in dem Glauben, daß man sich diesem Konzept stellen und es ergründen muß. Es herrscht im allgemeinen die Meinung, daß es bei der Anziehungskraft um oberflächliche – äußerliche – Dinge geht. Aber meiner Ansicht nach geht Anziehungskraft genauso in die Tiefe und ist genauso komplex wie jede andere Kraft in einer Beziehung – und sie besitzt oft auch noch etwas Geheimnisvolles.

Wie die Liebe ist die Anziehungskraft nicht absolut. Zu verschiedenen Zeiten wird man von unterschiedlichen »Typen« angezogen. Manchmal stellen sich Menschen, die Sie auf den ersten Blick unheimlich attraktiv finden, als ziemlich unpassend heraus. Was noch geheimnisvoller ist – viele Menschen ziehen Sie ungeheuer an, obwohl es keinen sichtbaren Grund dafür gibt.

Wie ich schon im zweiten Kapitel besprochen habe, gibt es bei der Anziehungskraft ein subjektives Element, das mit unseren emotionalen Bedürfnissen und persönlichen Idealen verbunden ist. An der Anziehungskraft ist mehr dran als ein hübsches Gesicht und ein wohlgeformter Körper. Darum kann Anziehungskraft so geheimnisvoll sein. Ich denke da an meine Freunde Geri und Tom. Sie hat Übergewicht, aber sie trägt es mit Charme und ohne sich dafür zu entschuldigen. Sie besitzt ungeheuren Humor und eine Wärme, die selten ist. Tom teilt Geris Vorliebe für Spaß, und er sieht sehr gut aus. Aber das fehlende Ungleichgewicht in ihrer Beziehung ist Geri zuzuschreiben. Anders gesagt: In Beziehungen hängt »Schönheit« oder Anziehungskraft vom Betrachter ab.

Anziehungskraft und paradoxe Leidenschaft

Wie ich schon besprochen habe, können die Dynamismen der paradoxen Leidenschaft die Balance der Anziehung zwischen den Partnern verändern. Wenn Sie sich der Liebe Ihres Partners nicht sicher sind, kann er/sie Ihnen attraktiver erscheinen als gewöhnlich; wenn Sie von der Liebe Ihres Partners erdrückt werden, erscheint er/sie Ihnen weniger attraktiv.

Eine Veränderung in der Erscheinung oder des Selbstbewußtseins des Partners kann die Beziehungsdynamik beeinflussen. Wenn zum Beispiel eine Frau ihre Haare färbt und plötzlich besser aussieht und sich auch besser *fühlt,* kann das die Dynamismen zwischen ihr und ihrem Partner unterschwellig ändern.

Kurz gesagt: Anziehungskraft kann sowohl eine Ursache als auch eine Wirkung der paradoxen Leidenschaft sein. Das größte Problem entsteht, wenn ein Partner mit der Zeit mehr angezogen wird als der andere – ganz gleich aus welchem Grund. Doch das muß der Beziehung nicht unbedingt zum Verhängnis werden.

Wenn ich diesen Urtypus von einem Ungleichgewicht in der Anziehungskraft bei einem »meiner« Paare spüre, dann weiß ich, daß ich vor einer Herausforderung stehe. Der gesunde Menschenverstand bietet dem Unterlegenen die Lösung an, daß er/sie einfach attraktiver für den Überlegenen werden muß. Aber das Paradox sagt uns, daß es nicht mehr Liebe erzeugt, wenn man den Unterlegenen nach dem Geschmack des Überlegenen »ummodelt«. Diese Lösung verleitet den Unterlegenen nur zu größerer Unterwürfigkeit.

Sie können etwas gegen ein Ungleichgewicht in der Anziehungskraft unternehmen. Die folgenden Schritte wurden entworfen, damit Sie die Dynamismen des Paradoxon zu Ihrem Wohl *nutzen* können. Deshalb bitte ich Sie, Ihre Angst zu tolerieren und weiterzulesen.

Die überaus wichtige Rolle der Selbstachtung.
Zwischen Paul und Laura klaffte eine deutlich sichtbare Lücke in der Anziehungskraft. Es war nicht so, daß Paul unattraktiv war. Er hatte ungeheuren Erfolg im Beruf und genoß hohes Ansehen – Schlüsselelemente für die Anziehungskraft eines Mannes. Er mochte kein Partylöwe sein, aber er war gewandt und sehr intelligent. Obwohl sein Aussehen guter Durchschnitt war, schien er wegen seiner Größe benachteiligt zu sein. Ihre Probleme resultierten aus der Tatsache, daß Laura so ungewöhnlich attraktiv war. Für Paul – und für alle Unterlegenen in seiner Lage – war es ungeheuer wichtig, Unsicherheit und andere klassische Reflexe von Unterlegenen zu erkennen und zu neutralisieren. Das war der Schlüssel zur Balance.

Ein Unterlegener mag nicht genau wissen, was vor sich geht, wenn ein Ungleichgewicht bei der Anziehungskraft auftritt. Aber er weiß, daß er wachsende Angst empfindet, die ein ungewöhnlich unangenehmes Ausmaß erreicht. Er kann übersensibel auf potentielle Rivalen reagieren, und er kann darüber außer sich geraten, daß die Beziehung kaputtgeht. Sein innerer Saboteur vernichtet seine Selbstachtung und gibt ihm das Gefühl, unattraktiv und langweilig zu sein. Er fürchtet, die Beziehung nicht mehr zu kontrollieren.

Erinnern Sie sich noch an die Weihnachtsfeier der Kanzlei, als Paul das erste Mal spürte, daß Laura mehr Anziehungskraft ausstrahlte als er? So wurde Paul das Opfer vorhersehbarer verdrehter Gedankengänge:

Pauls *Wahrnehmung:* Laura schenkt den jüngeren Partnern mehr Aufmerksamkeit als mir.

Pauls *Reaktion:* Normale Angst und Unsicherheit.

Pauls *Überreaktion:* Instinktive Panik, extreme Angst und Selbstzweifel, Pessimismus und Selbsthaß, der sich zu Selbstsabotage entwickelt: »Schade, Paul, aber diese jüngeren Typen sind viel aufregender und attraktiver als du. Das *beweist,* daß du wirklich ein langweiliger, unattraktiver Hampelmann bist. Früher oder später wird Laura das herausfinden und dich wegen einem dieser Kerle verlassen.«

Pauls *Lösung:* Ich muß mein Bestes tun, um mir Lauras Aufmerksamkeit zu sichern. Ich werde versuchen, diese Partner lächerlich zu machen, und wenn das nicht klappt, werde ich sie so schnell wie möglich aus der Gegenwart dieser Typen und von der Party entfernen, damit ich sie für mich allein habe. Morgen werde ich ihr ein teures Geschenk kaufen, damit sie mich noch mehr mag.«

Endergebnis: Laura hat das Gefühl, daß es Paul an Umgangsformen mangelt, und daß er übermäßig besitzergreifend ist.

Paul hätte mit dieser Situation ganz anders fertig werden können. Bei einer Einzelsitzung bat ich ihn, er solle sich vorstellen, auf einer anderen Party zu sein, bei der Laura mit jedem außer ihm flirtet. Dann schlug ich ihm vor, mit seinen selbstschädigenden Gedanken aufzuhören und sie durch selbstbewußte Gedanken zu ersetzen.

»Da bin ich nun ... Ich fange an, mich sehr unsicher zu fühlen, während Laura sich mit ihren Freunden unterhält. In solchen Situationen gerate ich gewöhnlich in Panik. Ich übertreibe. Ich versuche, Witze zu machen und auf einem Gebiet konkurrenzfähig zu sein, auf dem ich mich nicht wohl fühle. Diesmal werde ich zuhören, meinen Beitrag zum Gespräch leisten, wenn es angemessen ist, und sehen, ob mich die Unterhaltung wirklich interessiert. Wenn das nicht der Fall ist, entschuldige ich mich höflich – ich traue Laura nicht zu, mich mit einem dieser Männer zu betrügen –, nehme mir ein Sandwich und spreche mit Lars über den Fall Butler.«

So konnte Paul entweder Lauras Unterhaltung genießen oder sich unabhängig genug fühlen, um etwas anderes zu tun. Sie hätte sich sicher nicht von ihm erdrückt oder schuldig gefühlt, und das hätte ihr geholfen, Liebe und Respekt für ihn zu empfinden. Selbstachtung ist das stärkste Gegenmittel für ein Ungleichgewicht in der Anziehungskraft. Wenn man sich selbst akzeptiert, ist man nicht mehr von den Reaktionen anderer abhängig. Das bedeutet, daß man sich entspannen kann. Man gerät nicht mehr in Panik, wenn der Partner sich einer anderen Person widmet, weil man das Selbstvertrauen besitzt, dies nicht als persönliche Zurückweisung zu sehen. Man verfällt nicht der übermäßigen Werbung oder anderen Methoden der Unterlegenen, die die eigene Position schwächen und das Ungleichgewicht vergrößern.

Neben allem anderen ist Selbstvertrauen auch noch sehr attraktiv, vielleicht sogar ein Aphrodisiakum.

Noch mehr Waffen des Unterlegenen

Natürlich ist es leichter gesagt, man solle Selbstachtung kultivieren, als getan. Während Sie daran arbeiten (schlagen Sie noch einmal unter *»Gesunde Distanz«* im neunten Kapitel nach), sollten Sie sich einmal die folgenden Strategien ansehen, die Ihnen Selbstvertrauen geben, wenn Sie sich Ihrem Partner gegenüber unattraktiv fühlen.

Sehen Sie in Ihren Augen gut aus.

Eine weibliche Patientin erzählte mir, daß ihr Ex-Mann ihr eine Brustvergrößerung eingeredet hätte. Ihr widerstrebte dieser Gedanke (»So etwas mache ich einfach nicht«), aber da sie ihm unbedingt gefallen wollte, verbarg sie ihre wahren Gefühle. Die Operation belebte das Interesse ihres Mannes für kurze Zeit, aber schließlich verließ er sie doch. Ihr Busen gefiel ihr immer noch nicht. Das war eine harte Methode zu lernen, wie gefährlich es ist, übermäßig unterwürfig zu sein.

Es gilt als Zeichen für emotionale Gesundheit, wenn man sich um sein Aussehen kümmert. Aber es ist das beste, wenn Ihre Anstrengungen vor allem und ausschließlich *Ihnen* gelten – als Ausdruck Ihrer Selbstachtung. Das kann auch plastische Operationen einschließen, wenn Sie das wünschen; ich hatte Patienten, die sich unzähligen plastischen Operationen unterzogen, weil es ihnen danach besser ging. Doch wenn Sie sich einzig und allein verschönern, um Ihrem Partner zu gefallen, geben Sie einer Reaktion der paradoxen Leidenschaft nach. In diesem Bereich übermäßig gefällig zu sein bedeutet eine Verringerung Ihrer Selbstachtung und vermittelt Ihrem Partner das Gefühl, alles überlegen zu kontrollieren.

Versuchen Sie nicht, perfekt auszusehen.
Sie sind im Bad und machen sich für ein Treffen mit Ihrem Partner schön. Sie machen sich geradezu verrückt mit Ihrem Haar, der Kleidung und dem Make-up. Eine lächerliche Locke springt immer wieder heraus und läßt sich nicht auskämmen. Auf Ihrer Bluse erscheint seltsamerweise ein Fleck. Oder der schlimmste Alptraum einer Unterlegenen: In Ihrem Gesicht blüht ein Pikkel. Entdecken und zerstreuen Sie Ihre Katastrophengedanken (»O mein Gott, für diese Beziehung gibt es keine Hoffnung mehr, weil ich nicht vollkommen bin«). Sagen Sie sich: »Ich versuche, so gut wie möglich auszusehen. Aber wenn mein Partner mich nicht so mag, wie ich bin, verdient er es nicht, mit mir zusammen zu sein.« Denken Sie daran, daß ein Perfektionismus bezüglich des Aussehens die Hemmung einer Unterlegenen fördern.

Interpretieren Sie Zwangsneurosen als wertvollen Hinweis.
Wenn Sie sich plötzlich zwanghaft neurotisch mit Ihrem Aussehen oder Ihren Handlungen befassen, sollten Sie nach schädli-

chen Dynamismen suchen, die in Ihrer Beziehung aufgetreten sind. Vielleicht verhält sich Ihr Partner distanzierter oder weniger liebevoll. Vielleicht macht Ihre Situation Sie bedürftiger. Gehen Sie mit diesen Dynamismen um, indem Sie die Strategien aus diesem Buch benutzen. Versuchen Sie nicht, Ihre Beziehungsprobleme dadurch zu lösen, daß Sie sich zuviel Mühe geben, perfekt auszusehen.

Attraktivität durch gesunde Distanz.
Zwei der attraktivsten Charakterzüge, die ein Unterlegener verliert, sind Eigenständigkeit und Unabhängigkeit. Bitte nehmen Sie die Risiken auf sich, die notwendig sind, um diese Charaktereigenschaften wiederzubekommen, indem Sie die Strategien nutzen, die im neunten Kapitel beschrieben sind. Wenn Ihnen das erfolgreich gelingt, werden Sie nicht nur attraktiver aussehen, sondern sich auch attraktiver *fühlen* – was Ihre Einstellung stark beeinflussen wird.

Die Anziehungskraft des Überlegenen

Die größte Herausforderung für Überlegene besteht darin, herauszufinden, was ihre verminderten Gefühle den Unterlegenen gegenüber verursacht, und deswegen nicht in Panik zu geraten.

Zuerst einmal: Es *ist* durchaus möglich, daß Ihr Partner und Sie – obwohl Sie sich anfangs attraktiv fanden – in wichtigen Lebensbereichen – Intelligenz, Kreativität und Umgangsformen – nicht zueinander passen. Wenn Ihr Partner hinter Ihren Erwartungen zurückbleibt, dann fällt es Ihnen natürlich schwer, Begeisterung über die Beziehung zu empfinden.

Zweitens könnte es sein, daß die Beziehungsdynamik durchaus in der schwindenden Attraktivität Ihres Partners wurzelt. Ich kenne viele Paare, die gut zueinanderpaßten, bis die Dynamismen des Ungleichgewichts einsetzten.

Deshalb kann ein Ungleichgewicht in der Anziehungskraft von problematischen Verhaltensmustern verursacht worden sein oder daher rühren, daß Sie einfach nicht zusammenpassen. Es ist ganz gleich, welche Ursache Sie vermuten – ich verlange von Überlegenen, daß sie es erst einmal mit diesen ausgleichenden Übungen versuchen:

Pathologisieren Sie nicht.
Das ist die klassische Reaktion eines Überlegenen: »Was für eine überhebliche, kaltherzige, unreife Person ich doch bin, daß ich meinen Partner verlassen will, weil er so unattraktiv ist!« Wenn Sie sich dabei ertappen, daß Sie solche selbstpathologisierenden Gedanken haben, dann bekämpfen Sie sie. Sagen Sie sich, daß es ganz normal ist, wenn man phasenweise von seinem Partner nicht bezaubert ist. Wenn Sie sich nicht mehr so schuldig und distanziert fühlen, dann verstärken Sie die schädlichen Dynamismen nicht mehr, die Ihre negativen Wahrnehmungen erzeugen könnten.

Spielen Sie bei Ihrem Partner nicht den Pygmalion.
Es ist ganz normal, wenn Sie Ihrem Partner sagen, wann er/sie am attraktivsten aussieht. Aber wenn Sie versuchen, Ihren Partner dazu zu drängen, sich zu verschönern, dann nähren Sie die schädlichen Dynamismen auf zwei Arten: Zum einen fühlt er/sie sich dann noch unsicherer und unterlegener, und die Unterwürfigkeit Ihres Partners wird Ihr Gefühl verstärken, die Kontrolle zu haben. Daraus folgt, daß Sie weniger Liebe empfinden.

Fassen Sie Ihre negativen Wahrnehmungen als wertvolle Hinweise auf.
Der Verlust von positiven Wahrnehmungen ist wie der Verlust der Liebe: Wenn Sie das als Hauptproblem ansehen, werden Sie versuchen, das Falsche dagegen zu tun – das heißt, Sie werden versuchen, Ihren Partner zu verschönern. Statt dessen sollten Sie Ihre negativen Wahrnehmungen auf diese Art neu fassen: »Ein schädliches Verhaltensmuster ist in unserer Beziehung aufgetreten, und das führt dazu, daß ich meinen Partner überkritisch sehe.« Auf diese Art wird Ihre negative Wahrnehmung ein wertvoller Hinweis auf die wahren Probleme der Beziehung. Und das wird Früchte tragen, weil Sie jetzt Ihre Energie darauf verwenden, das Problem zu beheben.

Kultivieren Sie Ihre Selbstachtung.
Manchmal fühlen Sie sich zu jemandem hingezogen, von dem Ihre Freunde behaupten, daß er/sie »nicht gut genug« für Sie sei. Das beeinflußt Ihre Meinung von Ihrem Partner, der sehr wohl auf eine Art zu Ihnen passen kann, die für andere nicht ganz offensichtlich ist. Wenn Sie sich sicher sind und Selbstvertrauen haben, werden Sie sich die Anziehungskraft, die Ihr Partner für Sie ausübt, nicht von anderen kaputtmachen lassen. Wenn Sie selbstbewußt und emotional sicher sind, dann sind Sie weniger anfällig dafür, Ihren Partner kritisch zu beurteilen. Statt dessen akzeptieren Sie ihn/sie mehr und erkennen auch seine/ihre Stärken besser. In einer längeren Beziehung können allein diese Fähigkeiten bedeuten, daß die Anziehungskraft anhält.

12. Kapitel

Das ausgeglichene Selbst – Eine Einführung in Persönlichkeitsstile

Wenn Paare zu mir kommen, befinden sie sich gewöhnlich in einer Krise. Wenn ich sie kennenlerne, versuche ich so schnell wie möglich den Ursprung ihres Ärgers zu ergründen. Wenn das Problem auf bestimmte Situationen oder auf Anziehungskraft zurückzuführen ist, bleiben wir in der Gegenwart. Aber wenn einer oder beide Partner Anzeichen dafür zeigen, chronische Unter- oder Überlegene zu sein, dann schürfe ich tiefer. Wir erforschen den Persönlichkeitsstil der Partner, untersuchen ihre Vergangenheit, um Probleme und Lösungen aufzuspüren – aber wir pathologisieren nicht.

Probleme ohne Pathologie

Während meiner Ausbildung hatte ich Schwierigkeiten, die Standardtheorien über die Persönlichkeiten, die in unseren Büchern aufgeführt waren, zu akzeptieren. Jede Theorie schien eine sehr eloquente Erklärung dafür zu sein, *wie verdreht wir doch alle sind.* Punkt.

Nehmen wir doch einmal die berühmteste Theorie von allen – Freuds Psychoanalyse. Buchstäblich Tausende von Büchern wurden von Freud und Neofreudianern produziert, um zu erklären, wie und warum jeder von uns in eine bestimmte psychopathologische Kategorie fällt. Sie können sich etwas aus dem pathologischen Füllhorn aussuchen: Hysterie, Zwangsneurosen, Masochismus, Narzißmus, Melancholie – und das sind nur die harmlosen Krankheiten. Unglücklicherweise versorgt uns die psychoanalytische Theorie mit der genauen Kenntnis dessen, was zu einem *gesunden, angepaßten Verhalten* gehört. Laut Freud ist das Beste, was wir tun können, andauernd gegen »die Psychopathologie des alltäglichen Lebens« anzukämpfen, um sie so gering wie möglich zu halten.

Als ich mit der Behandlung von Patienten anfing, spürte ich, daß sich eine negative, feindliche Note in unsere Gespräche schlich, wenn ich die Probleme der Patienten nach den Regeln der Psychoanalyse interpretierte. Diese Interpretationen machten meine Patienten von der Therapie abhängig, so wie eine Krebsdiagnose den Patienten immer wieder zur Behandlung kommen läßt. Auf eine sehr subtile Art untergrub dies auch die Selbstachtung und Würde meiner Patienten. Doch ohne Würde ist die innere Stärke einer Person verkrüppelt und damit auch ihre Fähigkeit, sich zu verändern.

Aus diesem Grund warne ich so sehr vor den Gefahren der Pathologisierung. Doch es gibt sicher Menschen mit sehr tiefsitzenden Problemen, die immer wieder zu ungesunden Beziehungen führen. Ich fragte mich, ob es möglich war zu erkennen, wie ernst diese Probleme waren, ohne die ohnehin schon stark angeschlagene Selbstachtung zu untergraben.

Dann stolperte ich während meines Praktikums über ein Buch aus den fünfziger Jahren, das kein Geringerer als Timothy Leary geschrieben hatte. Als Leiter eines Projekts der Kaiser Foundation hatte Leary geholfen, ein neues Modell der menschlichen Persönlichkeit zu entwickeln, das er *Interpersonelle Psychologie* nannte. Diese Theorie basierte auf den bahnbrechenden Ideen des Psychiaters Harry Sack Sullivan und bot eine revolutionäre Denkweise über menschliches Verhalten an: Sie legte ebensoviel Wert auf gesundes wie auf krankhaftes Verhalten, und sie bot eine überzeugende »nicht-pathologisierende« Grundlage für die Diagnostizierung an.

Die Theorie baut im Grunde darauf auf, daß »Probleme« der Persönlichkeit in Wirklichkeit kreative Verarbeitungsmechanismen sind, die während einer streßreichen Kindheit entwickelt wurden. Ein Kind wird auf eine herausfordernde familiäre Umgebung so reagieren, daß es lernt, wie es am besten emotional überleben kann. Deshalb entwickelt es bestimmte Verhaltensweisen – bestimmte »interpersonelle Stile« oder Stärken. Aber oft geht dies auf Kosten der Entwicklung anderer, ebenfalls wichtiger Stärken. Ich fand diese Theorie erfrischend heilsam, weil sie weder negativ noch fatalistisch ist. Statt dessen lobt sie die Anpassungsfähigkeit von Menschen in schweren Situationen, und sie deutet auch auf eine Lösung hin: Überentwickelte Stärken durch die Förderung wenig benutzter interpersoneller Stile auszugleichen. Es handelt sich hier um einen Ansatz, der die Würde eines Menschen nicht berührt und Ergebnisse bringt.

Learys Arbeit wurde in dieser Zeit so beachtet, daß sie ihn auf den Gipfel akademischer Würden brachte – er wurde Professor in Harvard. Unglücklicherweise warfen seine berüchtigten Experimente mit LSD einen Schatten auf seine brillante Theorie der Persönlichkeit. Erst in den letzten Jahren haben die Psychologen seine bahnbrechende Arbeit wiederentdeckt und führen sie fort.

Die interpersonellen Stile*

Interpersonelle Psychologie beginnt mit vier grundlegenden Verhaltensmöglichkeiten, die unseren Interaktionen mit anderen Menschen zugrunde liegen. Wie Yin und Yang treten sie paarweise auf:

Kontrolle/Unterwürfigkeit	Das sind die Möglichkeiten, andere manchmal zu führen und sich manchmal anderen unterzuordnen.
trennen/verbinden	Die Möglichkeit, entweder eigenständig zu bleiben oder sich mit anderen zu verbinden.

* Ich habe ein paar von Learys Begriffen übernommen, um intime Beziehungen zu beschreiben. Aber die Grundideen bleiben die gleichen.

Aus diesen grundlegenden Verhaltensweisen entstehen die acht interpersonellen Stile (oder Fähigkeiten oder Stärken), *die alle für gesunde Beziehungen wichtig sind.* Die acht Stile sind auf dem »Interpersonellen Kreis« (folgende Seite) beschrieben.

Es wäre ideal, wenn alle acht Stile zusammen eine Rolle bei Ihren Interaktionen mit anderen spielen würden. Wenn eine Situation nach Umhegen verlangt (etwa das Trösten eines Kindes), dann sollten Sie umhegen; wenn sie nach Vorsicht verlangt (wie beim Kauf eines Gebrauchtwagens), dann können Sie skeptisch sein; wenn sie nach Entscheidungsfreude verlangt (wie beim Abschluß eines Geschäfts), können Sie bestimmt sein und so weiter. Wenn Sie jede dieser interpersonellen Fähigkeiten gelernt haben, sind Sie wirklich eine »abgerundete«, ausgeglichene Person. Ein Schlüsselwort ist *Flexibilität.* Wir sollten in der Lage sein, flexibel von einem Stil in den anderen zu wechseln.

Die Rolle der Kindheit

Die Kindheit ist die wichtige Periode, in der wir unsere Verhaltensweisen entwickeln. Schon im Säuglingsalter testen wir eine Unzahl von Methoden der Interaktion bei unseren Eltern. Manche vermitteln uns das Gefühl der Geborgenheit und Sicherheit, andere erzeugen elterliche Reaktionen, die uns ängstigen oder bedrohen. Diese »Experimente« waren Bestandteil eines Lernprozesses. Wir lernten, wie wir uns am besten mit anderen arrangieren können, damit wir uns sicherer und weniger ängstlich fühlen. Ein Elternhaus, in dem nur wenige Beziehungsmuster verwendet wurden, behindert die Suche eines Kindes nach einer gesunden Balance der Persönlichkeitsstile. In so einer Umgebung wird es sich instinktiv so verhalten, daß es in die einseitige interpersonelle Welt paßt, die seine Eltern kreiert haben. Stellen Sie sich ein Kind vor, dessen Eltern sehr dominant sind. Bei einer normalen Entwicklung strebt ein Kind danach, selbständig zu werden, um seine Eigenständigkeit zu entwickeln. Aber wenn seine beherrschenden Eltern negativ darauf reagieren, wird das Kind die wichtigen Fähigkeiten der Entschiedenheit und der Führerschaft unterdrücken. Statt dessen wird es ein Virtuose der

Der interpersonelle Kreis

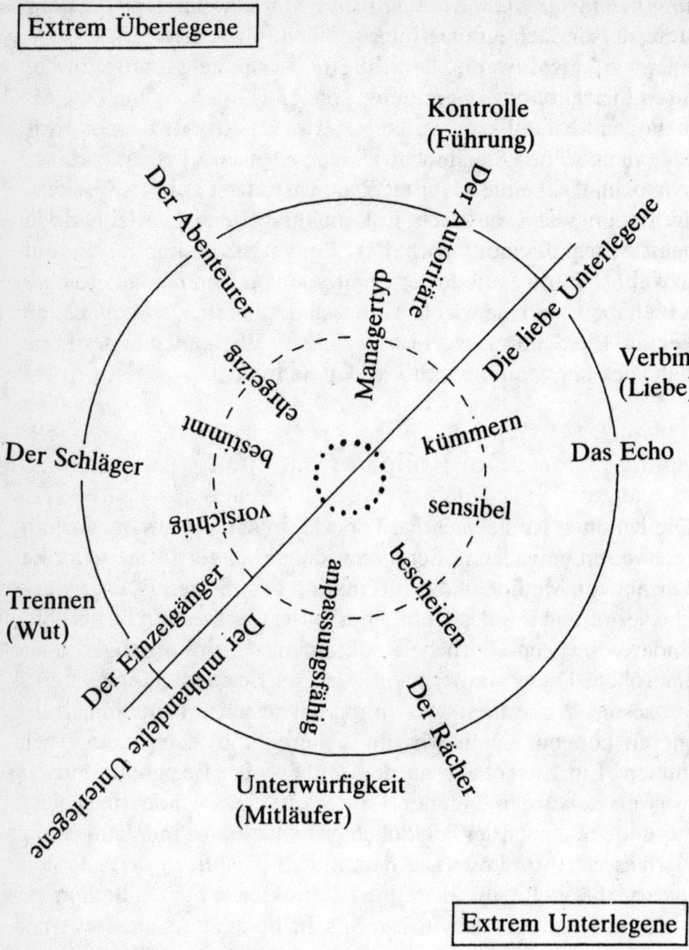

..... Unterentwickelter Stil
----- Ausgeglicherner Stil
— — — Überentwickelter Stil

Unterwürfigkeit, der Anpassung, der Kooperation und der Unterordnung, damit es die emotionale Verbindung zu seinen Eltern behält. Es nimmt das an, was ich das *interpersonelle Motto* nenne, das ihm befiehlt, immer so nett wie möglich zu sein. Wenn es erwachsen ist, wird dieses Motto starken Einfluß auf seine Beziehungen haben.

Wenn die autoritären Eltern des Kindes es sogar dann zurückweisen, wenn es sich unterwirft, könnte es noch extremere interpersonelle Methoden ausprobieren. Es könnte zum Beispiel herausfinden, daß aggressive Gegenangriffe auf seine Eltern die Mißhandlungen neutralisieren können. Oder es könnte sich einfach im Hintergrund halten und vielleicht sein Zimmer als Zufluchtsort benutzen. Diese »Einzelgänger«-Strategie erhöht sein Gefühl der Sicherheit und hält die Chance einer weiteren schmerzlichen Zurückweisung möglichst gering.

Es gibt viele Faktoren, die den besonderen interpersonellen Stil eines Kindes formen. Das schließt Nuancen im Erziehungsstil, geschlechtsspezifische Erwartungen, Verarbeitungsmethoden älterer Geschwister und die angeborenen Fähigkeiten eines Kindes ein. Doch die Basis für ein Ungleichgewicht der Persönlichkeit wird von den Eltern begründet, die selbst stark unausgeglichene Verhaltensweisen haben.

Es überrascht daher nicht, daß die meisten von uns zumindest »leicht unausgeglichen« sind. Das bedeutet, wir ziehen eine oder zwei spezielle Stärken den anderen vor. Aber wir können uns mit Learys Forschungsergebnis, daß sich leichte oder »normale« Ungleichgewichte oft zu unserem Vorteil auswirken, trösten. Beispielsweise könnte eine Person mit einer überentwickelten Pflegetendenz einen exzellenten Therapeuten abgeben. Eine übermäßig skeptische Person könnte ein Journalist werden, der den Pulitzerpreis gewinnt. Wenn aber eine Person *nur sehr wenige überentwickelte* interpersonelle Stärken besitzt, könnten wirkliche Probleme auftreten.

Factoring in der paradoxen Leidenschaft

Menschen, die als Erwachsene nur eine oder zwei interpersonelle Stärken haben, sind sehr gefährdet, Opfer der paradoxen Leidenschaft zu werden. Gewöhnlich ballen sich diese paar Stärken entweder auf der unterlegenen oder der überlegenen Hälfte des interpersonellen Kreises. Deshalb wird eine Person mit sehr wenigen Fähigkeiten fast immer entweder zum chronisch Unterlegenen oder zum chronisch Überlegenen. Diese Position beeinflußt all ihre Interaktionen mit anderen Menschen, aber am stärksten wirkt sich dies in Liebesbeziehungen aus. Wenn eine Person erst einmal damit angefangen hat, sich wie ein Überlegener oder wie ein Unterlegener zu verhalten, verstärkt sich die ohnehin schon vorhandene interpersonelle Einseitigkeit durch die Dynamismen der paradoxen Leidenschaft noch weiter.

Der interpersonelle Kreis bietet ein Modell für die innere Arbeitsweise der Persönlichkeit. Wenn einer der acht Stile übermächtig stark ist, sagt uns der interpersonelle Kreis, welch übertriebenes Verhalten wahrscheinlich auftritt. Er zeigt, wie *kontrollierende* und *trennende* Stile die Charaktereigenschaften eines Überlegenen bestimmen und wie *unterwürfige* und *verbindliche* Stile die Charaktereigenschaften eines Unterlegenen bestimmen. Achten Sie darauf, wie sich die übertriebenen Stile auf dem Kreis verändern, was von ihrer Position auf der Kontrolle/Unterwürfigkeit und der verbindend/trennenden Hälfte abhängt. Beispielsweise besteht die größte Stärke der liebenden Unterlegenen darin, sich mit Menschen zu verbinden. Aber sie besitzt auch die Fähigkeit, Kontrolle auszuüben, was sich in ihrer Neigung zum Versorgen und Erziehen ausdrückt.

Vielleicht haben Sie auch bemerkt, daß die Stile der Überlegenen und der Unterlegenen stereotype Behauptungen von Männlichkeit und Weiblichkeit widerspiegeln. Für mich besteht ein bestechender Charakterzug dieses Modells darin, daß es zeigt, wie eine ausgeglichene Mischung geschlechtsspezifischer männlicher und weiblicher Eigenheiten eine wirklich vollständige, abgerundete Persönlichkeit produzieren kann.

Die Heilung eines zerbrochenen Kreises

Jede Persönlichkeitstheorie hat ihre Grenzen. Doch ich habe herausgefunden, daß der interpersonelle Kreis ein ungeheuer wertvolles therapeutisches Werkzeug ist. Er gibt mir oft sehr schnell den Hinweis, den ich brauche, um zu verstehen, warum ein Patient in seiner/ihrer Beziehung Probleme hat. Er hilft mir auch, therapeutische Strategien zu entwickeln, um Partner dazu zu bringen, wieder ins Gleichgewicht zu kommen. Wenn ich einen Patienten im interpersonellen Kreis einordne, befähigt mich die Information, die dabei herauskommt, das Folgende zu tun:

- einen Patienten wegen seiner interpersonellen Stärken zu loben,
- ausgleichende Eigenschaften zu entdecken, die gefördert werden müßten,
- zu erklären, daß die Schwächen und Stärken des Patienten schlechte Beziehungsdynamismen fördern oder daß sie dadurch verstärkt werden,
- dem Patienten zu helfen, Mitleid mit sich zu haben, indem man ihm erklärt, daß es in seiner Kindheit emotional sehr wichtig war, nur bestimmte interpersonelle Stärken zu entwickeln,
- das unbewußte interpersonelle Motto, das den Patienten in eine so starre Unter- oder Überlegenenrolle preßt, in Worte zu fassen,
- dem Patienten beizubringen, wie er/sie dieses Motto bekämpfen kann – besonders in angstmachenden interpersonellen Situationen,
- den Patienten zu ermutigen, langsam mehr Risiko beim Ausdrücken seiner/ihrer unterentwickelten Charakterzüge einzugehen,
- dem Patienten zeigen, wie er/sie seine/ihre interpersonellen Stärken vermehren kann, um so ein ausgeglicheneres Spektrum von Fähigkeiten zu schaffen.

Über die Fallbeispiele

In den nächsten beiden Kapiteln werden die am häufigsten vorkommenden unter- und überlegenen Persönlichkeitstypen vorgestellt und Strategien, eine bessere Balance zu erreichen, erläutert. Während Sie lesen, könnte es Ihnen passieren, daß Sie sich nicht nur mit den Teilaspekten eines oder zweier Fallbeispiele identifizieren, sondern mit mehreren. Wenn Ihnen das passiert, dann bedeutet das nur, daß Sie eine abgerundete Persönlichkeit besitzen und einen großen Bereich interpersoneller Eigenschaften abdecken können.

Aber wenn Sie sich sehr stark mit nur einem oder zwei Fallbeispielen identifizieren, könnten Sie ein interpersonelles Ungleichgewicht bei sich selbst entdeckt haben. Denken Sie daran, diese Eigenschaften als Ihre *Stärken* anzusehen, und gestatten Sie sich die Einsicht, daß Sie sich ändern sollten.

Neue Eigenschaften zu erlernen erfordert Objektivität, emotionale Unterstützung und andere Qualitäten, die für eine Einzelperson nicht verfügbar sind. Anders ausgedrückt – wenn Sie glauben, daß Sie in diesem Gebiet mehr als nur eine Feinabstimmung benötigen, bitte ich Sie, professionelle Hilfe zu suchen. Wenn Sie von einem guten Therapeuten angeleitet werden, gibt es schnellere und dauerhaftere Resultate.

13. Kapitel

Die Persönlichkeit des Unterlegenen – Lernen Sie, sich zu mögen

Die nette Bezeichnung für manche Menschen lautet »unglücklich Verliebte«. Sie sind ständig die Unterlegenen – die Menschen, die beständig Partner finden, die sie entweder fallenlassen oder schlecht behandeln. Obwohl hier auch etwas Pech im Spiel sein kann, besteht ein weit größerer Faktor in persönlicher Unausgewogenheit.

Echte Unterlegene sind in bezug auf Trennung (Unabhängigkeit) und/oder Kontrolle (Führerqualitäten) unterentwickelt. Ihre Energien sind darauf gepolt, sich mit anderen Menschen zu verbinden und gefügig zu sein. Natürlich gibt es viele verschiedene Variationen hiervon, wie wir jetzt sehen werden.

Die liebe Unterlegene

Die liebe Unterlegene ist freundlich, großzügig, nachdenklich und fast völlig frei von Wut. Sie hegt keinerlei Groll, ist kooperativ und will gefallen. Sie kommt mit jedem gut aus. Es würde sie aufregen, wenn sie hörte, daß jemand sie nicht mag. Sie vermeidet »Negatives« wie gewalttätige Filme und Klatsch, hat eine Vorliebe für »Schönes« wie Liebesromane und Plätzchenbacken.

Das größte Vergnügen für eine liebe Unterlegene besteht darin, etwas für andere zu tun. Sie gibt mehr Geld für andere als für sich aus. Ihr größter Ehrgeiz ist es, ein guter Mensch zu sein und anderen zu helfen. Ihr beruflicher Erfolg ist auf ihrer Prioritätenliste ganz unten angesiedelt. Ihre Freunde halten sie für »die netteste Person in unserem Bekanntenkreis«.

Ein solcher Fall ist meine Klientin Ginny, eine warmherzige, mütterlich aussehende Frau von Mitte Vierzig. Ihr Ehemann, Frank, war Detective bei der Polizei. Da sie schon mit Anfang Zwanzig heirateten, haben Ginny und Frank nie den vorgezeichneten Pfad der Geschlechterrollen verlassen. Frank war die meiste Zeit nicht daheim, arbeitete lange und verbrachte den Großteil seiner Freizeit mit seinen »Kumpels«. Im Laufe der Jahre kam Ginny dahinter, daß Frank Affären hatte. Anstatt es ihm vorzuhalten, verwandte sie ihre ganze Energie darauf, ihren vier Kindern eine gute Mutter zu sein und ein Heim zu schaffen, das sie gern als Franks sicheren Hafen ansah.

Alle, die sie kannten, hatten sie gern. Ginny war immer da, wenn eine Freiwillige für ein Wohltätigkeitsessen in der Kirchengemeinde oder für ein Schulfest gesucht wurde. Sie war eine exzellente Köchin geworden, weil es, wie sie sagte, »den Leuten so große Freude zu machen schien«.

> »Vielleicht war ich bei den Kindern zu nachgiebig. Ich liebe sie so sehr, und es tut mir immer weh, wenn sie unglücklich sind. Ich dachte mir, daß sie im Leben genug Unglück erleben würden, so daß ich tun müßte, was ich konnte, damit sie sich geliebt und akzeptiert fühlen. Und da Frank nicht allzuoft da war, wollte ich sie dafür entschädigen.«

Doch der größte negative Faktor in ihrem Leben war natürlich, daß Frank ein Schürzenjäger war. Zuerst versuchte sie, es zu ignorieren. Sie fand Entschuldigungen für ihn, glaubte, daß er eine Phase durchmachte oder daß er wegen seines gefährlichen Berufs, in dem er unter großem Druck stand, Dampf ablassen müßte. Aber mit den Jahren wurde Franks Untreue offensichtlicher. Wann immer er von einem Wochenende, das er nicht in der Stadt verbracht hatte, weil er »an einem Fall arbeitete«, kam, wartete Ginny nervös und händeringend auf ihn. Sie betete, daß ihre beharrliche Liebe und Ergebenheit ihn wieder zu sich kommen ließ und daß dann alles gut würde.

Dann nahm eines Tages ihr Sohn den Telefonhörer ab, um jemanden anzurufen und hörte mit, daß sein Vater sich zu einem Rendezvous verabredete. Er »verpetzte« seinen Vater am Abendbrottisch, und Ginny merkte, daß sie etwas tun mußte. Sie suchte Hilfe bei einem Psychotherapeuten.

Die Kindheit der lieben Unterlegenen.
Allem Anschein nach ist die Familie der lieben Unterlegenen so liebevoll und heil wie Ginnys. Der Haken war nur, daß sie den »lieben kleinen Engel« spielen mußte, um mit Liebe und Akzeptanz belohnt zu werden.

> »Mein älterer Bruder und mein Vater hatten ewig Streit. Ich konnte das nicht verstehen. Vater war so lieb zu mir; wir verstanden uns großartig. Ich glaubte, mein Bruder verursachte absichtlich Streit, und ich sagte ihm oft, daß alles gut wäre, wenn er nur damit aufhören würde.«

In der Therapie entdeckten Ginny und ich, daß der Kampf zwischen ihrem Vater und ihrem Bruder sie entsetzte. Ihre liebevollen Gefühle für ihren Vater überdeckten nur wenig ihre bodenlose Angst vor ihm. Von klein auf hatte sie gelernt, daß Liebsein, Hilfsbereitschaft und ein angenehmes Wesen einen Schutzschild vor dem Zorn ihres Vaters bildeten. Als sich dieser Schutzschild verhärtete, verlor sie andere interpersonelle Möglichkeiten: die Fähigkeit, für Ideen und Meinungen einzustehen, sich zu behaupten, unabhängig und selbstbewußt zu sein.

Das »schwarze Schaf« wie Ginnys Bruder und der »liebe kleine Engel« wie Ginny kommen oft in einer Familie vor. Wenn sie gebeten werden, mit den harten Forderungen der Eltern konform zu gehen, opfert das schwarze Schaf die Bindung (Liebe) für die Trennung (Autonomie). Der Engel wiederum zieht die Bindung der Trennung vor. Mädchen sind viel anfälliger dafür, die »Lieben« zu werden, als Jungs, weil sie durch ihre geschlechtsspezifische Rolle noch darin bestärkt werden.

Die liebe Unterlegene und die Liebe.
Liebe Unterlegene könnten Schwierigkeiten haben, Liebe zu finden. Ihr interpersoneller Stil, so erfolgreich er sie in ihrer Kindheit vor einer Zurückweisung schützte, scheint zu einer Zurückweisung bei Liebesaffären geradezu einzuladen. So war es bei Ginny.

> »Ich war diejenige, zu der jeder mit seinem Liebeskummer kam – ob es nun Männer oder Frauen waren. Aber in der High-School hatte ich selbst keinen Liebeskummer – weil ich keinen Freund hatte. Meine Freundinnen sagten mir,

das wäre so, weil die Jungs mich für zu ›rein‹ für sie hielten.«

Weil sie so lieb war, hatte sich Ginny fast zum Neutrum gemacht. Sie war nicht aufregend oder eine Herausforderung oder interessant für das andere Geschlecht. Die liebe Unterlegene wird gern als Freundin akzeptiert, weil sie so viel gibt. Das trifft ebenso auf ihr männliches Gegenstück, den »Kümmerer«, zu. Er würde alles für Sie tun und beschränkt sich gelegentlich auch nur darauf. Männliche und weibliche Unterlegene dieses Typs gehen in die gleiche Falle: Ihr Eifer, zu gefallen und gemocht zu werden, entbehrt der Spannung, die für die Liebe lebensnotwendig ist. Sie verlieren die Anziehungskraft, die Autonomie verleiht. Nach ein oder zwei Verabredungen beginnt der oder die liebe Unterlegene die Worte zu fürchten: »Ich mag dich als Freund, aber . . .«

Wenn die liebe Unterlegene schließlich Liebe findet, dann ist es oft die von jemandem, der entweder körperlich oder psychisch – oder beides – kaputt ist und der Pflege bedarf. Das war bei Ginny und Frank der Fall. Er erholte sich gerade von einem Motorradunfall; sie war seine Physiotherapeutin. Sie heirateten, drei Monate nachdem sie sich kennengelernt hatten, und sie hörte auf zu arbeiten, als sie schwanger wurde.

Anfangs war Ginny von der Ehe und Frank begeistert. Doch es war ein einseitiges emotionales Arrangement, und es war nur eine Frage der Zeit, bis Frank, vollständig genesen, ausbrach. Ginny sprach für viele liebe Unterlegene, als sie sagte:

»Ich fühlte mich beinahe so, als ob ich mein Ziel erreicht hätte und jetzt nur eine gute Frau sein mußte und nicht zuviel erwarten sollte. Ich wußte, es gefiel ihm, wenn ich alles für ihn tat. Ich wollte es für ihn tun. Aber wenn man fast nichts zurückbekommt, fängt man an, sich zu fragen, was bei einem nicht stimmt.«

Wenn die Liebenswürdigkeit der lieben Unterlegenen den Partner nicht freut, wie es bei den Eltern der Fall war, dann ist sie verloren. Ihre grundlegende Strategie, etwas zu verarbeiten, besteht im Liebsein. Doch die unterwürfige Liebe der Unterlegenen sabotiert in Wirklichkeit ihre Versuche, dem Überlegenen zu gefallen, weil das paradoxe Leidenschaft zur Folge hat. Wenn die Untreue des Überlegenen eine Tatsache ist, wird das Bedürfnis der Unterlegenen, es zu vergessen und zu vergeben, nicht dabei helfen, die Untreue im Zaum zu halten. In Wirklichkeit *ermutigt* das den Partner zum Seitensprung.

Das Gleichgewicht halten.
Wenn Sie sich in der lieben Unterlegenen wiedererkennen, sollten Sie sich am besten dieses unbewußte interpersonelle Motto zu eigen machen: *Man muß mich nicht immer gernhaben.* Wenn Sie sich gelegentlich Ihr neues Motto ins Gedächtnis rufen – besonders dann, wenn sie ängstlich sind –, hilft es Ihnen, verschüttete Bestandteile Ihrer überlegenen Persönlichkeit ans Tageslicht zu fördern. Ihr Ziel ist, entschieden und bestimmt zu sein und nicht aus Reflex lieb und fürsorglich zu handeln.

Ich ermutige Sie jetzt dazu, sich in der Kunst, bestimmt zu sein und Grenzen zu setzen, auszubilden. Es gibt einige exzellente Bücher, die Ihnen helfen können. Bis jetzt haben Sie wahrscheinlich noch nicht einmal gemerkt, wenn jemand Sie überforderte oder ausnutzte. Ein enger Freund oder ein Therapeut kann Ihnen helfen, die Situationen zu erkennen, die es erforderlich machen, eine Grenze zu ziehen. Das ist vielleicht gar nicht so selten, wie Sie vielleicht denken.

Es ist sehr wichtig, daß liebe Unterlegene ihre Wut akzeptieren. Ärger auszudrücken ängstigt und bedroht diesen Unterlegenen wahrscheinlich mehr als alles andere. Wenn Sie erst einmal begriffen haben, wann Ihre Grenzen überschritten worden sind, müssen Sie sich gestatten, Wut zu empfinden und das auch auszudrücken.

Es kann Ihnen nützen, Ihre Wut effektiv auszudrücken, wenn Sie kritiklose Kommunikation benutzen. Das wird Ihnen auch dabei helfen, mit der Reaktion Ihres Partners fertig zu werden. Rechnen Sie damit, daß seine Reaktion sehr intensiv sein kann. Schließlich ist er es nicht gewöhnt, von Ihnen herausgefordert zu werden.

Man braucht Zeit und Geduld, um diese Fähigkeiten zu lernen. Erwarten Sie nicht, daß Sie über Nacht ein Meister darin sind oder daß es schmerzlos abgeht. Es wird langsam Wirkung zeigen. Wenn Sie Ihre Fertigkeit, überlegen zu sein, verfeinern, merken Sie, daß Ihre interpersonellen Stärken – Freundlichkeit und Fürsorglichkeit – Ihnen *mehr* nützen. Sie wenden sich nicht mehr gegen Sie, weil Sie jetzt im Hintergrund von ausgleichenden, neuen Stärken gedeckt werden.

Trotz allem liebte Ginny Frank noch immer. Sie wollte ihn weder verlassen noch die Familie zerstören. Durch die Therapie fand Ginny den Mut, bei Frank mit einer Reihe von abgrenzenden Schritten anzufangen. Vor jedem Schritt besprach sie mit mir, was sie ihm genau sagen würde. Nachdem sie sich bei Frank in unwichtigen Themen behauptet, und so ihre Angst vor einer Konfrontation überwunden hatte, wandte sie sich dem wichtigsten Thema zu. Sie zeigte ihre Verletztheit und ihre Wut wegen seiner Affären und sagte ihm tapfer, daß sie ihn rausschmeißen würde, wenn er damit nicht aufhörte. Ginny berichtete mir, daß Frank nicht viel erwiderte; er schien ein wenig verstört zu sein, behandelte sie danach aber mit mehr Respekt.

Nach sechs Monaten Therapie und einem starken Start in gesunder Distanz (sie belegte einen Auffrischungskurs in Physiotherapie und fand eine Halbtagsstelle) eroberte Ginny Teile ihrer selbst zurück, von denen sie nicht wußte, daß sie überhaupt existierten. Ich konnte die Veränderung bei ihr förmlich sehen. Sie war früher zaghaft und entschuldigte sich für fast alles, aber jetzt dachte sie positiv, war lebhaft und attraktiv. In ihrer Ehe gab es immer noch Probleme, aber es gelang ihr, Frank dazu zu bringen, auch zur Therapie zu kommen.

Das Echo

Das Echo fühlt sich nicht lebendig oder vollkommen, wenn es nicht in einer Beziehung lebt. Seine interpersonelle Stärke ist seine Fähigkeit, jede Deckung aufzugeben und die größte Verwundbarkeit offenzulegen. Es reagiert äußerst sensibel bei Interaktionen mit anderen auf jede emotionale Nuance. Da das Echo jedes Risiko eingeht, wenn es zu Nähe kommt, wird es all seine Erwartungen seinem Partner mitteilen. Aber es verliert aus den Augen, wo seine Gefühle aufhören und die des Partners anfangen. Das Echo geht in seinen Beziehungen auf, verliert jedes Maß. Seine Qualitäten können es zu einer(m) wertvollen Angestellten machen, denn es spürt die Bedürfnisse von Untergebenen und erfüllt seine Pflichten mit einem instinktiven Sinn dafür, was wichtig ist. Als Student(in) kann es sich auszeichnen. Doch in Liebesbeziehungen erweist sich die Echo-Persönlichkeit als problematisch.

Sich selbst verlieren.
Deborah, die Malerin, besaß starke Züge eines Echos. Ehe Jonathan auftauchte, war ihr bewußt – wie vielen Echos –, daß sie sich immer in ihren Beziehungen mit Männern »verlor«. Da sie in ihren meisten Beziehungen verletzt worden war, mied Deborah bewußt die Liebe, als sie Jonathan kennenlernte. Aber sie gab zu:

> »Kaum ein Tag verging, an dem ich nicht daran dachte, jemanden zu finden. Ich habe ein paar Jahre Tagebuch geführt, und praktisch jeder Eintrag handelt von Männern. Entweder war ich an einem interessiert, oder sie interessierten sich für mich, oder ich traf mich mit einem . . . Der Rest ist nur Füllmaterial.«

Offenbar funktioniert es bei Echos nicht, wenn sie versuchen, Beziehungen zu meiden.

Die Kindheit des Echos.
In der Kindheit meint das Echo, daß es in der Rolle des »hilflosen Kindes« verharren *muß,* um die Liebe der Eltern zu gewinnen. Deborah erinnerte sich:

> »Mein Vater ließ meine Mutter irgendwie allein, und ich glaube, sie wandte sich mir zu, um emotionale Befriedigung zu finden. Es war so, als ob ich immer ihr kleines Mädchen bleiben müßte. Ich konnte nie eigene Entscheidungen treffen . . . es mußte immer nach ihrem Kopf gehen. Sie war am liebevollsten, wenn ich Probleme hatte und sie brauchte. Sie flippte aus, wenn ich mich gegen sie stellte. Einmal wollte ich nicht mit ihr einkaufen gehen. Sie regte sich deswegen so sehr auf, daß sie mich in mein Zimmer einschloß und erst spätabends wiederkam. Ich hatte fürchterliche Angst, daß sie nie wiederkommen würde.«

Wenn es nicht in einer anderen Person aufgehen kann, fühlt sich das Echo verlassen und allein. Dem erwachsenen Echo fällt es schwer zu ergründen, warum es sich vor einer Trennung fürchtet. Es ist nicht glücklich mit dem Gefühl, ständig auf seine Identität verzichten zu müssen, um Nähe zu erlangen.

Das Echo und die Liebe.
Wir alle verlieren jedes Maß, wenn wir uns sehr verlieben. Glücklicherweise besitzen die meisten von uns einen Instinkt, der uns durch die Untiefen der Leidenschaft führt. Doch beim Echo ist dieser Instinkt, um es so zu sagen, nicht sehr solide. Wenn es sich bindet, scheint sein Instinkt zu verschwinden. Deborah sagte, daß ihre Beziehung zu Jonathan sie »aufzusaugen« schien.

> »Zuerst glaubte ich, daß ich bei Jonathan sicher wäre, denn er zog mich nicht sofort an. Aber dann ging er mir unter die Haut. Ich traf mich nicht mehr mit Freunden, ich kümmerte mich nicht um die Malerei. In der Schule machte ich alles mechanisch. Ich verbrachte meine Freizeit damit, etwas über die Themen zu lesen, die Jonathan interessierten. Ich änderte mich. Als wir uns anfänglich trafen, gingen wir in Kunstausstellungen, aber schrittweise paßte ich mich dann seinen Vorlieben – Buchhandlungen und Garten-Center – an. Damals konnte ich nicht erkennen, wie systematisch ich Teile meiner selbst aufgab.«

Obwohl verliebte Echos sich zu verlieren scheinen, sind sie nicht immer passiv. Echos lernen, wie sie sich darstellen müssen, damit sie die Partner anziehen, die sie brauchen, um zu einem Ganzen zu werden. Deborah fiel auf, daß der Ausgang ihrer Affäre mit Jonathan zwar typisch war – jedoch der Beginn nicht.

> »Die Wahrheit ist, daß es noch ein paar andere Männer auf der Party gab, bei der ich Jonathan kennenlernte. Tatsächlich war ich gerade versucht, einen von ihnen anzumachen, als Jonathan sich mir näherte. Ich werfe mich den Männern eigentlich nicht an den Hals, aber ich scheine zu wissen, wie man die Dinge vorantreibt.«

Das Echo strebt danach, sich einen Partner zu angeln, indem es Anpassungsfähigkeit demonstriert: Es teilt den Geschmack des

Überlegenen, seine Interessen und Belange und zeigt, wie liebevoll es sein kann. Gewöhnlich läuft dies darauf hinaus, daß die Liebe im Frühstadium für das Echo und seinen Partner stürmisch verläuft. Der Partner fühlt sich, als hätte er die Liebe seines Lebens gefunden, jemand, der ihn seit ewigen Zeiten gekannt hat und ihn so liebt, wie er ist. Aber wenn das Echo fortfährt, mit ihm zu verschmelzen, ändert sich das emotionale Klima. Der Partner ist zuerst gelangweilt, dann verärgert. Die paradoxe Leidenschaft setzt ein und bringt den Überlegenen dazu, sich zurückzuziehen, und das Echo wird seine Anstrengungen steigern, um mit ihm zu verschmelzen.

Gewöhnlich wird das Echo zu diesem Zeitpunkt depressiv. Seine interpersonelle Stärke – Sensibilität – macht ihm sehr wohl bewußt, wie unzufrieden der Partner mit ihm ist. Weil sein Selbstwertgefühl durch die Akzeptanz des Partners definiert wird, liefert die Zurückweisung den Beweis dafür, daß das Echo *nichts* wert ist. So begründete Deborah ihren Selbstmordversuch:

> »Als ich in der Beziehung zu Jonathan die Kontrolle verlor, zog ich den Schluß, daß ich wirklich nicht fähig war, eine eigenständige Person zu sein. Ich glaube, Selbstmord erschien mir als Ausweg, um meine Identität zu finden. Ich würde wohl tot sein, aber zumindest hätte ich es selbst getan.«

Das Gleichgewicht halten.
Wenn Sie stark zum Echo tendieren, dann lautet Ihr unbewußtes Motto wahrscheinlich: *Ohne dich bin ich nichts.* Jedesmal wenn Sie in einer Beziehung Angst davor haben, zurückgewiesen zu werden, bringt Sie dieses Motto dazu, sich noch mehr an Ihren Partner zu klammern. Entwerten Sie dieses Motto, indem Sie sich immer wieder vorsagen: *Ich kann auch allein überleben.*

Als sie versuchte, ihr Beziehungsmuster zu durchbrechen, hatte Deborah zwei Fehler gemacht, die häufig vorkommen: Sie hatte ihr Bedürfnis nach Nähe als »schlecht« angesehen, und sie hatte versucht, dieses Bedürfnis zu unterdrücken, indem sie Beziehungen überhaupt mied. Ich erklärte ihr, daß emotionale Nähe sehr wichtig für sie sei und nicht geopfert werden sollte. Tatsächlich war ihre Fähigkeit, jemandem nah zu kommen, ihre größte interpersonelle Stärke; es bedurfte einfach nur einer gewissen Ausgewogenheit.

Zusammen entwickelten Deborah und ich ein neues Ziel für sie: Verleugnete Fähigkeiten eines Überlegenen aufzubauen, die sie in die Lage versetzen würden, den richtigen Partner zu finden, jemanden, der wie sie Intimität schätzte. Da Sensibilität eine ihrer Stärken war, riet ich ihr, sich bei einem neuen Partner auf das Potential für Nähe zu konzentrieren. Wenn er ein aussichtsreicher Kandidat wäre, würde sie sofort die Fähigkeiten eines Überlegenen entwickeln. Indem sie kritiklose Kommunikation benutzte, würde sie aussprechen, wie wichtig Nähe für sie war – dies ist nicht die Vorgehensweise eines Echos, weil sie dabei ihr wahres Selbst enthüllte und das Risiko auf sich nahm, abgewiesen zu werden. Sie sollte ihn ohne Vorwurf fragen, ob er auch Nähe schätzte. Wenn seine Antwort und sein weiteres Verhalten sie nicht zufriedenstellten, mußte sie sich der Situation stellen, indem sie sich sagte: *Ich kann allein überleben.* Sie konnte so einem nahezu unausweichlichen Kampf mit der paradoxen Leidenschaft und einer weiteren demoralisierenden Erfahrung als Unterlegene aus dem Weg gehen.

Doch wenn eine ausgeglichene Nähe wahrscheinlich schien, könnte sie bewußt dem Verlangen widerstehen, das Chamäleon zu spielen. Sie könnte ihre persönlichen Stärken – ihre Malerei, ihre Vorliebe fürs Unterrichten, ihre Freundschaften – betonen, was sie mit mehr Anziehungskraft ausstatten würde – und das wiederum würde ihr helfen, die Nähe abzusichern, die sie an ihrem Partner so sehr schätzte.

Wie viele Echos wußte Deborah nur wenig über sich. Unsere Arbeit bestand größtenteils darin, ihr Selbstbewußtsein wieder aufzubauen – und das erforderte eine Menge Arbeit. Sie akzeptierte, daß sie viele persönliche Stärken hatte, und entwickelte daraus Autonomie und Durchsetzungsfähigkeit. Dadurch lernte sie, wie sie effektiver Intimität erlangen konnte. Sogar ihr Verhalten änderte sich. Wo sie früher nervös und reizbar gewesen war, war sie jetzt ruhiger und beherrschter.

Der Rächer

Es scheint ein Widerspruch zu sein – ein Unterlegener, der sich rächt. Aber ich sehe das oft in meiner Praxis. Anders als andere Unterlegene *kann* der Rächer gesunde Wut verspüren, wenn er sich betrogen fühlt. Diese Fähigkeit gehört zu seinen/ihren interpersonellen Stärken. Sein/ihr Problem liegt darin, wie sie/er die Wut ausdrückt.

Ihn am Geldbeutel treffen.

Meine Klienten Barbara und Stuart waren ein typisches Beispiel für ein Paar, das mit paradoxer Leidenschaft zu kämpfen hatte. Stuart war politischer Berater, dessen Arbeit leidenschaftliche Hingabe und viel Zeit erforderte. Barbara entwarf Blumenmuster. Sie kamen zu mir, um mit Barbaras »Problem« – sie bezahlte wild und wahllos mit ihren Kreditkarten – fertig zu werden. Barbara erklärte mir:

> »Regelmäßig scheine ich die Kontrolle über die Kreditkarten zu verlieren. Ich plane es nicht. Ich gehe einkaufen, und ich kaufe eine Sache und dann noch etwas und noch etwas ... Es ist so wie bei einem Alkoholiker, der ein Glas trinkt und dann nicht mehr aufhören kann. Aber ich kaufe nur Sonderangebote.«

Stuart fügte dem hinzu: »Jawohl. Wie die Schuhe für zweihundertfünfzig Dollar, die auf zweihundert heruntergesetzt waren.«

Einmal glaubten Stuart und Barbara schon, daß sie das Problem in den Griff bekommen hätten. Stuart ließ alle Kreditkarten bis auf eine, die er selbst behielt, sperren. Barbara lernte, mit Schecks zu bezahlen, während sie langsam die Schulden abtrug. Nach sechs Monaten war Barbara »bekehrt«. Stuart belohnte sie, indem er ihr ein Duplikat seiner Kreditkarte gab. Kurz danach fuhr er zu einer Konferenz nach Chicago. Als er versuchte sich im Hotel einzuchecken, wurde seine Kreditkarte nicht angenommen. Barbara hatte das Limit überzogen. Dieser Vorfall brachte ihre Ehe ins Wanken und katapultierte sie in die Therapie.

Sie nahmen beide an, daß Barbara an Kaufsucht litt. Aber nachdem wir eine Zeitlang geredet hatten, wurde mir klar, daß Barbaras Kauforgien immer genau dann stattfanden, wenn Stuart sie besonders viel allein ließ – wenn er mit einem wichtigen Projekt oder einer großen Aufgabe beschäftigt war, wenn es eine »Krise« in seinem Job gab und wenn er zu einer Konferenz fuhr, ohne sie mitzunehmen. Anstatt ihre Wut offen auszusprechen, traf Barbara Stuart in der Brieftasche – und linderte ihre Einsamkeit, indem sie sich mit dem Einkauf neuer Sachen aufputschte.

Die Kindheit des Rächers.
Barbaras Kindheit war typisch für Rächer.

> »Meine Mutter konkurrierte sehr stark mit mir. Sie hielt mich unter dem Daumen, indem sie Dinge sagte wie: ›Kein Mann wird dich heiraten, wenn du so weitermachst.‹ Aber irgendwie schien sie nicht zu wollen, daß ich erwachsen werde. Erst als ich siebzehn war, erlaubte sie mir, mich mit Jungs zu verabreden – und da durfte ich auch nur bis zehn Uhr fortbleiben. Einmal blieb ich zu lange auf einer Party, und als ich so gegen ein Uhr heimkam, wartete sie auf mich. Sie ohrfeigte mich, und ich bekam zwei Monate Hausarrest. Aber meinen Dad betete ich an. Er nahm mich und meinen Bruder öfter zu kleinen Ausflügen mit. Aber noch nicht einmal er konnte sich gegen meine Mutter behaupten.«

Wie bei den meisten Unterlegenen ist für den Rächer typisch, daß ein Elternteil autoritär und überkritisch ist. Aber anders als bei den anderen Unterlegenen hatte der Rächer gewöhnlich ein Elternteil oder manchmal Großeltern, die ihn/sie sehr liebten. Der autoritäre Elternteil beherrschte den Haushalt, wobei er oder sie das Kind zwangen, Unterwürfigkeit und Anpassung übermäßig auszubilden. Aber die Liebe des passiveren Elternteils installierte in dem Kind zumindest einen Sinn für Selbstachtung und Würde. Aus diesem Sinn für Würde heraus kann der Rächer gesunde Wut empfinden, wenn er oder sie sich verletzt oder hintergangen fühlt.

Doch Wut zu empfinden heißt noch lange nicht, daß man sie auch ausdrückt. Der Rächer muß seine halbentwickelte Fähigkeit, Wut zu empfinden, ins Gleichgewicht mit seiner Angst vor nichtkonformem Verhalten bringen. Um das zu tun, muß man lernen, Wut direkt auszudrücken.

Der Rächer und die Liebe.
Die Persönlichkeit des Rächers gemahnt nicht gleich an einen Unterlegenen. Viele sind in Gesellschaft sehr charmant und lebhaft; aber das bedeutet nicht, daß sie sich in intimen Beziehungen auch behaupten können. Die Kombination von Geselligkeit und Unterwürfigkeit kann für bestimmte Überlegene nahezu unwiderstehlich sein – besonders für den Autoritären (siehe Kapitel 14). Er muß eine Beziehung kontrollieren, möchte aber gleichzeitig einen Partner, der der Welt ein erfreuliches Bild von ihm vermittelt. Wenn die Beziehung erst einmal gefestigt ist, nimmt der Überlegene an, daß es sich seine Partnerin in ihrer unterwürfigen Rolle bequem macht. Selbstzufrieden wendet er sich dann wieder seinen eigenen Zielen und Belangen zu. Daher nimmt der Überlegene nicht wahr, daß seine Partnerin unglücklich ist. Sie ist weiter unterwürfig, aber durch ihr Gefühl der Machtlosigkeit, durch Abhängigkeit und emotionale Unzufriedenheit macht sich eine Verstimmung breit. Sie kann keinen Weg aus dem Dilemma finden, einerseits wütend und frustriert zu sein und andererseits Angst davor zu haben, sich zu behaupten. Sie kann etwas Erleichterung darin finden, ihre Gefühle an anderen auszulassen. Aber zu dem Zeitpunkt, wenn sie ihre wachsende Feindseligkeit kaum noch ertragen kann, schließt sie unbewußt einen Kompromiß: Sie drückt ihre Wut indirekt aus, so daß sie ihre Unterwürfigkeit beibehalten kann. Ihr Haupttrumpf ist ihr guter Instinkt dafür, welche indirekten Handlungen ihn »da treffen, wo es weh tut«.

Flirten ist eine gebräuchliche Taktik des Rächers. Bei Gesellschaften würde sie zum Beispiel unter den Augen des Partners offen andere Männer bestricken. Ihr Partner fühlt sich dann beschämt und mißbraucht. Danach schimpft er sie wegen ihres unziemlichen Verhaltens aus. Sie sagt darauf, daß sie nur freundlich sein wollte. Auch Seitensprünge sind bei Rächern gebräuchlich.

Barbaras und Stuarts Beziehung zeigt, daß sich das Verhaltensmuster des Über- und Unterlegenen immer wieder selbst nähren kann. Barbaras Kauforgien brachten Stuart zu immer autoritäreren Handlungen – er fühlte sich zum Beispiel »gezwungen«, ihr die Kreditkarten wegzunehmen. Aber seine Kontrolle gab ihr nur das Gefühl, noch abhängiger und machtloser zu sein – und sie wollte sich rächen.

Das Gleichgewicht halten.
Hegen Sie Ressentiments gegenüber Ihrem Partner, haben aber Angst davor, ihm zu sagen, was Sie so aufregt? Treten Ihre Ressentiments in Form von Racheakten an die Oberfläche? Wenn dem so ist, dann leben Sie wahrscheinlich nach dem interpersonellen Motto: *Halt dich zurück.* Rächer, die glauben, daß eine direkte Konfrontation Liebesentzug zur Folge hat, inszenieren verdeckte Aktionen gegen ihre Partner, und das schafft immer größere Probleme.

Damit Sie anfangen können, sich zu ändern, geben Sie sich dieses neue Motto: *Behaupte dich.* Sagen Sie es sich oft. Erkennen Sie, daß Sie schon den halben Weg geschafft haben. Sie besitzen die gesunde Fähigkeit, Wut zu empfinden. Jetzt müssen Sie nur noch lernen, das auf hilfreiche, nicht auf schmerzliche Art auszudrücken.

Studieren Sie Kapitel 8, um kritiklose Kommunikation zu lernen. Praktizieren Sie das allein, indem Sie ausprobieren, was Sie Ihrem Partner das nächste Mal, wenn Sie wütend sind, sagen könnten. Barbara zum Beispiel müßte lernen, Stuart – ohne ihn zu beschuldigen – zu sagen, wann sie sich lieblos behandelt fühlt. Wenn Sie wirkliche Probleme bewußt angehen, werden Sie Ihre Impulse, sich zu rächen, kappen und ein Gleichgewicht in Ihrer Beziehung schaffen.

Barbara und Stuart waren intelligente Menschen. Sie begriffen schnell, welche Zusammenhänge für ihre Entfremdung verantwortlich waren. Es war lohnenswert zu sehen, wie jeder seine Schwächen erkannte und anfing, sie zu beseitigen – denn Stuart brauchte ebenso wie Barbara mehr Ausgeglichenheit. Während Barbara lernte, sich zu »behaupten« und ihre Wut auszuleben, wurde Stuart sensibler dafür, wie seine »autoritären« Entscheidungen Barbaras Frustration schürten. Während sie gemeinsam daran arbeiteten, die Balance zu finden, besserte sich ihre Beziehung merklich.

Der mißhandelte Unterlegene

Jeder extreme Unterlegene ist ein Kandidat für körperliche oder seelische Mißhandlung. Das schließt die Typen ein, über die ich bereits gesprochen habe: Die liebe Unterlegene, das Echo und den Rächer. Sie sind *keine* Masochisten. Sie genießen eine Mißhandlung nicht. Aber sie haben zwei ernste Probleme: Ihr geringes Selbstwertgefühl läßt sie eine Mißhandlung übermäßig akzeptieren, und ihre stärksten interpersonellen Verhaltensweisen fördern die Mißhandlung durch den Partner, anstatt sie zu verhindern.

Zum Beispiel wird eine liebe Unterlegene die Mißhandlung tolerieren, weil sie hofft, daß es aufhören wird, wenn sie nur lieb und nett genug ist. Ein Echo wird versuchen, sich noch mehr zu unterdrücken und die Person zu werden, die sein Partner sich wünscht. Der Rächer wird indirekt Rache nehmen, was seinen Partner noch wütender macht und zu größeren Mißhandlungen treibt.

Der mißhandelte Unterlegene ist eigentlich dadurch definiert, daß er/sie immer Partnerschaften eingeht, in denen er/sie mißhandelt wird. Sie/er würde gern einen »netten Kerl« finden, aber es scheint nie zu klappen. Man ist versucht, diesen Typ als echten Masochisten zu bezeichnen – jemand, der Strafen »braucht«. Aber ich glaube nicht, daß das der Fall ist. Mißhandelte Unterlegene sind ebenso gefangen und unglücklich in ihrer gewalttätigen Beziehung wie jeder andere auch. Der einzige Unterschied zu den meisten Menschen besteht bei ihnen in den extremen Lektionen, die sie schon in der Kindheit gelernt haben.

Es ist nicht das gleiche.

Meine Klientin Leigh, eine attraktive vierzigjährige Büroleiterin, überstand zwei gewalttätige Ehen. Ihr erster Ehemann arbeitete in einem Sportartikelgeschäft. Obwohl er sehr »charmant war, besaß er auch richtig gemeine Züge, wenn man ihn erst einmal näher kennenlernte«. Obwohl er Leigh nie körperlich mißhandelte, machte er sie andauernd herunter.

»Es gab Zeiten, da brüllte er wie ein Irrer herum. Ich konnte ihm nichts recht machen. Ich war blöde. Ich war ›wie eine Kuh‹. Es war mein Fehler, daß er nicht Geschäftsführer war, weil er keine Nacht durch das Babygeschrei richtig schlafen konnte. Er tat nicht gerade viel für mein Ego.«

Nachdem er ein paar Affären hatte, verließ er schließlich sie und ihren kleinen Sohn wegen einer »sportlicheren Mitarbeiterin«.

Leigh sah in ihrem zweiten Ehemann ...

»einen Ritter, weil er für meinen Sohn und mich sorgte. Aber er war ein schwerer Trinker. Und anders als Wallace schlug er mich manchmal – aber nur, wenn er betrunken war. Das ging so vier Jahre lang. Wenn er nüchtern war, glaubte ich, es würde besser werden. Aber das dauerte nie länger als ein paar Tage. Ich mußte schließlich Schluß machen, als er anfing, Richie anzugreifen.«

Fünf Jahre später machte sie wegen ihrer wachsenden Depressionen aufgrund einer zweijährigen Affäre, die sie mit einem verheirateten Ingenieur der Firma, bei der sie arbeitete, hatte, eine Therapie.

»Ich mache mir keine Illusionen mehr darüber, daß Brock seine Frau meinetwegen verläßt. Er verbringt noch nicht einmal viel Zeit mit mir, und ich bin mir ziemlich sicher, daß er sich noch mit einem anderen Mädchen aus der Firma trifft. Er leugnet das, aber er ist schließlich kein besonders vertrauenswürdiger Typ. Das Schlimme ist nur, daß ich ihn anscheinend noch immer begehre. Andere bitten mich, mit ihnen auszugehen, aber das ist nicht das gleiche. Ich quäle mich wegen Brock, statt auszugehen und einen netten Mann zu finden.«

In meinen ersten Unterhaltungen mit Leigh fand ich heraus, daß ihre Beziehungen mit Männern, die sie mißhandelten oder zurückstießen, bis zur High-School zurückreichten. Es war klar, daß sie den leidvollsten und zerstörerischsten Typus der Unterlegenen verkörperte.

Die Kindheit der mißhandelten Unterlegenen.
Die meisten chronisch Unterlegenen besaßen einen passiven und einen rauhen, übermächtigen Elternteil. Bei der mißhandelten Unterlegenen ist der Preis, den sie als Kind bezahlen mußte, um die Zustimmung des dominanten Elternteils zu erlangen, einzigartig hoch. Leigh mußte einen solchen Preis bezahlen.

> »Mein Vater war die Verkörperung eines Tyrannen. Er hatte einen sehr rauhen Job – er arbeitete auf einer Werft –, und er kam gewöhnlich wütend und betrunken heim. Wenn er mit seinem Vorarbeiter eine Menge Ärger hatte, kam er nach Hause und wollte dem Hund einen Tritt verpassen – und jedem, der sonst noch da war. Ganz gleich, was schiefging, immer war jemand anders der Schuldige. Selbst wenn ein Reifen platt war. Der ärgste Vorfall, an den ich mich erinnere, war, als er eine Flasche Scotch, von der er glaubte, daß er sie noch hätte, nicht finden konnte. Zuerst griff er Mom an. Dann gab ihm meine Schwester Widerworte, und er verdrosch sie dafür. Während er sie prügelte, versuchte einer meiner Brüder, ihn daran zu hindern – er wurde auch verdroschen. Schließlich belog ich ihn und behauptete, ich hätte die Flasche versehentlich in der Küche fallengelassen. Er brüllte mich zwar an, sagte aber, ich wäre als einzige aufrichtig, weil ich die Wahrheit gesagt hätte.«

Nicht nur, daß Leighs Familie sehr dysfunktional war – der Familienvorstand war ein Mann, der ein Paradebeispiel für die Eltern von mißhandelten Unterlegenen darstellt. Er war jemand, der alles nach außen projizierte. Wenn etwas schiefging, war es nie sein Fehler. Immer hatte jemand anders die Schuld.

Ein Kind, das verzweifelt versucht, die Anerkennung eines solchen Elternteils zu erringen, lernt oft, die Schuld auf sich zu nehmen. In ihrer emotional gefährlichen und unsicheren Welt wird das beschuldigte Kind wahrscheinlich zu dem Schluß kommen, daß es wirklich schuldig ist. Der Elternteil ist schließlich eine Autoritätsperson. Er muß wissen, was richtig und wahr ist. Wie die anderen Unterlegenen lernt dieser Typus auch, daß eine Selbstbehauptung Strafe nach sich zieht – verbal oder körperlich. Doch wenn sie die Schuld auf sich nimmt – ob sie es nun war oder nicht –, wird sie, so nahe sie kann, an die Anerkennung durch den Elternteil kommen. Und das ist die Rettung vor noch mehr Strafe. Der Preis, um akzeptiert zu werden, ist in diesem Umfeld ein Schuldbekenntnis.

Bei diesem riesigen emotionalen Mühlstein ist es schwer zu beurteilen, worin die interpersonelle Stärke der mißhandelten Unterlegenen liegen könnte. Oft wird das durch den emotionalen Tumult in ihren ungesunden Beziehungen überdeckt. Aber wir müssen nur schauen, wie die Konflikte mit ihrem mißhandelnden Elternteil ausgehen, um zu wissen, wo ihre Stärke liegt – und warum sie so verläßlich an Männer gerät, die sie mißhandeln.

Die Spezialität der mißhandelten Unterlegenen liegt im »Entschärfen«. In der Kindheit schluckt sie die irrationale, launische Wut eines Elternteils. Indem sie die Schuld auf sich nimmt, beendet sie eine gewalttätige Episode. Daher erweist sie sich für ihren wütenden Elternteil als nützlich. Es ist fatal, daß die einzige Handlung, die ihr ein Gefühl der Kompetenz vermittelt – die Schuld auf sich zu nehmen –, sie gleichzeitig schlechter von sich denken läßt und nach mehr Mißhandlungen verlangt.

Im zwischenmenschlichen Umgang entwickelt die mißhandelte Unterlegene eine übermäßige Bescheidenheit. Bescheidenheit, die nicht durch gesundes Selbstbewußtsein ausgeglichen wird, führt zu einem Gefühl der Nichtswürdigkeit, einer Tendenz, stets anzunehmen: »Es ist mein Fehler.« Ein übermäßig bescheidenes Kind glaubt, daß es die Wut nicht nur entschärft, sondern auch der Grund dafür ist.

Die mißhandelte Unterlegene und die Liebe.

Der Grund dafür, daß die meisten Therapeuten die mißhandelte Unterlegene als Masochistin bezeichnen, ist der, daß sie anscheinend launische, gewalttätige Partner den »netten Männern« vorzieht. Oberflächlich gesehen scheint Leighs Beziehungsmuster in diese Schublade zu passen; sie hat ja sogar zugegeben, daß sie während der Endphase ihrer Beziehung zu Brock die Annäherung von anderen abwies.

Doch meiner Ansicht nach spielt Masochismus hierbei keine Rolle. Hier wirken ganz andere wesentliche Faktoren mit. Das Selbstbewußtsein der mißhandelten Unterlegenen ist schwer geschädigt. Sie ist davon überzeugt, ein schlechter Mensch zu sein und keinen »guten« Partner zu verdienen. (Groucho Marx hat es treffend so ausgedrückt: »Ich würde nie einem Club beitreten, der mich als Mitglied akzeptiert.«) Das wirkt nach zwei Seiten. Oft ist der Mangel an Selbstbewußtsein der mißhandelten Unterlegenen für nicht gewalttätige Männer spürbar, und das wiederum vermindert die Anziehungskraft der Unterlegenen.

Eine andere Dynamik kommt ins Spiel, wenn sie einen Partner sucht, und die paßt genau in die paradoxe Leidenschaft. Ein Mann, der die Schuld bei anderen sucht, kann sehr charmant sein, wenn er die Partnerin findet, die er gesucht hat. Er verkauft sich gut, weil er gewöhnlich etwas zu verbergen hat, und das zieht die Unterlegene, die auf ein emotionales Feuerwerk gepolt ist, magnetisch an. Aber nur knapp unter der Oberfläche liegt der Haken an der Sache – sein Bedürfnis, eine Frau zu finden, die mit seiner Wut und seinem Frust umgehen kann. Das Paradox paßt in dieses Schema, weil die mißhandelte Unterlegene ihren launischen Partner nie unter Kontrolle hat, und das fügt zu ihrem Schmerz noch die Leidenschaft hinzu. Das kann auf tragische Art und Weise abhängig machen.

Das Gleichgewicht halten.
Wenn Sie in Ihrer Partnerschaft mißhandelt werden, gebe ich Ihnen den strikten Rat, sofort professionelle Hilfe zu suchen. Es ist schwer genug, mit einer ungleichgewichtigen Beziehung umzugehen, in der es *keine* Gewalt gibt. Aber wenn es sie gibt, können die Ängste und die *echten* Gefahren Ihnen das Gefühl geben, hoffnungslos festzusitzen. Ich versichere Ihnen aber, daß Sie mehr Möglichkeiten haben, als Sie sich im Augenblick vorstellen können. Ein guter Therapeut wird Ihnen helfen, sie zu finden und danach zu handeln.

Wenn Sie nicht wissen, ob Sie mißhandelt werden oder nicht,

fragen Sie einen guten Freund, einen Verwandten oder Ihren Arzt. Oder probieren Sie es mit dieser objektivierenden Übung: Stellen Sie sich vor, wie Sie auf eine andere Frau in Ihrer Lage reagieren würden. Wären Sie der Meinung, daß sie zuviel aufgeladen bekommt? Wenn sie jemand ist, den Sie gern hätten, würden Sie sich um sie sorgen oder sogar wünschen, daß sie sich aus dieser Lage befreit? Wenn das so ist, sollten Sie etwas tun. Es gibt einige Bücher darüber, wie man mit Gewalt in der Partnerschaft umgeht. Ich rate Ihnen sehr, sie zu kaufen – gewissermaßen als Investition in Ihr künftiges Glück.

Wenn Sie bereits eine mißhandelte Unterlegene waren, wird es Zeit, daß Sie neu überdenken, wie Sie an Partnerschaften herangehen.

Zuerst einmal müssen Sie bei »Wirbelwind-Romeos«, die Sie überrollen und Ihnen den Kopf mit ihren unvorhersehbaren Unternehmungen verdrehen, viel vorsichtiger sein. Diese Männer können wirklich sehr romantisch sein. Aber ihnen mangelt es oft – wie ich im nächsten Kapitel zeigen werde – an Sensibilität und Beherrschung. Anfangs könnten Sie sich über die Leidenschaft freuen, die ein solcher Mann erregt. Aber Leidenschaft sollte nie das einzige Kriterium für eine Beziehung sein. Auch kann sie nicht die Rechtfertigung für Ihr Tolerieren von Mißhandlungen sein. Die Leidenschaft, die Sie spüren, wenn Sie in einen gewalttätigen Partner verliebt sind, ist eine gefährliche Nebenwirkung der paradoxen Leidenschaft.

Zweitens sollten Sie dem »netten Kerl« noch eine Chance geben. Anfangs scheint er wahrscheinlich der Falsche für Sie zu sein. Sie mögen denken, daß Sie seine Nettigkeit nicht verdienen. Sie könnten meinen, daß es zwischen Ihnen nicht funkt und daß er nicht das Beste aus Ihnen herausholt. Aber wenn Sie eine Zeit mit ihm zusammen sind, werden Sie ihn immer mehr mögen und ganz neue zwischenmenschliche Erfahrungen machen.

Wenn in Ihrer Beziehung Gewalt auftritt, setzen Sie sich mit dem interpersonellen Motto auseinander, das Sie als Kind gelernt haben: *Es ist immer mein Fehler.* Dieses Motto läßt Sie glauben, daß Sie allein dafür verantwortlich sind, wie man Sie behandelt; daß Sie stärker versuchen sollten, die Beziehung zu festigen; und wenn es sich nicht ändert, verdienen Sie es wahrscheinlich nicht besser. Wenn Sie nach diesem Motto leben, versetzt das Ihren Partner erst in die Lage, noch gewalttätiger zu werden – und Sie werden noch mieser von sich denken.

Es ist daher *unerläßlich,* daß Sie Ihr altes Motto durch dieses neue ersetzen: *Ich verdiene genau wie jeder andere Liebe und Achtung.* Dieses neue Motto wird Ihnen helfen, Ihr Selbstbewußtsein zu stärken und sich von dem Muster, sich immer die Schuld zu geben, zu lösen. Es wird Ihnen helfen, dem Verhalten Ihres Partners Grenzen zu setzen, und Sie wissen, wann Sie die Partnerschaft verlassen müssen.

Durch die Therapie lernte Leigh sich kennen, und sie lernte, ihre Neigung, und sich die Schuld zu geben und emotional beherrscht zu werden, zu bekämpfen. Indem sie die Dynamik der paradoxen Leidenschaft kennenlernte, konnte sie erkennen, warum »schlimme Jungs« sie mehr anzogen als nette und auch warum das einen so hohen emotionalen Preis forderte. Nach ein paar Wochen Therapie und ein wenig Pläne-Schmieden und Nachdenken beschloß sie, daß es Zeit wäre, mit Brock über ihre Affäre zu sprechen. Das nächste Mal, als er ihr vorschlug, »man sollte sich treffen«, benutzte sie kritiklose Kommunikation, um ihm zu sagen, daß es aus wäre. Sie sagte, daß ihre Bedürfnisse in der Affäre nicht befriedigt worden wären, und sie blieb – trotz seines Protests – hart.

Danach erzählte sie mir: »Es war mit das Schwerste, was ich je getan habe. Aber es war ein tolles Gefühl, sich zu behaupten.«

Ein paar Monate später lernte Leigh einen netten Mann kennen und ging mit ihm aus. Sie fühlte sich ein wenig seltsam, besonders weil sie sich nur langsam in ihn verliebte – aber dafür um so mehr. »Ich bin an die ganz große Leidenschaft gleich zu Anfang gewöhnt«, sagte sie. »Aber das hier scheint viel gesünder zu sein. Bedeutet das, daß ich anfange, mich zu mögen?«

14. Kapitel
Die Persönlichkeit des Überlegenen – Lernen Sie, verwundbar zu sein

Der ausgeprägte Überlegene hat viele Gesichter. Er kann unnachgiebig und herrisch, kühl und zurückhaltend, aggressiv, sogar gewalttätig sein. Er kann anfangs leidenschaftlich und stark sein, dann seine Gefühle schnell zurücknehmen und einen Partner verwirrt und unterlegen zurücklassen. Oder er könnte vor dem Gedanken, einer Person wirklich nahe zu kommen, flüchten. Er kann so von einem persönlichen Ziel eingenommen sein, daß er nur noch wenig emotionale Reserven für einen Partner übrighat.

Viele Überlegene hatten eine ähnlich schwierige Kindheit wie die Unterlegenen. Aber statt sich mit dem überlegenen Elternteil zu einigen und zu verbünden, widerstanden sie und lösten sich. Manche nahmen die Maske eines Überlegenen an, um eine Gefühlsverletzung zu überdecken; andere lernten, daß Verletzbarkeit schlecht ist. Alle haben interpersonelle Stärken gemeinsam, die sie in ihrem Liebesleben auf Trennung und Kontrolle hinarbeiten lassen.

Der Autoritäre

Der Autoritäre ist ein Herrscher. Er führt sein Leben ordentlich und diszipliniert. Er lobt sich wegen seiner Rationalität. Für ihn gibt es im Leben nur schwarz und weiß – es gibt einen richtigen Weg und einen falschen, und sein Leben ist das Beispiel für den richtigen Weg. Es ist typisch für ihn, daß er als Manager oder in einer leitenden Position arbeitet oder seine eigene Firma besitzt. Herausforderungen gefallen ihm, und seine Entscheidungen sind oft genial. Gewöhnlich macht er erfolgreich Karriere, und er sieht seine materiellen Erfolge als Beweis dafür an, daß sein Weg der richtige ist.

Der Autoritäre glaubt, daß es zwei Arten von Menschen gibt: Die Schwachen und die Starken. Seine interpersonellen Optionen sind gleichermaßen wohl definiert: Er fühlt sich verpflichtet, die Schwachen zu kontrollieren und die Starken zu überflügeln.

Ein möglicherweise unangenehmes Problem.
Wenn ich an einen Autoritären denke, kommt mir mein früherer Klient Marshall in den Sinn. Mit fünfundfünfzig war er der Leiter eines großen Krankenhauses. Obwohl er nicht eigentlich beliebt war, respektierte man ihn wegen seiner Führungsqualitäten und seiner Fähigkeiten als Manager. Erfolgreich zu sein war wichtig für ihn, und seine gutgeschnittenen Anzüge und funkelnden schwarzen Mercedes waren sichtbare Beispiele dafür. Er protzte mit seinen politisch konservativen Ansichten, die seiner Meinung nach seinen Aufstieg ermöglicht hatten. Seine Manieren waren etwas steif und schrecklich jovial. Beispielsweise lautete sein »Eisbrecher« während unserer ersten Sitzung: »Bei all diesen Spinnern, von denen ich in der Zeitung gelesen habe, muß Ihr Geschäft ja blühen.«

Marshall war seit fünfundzwanzig Jahren mit Suzanne verheiratet, und sie hatten drei Kinder, zwei auf dem College und eins in der High-School. Marshall gefiel es, sowohl daheim als auch in der Firma die Zügel straff zu führen. Suzanne gewann seine Anerkennung durch ihre perfekte Haushaltsführung, den richtigen gesellschaftlichen Umgang und durch äußerste Unterwürfigkeit. Die Kinder gingen auf Privatschulen, hatten Pflichten im Haushalt, und es wurde von ihnen erwartet, nicht in Schwierigkeiten zu kommen. Wie er selbst zugab, war er kein strenger Vater, aber seine hohen Erwartungen waren allen bekannt. Er verhängte auch Strafen, wenn es nötig war.

Eine Person wie Marshall macht nur selten eine Therapie. Eine Therapie erfordert den Willen und die Fähigkeit, verwundbar und introspektiv zu sein, und Fehler und Schwächen einzugestehen. In der Welt des Autoritären ist kein Platz für das Durcheinander und die Turbulenz von Gefühlen, und er hat einen Großteil seiner Energie darauf verschwendet, diese zu meiden. Marshall hätte nie mit einer Therapie begonnen, wenn nicht eine persönliche Tragödie passiert wäre.

Drei Monate bevor wir uns kennenlernten, hatte Marshall seine Tochter auf dem Boden ihres Hallenschwimmbades gefunden. Sie war an einer Überdosis Kokain gestorben. Eine Woche vorher hatte er eine einseitige Entscheidung getroffen, die seiner Meinung nach ein »möglicherweise unangenehmes Problem« aus der Welt schaffen sollte. Seine Tochter war in ihrem dritten Jahr auf der High-School schwanger geworden. Er hatte darauf bestanden, daß sie die Schule verließ, und arrangiert, daß sie bei der Familie seiner Schwester in Ohio bleiben sollte, bis das Baby geboren war. Jetzt sah er immer das Bild seiner toten Tochter vor sich. Und seine ganze Familie – auch seine früher so unterwürfige Frau – hatte sich erbittert gegen ihn gestellt.

Die Kindheit des Autoritären.

Der Autoritäre wächst in einer Familie auf, die starr auf herkömmliche geschlechtsspezifische Rollenverteilung fixiert ist. Es ist typisch, daß der Vater autoritär ist. Seine Abscheu vor »schwachen« Emotionen wird er auf seinen Sohn übertragen. So beschrieb Marshall seine Erziehung:

> »Unser Zuhause war wie ein Ausbildungslager für Rekruten. Wenn wir etwas nicht genauso machten, wie mein Vater es wünschte, schlug er uns mit dem Gürtel. Da wurde nicht lange gefackelt. Ich würde ihn nicht gemein nennen. Er konnte sehr stolz auf uns sein. Aber wir wußten, daß wir nicht vom Weg abkommen durften. Ich erinnere mich, daß ich als Vierjähriger seine Taschenlampe auseinandermontierte und er mich dafür verprügelte. Ich fing an zu heulen. Er sagte mir, ich solle mich zusammennehmen und aufhören zu flennen, sonst würde er mir die Lektion meines Lebens erteilen. Und ich glaube, damals hatte ich sogar Striemen. Natürlich lernte ich, alles so zu machen wie er. Aber wissen Sie – ich glaube, daß diese Erziehung in vieler Hinsicht gut war. Anders als die Kinder heutzutage lernte man früh, daß man für seine Taten auch verantwortlich war.«

Als Kind wird der Autoritäre zurückgewiesen und/oder bestraft, wenn er Verletzbarkeit zeigt. Er lernt schnell, daß sein Wert von dem Erfolg in der Welt abhängt, den seine Eltern festgelegt haben. Wimmern, weinen und andere »weibische« Verhaltensweisen sind einfach inakzeptabel.

Das persönliche Streben des Autoritären zielt darauf ab, »der Held« zu werden.

Die Phantasien des Kindes drehen sich um eine militärische Auseinandersetzung, und in der Schule strebt es danach, sich hauptsächlich im Sport auszuzeichnen. Als Erwachsener wird er sein »Heldentum« an seiner Wohlhabenheit und seinem Prestige messen. Der Soziologe Warren Farrell hat einmal geschrieben, daß der traditionelle Mann dazu konditioniert wird, ein »Erfolgsobjekt« zu sein, ebenso wie Frauen beigebracht wird, ein »Sexualobjekt« zu sein. Der hohe Preis für dieses Ziel besteht in emotionaler Bindungslosigkeit.

Marshall wurde still, nachdem er den Erziehungsmethoden seines Vaters beigepflichtet hatte. Er war in seine alte Denkweise »Mein-Weg-ist-der-richtige« verfallen. Aber diese starre Aussage war mit dem Bild seiner Tochter kollidiert, das sich in seinem Kopf festgesetzt hatte.

Der Autoritäre und die Liebe.
Die meisten Menschen erleben als Jugendliche mindestens einmal, daß man ihre Liebe zurückweist, aber sie erholen sich wieder. Doch der Autoritäre kommt irgendwie nie darüber hinweg. Sein Liebeskummer erschüttert die Grundfesten seiner erfolgsgewohnten Persönlichkeit, weil er ihn in einen verletzten Verlierer verwandelt. Von diesem Zeitpunkt an wird er Frauen meiden, die ihm in Status, Anziehungskraft und Ego gleichgestellt sind. Starke Frauen stoßen ihn ab. Er neutralisiert seine Angst vor ihnen, indem er sich über sie lustig macht und kritisiert – starke Frauen sind »Mannweiber«, und der Rest ist »schwach«. Unbewußt nähert er sich nur Frauen, die er mit Sicherheit kontrollieren kann. Gewöhnlich besitzt die Frau, die er heiratet, Eigenschaften einer Unterlegenen, und sie bleibt entweder zu Hause oder arbeitet in einem Job mit geringerem Status als seinem. Die Frau und die Familie des Autoritären sind wichtige Be-

standteile seines Lebensplanes, der auf Erfolg gerichtet ist. Obwohl er seine Frau nie leidenschaftlich liebt, schätzt er sie, wenn sie sein Image verbessert und seinen Erfolg vermehrt.

Marshalls Frau, Suzanne, war wie maßgeschneidert für ihn. Ihre Familie war in der Gesellschaft angesehener als seine, und das verbesserte seinen Status; dazu kam noch, daß sie das Paradebeispiel einer lieben Unterlegenen darstellte. Aber der Selbstmord ihrer Tochter hatte ihre unterwürfige Haltung verändert. Jetzt konfrontierte sie Marshall mit ihrer Wut. Das stabile Ungleichgewicht in ihrer Beziehung hatte sich zum Chaos gewandelt.

Das Gleichgewicht halten.
Es ist schon ein schwerer emotionaler oder finanzieller Schock nötig, um die Selbstgerechtigkeit des Autoritären ins Wanken zu bringen, aber ein dramatischer Verlust könnte ihn sogar zugrunde richten. Die interpersonellen Fähigkeiten, die ihm helfen würden, die Klippe einer persönlichen Krise zu umschiffen, sind jämmerlich unterentwickelt. Er hat nie gelernt, sich gehenzulassen, Schmerz zu äußern, Fürsorge von anderen zu akzeptieren. Er ist die sprichwörtliche Eiche: Er stemmt sich gegen den Wind, statt sich mit ihm zu beugen, und wird wahrscheinlich eher in einem Sturm umknicken als die »schwache« Weide. Es überrascht daher nicht, daß Männer Ende Fünfzig und Anfang Sechzig, denen zum ersten Mal in ihrem Leben etwas mißlingt, in höchstem Maße selbstmordgefährdet sind.

Marshall konnte seinen Schmerz über den Selbstmord seiner Tochter nicht verarbeiten, und er hatte keine Möglichkeit, um es »zu den Akten« zu legen. Dieser Streß trieb ihn dazu, sich noch stärker auf seine größte interpersonelle Stärke zu stützen: Führerschaft. Er führte verzweifelte Machtkämpfe durch. Er geriet mit Suzanne wegen der Pläne für die Beerdigung aneinander, und im Büro schrie er Untergebene wegen Kleinigkeiten an. Suzannes Ultimatum – »Bitte, ändere dich, oder ich gehe« – war der letzte Schlag, den sein »Sicherheitsgefühl« noch brauchte. Zum ersten Mal als Erwachsener weinte er. Er folgte auch das erste Mal Suzannes Rat – er stimmte zu, eine Therapie zu machen.

Wenn Sie Ähnlichkeit mit dem Autoritären haben, dann rate ich Ihnen dringend, Ihr rationales Denkvermögen einzusetzen. Untersuchen Sie Ihre Beziehungsmuster, und überlegen Sie, wie Sie mit Menschen umgehen. Das interpersonelle Motto, das Sie als Kind gelernt haben – *Mein Weg ist der richtige Weg* –, erlaubt Ihnen nicht, sich auch einmal zu irren. Sie zwingen Familienmitglieder, die Ihrem Weg nicht folgen können, zu extremen Maßnahmen Zuflucht zu nehmen. Sie können sich auflehnen oder sich rächen oder sich selbst bestrafen (Marshalls Tochter kombinierte alle drei Möglichkeiten). Ihre von Streß geprägten Handlungen werden Sie dazu bringen, sich noch mehr auf Ihre superstarken Managementfähigkeiten zu verlassen. Ihre Angst davor, nicht mehr jede Situation kontrollieren zu können, ist das Problem. Wie Marshall später sagte: »Ich gewann zwar die Schlachten in der Familie, aber wir verloren alle den Krieg.«

Sie werden eine bessere Führungspersönlichkeit, wenn Sie lernen, flexibel und mitfühlend zu sein. Wann immer Sie sich bedroht fühlen oder merken, daß Sie Kontrolle ausüben, wiederholen Sie das neue Motto: *Manchmal siegt man, obwohl man nicht gewinnt.* In der Therapie weinte Marshall bitterlich, als er sich schließlich die unerträgliche Wahrheit eingestand: Wenn er seine Tochter nicht abgeschoben, sondern ihr Verständnis entgegengebracht hätte, wäre die Tragödie wahrscheinlich nicht geschehen. Es dauerte ein paar Monate, bis er seine akute Leidensphase überwunden hatte. Obwohl er sich wahrscheinlich nie frei von Schuld und Vorwürfen fühlen wird, wurde ihm bewußt, daß diese fürchterliche Erfahrung auch ihr Gutes hatte. Sie hatte ihn wirklich verändert.

Marshall förderte ein neues Selbstmordverhütungsprogramm im Krankenhaus, und er und Suzanne traten einer Selbsthilfegruppe von Eltern, die ihre Kinder durch Selbstmord verloren hatten, bei. Zu Hause kümmerte er sich sehr um seine Kinder und besprach alles mit Suzanne. Seine Führungsqualitäten, jetzt durch Mitgefühl ausbalanciert, entfalteten sich.

Der Abenteurer

Der Abenteurer lebt für die Herausforderung. Wenn sein Leben zu sicher und zu vorhersehbar wird, treibt ihn die Langeweile dazu, neue Abenteuer zu suchen. Er ist ein aggressiver Wettkämpfer, denn Konkurrenz stimuliert ihn. Er braucht große Mengen von Adrenalin, um seine Bestform zu erreichen. Seine Ziele reflektieren sein Verlangen nach biochemischer Erregung: Er ist Rennfahrer, extremer Bergsteiger, Drachenflieger. Er ist der Sportler, der bei großem Druck Erfolg hat. Der Abenteurer ist beim Militär, in der Politik, in der Hochfinanz, bei den Vollstreckungsbehörden und beim organisierten Verbrechen zu finden, und er ist ein Frauenheld.

Sexuelle Abenteuer.
Ginnys Ehemann Frank, der Polizei-Detective, war ein Abenteurer. Während einer Einzelsitzung mit ihm fragte ich ihn, warum er diesen Beruf gewählt hatte. Seine Antwort war leicht ironisch.

> »Mir gefällt die Aufregung und das Drama. In jedem anderen Job würde ich mich zu Tode langweilen. Man ist nicht den ganzen Tag in einem Büro eingesperrt, man kommt mit kriminellen Elementen in Kontakt, man trifft alle Arten von Menschen. Nutten, die Ärger haben, sind mir die liebsten.«

Wie bei vielen Abenteurern muß Frank seine Erregung auf die sexuelle Ebene ausdehnen. Es überrascht nicht, daß eine stabile, monogame Ehe nicht ganz oben auf seiner Prioritätenliste steht. Wenn eine Beziehung erst einmal zur Routine wird, kann die Aussicht auf neue sexuelle Herausforderungen vielleicht unwiderstehlich sein.

Die Kindheit des Abenteurers.
Die Gier des Abenteurers nach Stimulation kann sich schon sehr früh zeigen, was an eine genetische Komponente denken läßt. Eine frühe Konditionierung darauf, daß Männer heroisch sein müssen, könnte erklären, warum es mehr männliche als weibli-

che Abenteurer gibt. Es ist wahrscheinlich, daß hierbei auch männliche Hormone eine Rolle spielen. Zusätzlich fördern Erfahrungen in der Kindheit Verwegenheit und Wettbewerbsfähigkeit. In Franks Kindheit gab es solche Erlebnisse.

»Meine Mutter war geschieden und mußte arbeiten. Sie war eine gute, liebevolle Mutter, aber mein Bruder und ich waren richtige Rangen. Ich war ein gerissener, selbständiger Bursche. Ich trieb mich viel herum. Man könnte sagen, daß ich auf der Straße aufwuchs. Wir hielten uns für cool, und wir hatten oft Ärger. Keinen großen Ärger – aber Sie wissen schon. In den Augen meiner Mutter konnte ich *nichts* Böses tun . . . Sie glaubte immer mir. Ich wäre sogar mit einem Mord durchgekommen . . .«

Ein Elternteil, der sich nach Zuneigung sehnt, liebt oft so unkritisch, daß das Kind zu der Überzeugung gelangt, daß es »nichts falsch machen kann«. Das Kind hat das Selbstvertrauen, extremen Situationen mit minimaler Angst zu begegnen. Aber sein Selbstvertrauen wird nicht durch normale Bescheidenheit und Sensibilität ausgeglichen. Da es seine Wettbewerbsfähigkeit nicht abcheckt, kann es die emotionalen Grenzen von anderen überschreiten. Aber schließlich ist es sein Lebenselixier, Situationen und Menschen bis an ihre Grenzen auszureizen. Manche Abenteurer sind privilegierte Kinder, deren Eltern in der Lage waren, ihnen materiell alles zu bieten, aber ihrem Kind nicht vermitteln konnten, daß es warmherzig geliebt und akzeptiert wird. Die Flirts mit der Gefahr könnten aus Wut entstanden sein.

Abenteurer aller Sorten teilen das Gefühl, daß ihre Kindheit im Grunde feindlich war und ihnen keinen Halt bot. Bescheidenheit, Schüchternheit und Sensibilität waren nachteilig. Das anpassungsfähige Kind lernte, diese Teile von sich zu begraben. Die Frage ist, ob ein hartes, risikofreudiges Kind nun ein Freund oder ein Feind der Gesellschaft wird. In dem Spruch, daß Räuber und Gendarm aus dem gleichen Holz geschnitzt sind, liegt ein Körnchen Wahrheit.

Der Abenteurer und die Liebe.

Der Abenteurer ist bei der Werbung besonders feurig. Während viele von uns die Leidenschaft der jungen Liebe kaum aushalten können, genießt der Abenteurer die Situation. Er lebt für all das, was die Werbung ihm bietet – Unbestimmtheit, Herausforderung, Risiko, Neuheit und Vergnügen. Er fühlt sich lebendig und selbstbewußt. Er strahlt Erregung aus. Die Frau, die das Objekt seiner Aufmerksamkeiten ist, wird ihm nur selten widerstehen können. Sie spürt, daß dies eine denkwürdige Begegnung sein wird.

Frank beschrieb den Rausch, den er jedesmal erlebt, wenn er ein Auge auf eine attraktive Frau wirft.

> »Ich kann gar nicht sagen, wie es ist, wenn man eine schöne Frau sieht und merkt, daß man sie haben muß. Man schaut auf ihren Ringfinger, um herauszufinden, ob sie verheiratet ist. Es ist großartig, wenn sie verheiratet ist – eine Herausforderung. Wenn nicht, ist es auch toll, aber man muß aufpassen. Zuerst ist man ganz sachlich, würzt die Begegnung aber mit einer kleinen Überraschung. Ein kleiner Scherz darüber, wie toll sie ist, aber sie ist nicht ganz sicher, ob man so etwas wirklich gesagt hat. Ein paar Tage später ist man noch sachlicher und hat eine Neckerei parat. Vielleicht berührt man sie ›zufällig‹. Und das nächste mal wartet sie schon, versucht aber kühl zu bleiben. Jetzt ist man scharf auf sie. Und man gewinnt das Spiel. Das ist der beste Teil. Manchmal lade ich sie zum Lunch oder zu einem Kaffee ein. Manchmal rücke ich gleich damit heraus. Wissen Sie, was Frauen gern hören? ›Ich brauche dich.‹ Sie machen sich keine Vorstellung darüber, wie toll es in einem Kopierzimmer nach Geschäftsschluß sein kann.« (Er lachte leise.)

Weil Abenteurer so selbstbewußt, unabhängig und schwer zu kontrollieren – anders formuliert so aufregend – sind, verliebt man sich leicht in sie. Aber man kann vorhersagen, daß der Abenteurer in dem Augenblick, in dem seine Leidenschaft abflaut, seinen Blick auf eine neue sexuelle Attraktion wirft. Der Abenteurer fürchtet nicht die Bindung an sich – er kann sich nur nicht ein Leben ohne aufregende Liebe vorstellen. Seine Sehnsucht nach Spannung und Neuheit überlagert sein Bedürfnis nach Intimität und Sicherheit. Und genau das garantiert, daß er auf der Seite der Überlegenen in der paradoxen Leidenschaft landet.

Wie Frank heiraten die meisten Abenteurer zu guter Letzt. Manche sogar öfter. Sie sind nicht immun gegen die Erwartungen der Gesellschaft oder das Verlangen, Kinder und ständig ein weibliches Wesen um sich zu haben. Es ist nicht ungewöhnlich für einen Abenteurer, daß er heiratet, nachdem er kurz zuvor fast zugrunde gegangen wäre. Erinnern Sie sich daran, daß Ginny Franks Physiotherapeutin nach einem Motorradunfall war. Aber wenn es einem Abenteurer zu gut geht, ist Untreue fast unausweichlich. Nur eine ausgeprägt Unterlegene wie Ginny kann ein solches Arrangement tolerieren.

Das Gleichgewicht halten.
Abenteurer sollten sich zuerst einmal wegen ihrer Stärken loben: gesundes Selbstvertrauen, Selbständigkeit, Charme, Humor und Spontaneität. Doch die Stärken, die sie anziehend machen, können sie auch in selbstzerstörerische Verhaltensmuster locken. Ihre Lebensweise ist nur selten ewig erfolgreich. Wenn der Erfolg abreißt, ist gewöhnlich eine Depression die Folge. Überdies – wenn die Risikofreude des Abenteurers sexueller Natur ist, spielt er heutzutage mit AIDS russisches Roulette.

Es mag zuerst seltsam klingen, aber der Abenteurer leidet hauptsächlich an mangelnder Bescheidenheit. Bescheidenheit ist ein wichtiges interpersonelles Werkzeug – es ist die Verbindung mit der sozialen Realität. Unbescheidene Menschen glauben oft, sie stünden in gewissem Sinne »über dem Gesetz«. Ihre Bedürfnisse kommen zuerst, und sie ziehen nicht in Betracht, daß es andere Menschen verletzen könnte, wenn sie ihre Bedürfnisse befriedigen. Bescheidenheit hilft abzuwägen, was angemessen oder unangemessen, was machbar oder verletzend an ihren Handlungen ist. Menschen, denen es an Bescheidenheit mangelt, leben nach dem interpersonellen Motto: *Ich kann alles haben.* Wenn sie dieses Motto verinnerlicht haben, sind sie einem größeren Risiko ausgesetzt, alles zu verlieren.

Der Abenteurer weiß gewöhnlich, daß er auf einem Drahtseil spazierengeht und daß er jeden Augenblick herunterfallen kann. Aber die Gefahr an sich reizt ihn. Der Abenteurer ist also eine Person, die sich ewig an der Grenze bewegt, wobei sie hofft, »alles zu bekommen«, die Folgen der Risikofreude inbegriffen.

Die Heldentaten eines Abenteurers können zerstörerisch wirken. Wenn ein Partner schließlich genug hat und geht, könnte der Abenteurer überrascht bemerken, wie niedergeschlagen er ist. Der Charme und die Kühnheit, die ihm außerhalb der Beziehung soviel Erfolg bescherten, könnten dann einer Depression weichen.

Abenteurer zu beraten stellt uns vor ein Dilemma. Was ihrem Leben Sinn gibt – besonders wenn es sich um Frauenhelden handelt –, verletzt oft andere. Doch einem Abenteurer den Rat zu geben, zurückhaltend zu sein, würde seine Zügellosigkeit nur anstacheln. Mein Ansatz für Abenteurer ist geradeheraus. Das unterstützt ihren freien Willen mehr, als es sie herausfordert. Einfach gesagt – ich lade sie ein, zwischen einem kurzfristigen und einem langfristigen Vergnügen zu wählen.

Wenn Sie gern untreu sind oder sonst irgendwie unmäßig risikofreudig, sollten Sie einmal über dieses neue Motto nachdenken: *Ich bin anfällig dafür, zu vergessen, wieviel ich aufs Spiel setze.* Wenn ein kurzfristiges Abenteuer Sie lockt, sollten Sie daran denken, welche langfristige Belohnung sie wegwerfen würden. Dieses Motto gilt nicht nur für Ihre Beziehung, sondern auch für andere kurzfristige Nervenkitzel, wie Drogen, Alkoholmißbrauch und Glücksspiel.

Frank gab aufrichtig zu, daß er nicht sicher sei, ob er seine Affären auf Dauer aufgeben könnte. Er sagte auch, daß der Gedanke, seine Frau und seine Kinder zu verletzen oder zu verlieren, im Augenblick seine Prioritäten verändert und sein Verlangen nach sexuellen Abenteuern gedämpft hätte. Er war öfter daheim, und zu seiner Überraschung gefiel es ihm. Es war mir klar, daß Ginnys Anstrengungen, die Fähigkeiten einer Überlegenen zu lernen, Einfluß darauf hatten. Sie ermöglichte ihm seine Abenteuer nicht mehr länger, indem sie die stille Dulderin spielte. Ihre Beziehung war jetzt ausgeglichener, und beide profitierten davon.

Der Einzelgänger

In der Schule hatten Sie bestimmt Klassenkameraden, die sich keiner Gruppe anschlossen. Sie versuchten es nicht einmal. Sie schienen ihren eigenen Weg zu gehen, standen sozialen Gruppen gleichgültig gegenüber und lebten nur für ihre eigenen Interessen. In meiner Klasse wurde aus den Einzelgängern ein Konzertpianist und eine Molekularbiologin.

In der Tat sind unter Künstlern, Musikern und Schriftstellern oft Einzelgänger zu finden. Es sind oft auch Menschen, die nur minimalen sozialen Kontakt haben: Förster, Archivare, Bauern, Laboranten und Fernfahrer. Die Geschichte der Naturwissenschaft ist voll von Berichten über große Durchbrüche, die von Wissenschaftlern erzielt wurden, die oft jahrelang einsam gelebt und gearbeitet haben.

Jonathan, Deborahs Freund, war ein Einzelgänger, dessen Verhalten noch durch seine schmerzliche Scheidung verstärkt worden war. Obwohl er gelegentlich eine Beziehung einging, lag oft ein großer Zeitraum dazwischen. »Ich bin nicht das, was Sie als Frauenheld bezeichnen würden«, meinte er dazu. Ich fragte ihn, was er gern machte.

> »Ich lese, höre Musik, stöbere in Buchhandlungen und sitze in Cafés, deren Atmosphäre ich mag. Ich lese Philosophisches und Historisches, und ich mag Jazz und klassische Musik. Ich besitze einen CD-Plattenspieler, und die Klangqualität ist unglaublich. Im Sommer versuche ich ein paar Wochen allein zu wandern. Und ich arbeite im Haus und im Garten, den ich in japanischem Stil gestalte. Ich habe ein paar Freunde, die ich alle paar Wochen sehe. Ich weiß, was ich mit meiner Zeit anfange. Es ist wirklich kein schlechtes Leben.«

Ich fragte Jonathan, ob er glaubte, daß ihm etwas fehlte. Er erwiderte: »Manchmal ja.«

Die Kindheit des Einzelgängers.

Viele glauben, daß Einzelgänger »so sind«, weil sie schüchtern oder introvertiert sind. Wenn der Einzelgänger auch noch kreativ tätig ist, dann könnte ihn seine Kreativität zu einem einsamen Weg drängen. Obwohl ich glaube, daß bestimmte angeborene Eigenschaften uns dem einen oder anderen Persönlichkeitsstil zuführen, kenne ich doch zu viele verläßliche Daten, um anzunehmen, daß uns alles von der Natur aufgezwungen ist. Es gibt den Beweis, daß die meisten Einzelgänger in der Kindheit emotional »ausgebrannt« wurden. Bei Jonathan war es sicher so.

> »Mein Vater war Alkoholiker, und ich wußte nie, wie er sich mir gegenüber verhalten würde. Gelegentlich war er nett, aber meistens war er einfach nur betrunken, böse und verbittert. Er brüllte mich grundlos an. Ich weiß nicht, warum ausgerechnet *ich* immer alles abbekam. Er schrie meine Schwester oder meine Mom nie an. Eins störte mich – Mom saß immer da und tat so, als ob nichts wäre. Manchmal hatte ich genug und brüllte zurück – das war immer ein Fehler. Der einzige Ort, an dem ich mich sicher fühlte, war mein Zimmer. Ich war handwerklich geschickt und installierte einen Riegel an meiner Tür, als ich acht war.«

Der Einzelgänger empfindet natürlich Wut, weil er von seiner Familie emotional ausgegrenzt wird. Doch anders als die meisten Überlegenen *glaubt er, nicht das Recht zu haben, wütend zu sein.* Da er das einzige Kind ist, das von seinen Eltern keine Liebe bekommt, fühlt er sich irgendwie fehlerhaft. Kurz gesagt: Der Einzelgänger wird Überlegener, weil er sich so verletzlich fühlt wie ein Unterlegener. Statt die Strategien eines Überlegenen zu nutzen, zieht er sich zurück und versucht die Situation zu kontrollieren, indem er sich absetzt. Er entwickelt unbewußt den Glauben, daß er in der Einsamkeit am sichersten vor anderen Menschen ist. Da er einen distanzierten interpersonellen Stil annimmt, bietet oder sucht er nur selten emotionale Nähe. Sein Verhalten reflektiert die traurige Lektion, die er schon als Kind lernte: »Wenn man Menschen nahe kommt, wird man verletzt und abgewiesen.«

Für manche Einzelgänger erfolgt die traumatischste Zurückweisung innerhalb ihrer sozialen Gruppe. Da sie allein spielen, macht man sich über sie lustig und grenzt sie aus. Aber selbst diese Einzelgänger bekommen daheim nicht die emotionale Unterstützung, die ihr Selbstbewußtsein wieder hebt.

Wie Jonathan hatten viele Einzelgänger eine Erziehung, die weder konsequent noch stützend war. Jonathan wußte nie, wann sein Vater ihn wieder schlagen würde. Um zu überleben, war er gezwungen sich auf seine *Vorsicht* zu verlassen – was in der extremsten Form zu Mißtrauen wird. Er wurde übermäßig wachsam, registrierte jedes winzige Zeichen, das signalisierte, ob sein Vater einen Wutausbruch bekam. Wann immer Jonathan sah, daß die Kiefermuskeln seines Vaters sich zusammenzogen, floh er so schnell und leise wie möglich.

Um den Schmerz der Zurückweisung zu lindern, träumen viele dieser Kinder von brillanten Karrieren – von einem erfüllten Leben, das ihnen Liebe und Lob einbringt. Manchmal werden diese Phantasien wahr, nämlich wenn das Kind seine Wut auf das Erreichen hochgesteckter Ziele richtet.

Der Einzelgänger und die Liebe.
Der Einzelgänger will in zwei entgegengesetzte Richtungen. Einsamkeit und sexueller Drang treiben ihn dazu, sich zu verlieben, während seine tiefverwurzelte Angst, jemandem zu nahe zu kommen und sich wieder die Finger zu verbrennen, ihn davon abhält. Er schließt einen Kompromiß, indem er eine passive interpersonelle Strategie benutzt. Es ist typisch für ihn, daß er darauf wartet, daß der Partner den ersten Schritt macht. Die daraus resultierende Distanz ermöglicht es ihm, eine Beziehung aus der Machtposition heraus anzufangen und bewußt weniger zu geben als der Partner. Unglücklicherweise fällt diese Methode oft auf ihn zurück. Jonathan beschrieb mir eine Episode, die das übliche Verhaltensmuster eines Einzelgängers klarmacht.

> »Ein paarmal in der Woche jogge ich. Und wissen Sie, man trifft jedesmal die gleichen Leute. Da war eine nette Frau; sie war eine wirklich gute Läuferin, und ich interessierte mich auch für sie. Sie machte sich ein bißchen an mich heran, schlug vor, daß wir mal einen Kaffee zusammen trinken sollten. Ich war erfreut, hielt mich aber noch ein wenig zurück. Na egal, das ging zwei Wochen lang so, bevor ich endlich den Nerv hatte, sie zu bitten, mit mir auszugehen. Aber, als ob ich es nicht gewußt hätte – genau an diesem Tag joggte sie mit einem anderen Kerl. Ich hatte das Ge-

fühl, als ob ich es vermasselt hätte. Aber ich war auch irgendwie erleichtert . . .«

Als die Frau sich ihm näherte, hielt sich Jonathan instinktiv zurück. Wahrscheinlich interpretierte sie seine Zurückhaltung als Abweisung und ließ ihn laufen. Jonathan wiederum war verletzt, als sie sich einem anderen Mann zuwandte. Für ihn war das nur ein weiterer Beweis dafür, wie verletzbar er war und daß es klug war, sich reserviert zu geben.

Wenn ein Einzelgänger wirklich einmal einen romantischen Kontakt herstellt, sind seine Bedürfnisse gewöhnlich sehr stark – und oft hat sein Selbstbewußtsein erst kurz vorher einen Aufschwung erfahren. Als er Deborah kennenlernte, war Jonathan seit über einem Jahr mit keiner Frau zusammengewesen. Er hatte gerade den größten Auftrag in seiner Karriere bekommen. Deborah war ihm als verwandter Geist erschienen und war demzufolge das Risiko wert. Doch, erinnern Sie sich, daß er ein paar Wochen keinen sexuellen Kontakt zu ihr suchte. Er war vernarrt in Deborah, doch die Signale, die er aussandte, waren indifferent. Sogar die starken Kräfte der Werbung konnten seinen Selbstschutzreflex nicht überwinden.

Da sie Jonathans Schutzwall nicht überwinden konnte, bekam Deborah Angst. Sie beugte sich den Zwängen der paradoxen Leidenschaft und ihren eigenen Tendenzen zum Echo. Zu diesem Zeitpunkt hatte Jonathan schon gemerkt, daß sie eine sichere Partnerin war, die ihn nicht abweisen würde. Aber jetzt ergriff ihn eine neue Furcht, eine emotionale Klaustrophobie. Deborah erdrückte ihn. Diese Reaktion einer Unterlegenen kühlten seine Gefühle für sie ab – und er wurde ein Opfer der Hauptangst des Einzelgängers, seine Abgeschiedenheit und die Kontrolle über sein Leben und seine Zeit zu verlieren.

Das Gleichgewicht halten.

Wenn Sie sich mit dem Einzelgänger identifizieren, müssen Sie zuerst Ihr Bedürfnis nach Einsamkeit als wertvoll und wichtig akzeptieren. Es gibt Wege, Ihre zwischenmenschlichen Möglichkeiten zu steigern.

Es ist wahrscheinlich, daß Ihr isoliertes Leben sich auf gewisse Weise als zu erfolgreich erwiesen hat. Allein können Sie sich viel leisten, was Ihnen Erfüllung beschert, und Sie fühlen sich sicher vor dem Durcheinander emotionaler Verwirrung. Doch fast alle Einzelgänger fühlen sich irgendwann in ihrer Isolation unwohl. Indem Sie sich an das interpersonelle Motto, das Sie in der Kindheit beschützte, klammern – *Komm nie jemandem zu nahe* –, halten Sie sich selbst in einer Art emotionalem Exil.

Die meisten Einzelgänger haben keine Probleme, ihr Bedürfnis nach Einsamkeit als wertvoll anzusehen. Jetzt bitte ich Sie, Ihr natürliches, gesundes Verlangen, einen Teil Ihres Lebens mit einer anderen Person zu teilen, ebenso zu akzeptieren. Wenn Sie sich weiterhin nicht binden, wird Ihre so geschätzte Einsamkeit bald von einer Depression verdunkelt werden – der üblichen Konsequenz einer emotionalen Isolation. Statistisch gesehen neigen sie auch zu gesundheitlichen Problemen.

Wenn ein Einzelgänger eine Partnerin findet, die nur geringe emotionale Forderungen an ihn stellt – also auch eine Einzelgängerin ist –, ist er äußerst zufrieden und produktiv. Aber solche Partner sind selten. Frauen tendieren im allgemeinen dazu, die Angst des Einzelgängers vor emotionalem Risiko und seine Verhaltensmuster nicht zu teilen. Wenn Ihre Tendenzen zum Einzelgänger in diesem Augenblick ein Thema sind, dann ist am wichtigsten für Sie, daß Sie lernen zu kommunizieren. Sagen Sie Ihrem Partner, daß Sie Ihre Einsamkeit genießen. Indem Sie Ihrem Bedürfnis nach Distanz nachgeben, vertiefen Sie paradoxerweise Ihre Bindung zu Ihrem Partner. Das hilft dem Partner sogar, Ihre Distanz nicht als Zurückweisung zu deuten.

Als nächstes sollten Sie über die Verhaltensmuster sprechen, die Ihren früheren Beziehungen geschadet haben. Sie müssen keine Details preisgeben, aber Sie sollten aussprechen, daß Ihre Zurückhaltung fälschlicherweise als Zurückweisung aufgefaßt wurde. Erklären Sie, daß eine falsche Annahme Menschen dazu verleiten kann, sich zurückzuziehen, und daß diese Reaktion Sie vorsichtiger werden läßt. Erklären Sie auch, daß man manchmal Druck auf Sie ausübt, wenn Sie sich zurückhalten, und daß dies Ihren Impuls verstärkt, sich gänzlich zu verabschieden. Dann fragen Sie Ihren Partner, wieviel Nähe er will, und versuchen Sie festzustellen, wo die Bedürfnisse nach Nähe mit Ihrem Verlangen nach Einsamkeit kollidieren könnten.

Partner brauchen keine identischen Bedürfnisse nach Nähe oder Einsamkeit. Aber wenn sich diese Bedürfnisse unterscheiden, müssen Sie vorsichtig sein, um nicht die Dynamik der paradoxen Leidenschaft in Gang zu setzen. Wieder sind Kommunikation und Kompromisse der Schlüssel, um zu einer beide Seiten befriedigenden Interaktion zu gelangen. Ich habe mit vielen Paaren gearbeitet, die unterschiedliche emotionale Bedürfnisse hatten und doch fähig waren, erfolgreiche Kompromisse zu schließen.

Wenn Sie den Drang verspüren, vor Ihrem Partner zu flüchten – und das wird ab und an so sein –, fordern Sie den Impuls mit diesem neuen Motto heraus: *Auch ich brauche Nähe.* Diese Haltung wird Ihnen helfen, Ihr Einzelgängertum mit dem normalen Verlangen, sich zu binden und emotionale Risiken auf sich zu nehmen, auszugleichen.

Manchmal werden Sie glauben, daß Sie alles haarklein ausgehandelt haben – aber in der Praxis fühlt sich der eine – oder beide – weiter emotional vernachlässigt. Vielleicht ist das der Punkt, an dem es bei Ihnen in der Beziehung hapert. Aber zumindest sind Sie mit Ihrem Partner offen und direkt umgegangen. Sie sind dann nicht überstürzt »ausgestiegen«, wie Jonathan es bei Deborah tat.

Wie die meisten Überlegenen, kann den Einzelgängern eine Therapie sehr guttun, aber sie erklären sich nur höchst ungern dazu bereit. Die gleichen Punkte, die sie davon abhalten, sich an andere zu binden – Mißtrauen, Angst, etwas preiszugeben, Einsamkeit aufgeben –, läßt sie vor einer Therapie zurückschrecken. Paradoxerweise lassen sich gerade diese Punkte gut therapieren, denn eine Therapie akzeptiert bedingungslos und weist niemanden ab. Besonders wenn Sie sich sehr einsam und isoliert fühlen, empfehle ich Ihnen dringend eine Therapie.

Der Schläger

Jahrelang leitete ich eine Gruppe für Vietnamveteranen in einem Veteranenzentrum der Armee. Bob war ein zweiunddreißigjähriger Patient in meiner Gruppe. Er wuchs in einem kleinen Ort mitten in Kalifornien auf. Seine Jugend war gekennzeichnet durch aggressives Verhalten und Schlägereien. Aber nach den Maßstäben seines Heimatortes verhielt er sich nur wie ein normaler, gesunder Junge. Er war sogar sehr beliebt. Er war der Star des Football- und Ringerteams, und seine feste Freundin war Cheerleaderin.

Bob beendete die High-School, als der Vietnamkrieg auf dem Höhepunkt war. Sein Vater war bei der Marine gewesen, und alle seine Freunde meldeten sich freiwillig. Der Gedanke, daheim zu bleiben, kam ihm nie in den Sinn.

An seinem zweiten Tag in Vietnam wurde sein bester Freund getötet. Er sagte, daß er von da an gefühllos wurde. Das wurde während seines neunmonatigen Aufenthalts stärker und half ihm, das Grauen in Vietnam zu überleben. Er schätzte, daß er ein paar hundert Vietcong getötet hatte. Bei einer Schlacht in der Nähe eines kleinen Ortes ließ ihn der Tod mehrerer Freunde zum »Berserker« werden. Er griff die Ortschaft mit einem Maschinengewehr und Granaten an, wobei er ein paar Frauen und Kinder tötete. Sein Wüten endete, als ein Schrapnellsplitter seinen Bauch aufschlitzte. Diese Verletzung beendete seine Soldatenzeit.

Als er heimkam, versuchte er ein »normales« Leben zu führen. Er bekam einen Job als Landmaschinenmechaniker. Seine Freundin von der High-School hatte geheiratet und war weggezogen. Er heiratete Kate, ein Mädchen, das immer schon für ihn geschwärmt hatte. Sie bekamen zwei Jungen. Doch Bob führte kaum ein normales Leben. Er fühlte sich seiner Umwelt entfremdet.

> »Eine Bitterkeit fraß an mir wie ein Gift. Zuerst versuchte ich es durch Trinken wegzubekommen. Aber die Alpträume wurden immer schlimmer. Ich hing in Bars rum und hielt nach Hippies Ausschau, die uns, den Vietnamveteranen, die Schuld für den verfluchten Krieg gaben. Ich trug stets meine alte Marines-Kappe und sobald auch nur einer den leisesten Kommentar dazu machte, schlug ich ihn nieder. Aber am schlimmsten war ich zu Hause. Ich gab Kate für alles die Schuld. Ich kam besoffen wie ein Stinktier heim und

schlug sie völlig grundlos zusammen. Und das schlimmste – sie nahm es einfach hin. Und je mehr sie einsteckte, desto mehr teilte ich aus.«

Bob war in ein grausames Schlägertum verfallen. Die Aggression, die er gebraucht hatte, um den Alptraum in Vietnam zu überleben, konnte er nicht abschütteln, als er wieder in seine Heimatstadt zurückkehrte.

Eines Abends kam Bob nach Hause, und Kate, die Jungen und ihre Habe waren fort. Sie hatte ihm nur einen Zettel hinterlassen. In seinem trunkenen Wahn verwüstete er das Haus und fuhr durch die Stadt, wobei er mit seinem Gewehr herumballerte. Er wurde wegen Störung des öffentlichen Friedens verhaftet – es war seine vierte Verhaftung. Diesmal stellte ihm der Richter ein Ultimatum: Entweder sechs Monate Gefängnis oder Behandlung im Veteranenzentrum.

Die Kindheit des Schlägers.
Die meisten Schläger werden während einer wichtigen Periode ihrer Jugend mit gewalttätiger Aggression vertraut gemacht. Bobs Erziehung beinhaltete einen Gutteil der traditionellen »Männer müssen hart sein«-Konditionierung, und außerdem besaß er interpersonelle Tendenzen zur Aggression. Aber es gab in seiner Familie auch viel Liebe.

Für Bob wurde das zerbrechliche Gleichgewicht zwischen wütender Aggression und liebevoller Bindung durch den Vietnamkrieg umgeworfen. Er zog in einer wichtigen Periode seines Lebens in den Krieg – wenn Jugendliche ihre letzten Schritte zum Erwachsenen vollziehen. Wie gut sie durch diese Passage kommen, kann ihr Leben auf Jahre hinaus beeinflussen. Bob war achtzehn, mehr ein Junge als ein Mann, als er in Vietnam landete. Das Grauen, dem er ausgesetzt war, verlangte nach einer Reaktion. Das war die Gefühllosigkeit, von der er sprach, und das Verschwinden der Bindungsfähigkeiten. Nur die Aggression und die Wut blieben übrig, und sie waren im Dschungel von Vietnam seine Rettung.

Es gibt natürlich viele Schläger, die nie an einem Krieg teilnahmen. Aber in ihrer Kindheit genossen viele eine Erziehung, die einer Schlacht durchaus vergleichbar ist. Der Dreijährige, der sieht, wie sein betrunkener Vater seine Mutter schlägt und dann erschrocken merkt, daß er der nächste ist, wird die Welt als einen grausamen, lebensbedrohenden Ort ansehen. Ein extremes Beispiel hierfür bildete ein Klient von mir, der als Siebenjähriger zusah, wie sein Vater seine Mutter erstach. Da sie nicht durch Liebe, Akzeptanz, Fürsorge oder einem Gefühl der emotionalen Sicherheit ausgeglichen werden, formen Traumata wie diese ein Kind oft zu einer feindseligen, aggressiven und launischen Persönlichkeit, die glaubt, daß »sie« ihn kriegen werden, wenn er »sie« nicht zuerst kriegt. Er wächst zu dem sprichwörtlichen Pulverfaß heran und explodiert bei der kleinsten Provokation.

Der Schläger und die Liebe.
Die meisten Frauen halten instinktiv Abstand zu dem Schläger. Sein Auftreten und sein Verhalten drücken oft die Wut aus, die in ihm brodelt. Wenn er gemieden wird, wird er noch wütender und verbitterter und dadurch noch weniger anziehend. Es ist ein Teufelskreis.

Natürlich braucht und will er eine Frau. Wenn sein Verlangen sehr stark wird, ist er durchaus fähig, eine Art rauhen Charme zu versprühen, der besonders unterlegene Frauen anzieht. Sie scheinen sein Verlangen nach Fürsorge zu spüren, aber sie könnten auch durch die Aura von Gefährlichkeit, die ihn oft umgibt, angezogen werden. Kate erinnerte sich daran, wie es war, als sie Bob über den Weg lief:

> »Er war irgendwie lieb und scheu, fast wie ein kleiner Junge. Ich arbeitete in der Bank, und er wartete vor meinem Fenster, bis ich frei hatte. Als ich ihn das dritte Mal sah, bat er mich, mit ihm auszugehen. Ich spürte, daß etwas nicht stimmte, daß er nicht glücklich war, aber natürlich glaubte ich, das ändern zu können. Er schien mir eigentlich nur niedergeschlagen zu sein.«

Kate war eine liebe Unterlegene. Es tat ihr weh, daran zu denken, welche Greuel Bob erlebt hatte, und es bedeutete ihr viel, eine loyale, fürsorgliche Frau zu sein. Aber noch vor ihrer Heirat merkte sie, daß sich ihre Mühe nicht auszahlen würde. Wie die meisten Schläger blieb Bob nicht lange charmant.

»Ich merkte, daß er Alkoholprobleme hatte und daß er in seinem Inneren mit vielen Dämonen, die er aus Vietnam mitgebracht hatte, kämpfte. Gleich nachdem wir uns verlobt hatten, entdeckte ich, daß sie das Beste an ihm auffraßen. Ich wurde bald schwanger, und ich frage mich manchmal, ob er mich geheiratet hätte, wenn ich ihn nicht gedrängt hätte.«

Da sie entschlossen war, Bob zu helfen, »die Probleme zu verarbeiten«, ließ Kate nie in ihrer Fürsorge und Nettigkeit nach, selbst dann nicht, als Bob sie körperlich mißhandelte. Natürlich ermutigte sie ihn noch dazu – aber das wußten beide nicht. Als alles schlimmer wurde, verließ sie ihn endlich. Diese Tat rettete sie beide, weil sie die Krise heraufbeschwor, die beiden Hilfe brachte.

Das Gleichgewicht halten.

Wenn Sie in das Verhaltensmuster eines Schlägers verfallen sind, *sollten Sie sofort professionelle Hilfe suchen.* Ihr Verhaltensmuster ist am schwierigsten aufzubrechen. Zu irgendeinem Zeitpunkt in Ihrer Vergangenheit meinten Sie wahrscheinlich, daß Sie sich nur auf körperliche Aggression verlassen könnten, um Ihr Überleben zu sichern. Aber jetzt wendet sich die Welt wegen dieser Aggression von Ihnen ab. Und das verführt Sie dazu, noch härter zurückzuschlagen. Jedes Selbsthilfebuch wird nur an der Oberfläche dieses Verhaltensmusters kratzen.

Obwohl Ihnen wahrscheinlich der Gedanke an eine Therapie widerstrebt, bitte ich Sie, einmal zu untersuchen, welche Alternativen Sie haben. Ihr Leben verläuft wahrscheinlich überhaupt nicht so, wie Sie es gerne hätten, und es ist höchst unwahrscheinlich, daß Sie es ohne Unterstützung und Anleitung ändern können.

Bobs emotionaler Durchbruch fand in unserer Gruppe statt. Als andere Gruppenmitglieder sich couragiert ihren Alpträumen aus Vietnam stellten, begann seine feindselige Haltung zu zerbröckeln. Während einer Sitzung hörte er zu, als ein anderer Mann sich dafür geißelte, daß er einen vietnamesischen Jungen getötet hatte. Bob schrie ihn an: »Das war nicht dein Fehler, Mann. Sie haben versucht, dich umzubringen! Man konnte keinem da trauen.« Er erzählte, daß er dasselbe getan hatte, und da geschah es. All die Erinnerungen und Gefühle, die er hinter seiner Wut verstaut hatte, brachen aus ihm heraus. Er vergrub sein Gesicht in den Händen und zitterte fürchterlich. Er stand auf, um den Raum zu verlassen, aber der Mann, der vor ihm geredet hatte, legte den Arm um ihn. Diese beiden Männer, von Kindheit an darauf geeicht, ihre Verletzbarkeit zu leugnen, auf Töten trainiert und Zeugen eines unaussprechlichen Grauens, waren endlich, zehn Jahre nach dem Krieg, in der Lage, eine heilende Ausgeglichenheit zu finden, die sie *nie* gekannt hatten.

Am Ende der Gruppensitzung sagte Bob, daß es in gewissem Sinne viel beängstigender als jede Schlacht in Vietnam gewesen wäre, sich diesen Emotionen zu stellen. Es war ein echter Wendepunkt. In den folgenden Gruppensitzungen und in der Eheberatung mit seiner Frau zwang er sich, seine Maske fallenzulassen und mit seiner emotionalen Lähmung umzugehen. Kurz gesagt: Er benutzte seine interpersonelle Stärke, die Aggression, um die Herausforderungen der Therapie zu bewältigen. Er sagte nach fast jeder schmerzlichen Sitzung, daß er erleichtert sei. Er fühlte sich weniger fremd und gefühllos, einfach »lebendiger«. Gegen Ende seiner Behandlung, hatte er Fähigkeiten eines Unterlegenen angenommen, die ihm ein Gefühl der persönlichen Ausgewogenheit vermittelten. Er hatte nicht mehr das Bedürfnis, sein Heim und seine Heimatstadt in Schlachtfelder zu verwandeln.

15. Kapitel

Wann man gehen muß

Ich habe einen Freund, der seine Freundin aus der High-School geheiratet hat. Sie waren füreinander bei jedem Schritt in der Liebe die »ersten«: Die erste Verabredung mit vierzehn, der erste Kuß, der erste »feste« Freund, das erste »Ich liebe dich«, der erste Geschlechtsverkehr. Sie heirateten gleich nach der High-School. Eine sehr tiefe und liebevolle Bindung bestand zwischen ihnen.

Doch als mein Freund mit dem Magisterstudium anfing, baute sich ein Ungleichgewicht auf. Seine Frau arbeitete als Krankenschwester und vergötterte ihn. Er schätzte ihre Fürsorge, Stabilität und Liebe. Aber in seiner Ehe fehlte etwas, was er mit seinen Freunden und Freundinnen in seinem Studium gemeinsam hatte: Verstand, gemeinsame Interessen und intellektuelle Anteilnahme. Sie bekamen ein Kind, und dadurch kamen sie sich für eine Weile näher. Er empfand immer noch zuweilen in seiner Ehe Befriedigung und Zärtlichkeit. Aber andere Gefühle herrschten langsam vor: Unzufriedenheit, Schuldgefühle, Frustration – die Gefühle eines echten Überlegenen.

Er versuchte, die Dinge zu bessern. Er fing mit Paar- und Einzeltherapie an, und er hielt sich im Zaum, wenn andere Frauen ihn interessierten. Manchmal schien es besser zu werden, zumindest oberflächlich betrachtet. In solchen Zeiten dachte er: »Ja, es wird gehen, wenn ich nur am Ball bleibe.« Aber unter der Oberfläche konnte er seiner Unzufriedenheit und dem Gefühl, unglücklich zu sein, keinen Einhalt gebieten. Die Ambivalenz hatte ihn im eisernen Griff und ließ ihn nicht los. Der Wendepunkt kam, als er sich in einer Affäre auslebte. Er wußte, daß er eine Entscheidung treffen mußte.

Die schwerste Entscheidung

Das Leben hält viele schwere Entscheidungen bereit, aber keine ist schwerer als die, vor die man gestellt wird, wenn eine Beziehung nicht klappt. Diese Entscheidung wird sowohl das eigene als auch das Leben anderer stark beeinflussen.

Das Problem ist nur – es gibt keine Regeln, die Sie befolgen könnten. Ich habe zu oft gesehen, daß sich stark gestörte Beziehungen doch noch erholten, um zu sagen, daß es einen Punkt gibt, an dem keine Rückkehr mehr möglich ist. Ich habe auch gesehen, daß Menschen auseinandergingen, die wirklich wie »füreinander geschaffen« waren. Es sind so viele Faktoren mit im Spiel, und bei jedem Paar ist jeder Faktor anders gewichtet.

Wenn Sie die paradoxe Leidenschaft begreifen, haben Sie einen Vorteil. Sie können die Sackgassen umgehen und Wege finden, die den Schmerz und die Unsicherheit, eine Entscheidung treffen zu müssen, verringern.

Wie man eine Entscheidung umgeht

Mehrmals versuchte mein Freund seinem Dilemma mit Hilfe der Logik beizukommen. Er benutzte die altbekannte Methode von Benjamin Franklin und schrieb die Pros auf einer Hälfte der Seite auf und die Contras auf die andere. Er wollte sehen, welche Liste länger war. Aber das half ihm auch nicht. In Wirklichkeit verwirrte es ihn noch mehr.

Wenn Sie eine Geschirrspülmaschine kaufen wollen oder nicht wissen, ob Sie Ihren Urlaub in der Karibik oder auf den Bermudas verbringen sollen, sind Sie mit dieser Entscheidungshilfe gut bedient. Aber wenn Sie eine so wichtige und emotionale Entscheidung fällen wollen, versagt Franklins Methode gewöhnlich.

Ein Grund dafür ist – wir haben es im vierten Kapitel ja gesehen –, daß dieselben Faktoren sowohl unter Pro als auch unter Contra auftauchen. Zum Beispiel: »sicherer, verfügbarer Sex« gegen »langweiligen Sex«.

Noch ärgerlicher ist, daß jeder Faktor unterschiedlich gewichtet ist. Sie vergleichen schließlich Sachen wie »gute Köchin« auf der einen mit »meidet Sex« auf der anderen Seite. Außerdem kann sich die relative Bedeutung der Faktoren von einem Tag auf den anderen ändern.

Doch der Hauptgrund dafür, daß diese Technik Ihre Verwirrung noch vergrößern kann, ist der, daß es so viele wichtige Variablen gibt. Sachen wie Geschmack, Intelligenz, Job, Sex, Aussehen, Religion, Humor, Geld und so weiter. Doch sogar ein Zueinanderpassen in jedem dieser Punkte bietet noch keine Garantie für eine großartige Beziehung. Es läuft schließlich auf interpersonelle Dynamismen hinaus, wobei diese anderen Faktoren nur eine Nebenrolle spielen.

Zum Beispiel konnte mein Freund von seiner Frau sagen, daß sie attraktiv, eine wundervolle Mutter, erfolgreich und gut bezahlt im Beruf, rücksichtsvoll, liebevoll, fürsorglich, von allen geliebt, eine gute Gastgeberin, ordentlich und diszipliniert war. Er schätzte all diese Eigenschaften, aber sie zählten in einem größeren Rahmen nicht sehr viel. Die Frau, in die er sich seiner Meinung nach verliebt hatte, war auch attraktiv, aber sie war stark mit sich und ihrem Beruf beschäftigt und, was ihre persönlichen Gewohnheiten betraf, fürchterlich unordentlich. Sie war ungeheuer offen und neigte dazu, zu spät zu kommen und vergeßlich zu sein. Er schätzte das nicht besonders, aber es war für ihn nicht direkt negativ. Sie war intelligent, dynamisch und aufregend. Ihr Geben und Nehmen war sehr natürlich, spontan und ausgeglichen.

Darum ist eine Lösung ziemlich unwahrscheinlich, wenn man eine Entscheidung über die Beziehung logisch fällen möchte.

Die Entscheidung fällen

Zuerst einmal sollten Sie Verständnis für sich selbst aufbringen, während Sie mit dieser Entscheidung ringen. Verdammen Sie sich nicht, wenn Sie unentschlossen oder sprunghaft sind. Kurz gesagt: Pathologisieren Sie sich nicht, und fügen Sie der Situation nicht noch mehr negative Belastungen hinzu. Machen Sie sich klar, daß Sie das Beste versuchen. Jede Entscheidung – bleiben oder gehen – beinhaltet Ziele, Verluste und schmerzliche Abschiede. Es handelt sich um eine der wichtigsten Entscheidungen, die Sie je treffen. Deshalb *darf* es nicht leicht sein. Obwohl es weh tut, stellen Sie sich zumindest dem Problem, und laufen Sie nicht davor weg.

Wählen Sie einen handlungsorientierten Ansatz

Wenn Sie versuchen, Ambivalenz durch Überdenken aufzulösen, enden Sie damit, daß Sie sich im Kreis drehen. Aber ein *handlungsorientierter* Ansatz kann Ihnen helfen, die Antworten zu finden. Handlungsorientiert bedeutet, daß Sie Ihr Bestes versuchen, um die schädlichen Verhaltensmuster in Ihrer Beziehung zu korrigieren. Das Ziel besteht darin, jede Anstrengung zu unternehmen, um Ihre Beziehung zu verbessern und das Beste aus ihr zu machen, bevor Sie Ihre Entscheidung treffen. Auf diese Weise gewinnen Sie Selbstvertrauen und wissen, daß Ihre Entscheidung klug war. Sie lernen auch mehr über Ihre wahren Bedürfnisse in einer Beziehung.

Jetzt folgt eine Zusammenfassung der hilfreichsten Strategien:

- Kommunikation ohne Schuldzuweisung, der einzige Beitrag zur Heilung, den Sie leisten können.
- Selbstsabotage und Katastrophendenken sollten Sie bekämpfen und Ihre Wut auf eine positive Art und Weise abbauen.
- Die Dynamismen der paradoxen Leidenschaft bekämpfen, indem der Unterlegene gesunde Distanz und der Überlegene Nähe auf Probe benutzt.
- Das situationsbedingte, geschlechtsspezifische und auf Anziehungskraft basierende Ungleichgewicht angehen.
- Ein ausgeglicheneres Selbst entwickeln, indem man neue Charakterzüge eines Unter- oder Überlegenen lernt.
- Unausweichliche Rückschläge voraussehen und sich davon erholen.

Diese Strategien erfordern harte Arbeit, Mut und Reife. Wenn Sie Ihre Beziehung sehr pessimistisch sehen, ist auch Willenskraft erforderlich. Bei einer Ehe, und besonders wenn Kinder da sind, sollten Sie es mit diesen Strategien ein Jahr oder sogar zwei Jahre versuchen. Das ist wirklich nicht sehr lange, wenn Sie bedenken, welch ungeheuren Einfluß Ihre Entscheidung auf Ihr Leben, das Ihres Partners und das der Kinder haben wird. Ganz gleich, wie es ausgeht – Sie werden dankbar sein, daß Sie Ihr Bestes versucht haben.

Danach vertrauen Sie auf Ihre Instinkte

Seit Jahren wurde mein Freund vom Bindungs-Ambivalenz-Syndrom gequält. In der einen Minute wünschte er sich verzweifelt, aus seiner Ehe auszubrechen, und in der nächsten fühlte er sich wie ein Narr, weil er überhaupt in Erwägung gezogen hatte, die Liebe und die Sicherheit, die ihm seine Frau bot, zu verlassen. Aber während seine Gedanken von der einen zur anderen Seite schwankten, änderte sich eine Sache nicht: »Ein fast körperlich nagendes Gefühl in meiner Körpermitte – ein echtes Gefühl ›aus dem Bauch‹.« Sein *tiefstes* Gefühl, das konstant blieb, war dieser chronische Schmerz, der selbst dann nicht verschwand, wenn er sich auf die positiven Seiten seiner Ehe konzentrierte. Schließlich konnte er den Schmerz nicht länger verleugnen.

Er schlief mit der Frau, von der er so angezogen wurde, und merkte, daß er seine Ehe beenden mußte. Es war sowohl für seine Frau als auch für ihn eine traumatische Zeit, und auf jedem Schritt des Weges begleiteten ihn Selbstzweifel. Trotz der tiefen Bindung an seine Frau, dem Schmerz, sie gehen zu lassen und die Familie zu zerbrechen, und dem Schuldgefühl, ihr Leid zuzufügen, vertraute er seiner Intuition und zog die Scheidung durch.

Heute, zehn Jahre später, sind sie beide wieder verheiratet und viel glücklicher als zuvor. Sie merkte, daß seine emotionale Distanz sie trotz ihrer leidenschaftlichen Liebe für ihn die meiste Zeit frustriert hatte. Er merkte, daß er eine aufregendere, erfülltere, gleichberechtigte Partnerschaft brauchte. Wegen des Kindes sehen sie sich regelmäßig, und sie blieben gute Freunde.

Letzten Endes *müssen Sie Ihren Instinkten vertrauen.* Aber vertrauen Sie ihnen nur, nachdem Sie jede Anstrengung unternommen haben, Ihre Beziehung wieder ins Gleichgewicht zu bringen. Manchmal gehen diese Krisen nämlich vorüber, wenn Sie Geduld und Durchhaltevermögen haben.

Konzentrieren Sie sich auf das Langfristige

Es ist eine der Grausamkeiten des Lebens, daß wir jemanden gernhaben und uns doch durch diese Person verzweifelt unbefriedigt fühlen. Mein Freund erzählte mir von seinen »dunklen Nächten der Seele«, als er das Leben verfluchte, weil es eine solche Situation überhaupt auftreten ließ. Manchmal stellt uns das Leben vor zwei widerwärtige Entscheidungen, und jede von beiden verursacht ungeheuren Schmerz. Wie kann man eine solche Wahl treffen?

Als mein Freund schließlich akzeptierte, daß seine Ehe am Ende war, geschah das mit dem sicheren Empfinden, daß es *sowohl unfair für ihn als auch für seine Frau* wäre, sie zu verlängern. Es ist immer das beste, sich auf das Langfristige zu konzentrieren, wenn man eine Entscheidung über die Beziehung trifft. Viele Menschen verlängern unheilbar kranke Beziehungen, weil sie sich nicht der langfristigen Agonie der Trennung stellen können. Aber indem man diese Agonie erträgt, entscheidet man sich gegen die Strafe eines langfristigen Leidens.

Das Problem mit jung verliebt, früh gefreit

Die kritische Variable ist im Falle meines Freundes offensichtlich: Seine Frau und er haben sehr jung geheiratet. In der High-School hatte er noch nicht sein Berufsziel festgelegt. Er konnte noch nicht wissen, daß er später Menschen kennenlernen würde, die sich von denen, die er bisher gekannt hatte, unterschieden. Seine Frau blieb, wie sie war, aber er veränderte sich.

Diese Art von Situation ist immer ein fruchtbarer Boden für die Dynamismen der paradoxen Leidenschaft, und nur wenige andere können so viel Selbstanklage, Schuldgefühle und Frustration verursachen. Wenn Sie sich gerade in der Lage meines Freundes befinden, ist es völlig in Ordnung, wenn Sie Selbstmitleid empfinden. Man darf Sie nicht dafür verurteilen, daß Sie Ihre Ziele verfolgt haben. Manchmal reifen und verändern sich Menschen gleichzeitig, aber in unterschiedliche Richtungen. Das kann problematisch sein. Noch schwieriger wird es allerdings, wenn einer der Partner reifer wird und sich verändert und der andere derselbe bleibt.

Mein Freund machte alles richtig. Er gab der Beziehung immer wieder eine Chance. Er versuchte es mit einer Therapie. Sie gingen auch gemeinsam zu einer Therapie. Er führte eine – meiner Meinung nach – vorbildliche Zeit der Nähe auf Probe durch, die mehrere Jahre dauerte. Er teilte sich die Erziehung des Kindes und die Hausarbeit mit seiner Frau. Er probierte all die Strategien aus, die so vielen meiner Patienten geholfen hatten. Aber für ihn gab es keinen Sieg bei dem Spiel, das in der High-School so perfekt gewesen war.

Laura und Paul

Als Laura Paul das erste Mal wegen Nick verließ, hätte sie es sich nicht träumen lassen, daß sie Paul einmal zurückwünschen würde. Doch, sie kam ganz nah an eine Demütigung heran, als sie ihn zurückhaben wollte, nachdem ihre Affäre mit Nick vorbei war und Paul etwas mit Daphne angefangen hatte.

Laura brauchte ihn zu einem Zeitpunkt, als Paul ihre emotionale Einflußsphäre anscheinend ganz verlassen hatte. Und dadurch hatte sie das Gefühl, ihn noch mehr zu brauchen. Sie sehnte sich leidenschaftlich nach dem Geliebten, den sie verschmäht hatte. Sie schrieb ihre emotionale Geschichte neu. Sie war eine Närrin gewesen, daß sie ihn verlassen hatte. Er war der beste und einzige Partner für sie. Sie wußte nicht genau, was schiefgegangen war, aber jetzt wollte sie es richtig machen.

Factoring im Paradox

Die meisten Überlegenen, die ihre unterlegenen Partner verlassen, machen eine Periode durch, in der sie ihre Partner wiederhaben wollen. Sie denken, daß sie den Fehler ihres Lebens gemacht haben, als sie ihn/sie verlassen haben. Wenn ein aufregender Partner sie erwartet, kommt diese Periode unter Umständen jahrelang nicht. Aber sie kann auch sehr schnell eintreffen – innerhalb von Tagen oder Wochen. Das hängt davon ab, wie gut der Überlegene oder der Unterlegene allein zurechtkommen. Wenn der Unterlegene es gut schafft und der Überlegene schlecht, ist eine Umkehr der paradoxen Leidenschaft sehr wahrscheinlich. Plötzlich erinnert sich der Überlegene, in diesem Fall Laura, nur an das Gute, nicht an das Schlechte.

Die Frage ist jetzt – wo hört das Paradox auf und wo fangen unsere »wahren« Gefühle an? Wenn wir einen Partner begehren, den wir verlassen haben, geschieht das in der Hauptsache deshalb, weil wir die Kontrolle über ihn/sie verloren haben und Leidenschaft für sie/ihn empfinden, weil wir sie/ihn nicht mehr haben können? Oder sehen wir die Beziehung jetzt in einem neuen Licht, daß es uns gestattet, positive Gefühle, die zwar immer da, aber unter schädlichen Verhaltensmustern versteckt waren, wieder zu entdecken?

Wenn wir eine Beziehung beenden wollen – ist es deswegen, weil das Paradox die Schwächen unserer Partner und unser Gefühl zu heucheln erbarmungslos verstärkt? Oder wollen wir deshalb gehen, weil wir im Grunde wissen, daß die Beziehung unsere Bedürfnisse nicht befriedigt und es auch nie tun wird?

Die Zeit wird es weisen

Ich sah Laura und Paul vier Monate lang. Sie waren vorbildliche Patienten. Beide arbeiteten hart und meisterten die Kommunikation ohne Schuldzuweisung, und beide konnten ihre zwischenmenschlichen Verhaltensmuster klar erkennen. Sie erarbeiteten eine gute Ausgewogenheit zwischen gesunder Distanz und emotionaler Nähe. Keiner von beiden verhielt sich über- oder unterlegen.

Aber im vierten Monat hatten wir eine entscheidende Sitzung. Laura gestand, daß sie trotz ihrer großen Zuneigung zu Paul immer noch wünschte, sie könnte einfach »noch ein bißchen mehr ›Pfiff‹ empfinden«.

»Ich weiß, ich sollte dieses unbestimmte Gefühl als Hinweis auf ein unterschwelliges Verhaltensmuster interpretieren. Aber ist es nicht einfach möglich, daß ich nur einen Durchhänger habe, der sich in ein paar Sitzungen wieder klärt? Ich glaube wirklich, daß das zwischen Paul und mir etwas Besonderes ist, und er ist so ein guter Mann. Ich möchte nicht, daß etwas so Flüchtiges ein Problem wird. Ich *glaube* zumindest, daß es vorübergehend ist ... Auf jeden Fall denke ich, daß es sehr wichtig ist, wenn man bestimmte Dinge in einer Beziehung, die nicht vollkommen sind, einfach *akzeptiert*, weil nicht alles perfekt sein kann. Richtig?«

Laura, die offensichtlich verwirrt war, fing wieder an, sich selbst zu pathologisieren. Ich schielte zu Paul hinüber. Es überraschte mich nicht, daß er bekümmert und traurig aussah. Er sagte:

»Ist schon okay, Laura. Wir wissen beide, worüber du sprichst, und ich möchte nicht, daß du wieder anfängst, dich schlecht zu fühlen. In Wirklichkeit schlage ich mich auch mit etwas herum.«

Laura war überrascht, und Paul fuhr fort:

»Es fällt mir schwer, das zu sagen. Ich vertraue dir vollkommen, aber ich kann bestimmte Gefühle auch nicht abschütteln. Wenn du mittags Geschäftsessen mit Männern hast, leide ich. Wenn ich an deinem Büro vorbeikomme, und du bist nicht da, ist das wie ein Dolchstoß. Ich habe diese Träume über dich und andere Männer, die mich nicht kümmern sollten, aber sie stören mich. Und ich muß mich tagtäglich mit dieser *Angst* herumschlagen ... es macht mich einfach fertig. Und ich weiß, daß das etwas bedeutet – genau wie deine Gefühle etwas bedeuten.«

Pauls und Lauras Augen standen beide voller Tränen.

»Wir haben so hart gearbeitet, Laura. Und ich glaube, wir haben etwas Wundervolles gefunden. Aber ich fürchte, es ist . . . eher Freundschaft. Ich denke, manchmal muß man sich den Tatsachen einfach stellen.«

Laura ergriff Pauls Hand und drückte sie. Ein paar Augenblicke lang konnte sie nicht sprechen. Dann sagte sie:

»Ich liebe dich, Paul. Ich habe mich noch nie jemandem so nahe gefühlt. Manchmal ist es so, als ob wir beide es erzwingen wollen, und ich weiß, daß es uns beiden bewußt ist. Jetzt fühle ich mich so schuldig, als ob ich dich ein zweites Mal an der Nase herumgeführt und dein Leben wieder kaputtgemacht hätte.«

Paul unterbrach sie schnell: »Hör mal, Laura, manchmal braucht man Zeit, um so etwas herauszufinden.«

Wir verbrachten den Rest dieser Sitzung und noch eine weitere damit, ihre Gefühle zu ergründen. Je mehr sie darüber sprachen, desto mehr waren sie der Meinung, daß sie ihre Beziehung beenden sollten. Sie sagten sich, wie traurig sie wären, und diskutierten darüber, wie sie es in der Kanzlei halten sollten. Paul gestand, daß es ihm schwerfallen würde, aber er hoffte, er und Laura würden enge, gute Freunde werden, nachdem er sich erholt hätte. Sie sagte, daß sie es nicht anders haben wollte. Sie hielten Händchen, als sie mich nach der letzten Sitzung verließen.

Die Rolle der Akzeptanz

Laura hatte in ihrer Schlüsselsitzung einen wichtigen Punkt angesprochen. Sie fragte sich, ob sie nicht einfach akzeptieren sollte, daß Paul in ihr nicht die Art von romantischen Gefühlen auslöste, die sie schätzte. Wenn man alle seine anderen Eigenschaften bedachte, dann wäre das ein vernünftiger Entschluß.

Akzeptanz ist wirklich ein Hauptbestandteil in allen erfolgreichen Beziehungen. Sie erfordert auch eine ausgeglichene Perspektive. Es ist durchaus möglich, eine Beziehung, die noch nicht einmal Ihre Grundbedürfnisse befriedigt, *zu sehr* zu akzeptieren. Unglücklicherweise fällt es nicht immer leicht, übermäßige Akzeptanz zu erkennen.

Wieder ist es das Beste, sich nach seinen Instinkten zu richten, um auch die tiefsten Gefühle zu beachten. Wäre Romantik nicht sehr wichtig für Laura gewesen (aber es war wichtig) und hätte alles andere an Paul ihren Bedürfnissen und ihren Idealen entsprochen (was fast, aber nicht ganz der Fall war), hätte es für sie keine so große Herausforderung bedeutet, diese Beziehung zu akzeptieren. Aber Laura war jung, und sie stellte hohe Ansprüche an ihre berufliche Karriere und ihr Privatleben. Sie war nicht bereit, Kompromisse zu schließen und seßhaft zu werden. Als sie dies für sich akzeptierte, merkte sie, daß sie sowohl sich als auch Paul weh tun würde, wenn sie versuchte, die Beziehung in ihre Richtung zu zwingen.

Pauls nagende Angst stellte die unterlegene Seite von Lauras Akzeptanz-Dilemma dar. Hätte er sich dafür entscheiden sollen, sie zu tolerieren, oder handelte es sich um eine zu große emotionale Belastung? Unterlegene in dieser Lage entscheiden sich im allgemeinen dafür, ihre Angst zu akzeptieren, weil dies auch Leidenschaft und Anhänglichkeit fördert. Aber wenn Unterlegene etwas übermäßig akzeptieren, setzen sich in ihnen Gefühle der Schwäche und des Selbsthasses fest. Paul machten diese Gefühle fertig, und er entschied sich, nicht mit ihnen zu leben.

Man hat nicht versagt, wenn man auseinandergeht

Wenn Sie während des Auseinandergehens eine Perspektive ohne Schuldzuweisung beibehalten, erkennen Sie, wie glücklich Sie sind und wie stolz Sie auf sich selbst sein sollten. Schließlich hatten Sie ja die Courage, Risiken auf sich zu nehmen. Sie *hatten* auch gute Zeiten zusammen. Sie haben den Schmerz tapfer ertragen. Sie wurden klüger und mitfühlender. Und Sie haben gelernt, daß emotionale Agonie nicht unbedingt ein Begleiter der Liebe sein muß.

Laura und Paul waren der beidseitigen, reuelosen Entscheidung, auseinanderzugehen, so nahe gekommen, wie es einem Paar nur möglich ist. Sie waren glücklich, daß sie ihre Gefühle, sich nahezustehen, und der Zuneigung vor den Verwüstungen des Paradoxon gerettet hatten. Am meisten beglückte es sie, daß sie es – wie Paul es ausdrückte – vermieden hatten, sich ein zweites Mal emotional zu zerfleischen.

Es ist jetzt zweieinhalb Jahre her, daß ich Paul und Laura das letzte Mal bei mir gesehen habe. Kürzlich spürte ich sie auf, weil ich wissen wollte, was sie machten. Laura traf sich mit einem Chirurgen: »Vor sechs Monaten hatte ich einen Blindarmdurchbruch, und ich verliebte mich in meinen Arzt.«

Paul ist, kurz nachdem er und Laura auseinandergegangen waren, zu Daphne zurückgekehrt. Sie haben ein Jahr später geheiratet, und jetzt erwartet sie ein Baby. »Wir sind sehr glücklich«, berichtet er, »und ein sehr ausgeglichenes Paar.«

Laura und Paul sprachen übrigens voller Zuneigung voneinander.

Eine unterlegene Ehefrau, die ging

Marie, die Friseuse, arbeitete hart, um in ihre Ehe gesunde Distanz einzubringen. Wie Sie sich erinnern werden, stellte sie ihrem Mann Ron, dem Automechaniker, ein Ultimatum, als er sich nicht änderte. Glücklicherweise machte ihn das aktiv. Er willigte ein, eine Paartherapie zu machen. Sie begannen damit, eine bessere Balance zwischen ihrem Bedürfnis nach Nähe und seinem Bedürfnis, allein zu sein, auszuhandeln. Sie verbrachten mehr Zeit miteinander – was einen Tag in der Woche einschloß, an dem Marie ihren Tagesablauf plante –, und Marie versprach, daß sie Ron ein paar Abende in der Woche und einen Tag am Wochenende »freigeben« würde, damit er tun konnte, was er wollte. (Sie ging ja immer noch *ihren* Hobbies nach.) Ihre kühle Haltung zueinander schwand auffallend. Eine Weile sah es so aus, als würden sie ihre Beziehung ausbalancieren.

Doch fünf Monate später war es nicht mehr so rosig. Wenn sie etwas zusammen unternahmen, war Ron gewöhnlich mißmutig und wortkarg. Er hielt die meisten von Maries Wochenendvergnügen für vertane Zeit. Er wollte zu Sportveranstaltungen oder angeln gehen, aber dafür interessierte sie sich nicht.

Dann entschuldigte sich Ron immer öfter bei den Therapiesitzungen. Langsam wurde aus den gemeinsamen Sitzungen Maries Einzelsitzungen. Während einer dieser Sitzungen sagte sie mir:

»Es kommt mir vor, als ob nur ich mich anstrenge. Und manches macht sich wirklich bezahlt. Ich fühle mich jetzt stärker. Früher hielt ich mich für häßlich und wenig begehrenswert, wenn Ron mich alleinließ, obwohl man mir andauernd sagte, wie ›niedlich‹ ich wäre. Jetzt bekomme ich langsam das Gefühl, daß es nicht so sehr allein mein Problem, sondern unser Problem ist. Er ist immer noch der attraktivste Mann, mit dem ich je zusammen war. Mehr als alles andere möchte ich, daß es mit uns beiden gutgeht. Aber ich glaube, daß wir zu verschieden sind. Es ist so einfach. Er ist nicht der Typ, der Zuneigung zeigt, aber ich bin es. Er glaubt, Sex wäre Zuneigung. Ich möchte aber auch umarmt und geküßt werden und von Zeit zu Zeit gesagt bekommen: ›Hey, Babe, du bist toll.‹ So wie er es zu Anfang getan hat. Aber ich muß aufhören, mit dem Kopf gegen die Wand zu rennen, und entscheiden, ob ich bei dem Ron bleiben soll, den ich jetzt kennengelernt habe, oder ob ich weiterziehen soll.«

Warum Unterlegene gehen

Drei Faktoren – oft auch kombiniert – können einen Unterlegenen dazu bewegen, eine chronisch unausgeglichene Beziehung zu verlassen: Emotionaler Burn-out, ein neuer Partner oder das Wiederaufleben der Selbstachtung (das macht gesunde Distanz ja zu einem so wirkungsvollen Programm). Bei Marie war es eine Kombination aus Burn-out und neuer Selbstachtung. Sie blieb noch vier Monate bei Ron, und in dieser Zeit wurde ihr klar, daß sie sich von ihm nie so geliebt fühlen würde, wie sie es sich wünschte. Sie gab ihm nicht die Schuld daran. Sie merkte, daß *sie* unfähig war, ihm die Distanz zu geben, die er brauchte, so wie er ihr nicht die Nähe geben konnte, die sie brauchte. Rückblickend stellte sie auch fest, daß die zwei Monate, die sie sich vor der Heirat kannten, zu kurz gewesen waren, um ihre sehr unterschiedlichen Persönlichkeitsstile kennenzulernen.

Schließlich verließ Marie Ron. Sie zog zu ihrer Schwester und suchte nach einer eigenen Wohnung. Zuerst rief Ron an und kam vorbei, um sie zur Rückkehr zu bewegen. Sie kam in Versuchung, denn jetzt verhielt er sich wie der Ron, den sie wirklich wollte. Aber sie vermutete, daß die paradoxe Leidenschaft eine Rolle bei seinem übermäßigen Werbeverhalten spielte. Sie aßen zusammen zu Abend, und Ron hatte ihr nicht viel zu sagen. Marie küßte ihn danach traurig zum allerletzten Mal zum Abschied.

Wenn es denn nun enden muß . . .

Wenn all Ihre Anstrengungen, den Absturz Ihrer Beziehung aufzuhalten, nichts fruchten, ist realistisches Handeln erforderlich. Hier sind ein paar weiterführende Gedanken, die Ihnen helfen können, die Probleme zu klären und den Schmerz, der unausweichlich ist, etwas zu lindern.

Bereiten Sie sich auf eine Periode mit *emotionalen Entzugserscheinungen* vor. Es könnte für den Unterlegenen schlimmer sein, aber auch der Überlegene ist nicht ganz immun dagegen. Schließlich erzeugen selbst problematische Beziehungen tiefe Bindungen, und man muß sich erst daran gewöhnen, den anderen nicht mehr um sich zu haben.

Sie werden tiefe Unsicherheit, Zweifel, Einsamkeit und Bedauern empfinden. Sie werden dem Katastrophendenken verfallen – üblich ist der Gedanke, daß man nie wieder einen anderen Partner lieben wird. Das ist *keine* pathologische Reaktion. Es ist die normale Konsequenz einer uralten, biologischen Reaktion, die ursprünglich entstand, um die Paarung und damit das Überleben der Art zu sichern. Die akute Phase dieser Reaktion dauert gewöhnlich sechs Wochen. (Interessanterweise ist diese Zeit genauso lange, wie die Genesungszeit, mit der Chirurgen nach einer Operation rechnen.) Emotionale Empfindsamkeit kann ein paar Monate (oder noch länger) anhalten. Während dieser Zeit sollten sie sich der Unterstützung durch Freunde, Verwandte, Seelsorger und möglicherweise eines Therapeuten versichern. Haben Sie Mitleid mit sich selbst. Wenn Sie sich Ihrem Schmerz stellen, ihn als normal akzeptieren und den Verlust betrauern, werden Sie schneller genesen und auch schneller wieder stark werden.

Manchmal entwickelt sich ein *Jo-Jo-Verhalten,* wenn ein Paar versucht auseinanderzugehen. Der Überlegene geht, kehrt zurück, geht wieder, kehrt wieder zurück. Der Unterlegene macht das gleiche. Wenn Sie gleich nach der Versöhnung wieder in die alten Verhaltensmuster des Über- und Unterlegenen zurückfallen, besonders wenn Sie auch noch dagegen ankämpfen, müssen Sie wahrscheinlich den Schluß ziehen, daß die paradoxe Leidenschaft die Versöhnung motiviert hat. Es tut weh, sich dieser Tatsache zu stellen. Aber *keine* Grenze zu ziehen, wenn dieses Jo-Jo-Verhalten auftritt, heißt, dem Paradox zu erlauben, Ihr Leben destruktiv zu kontrollieren.

Andererseits könnte es wirklich ein falscher Schritt gewesen sein, den Partner zu verlassen. Aber Sie werden eine Umkehrung des Paradoxon schwer von einem Wiederaufleben wahrer Liebe unterscheiden können, wenn Sie nicht in der Lage sind, der Beziehung noch eine Chance zu geben. Wenn Sie zu Ihrem Partner zurückkehren können und Sie dabei so große Erleichterung und so viel Glück empfinden, daß Ihre Zweifel aufgewogen werden, sagt Ihnen wahrscheinlich Ihre Intuition, daß Sie bleiben sollen.

Aber Sie dürfen jetzt nicht glauben, daß all Ihre Probleme hinter Ihnen liegen. Arbeiten Sie so schnell wie möglich an den schädlichen Verhaltensmustern. Wenn sie einmal aufgetreten sind, treten sie wahrscheinlich wieder auf. Ihr neues Glück in der Beziehung wird Sie motivieren, die schlechten Dynamismen im Keim zu ersticken.

Wenn Kinder da sind

Eine Scheidung ist für Kinder immer schrecklich. Sie geben uns wahrscheinlich den wichtigsten Grund, alles daranzusetzen, damit die Beziehung funktioniert. Aber man sagt ja, daß es ein übler Gedanke ist, eine schlechte Beziehung »nur wegen der Kinder« aufrechtzuerhalten. Kinder erleben eine zerstörerische Kombination von Angst und Depression, wenn ihre Eltern streiten oder sich entfremdet haben. Diese Symptome bessern sich oft, wenn die Eltern sich trennen. Methoden, diese kurzfristigen Härten, die von einer Scheidung ausgelöst werden, zu mildern, sind:

- Immer bestrebt zu sein, nicht vor den Kindern mit dem Partner zu streiten.
- Wenn Kinder etwas über den Ärger zwischen Ihnen erfahren müssen, dann benutzen Sie *immer* Begriffe ohne Schuldzuweisung zur Erklärung.
- Benutzen Sie Kinder nie als Verbündete gegen Ihren Partner.
- Kanalisieren Sie Ihr normales Schuldgefühl, daß Sie den Kindern weh tun, *konstruktiv,* indem Sie sie möglichst viel Zeit mit beiden Elternteilen verbringen lassen und indem Sie sie mit Liebe umgeben.

Hüten Sie sich vor dem Satz: »Laß uns Freunde bleiben.«
Nach einem Auseinandergehen wird der Überlegene, der geht, oft das versuchen, was ich die »Laß uns Freunde bleiben«-Lösung nenne. Obwohl die Beziehung auf einer romantischen Ebene für den Überlegenen nicht funktioniert hat, möchte er der Unterlegenen freundschaftlich verbunden bleiben – zu seinem Wohl. Die Unterlegene kennt ihn schließlich genau und sorgt sich um ihn. Die Unterlegene steht ihm wahrscheinlich näher als jeder andere Mensch. Dieses Arrangement erleichtert dem Überlegenen die Unsicherheit, plötzlich allein zu leben, und lindert sein Schuldgefühl, daß er die Unterlegene verletzt hat. Dem Überlegenen fällt es oft leicht, vom Geliebten zum Freund zu werden, weil seine romantischen Gefühle schon seit langem verschwunden sind.

Doch der Unterlegenen fällt dieser Wechsel oft sehr schwer. Er ist ihr sogar manchmal unmöglich – besonders kurz nach der Trennung. Sie könnte versuchen, sich zu überzeugen, daß sie reif genug ist, Freundschaft zum früheren Geliebten zu empfinden. Sie könnte ihr Bestes tun, um diese Rolle zu spielen. Sie könnte sogar die neue Vertraute des Überlegenen werden. Unbewußt ist aber die Rolle der Freundin oft ihr letzter Hoffnungsschimmer, den Geliebten eines Tages zurückzubekommen. Früher oder später werden ihre Emotionen die Tatsache offenlegen, daß sie die Rolle der Freundin nur *spielt.* Gelegentlich wird ihre Liebe oder Eifersucht oder beides aus ihr herausbrechen. Dann könnte der Überlegene gezwungen sein, den Stier bei den Hörnern zu nehmen und jede Verbindung zu der früheren Partnerin abzubrechen.

Und die Moral von der Geschichte? Wenn eine Liebesbeziehung wirklich zu Ende ist, dürfen sich die Partner eine Zeitlang nicht sehen. Diese Zeitspanne ermöglicht der Unterlegenen, ihren emotionalen Verlust zu betrauern, die abzuhaken und ihr Leben neu aufzubauen. Es erlaubt dem Überlegenen, sich seinen Unsicherheiten zu stellen, ohne die frühere Partnerin in eine emotionale Krücke zu verwandeln. Natürlich ist es nicht ungewöhnlich (obwohl es nicht die Norm ist), daß frühere Partner enge Freunde werden. Aber bevor das geschieht, ist eine Zeit der Trennung vonnöten, die man gewöhnlich braucht, um sicherzustellen, daß beide Partner sich daran gewöhnt haben, ohne einander zu leben.

Vom Umgang mit Wut

Ein normaler und wichtiger Bestandteil der Genesungsphase ist eine Periode der Wut – besonders dann, wenn Sie die Unterlegene sind. Sie sind wütend auf Ihren früheren Partner, weil er Ihnen so weh getan hat, und auf sich selbst, weil Sie eine »solche Närrin« gewesen sind. Doch ziellos um sich zu schlagen hilft nie und verlängert gewöhnlich nur noch den Schmerz. Aber es gibt ein paar gute Methoden, wie Sie mit Ihrer Wut umgehen können.

Sie fühlen sich viel besser, wenn Sie Ihre Wut auf milde und manchmal sogar humoristische Weise loswerden. Erinnern Sie sich beispielsweise an Beth' »Hau ab und fall tot um«-Brief oder an Nora Ephrons »Ich will ihn tot zurückhaben«-Phantasie aus dem sechsten Kapitel. Viele verschmähte Unterlegene haben Ihre Wut in der »Ich werde es ihm schon zeigen«-Reaktion ausgelebt und wurden beruflich erfolgreich oder sportlich erstaunlich engagiert. Andere haben ihre Wut in künstlerische Kreativität oder Taten zum Wohle anderer umgesetzt.

Wie immer bitte ich Sie, Ihre Wut zu *würdigen* – es wird Ihnen die Energie geben, das Beste aus Ihrem Leben zu machen. Sagen Sie sich: »Ja, ich habe eine Niederlage erlebt. Aber, verdammt noch mal, ich werde aus dieser Erfahrung lernen und nach einem Partner suchen, der besser zu mir paßt.«

Schließlich und endlich wollen wir das Märchen vergessen, daß es eine richtige oder falsche Entscheidung gibt, wenn wir beschließen, die Beziehung zu beenden oder weiterzuführen. Wir nähren noch immer den Glauben, daß uns die »richtige« Entscheidung ewiges Glück beschert und die »falsche« endloses Elend. Die glücklichsten Menschen, die ich kenne, trafen couragiert ihre Entscheidungen, genossen ihre Vorteile, akzeptierten den Verlust und machten das Beste aus ihrem Leben. In diesem Sinn ist die Entscheidung, die Sie treffen, die richtige.

16. Kapitel

Wie man mit der paradoxen Leidenschaft in Ehe und Partnerschaft leben kann

Das Paradox selbst mag ja schädlich sein, aber die Einsichten, die wir gewinnen, lehren uns, wie wir die Liebe lebendig und frisch halten. Damit zu leben bedeutet, daß man die schlechten Zeiten als normal akzeptiert und nicht in Panik gerät. Es bedeutet, nach Anzeichen in der Art, wie Sie und Ihr Partner miteinander umgehen, Ausschau zu halten und auf die Botschaften zu hören, die sie sich im Gespräch übermitteln. Es bedeutet, Ursachen für eine unausgeglichene Beziehung aufzuspüren und sie zu korrigieren. Es bedeutet, nach dem neuen Wissen *zu handeln* und es zu nutzen, um tiefe, lebendige, dauerhafte Liebe und Glück zu erzeugen. Hier sind einige der Herausforderungen, denen sich meine Patienten gegenübersahen, als sie die Lektionen der paradoxen Leidenschaft in die Praxis umsetzten – und den Lohn, den sie empfingen.

Die Wippe

Selbst ein Paar, das gut zusammenpaßt und ausgeglichen ist, erlebt Höhen und Tiefen. Ihre gesunde Eigenständigkeit erhält ihre Anziehungskraft, aber jeder der beiden Partner kann gelegentlich unsicher sein. Das Ergebnis ist »wippen«. In »wippenden« Beziehungen tauschen die Partner oft die Rollen des Über- und Unterlegenen. Wenn das Wippen extrem wird, wechseln sie auch zwischen Liebe und Schmerz. Bei sehr leidenschaftlichen Paaren gibt es eine Verbindung zwischen der Liebe und dem Schmerz, den sie empfinden. Je mehr sie sich lieben, desto größer ist der Schmerz, wenn sie nicht miteinander auskommen.

Diese Paare kommen zu mir, wenn das Wippen sie in einem aussichtslosen Kampf, bei dem keiner gewinnt, festhält.

Die positive Seite des Wippens besteht darin, daß die Partner sich nicht als selbstverständlich hinnehmen. Sie sind in der Lage, die Liebe und Verletzbarkeit des Unterlegenen zu empfinden. Und weil sie im Grunde ausgeglichen sind, sprechen sie sehr gut auf eine Paartherapie an. Das Paradox wird höchstwahrscheinlich durch ein situationsbedingtes Ungleichgewicht ausgelöst, wie es bei Miles und Beth der Fall war.

Wippen und Rückschläge

Nach viereinhalb Monaten waren Miles und Beth fast soweit, sich von der Therapie zu lösen. Sie redeten viel miteinander und waren Experten im Erkennen und Bekämpfen von schlechten Verhaltensmustern geworden. Sie wußten, daß sie sich auf einen gelegentlichen Rückschlag gefaßt machen mußten und daß bestimmte Situationen die Macht hatten, sie aus dem Gleichgewicht zu bringen. Aber als sie zu ihrer vorletzten Sitzung in mein Büro kamen, erkannte ich, daß sie diesmal ernste Probleme hatten. Sie lächelten nicht zur Begrüßung. Ich fragte, was los war. Beth sagte:

> »Sie wissen doch, daß wir großartig miteinander ausgekommen sind, nicht? Nun, ich glaube, das hat nur Ihnen was gebracht. Weil wir jetzt wieder ganz am Anfang stehen.«

Ich bat sie, mir das zu erklären.

> »Es ist so, als ob sich der Spieß umgedreht hätte. Ich habe einen neuen Auftrag, ein Kerl, der modische Schuhe herstellt – Stiefel aus Denim. Er möchte seine neue Kollektion ganz groß herausbringen, und ich arbeite an einer Kampagne für ihn. Es ist zeitintensiv, aber er hat das Geld. Vorgestern abend waren wir zum Abendessen verabredet, und es wurde spät. Miles schäumte vor Wut, als ich heimkam. Verstehen Sie – es ist noch nie passiert, daß ich später als er heimgekommen bin. Er sagte, ich hätte anrufen sollen, und machte mir Vorwürfe, weil ich nicht an den Babysitter ge-

dacht hätte, der ja schließlich morgen in die Schule müßte. Ich erwiderte, ich hätte ja gewußt, daß er früh genug nach Hause kommen würde, und hätte mir deshalb keine Sorgen gemacht . . .«

Miles unterbrach sie:

»Sie *war* unbedacht. Sie hätten den Ausdruck auf ihrem Gesicht sehen sollen, als sie hereinkam. Wie die neue Miss Amerika. Sie roch nach gutem Wein. Und dieser ›Mensch‹ ist kein normaler Mann. In der letzten Woche stand ein Artikel über ihn im Wirtschaftsteil der Zeitung. ›Der Unternehmer der neunziger Jahre: Jung, smart und sehr reich.‹«

Ich fragte sie, ob sie es mit Kommunikation ohne Schuldzuweisung versucht hätten. Beth antwortete:

»Ja, aber es funktioniert nicht. Ich habe Miles gesagt, daß ich seine Gefühle verstehen kann, weil ich mich ja monatelang so gefühlt habe. Ich habe sogar zugegeben, daß ich vielleicht versuchen wollte, ihn – nur ein kleines bißchen – zu ›kriegen‹. Aber er ist immer noch verärgert und ich auch.«

Ich sagte Beth und Miles, es würde mich freuen, daß dieser Rückschlag aufgetreten wäre, bevor die Therapie beendet war, denn dies warf ein paar wichtige Punkte auf.

Zuerst sagte ich ihnen, daß es vollkommen normal ist, ärgerlich zu sein, selbst dann, wenn man keine Schuldzuweisung ausspricht. Die Hauptsache, daß man überhaupt miteinander spricht und die Sache nicht noch dadurch verschlimmert, daß man sich gegenseitig anklagt. Eine der Hauptfunktionen der Kommunikation ohne Schuldzuweisung besteht darin, Ihnen dabei zu helfen auch die andere Seite des Problems zu sehen, ohne sinnlos zuzuschlagen und somit der Beziehung einen größeren oder sogar irreparablen Schaden zuzufügen.

Ich erklärte Miles und Beth, daß sie es besser gemacht hätten, als sie dachten. Vier Monate früher wären sie in getrennten Autos zur Therapie gekommen, wenn so etwas passiert wäre.

Liebe und Gedächtnisschwund

Manchmal, wenn alles ungewöhnlich gutgegangen ist, empfindet man einen Rückschlag noch schwerer und verhängnisvoller. Er scheint auf fürchterliche, verkrustete, tiefverwurzelte Probleme hinzuweisen, die man übersehen haben muß. Eine Art Gedächtnisschwund setzt ein, der Sie vergessen läßt, daß Ihr Partner sich die meiste Zeit sehr liebevoll benimmt.

Die Liebe spielt mit unserem Erinnerungsvermögen Ball. Ich erzählte Miles und Beth, daß es wissenschaftlich erwiesen ist, daß starke Emotionen unsere mentalen Prozesse auf jeder Ebene kräftig beeinflussen. Der Bereich des Gehirns, der unser Gedächtnis enthält – das limbische System –, übermittelt auch unsere Emotionen. Das Ergebnis: Wenn wir lieben, neigen wir dazu, uns nur an das Gute zu erinnern und das Schlechte zu streichen. Wenn wir uns hingegen über unsere Partner ärgern, wissen wir nicht mehr, warum wir eigentlich in einer so schrecklichen Beziehung bleiben.

Es half sehr, daß ich Beth und Miles die Vorgänge im Gehirn erklärte. Beth sagte:

> »Das erklärt, warum die Kommunikation ohne Schuldzuweisung irgendwie nicht griff. Es schien so, als ob die Fortschritte, die wir bei Ihnen gemacht haben, nur vorgetäuscht gewesen wären – und warum sollten wir uns dann noch einmal alles durchleiden?«

Ich sagte ihnen auch, daß größere Rückschläge bei Paaren, die kurz vor dem Ende der Therapie stünden, nichts Ungewöhnliches wären. Etwas Angst vor dem Freimachen von einer therapeutischen Beziehung ist normal, und oft erneuert diese Angst auch den Streß zwischen den Partnern. Ich erinnerte sie auch daran, daß erst der große Fortschritt, den sie gemacht hatten, aus diesem Rückschlag einen vernichtenden Schlag *gemacht* hätte.

Der Lohn und die Risiken des Wippens

Dauerhafte, leidenschaftliche Liebe in einer ausgeglichenen Beziehung ist *kein* Märchen. Aber in all den Fällen, die ich kenne, mußten sich die Partner diese Leidenschaft erst verdienen. Sie mußten lernen, mit den »Ich-hasse-meinen-Partner-Schmerzphasen« so umzugehen, daß sie mit einer glücklichen Versöhnung und nicht vor dem Scheidungsrichter endeten. Manchmal wird ein Paar durch den Schmerz kaputtgemacht – oder nur einer der Partner. Und manchmal wird der Schmerz einen oder beide Partner zur Untreue verleiten oder zu Drogenmißbrauch oder zur Verbitterung über die Beziehung. Dann ist das Problem schon sehr schwerwiegend.

Den Prototyp für ein Paar auf der Wippe stellen Elizabeth Taylor und Richard Burton in ihrer schlagzeilenträchtigen Blütezeit dar. Ihre Streitigkeiten waren laute Kämpfe, die man auf der ganzen Welt hörte. Aber wenn sie sich küßten und miteinander auskamen, teilten sie das Äußerste an Anziehungskraft und Leidenschaft miteinander. Ihre legendäre Liebe beinhaltete auch zwei Scheidungen und zwei Heiraten.

Lautstarke Beziehungen auf der Wippe – wie die Taylor-Burton-Liaison – profitieren sehr von der Geduld. Geduld reduziert das Risiko des Wippens und spielt in jeder starken Beziehung eine wichtige Rolle. Ich beschwor Miles und Beth – wie ich es bei jeder engen Beziehung mache –, Geduld zu entwickeln.

Die Rolle der Geduld

Geduld bedeutet, daß man eine Periode der Abkühlung an eine schmerzhafte Phase anhängt. Lassen Sie Ihre Beziehung nicht bloß laufen, wenn es sich vom Guten zum Schlechten wendet. Vermeiden Sie extreme unterlegene oder überlegene Reaktionen. Versuchen Sie nicht, aus Angst oder Wut zu reagieren oder anzugreifen. Halten Sie einen inneren Dialog, um zu objektivieren. Erinnern Sie sich daran, daß Sie gerade eine Schmerzphase durchmachen, die bei Ihnen eine Amnesie bezüglich der Liebesfähigkeit Ihres Partners und Zweifel am Wert der Beziehung erzeugt. Sagen Sie sich, daß jeder solche Probleme hat. Auf der ganzen Welt. Denken Sie daran, alles zu akzeptieren, es aber nicht unbedingt zu tun. Natürlich ist es vollkommen normal, einen Fehler zu machen. Es wird Gespräche geben, die aus Anklagen bestehen, und Taten, die aus Rache geschehen. Jeder erleidet Rückschläge, aber sich während einer Schmerzphase auf ernste, absichtlich verletzende Weise auszuleben, heißt, eine Entscheidung zu treffen, die den Schmerz verlängert und entwertet. Geduld bedeutet, sich selbst die Zeit zu geben, Emotionen verschwinden zu lassen, damit man wieder eine Perspektive ohne Schuldzuweisung bekommt. Durch Geduld erkennt man, daß man während einer akuten Schmerzphase natürlich selbstgerecht wird und *nach Fehlern sucht.* Durch Geduld akzeptiert man, daß es nur normal ist, alle hilfreichen Strategien auszuprobieren, von denen man in Büchern liest.

Bereiten Sie einen Regieplan vor.
Ich ermunterte Miles und Beth, darüber nachzudenken, wie sie mit den Schmerzphasen umgehen könnten. Wenn Sie einen Regieplan erstellen, baut Ihnen das eine Brücke zwischen den guten und den schlechten Zeiten, und er kann zu einem emotionalen Rettungsring werden, wenn der Schmerz Sie fast zur Verzweiflung treibt.

Ein guter erster Schritt ist getan, wenn die Partner zugeben, daß sie sich in einer Schmerzphase befinden. Miles und Beth taten das. Ich fragte sie, wie sie sich dabei fühlten. Beth sagte:

> »Besser. Ich mag besonders das Wort *Phase.* Es bedeutet, daß es sich nur um eine zeitweilige Sache handelt. Wir werden das schon durchstehen.«

Aber über dieses Wissen hinaus unterschieden sich die Paare, weil bei jedem eine andere Strategie funktioniert.

- Vereinbaren Sie einen Zeitpunkt, an dem Sie es mit Worten »ausfechten« wollen – eine Zeit, in der Sie allein und außer Hörweite der Kinder sind. Aber gehen Sie nicht aufeinander los wie zwei Boxer, die Weltmeister im Schwergewicht werden wollen. Statt dessen sollten Sie sich gegenseitig Ihre

Standpunkte darlegen. Geben Sie zu, daß Wut Ihr Mitgefühl für den anderen blockiert. Wenn Sie im Gespräch bleiben, werden Sie Ihre Emotionen wieder unter Kontrolle bekommen.

- Gehen Sie sich so weit wie möglich aus dem Weg, bis Sie beide ruhiger sind. Oder trennen Sie sich, indem einer oder beide sich an einen neutralen Ort begibt – wie die Wohnung der Eltern oder von Freunden. (Aber Sie sollten diese Zeit nicht damit verbringen, Propaganda gegen Ihren Partner zu machen!) Danach sprechen Sie miteinander. Diese Strategie sollte nicht mit der Taktik verwechselt werden, »die kalte Schulter zu zeigen«; dieses Sich-aus-dem-Weg-Gehen sollte von beiden Seiten festgelegt werden.
- Verkehren Sie mit Freunden als Paar.
- Schauen Sie sich zusammen eine Komödie an.
- Sagen Sie, daß es Ihnen leid tut (Liebe bedeutet nicht, daß man sich nie entschuldigen muß).

Reden Sie über diese Möglichkeiten, und schlagen Sie eigene vor. Dann einigen Sie sich darauf, daß Sie Ihr Bestes tun werden, um während schlechter Zeiten nach diesem Plan *zu handeln.* Der Schlüssel liegt natürlich darin, daß Sie Ihre vom Schmerz induzierten Schutzschilde herunternehmen und den Plan wirklich in die Praxis umsetzen.

Man kann nicht lieben und immer klug sein

Miles und Beth hatten meine Vorschläge intellektuell akzeptiert, aber Emotionen brauchen mehr Zeit für Veränderungen. Als sie in der darauffolgenden Woche wiederkamen, waren sie in der Lage, über Beth' »Abend außer Haus« zu lachen. Sie hatten vereinbart, erst an diesem Abend wieder über diese Episode zu sprechen. Bis dahin hatten sie ihre starken Gefühle unter Kontrolle gebracht und konnten wirklich miteinander sprechen. Miles sagte:

»Natürlich wußte ich, daß ›ich meine eigene Medizin zu kosten bekam‹, aber meiner Meinung nach war das, was Beth getan hatte, schlimmer, weil wir uns in einer Periode befanden, in der wir versuchten, unsere Beziehung zu verbessern. Daher nahm ich an, daß sie etwas vorhatte – und dieser Gedanke war unfair. Als wir über diese Dinge sprachen, merkten wir, daß Beth immer noch verärgert wegen meiner Affäre war, und ich hatte Angst, daß sie sich rächen würde, wenn sie nur die geringste Gelegenheit dazu bekam.«

Beth nahm den Faden der Geschichte auf:

»Dann sprachen wir über die Situation, die hinter allem stand, und es wurde ganz offensichtlich, daß mein erfolgreicher Wiedereinstieg in den Beruf Streß erzeugte. Nachdem wir erst einmal angefangen hatten, uns darauf zu konzentrieren, ließ der Druck nach. Ich konnte Miles versichern, daß mich der ›Stiefelkönig‹ kein bißchen interessierte und daß er sich außerdem nur mit Fotomodellen im Teenageralter verabredete.«

Einfach nur zu wissen, daß es ganz normal und unausweichlich ist, manchmal irrational zu sein, ist die beste Methode, um wieder rational denken zu können.

Wenn Sie erst einmal Ihr Gleichgewicht wiedergefunden haben, können Sie sich darauf konzentrieren, die liebevolle Harmonie zwischen Ihnen beiden wiederherzustellen.

Stabile Liebe

Bei ihrer letzten Sitzung hielten Miles und Beth Händchen und strahlten Nähe aus. Ich sagte ihnen, daß sie sehr glücklich aussähen. Beth sagte:

»Es ist schön, sich wieder so zu fühlen. Das verleiht sogar einem gelegentlichen Streit einen gewissen Wert, weil wir so die Luft reinigen und uns wieder nahekommen können. Ich habe immer gedacht, daß jeder Streit der letzte sein würde, weil wir uns davon nie erholen könnten. Aber jetzt habe ich das Selbstvertrauen, Streitigkeiten überleben zu können, obgleich man sie manchmal als endgültig empfindet.«

Miles fügte hinzu:

»Ich verliebe mich immer mehr in Beth. Sie hat diesmal ein Gespräch angeregt, und ich war beeindruckt. Ich glaube, wir trauen uns jetzt zu, das Beste für die Beziehung zu tun.«

Beth und Miles befanden sich ganz klar in einer Phase außergewöhnlicher Nähe, Liebe und Zuneigung. Wir sollten erwarten, daß unsere Beziehungen uns so strahlende Augenblicke schenken. Intime Partnerschaften sollten ein Fels an Trost, Vertrauen, Kameradschaft und Unterstützung im Verein mit den Höhepunkten starker Liebe sein. Wir können all das haben *und* uns ab und zu immer noch streiten.

Beth und Miles würden weiter auf der Wippe sitzen und dabei Funken schlagen. Da war ich mir ganz sicher. Aber da sie jetzt diese Tatsache voll akzeptiert hatten – was bedeutete, daß sie wirklich mit der paradoxen Leidenschaft in ihrer Ehe leben konnten –, war ich überzeugt, daß sie ihre Disharmonien überleben konnten. Anscheinend als Bestätigung für mein Empfinden, hörte ich kürzlich – zwei Jahre nach ihrer Therapie – von ihnen. Sie schickten mir die Geburtsanzeige ihres Sohnes.

Wenn Sie Single sind

Nach sechsmonatiger Therapie hatte Deborah ihre emotionale Orientierung wiedergefunden. Sie war nicht mehr auf Jonathan fixiert und erleichtert, daß sie sich nicht mehr auf jemanden eingelassen hatte, der eine so unterschiedliche emotionale Wellenlänge besaß. Sie akzeptierte, daß ihre Persönlichkeitsstile einfach nicht zueinanderpaßten und daß sie ohne den anderen besser dran waren.

Jetzt bestand ihr Ziel darin, sich emotional so zu formen, daß sie ihre Chance, wieder eine Episode mit einem Typ wie Jonathan zu erleben, möglichst gering hielt. Das bedeutete, daß sie ihre persönlichen Stärken aufbauen und sich selbst und die Beziehungsdynamismen kennenlernen mußte. Sie konzentrierte sich auf ihre Kunst, um alle drei Sachen zu erreichen. Aber sie sagte in einer Sitzung:

»Ich weiß, daß ich die Technik beherrsche, aber ich kann einfach nicht meine ›Malblockade‹ abschütteln. Ich muß erst noch meinen eigenen ›Ausdruck‹ finden. Es ist frustrierend, und es fällt mir schwer, mich darauf zu konzentrieren. Und wissen Sie, woran ich denke? An den netten Kerl im Fotoladen oder den neuen Geschichtslehrer. Kelly und ich gehen oft zusammen aus, und wir scheinen immer in Nachtclubs zu landen, in denen man Leute treffen kann. Warum kann ich *Kerle* nicht vergessen und mich in eine Art Georgia O'Keeffe verwandeln?«

Deborah sah sich der größten Herausforderung für Singles gegenüber, die sich verlieben möchten.

Das Paradox, Glück in der Liebe zu finden

Liebesbeziehungen, besonders neue, können so aufregend sein, daß sie zu einer Art emotionalem heiligen Gral werden. Sie scheinen die einzig echte Quelle für Glück und Erfüllung zu sein, die einzige Sache, die es lohnt zu verfolgen. Arbeit, Freunde, Familie und Hobbies können unser Leben füllen, aber es bleibt immer noch ein überwältigendes Gefühl der Leere. Wir können nicht glücklich sein, bevor wir einen Partner gefunden haben.

Wenn unser Leben sich darum dreht, einen Partner zu finden, erscheinen wir anderen oft emotional bedürftig – das heißt unterlegen. Sich *leicht* unterwürfig zu verhalten signalisiert Verfügbarkeit, und das ist gut. Aber wenn wir verzweifelt nach Liebe zu suchen scheinen, sind die emotionalen Gefahren offensichtlich.

Wenn Beziehungen den Mittelpunkt unseres Lebens bilden, neigen wir dazu, das zu vernachlässigen, was uns am attraktivsten macht – den Aufbau unserer emotionalen Stärken. Das erklärt, warum Menschen, die ganz offen »auf Anmache« aus sind, oft weniger ansprechend zu sein scheinen als andere, die andere Interessen als die Jagd nach einem Partner verfolgen.

Wenn die Suche nach Liebe Ihr Leben beherrscht, können Sie auch so hohe Erwartungen an die Liebe stellen, daß potentielle

Partner, die von Ihnen angezogen werden, nie ganz Ihren Erwartungen entsprechen. Diese unvernünftigen Erwartungen können Sie hochsensibel für das Wahrnehmen von Unzulänglichkeiten bei einem neuen, verfügbaren Partner machen. Sie rutschen dann wahrscheinlich in ein distanziertes Überlegenenverhalten, noch ehe Sie der Beziehung eine faire Chance gegeben haben. Das wiederum erzeugt bei Ihrem neuen Partner das Verhalten eines Unterlegenen, und das bringt die Beziehung von vornherein aus dem Gleichgewicht.

Wenn Sie all Ihre Kraft auf die Suche nach einer neuen Liebe verwenden und wenn Sie von der Beziehung Ihr emotionales Heil erwarten, verringern Sie paradoxerweise Ihre Chancen, eine dauerhafte, befriedigende Liebe zu finden.

Paradox ist auch, daß Sie Ihre Wirkung auf andere verstärken, wenn Sie Ihre Stärken *für sich* aufbauen. Aber selbst auf diesem Gebiet sollte man nicht übertreiben. Menschen, die zu sehr ihre eigenen Ziele verfolgen, könnten potentielle Partner abstoßen, weil sie zu ichbezogen, abgelenkt oder unzugänglich wirken. Ein Funke muß überspringen. Wenn das nicht passiert, schauen sich die meisten Menschen anderweitig um.

Die attraktivsten Menschen sind die, denen es gelingt, zwischen unterlegenem und überlegenem Verhalten – zwischen Eigenständigkeit und Verfügbarkeit – die Balance zu halten. Das sind diejenigen, die sowohl Selbstvertrauen als auch emotionale Offenheit vermitteln.

Deborah wußte, daß sie stark dazu neigte in einer Beziehung aufzugehen. Sie wußte auch, daß dies ihr nicht genug emotionale Energie ließ, um die Bilder zu malen, die sie malen wollte. Sie überzeugte sich unter großen Schwierigkeiten davon, daß es funktionieren würde, wenn sie ihre Energie, die sie bisher in Beziehungen verschwendet hatte, in ihre Kunst umleiten würde. Es ist dieses alte Gefühl, das fast jeden plagt, wenn man in einer Beziehung mit gesunder Distanz handelt – das Gefühl »wie eine Marionette zu funktionieren«. Ich versicherte Deborah, daß es ganz egal war, wie sie es empfand. Wenn man seine Stärken aufbauen möchte, hat das eine Wirkung – ganz gleich, was man dabei empfindet. Man wird sich ändern, vielleicht kaum spürbar, vielleicht merklich. Wenn Sie Ihr Verhalten ändern, gehen Sie auch mit Ihren Mitmenschen anders um. Sie ändern in Wirklichkeit interpersonelle Dynamismen.

Mit der Einsamkeit fertig werden

Deborah fühlte sich am einsamsten, wenn sie abends nach der Arbeit in ihre leere Wohnung kam.

> »Ich sehe noch nicht einmal gern fern, aber als erstes schalte ich den Apparat an. Dann fällt mir die Decke nicht auf den Kopf. Meine Mutter meint, ich sollte mir eine Katze anschaffen, aber ich weiß nicht. Manchmal weine ich und kann nicht aufhören, weil ich mich fühle, als ob sich keiner je um mich kümmern wird. Ich bezweifle, daß eine Katze das tun würde.«

Der Schmerz der Einsamkeit erinnert uns daran, daß Menschen soziale Wesen sind. Auf unterster Ebene ist Einsamkeit nur ein biologischer Anstoß, einen Partner zu suchen.

Es ist offensichtlich, daß manche Menschen Einsamkeit eher tolerieren können als andere. Diejenigen, denen es am schwersten fällt, sind die Menschen, die glauben, es wäre *anormal,* einsam zu sein. Sie verstärken das Elend der Einsamkeit, indem sie sich selbst pathologisieren. Sie glauben, daß sie soziale Außenseiter sein müssen oder daß sich niemand um sie sorgt. In jedem Leben gibt es Perioden der Einsamkeit, und auch Einsamkeit kann, wie die Schmerzphase in einer Beziehung, eine Art Gedächtnisschwund erzeugen. Das heißt, daß Ihr Leben, während einsamer Phasen bedeutungslos und leer erscheint.

Wieder liegt der Schlüssel darin, zu akzeptieren, daß Einsamkeit nicht nur normal, sondern sogar biologisch begründet ist. Wenn Sie sich nie einsam fühlen, wären Sie nicht normal. Sie sollten sich in Zeiten der Einsamkeit einfach sagen: »Na gut, da bin ich also wieder. Ich fühle mich gerade isoliert und allein und hoffnungslos. Das bedeutet, es wird Zeit, daß ich etwas für mich tue, damit ich nicht zu tief herunterfalle.«

Einsamkeit nutzen

Manche werden mit ihrer Einsamkeit fertig, indem sie öfter ausgehen, andere, indem sie länger und härter arbeiten oder neuen Interessen nachgehen. Weil sie künstlerisch begabt war, versuchte Deborah ihre Einsamkeit in die Kunst umzusetzen. Dadurch würde sie, wie wir hofften, ihre »Malblockade« überwinden. Sie beschloß, ihre Gefühle in einer Reihe von Gemälden zu verarbeiten, die ein gemeinsames Thema hatten: Der Verlust des Selbst in der Liebe. Sie nannte es »Echo, Echo«, und es lief von Anfang an sehr gut.

> »Das ist eine Art Durchbruch für mich. Sie wissen doch noch, daß ich Ihnen einmal gesagt habe, daß ich in meinem Tagebuch eigentlich über gewichtige Dinge wie Leben und Kunst schreiben müßte, aber dann doch schließlich nur über Männer und Beziehungen schreibe. Bei meiner Malerei hatte ich ein ähnliches Gefühl. Ich wollte auf eine bestimmte Art malen – wie man es von moderner Kunst ›erwartet‹. Und das war ein Problem, denn meine Bilder lebten nicht. Deshalb kämpfe ich nicht mehr gegen mich. Meine Malerei ist wie mein Tagebuch. Punkt.«

Deborah brachte ein paar Entwürfe mit, und ich war beeindruckt, obwohl ich kein Kunstkritiker bin. Eine Zeichnung war besonders verblüffend – die Gestalt einer Frau löste sich in der eines Mannes auf. Deborahs Gesichtsausdruck sagte mir, daß sie auf dieses Bild besonders stolz war. Sie konnte jetzt mit ihrer größten Angst leben, und indem sie das tat, fing sie an, sie zu kontrollieren.

Wieder ins kalte Wasser springen

Es erfordert Mut, sich nach einer größeren Zurückweisung erneut auf jemanden einzulassen. Aber nachdem Deborah ihre Ängste in ihrer Malerei ausgedrückt hatte, befreite sie sich aus dieser Tyrannei. Ihre Kunst war nicht mehr Füllmaterial in einem Leben, das von einem Wunschdenken über Beziehungen dominiert wurde. Sie dachte an ihre Malerei und ging leidenschaftlich darin auf.

Deborah war begeistert, als ihre neuen Gemälde von einer Galerie akzeptiert wurden. »Es ist nicht gerade die angesehenste Galerie in der Stadt«, sagte sie, »aber sie gilt als Schaukasten für neue Talente.«

Bei der Vernissage lernte Deborah einen interessanten Mann kennen. Es war erstaunlich, daß sie mir erst von ihm erzählte, *nachdem* sie mir ausführlich von der Ausstellung und den Gefühlen, die sie dabei hatte, berichtet hatte.

Jack war mit einer der anderen Malerinnen in der Ausstellung befreundet. Er war Tontechniker, der in Los Angeles an Dokumentarfilmen mitarbeitete. Deborah sagte:

> »Er ist ein richtiger Schatz und *sehr* attraktiv. Er pendelt zwischen hier und Los Angeles. Im Moment macht er Pause zwischen zwei Aufnahmen. Ihm gefallen meine Bilder, und er glaubt, daß ich versuchen sollte, eine Ausstellung in L. A. zu kriegen. Wir haben uns am nächsten Abend getroffen und verlebten eine großartige Zeit. Wir scheinen gut miteinander auszukommen. Wir sehen uns heute abend wieder. Ich versuche, meine fünf Sinne beisammenzuhalten, aber ich bin sehr aufgeregt. Ich spüre, daß es der richtige Zeitpunkt ist, ihn zu fragen, was er von einer Beziehung erwartet. Ich habe den Verdacht, daß wir kompatible Persönlichkeitsstile haben.«

Ich gratulierte Deborah zu ihrem Plan. Sie war weit gekommen.

Soll ich diesem Club beitreten?

Nach zwei Monaten in ihrer neuen Beziehung hatte Deborah gute Neuigkeiten und schlechte Nachrichten. Die gute Neuigkeit war, daß Jack ihre Einstellung, was eine Beziehung betraf, teilte. Er hatte eine stürmische, langfristige Beziehung hinter sich, die in beiderseitigem Einverständnis aufgelöst worden war. Es gefiel ihm nicht, allein zu sein, und er sagte ihr, daß er sich jemanden wünschte, zu dem er heimkommen konnte. Er wollte soviel Zeit wie nur möglich mit ihr verbringen, bevor er wieder nach Los Angeles zu seinem nächsten Job mußte.

In der Zwischenzeit waren von Deborahs vier Gemälden drei verkauft worden. Sie sagte:

> »Es ist, als ob zwei tolle Sachen auf einmal passiert sind – Jack und meine Malerei. Jack geht ziemlich ran, und er paßt anscheinend perfekt zu mir. Aber wenn er jeden freien Moment nutzen will, um mit mir zusammen zu sein, habe ich nicht mehr genug Zeit zum Malen. Deshalb ist das ein Problem für mich, und es bringt meine Gefühle für ihn durcheinander.«

Deborahs verstärkte Eigenständigkeit hatte ihr ein neues Liebeserlebnis beschert. Ich bestätigte ihr, was sie schon vermutet hatte – daß sie in der Beziehung die Überlegene geworden war, und das beschnitt ihre leidenschaftlichen Gefühle. Sie glaubte, daß sie in Jack verliebt sein *könnte,* aber zu diesem Zeitpunkt empfand sie nicht die Art von Verzückung, die sie mit Verliebtheit gleichsetzte. Da sie in früheren Beziehungen immer die Unterlegene gewesen war, war ihre Reaktion weder überraschend noch ungewöhnlich.

Lassen Sie sich Zeit

Ich schlug Deborah vor, ihrem Impuls, die Affäre mit Jack nach zwei Monaten abkühlen zu lassen, zu widerstehen. Es war noch zu früh, um zu sagen, ob die Beziehung funktionieren würde. Glücklicherweise war Jack selbstsicher genug, um nicht in übermäßiges Werbeverhalten zu verfallen. Er senkte die Waagschale zu seinen Gunsten, als er Deborah sagte, daß er ihren Konflikt spüren würde; er wußte, daß er die Sache zu schnell anging und sie so erdrückte.

Nachdem Jack abgereist war, vermißte Deborah ihn sehr. Sie merkte, daß er die Sensibilität und Flexibilität besaß, ihre Konflikte »auszubügeln«. Und das beste von allem war, daß er auch tat, was er sagte. Er begann seine Einladungen mit den Worten: »Wenn du mit Malen fertig bist, könnten wir ...«

Liebe zum Wohlfühlen

Sechs Monate später erzählte mir Deborah, daß Jack und sie über Heirat gesprochen hätten.

»Das ist ein außergewöhnliches Gefühl. Ich liebe Jack, und ich weiß, daß er verrückt nach mir ist. Wissen Sie, wie das ist, wenn man so geliebt wird, daß man keine Angst davor hat, verletzt zu werden? Nun, so ist es bei Jack, und es ist ein gutes Gefühl. Ich würde nicht sagen, daß wir eine wilde, leidenschaftliche Beziehung haben, aber es gibt so gewisse Augenblicke ... Ich bin glücklich, wenn ich mit Jack zusammen bin, und es ist so viel besser, als dieses Herzklopfen, das ich mit Jonathan und den anderen erlebt habe.«

Deborah hatte eine Liebe zum Wohlfühlen gefunden, die ihr all die emotionalen Belohnungen bot, nach denen sie so lange gesucht hatte. War sie der Meinung, daß sie ein unakzeptables Opfer gebracht hatte, als sie die Leidenschaft, die sie so sehr geschätzt hatte, beiseite schob? Manche häufig Unterlegene findet es schwer, sich ein Leben ohne »Herzklopfen« einzurichten.

Deborah sagte:

»Manchmal fehlt es mir, aber ich bin an einem Punkt in meinem Leben angelangt, an dem andere Dinge mehr zählen. Ich habe genug Beziehungsschlamassel erlebt. Jack und ich wollen Kinder haben. Wer möchte schon ein Kind einer verrückten Beziehung aussetzen? Ich kann das akzeptieren, was ich habe und nicht habe, weil es mit Jack alles in allem schön ist. Es macht mich glücklich, daran zu denken, daß ich den Rest meines Lebens mit ihm verbringen werde.«

Deborah meinte, sie würde sich stark genug fühlen, um die Therapie zu beenden, und das war sie auch. Ich spürte, daß sie die Lektionen der paradoxen Leidenschaft nicht vergessen würde.

Zum ersten Mal ausgeglichen sein

Auch Peg und Bill fanden nach dem Tumult ihrer Krise eine Liebe zum Wohlfühlen. Ihre Wiedergeburt als ausgeglichenes Paar fand nach zwei Jahrzehnten *stabilen* Ungleichgewichts statt. Früher hatten sie sich arrangiert. Jetzt genossen sie Liebe und Nähe, was sie oft ebensosehr überraschte wie befriedigte.

In gewisser Weise war Pegs und Bills frühere Beziehung einfacher. Sie folgte einem vorhersehbaren, traditionellen Weg. Ihre Rollen waren eindeutig definiert. Weil sie sich auf einer sehr befahrenen Straße befanden, war ihr Bedürfnis nach einer emotionalen Straßenkarte nur sehr gering. Sie konnten mit wenig Aufwand ihren Beziehungskurs halten.

Obwohl eine traditionelle Ehe für beide Partner sehr befriedigend sein kann – besonders wenn ein »verstecktes Gleichgewicht« am Werk ist –, kann sie auch sehr gefährlich sein. Paare, die eine traditionelle Ehe führen, sind sehr verwundbar, wenn Veränderungen des Gleichgewichts auftreten – besonders wenn die Veränderung eine unterlegene Frau angeht, die ihre Stärken aufbaut, so wie Peg es tat.

> »Ich war nie gern Hausfrau. Ich glaube, das fiel mir zum ersten Mal auf, als mein jüngster Sohn in die Schule kam. Ich hatte mein Leben anderen gewidmet, doch ich fühlte mich immer einsamer. Ich wußte, daß das, soweit es Kinder anging, ganz natürlich war. Aber ich fühlte mich auch von Bill isoliert, obwohl wir unter einem Dach lebten. Doch jahrelang unternahm ich nichts dagegen. Teilweise weil es sicherer schien, sich nicht zu verändern, und teilweise, weil ich nicht wußte, wie ich mich verändern sollte.«

Wenn eine unterlegene Ehefrau sich verwirklicht, erzeugt sie ganz neue Dynamismen zwischen sich und ihrem Mann. Wenn der Mann sich in seinem Leben ein wenig unsicher fühlt, können die Auswirkungen ziemlich drastisch sein. Wir haben das ja bei Peg und Bill gesehen. Die traditionelle Ehe hatte sie nicht mit den komplexen Fähigkeiten ausgestattet, die man braucht, um diese Gleichgewichtsveränderung auszugleichen.

Wie Krisen Beziehungen vertiefen können

Gegen Ende unserer gemeinsamen Arbeit beurteilte Bill die Krise.

»Damals glaubte ich, das sei das Ende. Aber heute danke ich Gott dafür, daß man mich nicht befördert hat. Es zwang mich dazu, mich den Wahrheiten über mich zu stellen, vor denen ich immer davongelaufen war. Wenn ich befördert worden wäre, hätte ich mich sicher großartig gefühlt. Aber ich würde immer noch in diesem Konkurrenzkampf festhängen und mich elend fühlen. Ich würde es nur nicht wissen, weil ich so sehr drinstecken würde. Jetzt stehe ich kurz vor meinem ersten Bootsverkauf. Und unser Boot ist ein Schmuckstück. Ich kann ehrlich behaupten, daß ich nie glücklicher gewesen bin. (Er wandte sich an Peg.) Und ich bin der glücklichste Mann der Welt, weil du bei mir bist.«

Der Sturm, der diese Ehe fast zerbrochen hätte, hatte zu einer stärkeren Bindung geführt.

Wenn Ihre Beziehung im Augenblick in Schwierigkeiten steckt, könnten Sie sich fragen, ob sie das überleben wird und ob Sie das überhaupt wollen. Es wird schwierig, aber ich bitte Sie, das therapeutische Potential Ihrer Krise zu nutzen. Ihr Partner und Sie müssen sich wahrscheinlich durch eine schwierige Zeit kämpfen, die Sie von starren Beziehungsmustern befreien wird. Das bringt Sie einander näher. Aber Beziehungskrisen richten eigentlich mehr Schaden als Gutes an. Deshalb bitte ich Sie, einen Therapeuten aufzusuchen, wenn die Konflikte außer Kontrolle geraten.

Zwei Profis

Gegen Ende unserer Therapie, sah ich Peg und Bill etwa alle zwei bis drei Wochen. Ich wollte ein paar Monate zumindest minimalen Kontakt zu ihnen haben, um zu sehen, wie sie mit dem unausweichlichen Rückschlag zurechtkommen würden. Er kam, kurz nachdem Bill das Boot fertig überholt hatte. Er beschrieb, was geschehen war.

»Ich lud diese Dame hier zu einem kleinen Segeltörn ein. Ich dachte, wir hätten es uns nach allem, was wir durchgemacht haben, verdient, ein, zwei Wochen an der Küste entlangzusegeln. Ich glaubte, Peg wäre begeistert, aber sie war es nicht. Und ich fange an, mich zu fragen, was ihr wichtiger ist – ich oder der Laden.«

Peg konterte:

»Ich würde sehr gern mit dir segeln, Bill. Aber ich kann im Augenblick wirklich nicht. Ich habe im Laden zuviel zu tun. Es tut mir leid, aber wenn ich jetzt Urlaub machen würde, müßte ich so viel ans Geschäft denken, daß ich sowieso keine amüsante Begleiterin wäre.«

Bill wandte sich an mich.

»Das ist schon ironisch. Jahrelang habe ich genau das zu Peg gesagt, und jetzt bekomme ich es zurück.«

Ich forderte Bill auf, uns mitzuteilen, was ihn daran am meisten aufregte.

»Oh, ich war so daran gewöhnt, daß Peg immer verfügbar war. Ihr Leben drehte sich um mich und nicht andersherum. Ich bin noch nicht an diese neue Peg gewöhnt. Aber ich bin *wirklich* stolz auf sie. Ich glaube manchmal, daß ich mich wie ein großes Kind aufführe.«

Indem er zugab, wie schwer es ihm fiel, sich an Pegs neue Eigenständigkeit zu gewöhnen, hatte Bill ihre neuerworbene Fähigkeit, Mitleid zu empfinden, geweckt.

Peg sagte:

»Nein, nein, Schatz. Wenn ich daran denke, wo wir noch vor sechs Monaten waren und wo wir heute stehen, fühle ich mich wie in einem Traum. Ich fühle mich wie ein junges, verliebtes Mädchen. Ich ärgere mich wirklich über mich, und ich bin sehr stolz auf dich. Du hast recht wie immer. Wir müssen wirklich diese Reise machen ...«

Bill unterbrach sie:

»Jetzt hör aber auf. Erinnere dich daran, daß ich früher in deinen Schuhen gesteckt habe. Ich weiß, wie es ist, wenn man unter einem solchen Druck steht wie du. Wie wäre es, wenn ich diesmal die Jungs mitnehmen würde? Sie sind sowieso schon die ganze Zeit hinter mir her. Danach können wir einen Trip für uns beide planen, den wir in ein paar Monaten, wenn der Laden geschlossen ist, machen können.«

Peg erwiderte: »Abgemacht.«

Ich war beeindruckt. Innerhalb von Minuten hatten Peg und Bill ihr Ungleichgewicht beseitigt. Ich würde sie nicht wiedersehen. Sie waren auf die Herausforderungen ausgeglichener, dynamischer Liebe vorbereitet.

Es ist Ihnen vielleicht aufgefallen, daß keines der Paare, mit denen ich gearbeitet habe, »für immer glücklich und in Freuden lebt«. In Märchen interessiert uns der glückliche Ausgang nur wenig. Was uns so fesselt, sind die Herausforderungen – die bösen Hexen, die ränkevollen Zauberer, die dunklen Wälder, die Drachen, die Flüche –, die die Liebenden trennen, so daß sie kämpfen müssen, um zueinander zu gelangen.

Jetzt wollen wir uns einmal die Entsprechungen im wirklichen Leben anschauen – die emotionalen Herausforderungen, denen wir uns stellen müssen. Statt mit einem Drachen oder einer bösen Stiefmutter müssen wir mit Unsicherheiten, fehlerhafter Kommunikation und manchmal den unwillkommenen Gefahren sexueller Rivalen fertig werden. Im Märchen werden die Hindernisse überwunden. Im wirklichen Leben müssen wir mit bestimmten Eigenarten in unseren Beziehungen fertig werden. Manchmal türmen sie sich groß und ganz nah vor einem auf, manchmal sind sie klein und weit weg. Aber sie verschwinden nie. Nur wenn man sich ihnen direkt stellt, kann man eine Beziehung in Gang halten.

Deshalb meine ich, man sollte mit dem Paradox leben, es willkommen heißen und als unausweichlichen Bestandteil in unserem Leben ansehen. Das macht zwar unser Leben komplizierter, aber auch reicher.

Nachwort

Geteilte Hausarbeit ist halbes Leid
Eine Übung

Diese Übung wurde für die Frauen (und die paar Männer) entworfen, die unter dem erstickenden »Ich muß alles allein machen«-Zwang leiden. Es mag sexistisch erscheinen, eine solche Übung auch nur in Erwägung zu ziehen; aber das Problem gibt es nun einmal, es ist schmerzliche Realität, und mein Ansatz besteht immer darin, nach einer konstruktiven Lösung zu suchen.

- *Üben Sie keine Schuldzuweisung aus.* Das ist ein Gebiet, in dem man versucht ist, Männer dafür verantwortlich zu machen, in hohem Maße zu den Beziehungsproblemen beizutragen. Hier sind ein paar Erklärungen für das Verhalten der Männer im Haushalt (oder ihr »Unverhalten«), ohne ihnen die Schuld zu geben. Das wird Ihnen helfen, Ihr Verständnis zu wecken, aber Schuldzuweisungen im Zaum zu halten.
- Frauen finden Männer attraktiv, die sehr erfolgreich sind. Nur wenige Frauen würden es in Erwägung ziehen, eine männliche Sekretärin oder einen Hausmann zu heiraten. Diese Erwartungen von Frauen erzeugen in Männern die tiefsitzende Angst, »Schwächlinge« zu sein. Die Konsequenz ist, daß Männer dem ungeheuren sozialen Druck unterworfen sind, ihre Freizeit entweder der Arbeitswut oder »männlicheren« Freizeitbeschäftigungen zu opfern.
- Die schlechte Neuigkeit: Männer, die sehr fürsorgliche Mütter hatten, sind im Haushalt schlicht faul. Die gute Neuigkeit: Das sind nur schlechte Angewohnheiten, die durch bewußte Anstrengung und Arbeit geändert werden können.
- Das oberste Gesetz des häuslichen Lebens lautet: Niemand wird die Drecksarbeit machen, wenn er nicht muß.

Es ist sehr wichtig, sich diese Erklärungen anzusehen, damit Sie verstehen, aus welchen Gründen Ihr Partner in der Vergangenheit seinen häuslichen Pflichten nicht nachkam. Das sind *keine* Entschuldigungen dafür, daß er sich jetzt nicht ändern kann.

- *Reden sie miteinander*. Fangen sie mit abstrakten, philosophischen Themen an, wie etwa die Bedeutung der Gleichberechtigung im Leben und in der Beziehung. Heutzutage teilen die meisten Männer diese Ideale. Dann erklären Sie ihm, ohne ihm die Schuld zu geben: wie Sie zu dem »Ich muß alles tun«-Verhalten gekommen sind; wie frustrierend und ermüdend es ist, daß es Ihrer Fähigkeit, alles richtig zu machen, Kompromisse abverlangt; wie es Ihre Fähigkeit, sich Ihrem Partner und Ihren Kindern gegenüber liebevoll zu verhalten beeinträchtigt; daß Sie keinem die Schuld geben, aber daß die Lebenssituation geändert werden muß und man sich anpassen muß; daß Sie es genießen, etwas dazu zu verdienen – oder eine Ausbildung machen, um etwas verdienen zu können –, aber Sie seine Hilfe zu Hause einfach brauchen.
- *Seien sie entschieden und positiv*. Sie könnten sagen: »Ich brauche deine Hilfe im Haushalt und bei den Kindern. Ich weiß, daß es unsere Beziehung sehr verbessern wird. Ich weiß, daß die Kinder gern mehr Zeit mit dir verbringen würden. Und ich weiß, daß es mir eine ungeheure Hilfe wäre.«
- *Seien Sie präzise*. Offerieren Sie Ihrem Partner Pflichten, die er erledigen kann. Fangen Sie mit weniger anspruchsvollen an, und steigern Sie sie Schritt für Schritt, bis alle Pflichten gemessen an Ihrer Arbeit außer Haus fair aufgeteilt sind. Manchmal ist Handeln nötig (zum Beispiel: »Die Toilette saubermachen ist soviel wert wie drei Zimmer staubsaugen.«)
- *Rechnen Sie mit einer Zeit der Gespanntheit*. Eine logische Folge des obersten Gesetzes des häuslichen Lebens erscheint hier: Keiner *fängt* gern damit an, die schmutzige Arbeit zu machen. Seien Sie verständnisvoll (»Glaub mir, ich weiß, wie stumpfsinnig diese Arbeit ist ...«), bleiben Sie aber fest (»aber es ist für unsere Familie wichtig, daß du mithilfst«).
- *Tolerieren Sie eine »durchschnittliche« Arbeit*. Manche Frauen sind, wenn es ums Putzen oder die Kinder geht, Perfektionisten. Wenn Sie Ihren Partner kritisieren, wird diese Übung nutzlos. Die Tatsache, daß Ihr Partner Ihnen hilft, wiegt es auf, daß er keine perfekte Arbeit leistet. Loben Sie ihn.

- *Teilen Sie die Freude, Eltern zu sein, miteinander.* Manche Frauen genießen es so sehr, für ihre Kinder zu sorgen, daß sie Schwierigkeiten haben, das mit einem anderen zu teilen. Aber wenn Sie es nicht teilen, könnte die Belastung für Sie leicht zu groß werden. Wenn Sie Ihrem Mann mehr Gelegenheit bieten, sich um die Kinder zu kümmern und auch den emotionalen Lohn dafür zu empfangen, kann das seinen *Wunsch,* nach mehr Pflichten im Haushalt verstärken.
- *Seien Sie auf Rückschläge vorbereitet.* Sie erleben die Verwandlung Ihres Mannes zu einem Saubermann, worauf aber ein Rückfall in die alten Gewohnheiten folgt. Wenn das passiert, sollten Sie sich vor vorschnellen Gedanken (»Er wird sich nie ändern«) und Katastrophendenken (»Meine Lage ist hoffnungslos«) hüten und erkennen, daß alte Gewohnheiten nur schwer auszurotten sind. Fangen Sie wieder an, miteinander zu reden. Beginnen Sie mit einem allgemeinen Statement (zum Beispiel: »Das letzte, was ich tun will, ist wieder an dir herumzumeckern . . .«), bleiben Sie positiv und fest (»aber du hast mir bis jetzt wirklich toll geholfen, und ich brauche deine Hilfe auch weiterhin«).
- *Seien Sie kreativ.* Ein Paar, das ich kenne, feiert regelmäßig Putzorgien. Sie stellen Bruce Springsteen auf volle Lautstärke und *attackieren* das Haus zusammen. Selbst ihre Kinder beteiligen sich begeistert daran. Probieren Sie mehrere Strategien aus, um diese lästigen Aufgaben zu einem Kinderspiel zu machen.

Wenn Sie den Humor und die Lächerlichkeit an der ganzen Sache erkennen, stehen Sie und Ihr Partner alle alltäglichen Pflichten durch. Doch dieses Thema ist im Grunde ganz und gar nicht lächerlich. Ich habe gesehen, wie viele Beziehungen aufgrund des situationsbedingten Ungleichgewichts, das durch ungleiche Rollenverteilung im Haushalt entstanden war, zerbrochen sind. Die erfülltesten Beziehungen, die ich kenne, sind die, in denen Mann und Frau danach streben, in allen Lebensbereichen gleichberechtigt zu sein – selbst in den weniger erfreulichen. Deshalb bitte ich Sie, Ihren Humor nicht zu verlieren, während Sie ernsthaft daran arbeiten, dieses wichtige Problem zu lösen.